本书系云南大学《中国边疆研究丛书》成果之一，得到云南大学专门史国家重点学科建设经费资助。

云南大学 中国边疆研究丛书

林文勋 主编

国际化视野下的中国西南边疆：历史与现状

林文勋
邢广程 主编

人民出版社

总　序

林文勋

　　我国幅员辽阔,民族众多,是一个统一的多民族国家。而中国的边疆地区则是我国统一多民族国家的重要组成部分,历来在国家的经济发展、社会进步和政治稳定中占有十分重要的地位。古往今来,历朝历代莫不重视边疆问题的研究与边疆治理。近代以来,随着世界局势的变化和边疆问题的凸显,边疆问题的研究更加受到重视,并形成了几次大的研究热潮。在这一过程中,一些学者提出了"边政学"、"边疆学"等概念,极大地推动了边疆问题研究的开展。目前,尽管人们对"边疆学"、"边政学"等概念还持有不同的看法,但边疆问题研究的重要性已没有人怀疑。构建一门具有中国特色的边疆学学科,在更高的层面和更大的范围开展中国边疆问题的研究越来越成为更多的人们的认识。

　　云南大学地处祖国西南边疆,是我国西南边疆建立最早的综合性大学之一。长期以来,依托特殊的区位优势和资源优势,大批学者对边疆问题特别是西南边疆的问题开展了持续不断的深入研究。在几代学者的共同努力下,通过将区位优势和资源优势转化为学科优势,再将学科优势转化为人才培养的优势,云南大学边疆问题的研究与人才培养蓬勃发展，并积累了深厚的学术基础，呈现出旺盛的发展潜力。中国边疆研究现已成为云南大学重要的优势和特色学科。在全力推进、发展中国边疆学学科建设的进程中，云南大学应该义不容辞、责无旁贷地肩负起建设和发展中国边疆学学科的重任。

基于此，为进一步巩固和提升云南大学边疆问题研究的水平与实力，2002 年，我们提出了在云南大学建设中国边疆学学科的建议并拟定了具体的方案。2007 年，通过整合边疆问题研究、中外关系史和经济史研究的力量，云南大学专门史学科被批准为国家重点学科。同年，我们又在历史学一级学科博士学位授权下自主增设了"中国边疆学"二级学科博士学位授权。2008 年，我们再次抓住国家"211 工程"三期建设的契机，提出"西南边疆史与中国边疆学"作为云南大学国家立项的学科项目加以建设，旋即得到批准。

"西南边疆史与中国边疆学"学科项目，计划从中国西南边疆史、中国与南亚东南亚关系史和中国边疆学研究三个方面较全面地开展边疆问题的研究和中国边疆学学科体系的探讨。同时，还将有计划地整理有关西南边疆的历史文献和档案资料，翻译和介绍国外学者关于中国西南边疆研究的重要成果。

此次我们编辑和出版云南大学《中国边疆研究丛书》，就是为了系统地反映我们在推进边疆问题研究和中国边疆学学科建设中所形成的研究成果，增进与国内外学术界的交流与合作。

从传统的边疆史地研究到中国边疆学学科建设，决不只是研究范围的扩大和研究内容的增加，而是一种研究视野的转变和研究范式的创新。

中国边疆学学科的建设还将经历长期的探索过程并面临较为

艰巨的任务,我们的工作也仅只是在自己原有基础上的一个新的开端。为此,我们真诚地期望各位专家学者给我们提出宝贵的意见和建议,以便我们的工作做得更好,共同为推进中国边疆学学科的发展与繁荣作出新的贡献!

2011 年春节

目　录

"贝币之路"及其在云南边疆史研究中的意义

林文勋（云南大学教授）

一

西南地区经云南腹地很早就有通往东南亚、南亚的交通线。《史记》卷116《西南夷列传》记载：西汉元狩元年（前122），"博望侯张骞使大夏来，言居大夏时见蜀布、邛竹杖，使问所从来，曰：从东南身毒国，可数千里，得蜀贾人市。或闻邛西可二千里有身毒国。骞因盛言大夏在汉西南，慕中国，患匈奴隔其道，诚通蜀，身毒国，道便近，有利无害。于是天子乃令王然于、柏始昌、吕越人等，使间出西夷西，指求身毒国"。据有关专家考证，这条通道起始于成都，"其主干道分东西二路，西路（即古旄牛道）从成都出发，经雅安、西昌，渡金沙江入滇，经大姚到大理；东路亦从成都出发，沿岷江而下，经乐山、宜宾，沿秦修五尺道南行，入滇后经昭通、曲靖、昆明、楚雄到达大理，东西二线在大理汇合后，经保山、腾冲到达缅甸，再西行至印度"。[1] 联系我国北方的对外通道被称为"丝绸之路"，许多学者将西南地区经过云南腹地通向东南亚、南亚的交通通道称之为"西南丝绸之路"或"南方陆上丝绸之路"。如熊永忠认为"早在战国时代，就有印度、缅甸等地的商人，通过'丝绸南路'把贝带进云南"。[2] 据上引史料，显然，这些通往东南亚、南亚的交通线上有无丝绸流动，这本身还是一个问题。因为，史料中提到的"蜀布"并不等于就是"丝绸"。可见，上述通道被称为"丝绸之路"，更主要的是受"北方丝绸之路"这一概念影响的缘故。也就是说，人们是从西北陆上丝绸之路的既有事实出发，很大程度上是主观地将西南经云南腹地的对外通道定义为"丝绸之路"的。

众所周知，"丝绸之路"是德国地理学家费迪南德·冯·李希霍芬在 19 世纪后期提出的一个概念，[3] 之后逐渐为学术界所接受和认同。它主要指我国古代西北陆上的对外通道。从中外学者的论述来看，[4] 大家之所以一致地将这条通道称为"丝绸之路"，当是因为：第一，丝绸的流动持续时间较长，规模较大，对其他商品的流动具有决定性的影响；第二，丝绸作为最为大宗的商品，对中外各国社会经济发展的影响甚大；第三，与此密切相关，丝绸成为联系中外关系的桥梁和纽带。由此看来，要准确地确定一条对外通道的名称，关键在于看通道上何种商品流通时间最长、规模最大，以及其对中外社会经济发展所产生的影响和它是否成为联系中外关系的桥梁和纽带。以此标准来衡量西南经云南腹地对外通道上的商品流通，在很长的历史时期，云南及西南输往国外的商品主要为一些土特产品，而东南亚和南亚输往云南及西南的商品则多为珠宝、玉石等贵重物；只是到了清代后期和近代，生丝一度才有大量的流通。因此，称这条通道为"丝绸之路"，显然不妥。

与丝绸的流通形成鲜明对比，在西南经云南腹地通向东南亚、南亚的对外通道上，东南亚、南亚的海贝却很早就大量流入云南。其流入时间，最迟自春秋战国起。此后，历汉晋、南北朝、隋、唐、宋、元、明及清初，海贝均源源不断地大量流入。可见，海贝流入的持续时间长，规模大。这些大批流入的海贝，从春秋战国起直至明清之际云南"废贝行钱",一直作为云南主要的法定货币,流通使用两千余年,可谓对社会经济发展影响甚大。毫无疑问,海贝在古代一直是流动于西南经云南腹地通向东南亚、南亚交通线上的最为大宗的商品,并且是充当货币的特殊商品,起到了桥梁和纽带的作用。因此,与其将这条通道称之为"丝绸之路",还不如称之为"贝币之路",这更接近历史事实,也更为科学和准确。

考古发现证实了"贝币之路"的存在。

早在1941年,云南剑川河北村的元代火葬墓中就出土有海贝。[5]

20世纪50年代初期,曾对滇西鹤庆、洱源、邓川、大理、下关、宾川、巍山、楚雄等地的大理国至明代的火葬墓进行调查,这些墓中大都发现了海贝。[6]

1955至1960年,云南考古工作队对晋宁石寨山滇王及其亲族古墓群进行四次发掘。在发掘的50座古墓中,有17座出土有海贝,总计约14万9千余枚,重400余公斤。[7]

1964年,在昭通大关发现的东汉崖墓中,其中三号墓出土海贝2枚。同墓还出土有王莽时期的金属货币"货泉"7枚,"大泉五十"22枚及东汉五铢300余枚。[8]

1972年,云南省考古工作队对江川县古墓群进行了发掘。在所发掘的27座墓中,第11、17、18、20、21、22、23、24号墓均出土有海贝。八座墓的海贝总数约11万2千余枚,重约300余公斤。[9]

1976年,在维修南诏晚期所建大理崇圣寺千寻塔时,对塔刹和基座进行清理,曾出土海贝10多公斤,约3800余枚。与之同时出土的有"开元通宝"和金、银、铜及水晶质地的佛像等。[10]

1979年底至1980年初,在呈贡天子庙发现的古墓中,其中的第41号墓中,出土海贝1500余枚。[11]

1980 年,在剑川凤山发掘的 217 座古墓群中,有 2 座出土海贝。其中第 81 号墓出土 43 枚,第 155 号墓出土 4 枚。[12]

同年,在对曲靖珠街八塔台古墓群的发掘过程中,所有 304 座墓中就有 112 座发现海贝,总数 653 枚。每座墓 1 至 20 枚不等,但多数墓随葬贝在 6 至 7 枚之间。[13]

1986 年,在对西双版纳景洪县曼阁渡口古墓的发掘中,出土海贝 189 枚。[14]

上述这些墓葬,年代最早的为春秋战国,西汉、东汉、唐、宋、元历代均有,最晚的为明清时期。可以推定,在自春秋战国至明清的数千年间,云南一直有海贝输入。

王大道先生在《云南出土货币初探》一文中,根据云南考古出土的海贝,绘制了《云南出土货币分布图》,该图显示,海贝分布的路线,除少量分布在滇南的景洪、墨江、绿春等县市外,大多沿滇西向东,围绕腾冲—大理—楚雄—禄丰—晋宁—昆明—曲靖—大关一线呈轴状分布。[15]其中,大理洱海区域和滇池区域是海贝出土最为广泛的两个核心区。这条轴线,正是云南古代对外联系最为重要的交通路线。这充分说明,云南古代的对外交通线就是一条"贝币之路"。

二

云南古代墓葬中出土的海贝,经有关人员寄往中国科学院青岛海洋研究所鉴定,结论是:"其产地是印度西太平洋暖水区域,包括印度、菲律宾以及我国台湾、海南岛、西沙群岛等南海诸岛附近。"[16]其中,又有相当数量是来自印度洋的马尔代夫群岛。可以肯定,云南所发现的海贝并非本地所产,而是来自于南亚和东南亚国家和地区。

据中外史书记载,南亚和东南亚一带不仅盛产海贝,而且长期以海贝作为货币使用。在长期使用海贝的过程中,东南亚、南亚形成了一个庞大的贝币市场,这个市场就是云南海贝的供给地。《马可波罗行纪》在记述哈剌章(大理)用贝作货币时即说:"彼等亦用前述之海贝,然非本地所出,而来自印度。"[17]

那么,东南亚、南亚的海贝是怎样大量流入云南的呢?

如前所述,云南很早就有通往东南亚、南亚的交通线。西汉,张骞在大夏所看到的蜀布、筇竹杖就是沿着春秋战国即已存在的"蜀身毒道"运往印度和阿富汗等地,这说明当时云南与东南亚、南亚一直有着较为频繁的商品贸易。东汉时期,云南通往东南亚、南亚的这条道路在中国与海外国家的经济文化交流中发挥了重要的作用。从公元94年到公元166年,东南亚、南亚的掸国、日南等曾多次经云南到汉都洛阳朝贡。其中,永宁元年(120),掸国国王雍由调遣使到洛阳献乐时,据《后汉书·西南夷列传》记载,还带来了"海西大秦幻人"。延熹九年(166),据《后汉书》卷118记载,大秦王安敦遣使自日南徼外献象牙、犀角、玳瑁。这说明云南的对外通道通过东南亚、南亚还可通往阿拉伯地区直至欧洲。正因为交通的畅达和有着频繁的贸易关系,位于滇西的永昌城成为异物交汇的地区。《后汉书》卷86《西南夷列传》说:永昌"出铜、铁、铅、锡、金、银、光珠、虎魄、水精、琉璃、轲虫、蚌珠、孔雀、翡翠、犀象、猩猩、貊兽"。其中,轲虫就是海贝,它与虎魄(琥珀)、琉璃等并非云南所产,而是来自南亚和东南亚国家和地区。

魏晋南北朝时期,云南继续保有发达的对外交通。《三国志·魏书》卷30引鱼豢《魏略》说:"大秦道既从海北陆通,又循海而南,与交趾七郡外夷比,又有水道通益州、永昌,故永昌出异物。"这说明云南通越南一带的交通颇为畅达。与此同时，云南通往印度等地的古道也十分畅达。《华阳国志·南中志》记载："永昌郡，属县八，户六万，去洛阳六千九百里，宁州之极西也。有闽、濮、鸠、僚、僄、越、裸濮、身毒之民。"这里提到的僄人和身毒之民应是到永昌经商的侨民。看来当时贸易的发展应十分繁荣。否则，永昌有僄人和身毒之民是不可想象的。

　　唐宋时期，云南的对外交通更有发展。唐代，据樊绰《云南志》的记载，云南与东南亚、南亚国家和地区之间，多有交通往还。在这些交通线上，出现了较为繁荣的对外贸易城市。如银生城（今景东），"又南有婆罗门、波斯、阇婆、勃泥、昆仑数种外道，交易之处，多诸珍宝，以黄金麝香为贵货"。[18]宋代，北宋熙宁八年（1075），杨佐入云南买马，在云南驿前见到所标记的"里堠"。东至戎州，西至身毒，东南至交趾，东北至成都，北至大雪山，南至海上，"悉著其道里之详，审询其里堠多有完葺者"。[19]从"悉著其道里之详"来看，其交通应该是很畅达的。南宋时期，曾有东南亚、南亚的犀象等物品经云南流到四川黎州边境。当时，这条通道上不仅有商品流动，而且还有人员往还。五代宋初人孙光宪的《北梦琐言》说："唐咸通中，有天竺三藏僧，经过成都，晓五天胡语，通大小乘经律论，以北天竺与云南接壤，欲假途而还，为蜀察事者识之，縶于成都府。"[20]

　　元、明、清时期，云南纳入中原王朝直接统治之下，中原王朝在云南大力发展驿站交通，云南内部交通状况超过以往任何时期。内部交通的发展又拉动了对外交通的长足进步。元代，不唯印度的海贝经对外通道进入云南，云南大理所产的良马，"躯大而美，贩售印度"。[21]明清两代，据谢肇淛《滇略》的记载，云南商人从缅甸将紫英、云母、水精、绿玉、碧真、古喇锦、西洋布、孩儿茶等贩运到云南。这些商品，"辐辏转贩，不胫而走四方"。[22]

以往，大凡提到云南的对外交通，人们多想其受崇山峻岭的分割和阻隔，长期处于一种沉寂状态。事实上，横亘于西南的高山、大河并没有挡住古代先民对外的开拓。从上面历代云南对外交通的发展情况来看，云南的对外交通一直十分畅达，并在整个中国古代的对外交往中占有不可替代的重要作用。

从东南亚、南亚输入云南的海贝，正如下面即将揭示的，既是货币，也是一种重要的商品。既然存在频繁的贸易和经济交往，就必然会有商品的流动，这是经济发展的必然选择。东南亚、南亚的海贝，正是通过双方的贸易，沿着云南通往东南亚、南亚的对外通道不断流入云南的。前引《汉书》记载汉代永昌郡有轲虫，元代《马可波罗游纪》记载大理使用的贝币来自印度，[23]以及明代谢肇淛《滇略》卷4《俗略》条讲："海内贸易皆用银钱，而滇中独用贝，贝又用小者，产于闽、广，近则老挝诸海中，不远千里而捆致之。"这些均可为证。

三

从东南亚、南亚输入的海贝到底在云南作何用途，目前存在一些争议。

对于这些海贝，究竟作何用途，长期存有争论。方国瑜先生认为，云南用海贝作货币始于唐代，在此之前，贝是用作装饰品的，而不是货币。他的根据是，第一，"在战国末年以前，云南各地的部族，社会生产力落后，即虽有贝只能用作装饰品，还不到发展为货币的时期。庄蹻来了，也不能把楚国货币流通在云南，因为货币是社会生产条件所决定的"。第二，晋宁石寨山发现的贝，贝面均无穿孔，这与明代云南各地坟墓中掘出的贝不同。"明代坟墓中的贝是作为货币用过的，都有穿孔的小洞，我所见过的贝都如此"。[24]并且，古代中原和世界其他民族用作货币的贝，都要穿孔，以便用绳索穿连成串。而云南这时的贝无穿孔，显然不是用作货币。

江应樑先生认为，云南春秋以至西汉墓中的海贝是作为货币使用的。他说："一般都说云南之用海是始自楚庄蹻王滇时，这话虽不尽可靠，但我们却可相信，云南之以海作货币，其起始必甚早，中间一贯相沿，直到元明时大批汉民族移殖滇中，尚不能改革这种夷制而仍相随着使用海"。[25]李家瑞先生持同样的看法。他认为，"关于云南用贝币的记载，初见于《新唐书》的《南诏传》（见后），但是用贝做货币不会是始于南诏的，照亚洲各民族用贝币的通例，都是接着以物易物之后，也就是一个民族在物与物交易之后，开始用的货币必是自然物"。又说："近年云南省博物馆在晋宁县石寨山发掘得一座少数民族女酋长的墓，墓中发现了大量的小贝，为数在二万枚左右，分装在特制的很精致的四件青铜器内，从同时出土的器物及别县出土的墓葬证明它确实是西汉的贝币，但多到万数，储藏的器具又是为贝特制的，那已不是初用或少用时的情况，可知云南用贝做货币，已早在西汉以前了。"[26]李家瑞先生将云南西汉及其以前的贝看作货币，从文中的论述来看，主要论据是，白族、纳西族等民族财富、赌博等的读音和写法均与"贝"字有关，云南先民的原始货币是贝币。

杨寿川教授补充并发展了云南西汉及其以前的海贝是用作货币使用的观点。在《云南用贝作货币的起始时代》一文中，他提出："云南滇池区域用贝作货币的起始时代大致是战国时期，这一推断或许更接近于历史事实一些"。[27]其论据是：第一，贝币是我国中原地区最早的货币。云南发现的海贝，来源、种类、计数单位均中原内地相同。并且,中原商周墓里用来殉葬的海贝,除少数放在死者口中或胸前、腹下外,一般都不放置在棺内尸骨之旁,而是有的盛于墓葬两端的铜鼎或铜甒以内,有的散置于棺外与殉葬的明器放在一起,还有的堆放在车马坑的车舆之中。云南古墓中的贝,也不放棺内,而是装在专门的贮贝器或倒置的铜鼓以内,也不放在棺内,置于墓坑的前后两端,也有的是成堆地分置于墓底头端一侧。用如此精工制作的青铜贮贝器和作为"国之重器"的铜鼓来装贝,说明贝在当时是一种很贵重的财富。这种情况正与中原商周墓里用鼎甒盛贝的情况如出一辙。第二,中原商周墓出土的贝有"穿孔贝"和"无孔贝"两种,前者发现较多,后者发现较少。所以如此,是因为在商代早期,贝的主要用途是装饰品。在这一时期的墓葬中,这种"穿孔贝"或缀于柔带上挂于死者的胸前,或成串穿起来拴在死者腰际,这显然是用作装饰品,说明贝在用作货币之前,曾经用来作装饰品。晋宁、江川两地出土的贝,多为"无孔贝"。有的同志认为贝面无穿孔,"只能说明是装饰用的"。其实不然,这些"无孔贝"在墓里均置于棺外、器内或成堆散放,没有发现放在棺内尸骨之上的情况。而墓中作装饰用的玛瑙、玉管、绿松石及金扣子等,却是放在棺内尸骨之上,并且是穿孔连缀成串的。所以,当时,贝并非作装饰品用。作为装饰品,应是唐宋以后的事。第三,也是更为重要的,战国至西汉时期,滇池地区的商品交换已有了一定程度的发展。随着商品交换的发展,需要有一种商品从其他商品中分离出来,固定地充当一般等价物。而据出土的一些器物图案来看,海贝事实上已在流通中充当了一般等价物。

有的学者既不同意贝为货币的观点,也不同意贝为装饰品的观点。持此意见的学者大多将贝看成一种宝贵的财富。熊永忠在《云南古代用贝试探》一文中指出,晋宁石寨山、江川李家山发现的海贝,见于奴隶主贵族的墓葬,而平民墓葬中没有发现。如果是货币,不应只见于贵族墓葬。因为,货币是没有贵族与平民之分的。再者,在当时滇人生活的滇池区域市场,云南与内地的商品市场,以及云南与外商交往的商品市场上,都找不到贝是货币的依据。但是,这样庞大数量的贝,而且又用制作异常精美的贮贝器来贮藏,说明贝的贵重。这些贝在当时应是一种财富的标志,以显示奴隶主的富有。[28]王东昕在《西汉及以前滇贝非"币"与"装饰品"论》中说,云南古墓中出土的海贝限于少数大型的奴隶主墓葬中,晋宁石寨山出土海贝的墓葬与墓葬总数之比为 17:50,江川李家山出土海贝墓葬与墓葬总数之比为 8:27,呈贡天子庙出土海贝墓葬与墓葬总数之比为 1:44,剑川鳌凤山出土的海贝也局限于少数奴隶主墓葬,可见,海贝不是货币。从海贝不是装饰品方面来看,第一,当时的各种装饰品均有穿孔,而海贝为无孔贝,第二,在各墓地出土的众多表铜器上,有很多人物铸像,大多数人物佩戴有装饰品,惟不购见有海贝为装饰品者。因此,海贝不是装饰品。这样,它仅只可能是作为本地所无、来自遥远的印度洋和太平洋地区的稀罕之物件而成为当时该地区社会极少数特权人物的珍藏品。[29]

我们认为,海贝在当时已是作货币使用。因为,云南地区的商品交换已有了一定程度的发展。商品交换的发展,需要有一种商品从商品交换中分离出来,固定地充当一般等价物,具备了货币产生的条件。

有的学者说,晋宁、江川等地墓葬中出土的海贝为无孔贝,显然不是货币。我们认为,决定海贝是否成为货币的关键,主要看是否具备产生货币的条件,而不是海贝有无穿孔。而且,在云南民族地区,无穿孔可能是货币,有穿孔反而可能不是货币。据一些学者20 世纪 60 年代对西盟佤族自治县的调查,在全县的大多数公社,没有见到一枚内地常用的硬币,全是纸分币在流通。而当时的内地,几乎全是硬分币,很难发现纸分币。原因何在?据当地商店的售货员说,佤族妇女特别喜欢硬分币,一旦有硬分币,她们就穿孔,将其钉在衣服上或挂包上,钉得越多越说明漂亮和富有。这样,硬分币钻孔后就变成了装饰品,而不再作为货币流通。如此看来,穿孔的反倒有可能不是货币,没有穿孔才是货币。

还有的学者说,如果是货币,海贝就应不只见于贵族的大型墓葬,在平民墓葬中也应该存在。其实,正因海贝是货币,奴隶主贵族才会埋葬大量海贝以显示其富有。而对于持有货币不多的贫民来说,要埋藏货币显然是不可能的。因此,海贝仅见于少数大型墓葬。这并不足以否定海贝的货币性质。

四

通过对"贝币之路"的研究,我们可以获得对云南历史发展问题的一些新的认识。

在以往对云南历史的研究中,绝大多数学者只谈中原内地对云南的影响,而基本不谈或根本不谈东南亚、南亚对云南的影响。具体到货币问题上,古往今来的学者常以我国上古三代曾经流通海贝为证,将云南使用海贝作货币说成是受中原内地的影响。早在明代正德年间,张志淳在《南园漫录》卷3《贝原》中说:"云南用不用钱,即古之贝也。今士大夫以为夷俗,殊不知自是前古之制,至周而行钱,故货贝每见于古书。"[30]万历《云南通志》在追溯云南用贝的源头时,也上溯到上古三代的"货贝而宝龟"。但实际上,云南古代用贝作货币与上古三代用贝无任何渊源关系。因为,第一,云南用贝作货币始于春秋战国,此时上距夏、商、周数百年,无直接承继关系；第二，春秋战国时期，中原内地普遍使用金属铸币。如果云南与中原内地在货币上要有渊源关系的话，那么当时使用的应是金属铸币而不是贝币；第三，上古三代的贝币单位为朋，计算方法是采用十进位制，即十贝为朋。而云南贝币的单位为庄、手、苗、索，计算方法是采用四五进位制。这显然是两种不同的文化系统。

为什么历来史家在云南货币问题上只谈中原内地的影响而不言东南亚、南亚，甚至将贝币流通也说成是中原货币文化影响的结果？究其原因，这主要是观念问题所致。古代史家主要是受封建正统观念的束缚。当代许多学者则是顾虑如何看待云南与中原内地的关系问题。其实，这完全是两个根本不同的问题。云南自古以来是祖国历史不可分割的一部分，与中原内地很早即有紧密联系。但是，自从蜀身毒道开通以来，云南就与东南亚、南亚发生了密切的关系。这也是不可否认的历史事实。在双方的联系和交往中，有中国文化对东南亚、南亚的影响，但也有东南亚、南亚对中国的影响。影响应是双向的，这才符合历史发展的规律。云南用贝作货币就是东南亚、南亚影响的结果。

从贝币在云南几千年流通的历史来看，应该肯定中原内地和东南亚、南亚是交互影响云南历史发展的两股重要力量。大致说来，先秦时期，中原内地虽然对云南产生了影响，但这种影响还较为有限。否则，楚国庄蹻到滇池地区后就不会如《史记·西南夷列传》记载"变服，从其俗"。而东南亚、南亚对云南的影响，则比较突出。云南春秋战国古墓大量发现海贝即是最好的证明。秦汉以至魏晋南北朝，中原封建王朝大力经营西南地区，在云南境内设置郡县，封官置吏，实施统治。随着封建王朝统治的深入，中原货币文化对云南的影响大为增强，导致许多中原钱币大量流入云南，而东南亚、南亚的影响则有所削弱。唐宋时期,云南境内相继建立了统一的多民族政权,与中原封建王朝处于一种独立状态,中原内地的影响力量减弱,而东南亚、南亚的影响则迅速增强。这一时期,云南货币流通的重大变化是贝币在流通中确立起了主币的地位,这当与东南亚、南亚的影响增强直接有关。元、明、清时期,云南纳入中原王朝的直接统治之下,中原内地的影响又一次崛起并不断发展,最终排挤了东南亚、南亚的影响,引发了云南货币史上最为深刻的一次变革,即明清之际云南的"废贝行钱"。进入近代,随着西方资本主义列强对云南的侵略,东南亚、南亚对云南的影响又一度得以加强。所以,忽视东南亚、南亚对云南的影响是不符合历史事实的,而且也难以解释云南历史发展的变化。因此,在对云南的历史研究中,应强调东南亚、南亚这股力量,并将其作为理解云南历史发展的一种基本观念。

再一个重要问题就是,人们在看待云南历史发展时,总是将云南看成是一个封闭的系统,甚至将云南视为封闭的代名词。但是,从"贝币之路"来看,应该说,云南历史发展很早就是一个开放的系统,有着很强的开放性。

这种开放性究竟达到何等高度,可以说,云南很早就与东南亚、南亚形成了区域市场。如果我们将云南的贝币与东南亚、南亚的贝币作对比,就会发现,双方具有很多共同性。元《混一方舆胜览》中"云南行省"说:"交易用贝,贝俗呼作　。以一为庄,四庄为手,四手为苗,五苗为索,虽租赋亦用之。"《瀛涯胜览》"傍葛剌国"条也记载:"国王发铸银钱名曰倘贝,殆仿自天竺国。其贝子计算之法,以一为庄,四庄为手,四手为苗,五苗为索。"云南和印度以及东南亚一些国家贝币计数进位方法完全相同,这并非巧合,而是有着历史的必然性,说明它们同属一个货币流通系统。众所周知,货币是经济发展的集中体现。双方数千年流通同一种货币,只能说明它们同属一个市场圈,是一个完整的区域市场。双方经济联系的程度,应提升到这样的高度来认识。否则,根本就无法解释这一经济现象。

云南和东南亚、南亚的贝币,不仅来源、种类相同,而且计数单位也完全一致,这充分说明它们是一个文化系统。马克思曾经指出,货币是社会经济发展最集中的反映和重要标志,有什么样的交换水平,就有什么样的货币形态。云南长期流通来自东南亚、南亚的贝币说明云南与东南亚、南亚在相当长的历史时期内是一个完整的区域市场,至少也说明云南社会经济发展受东南亚、南亚影响较大,具有社会经济发展的一体化特征。

或曰:将云南历史上云南与东南亚、南亚国家和地区看成是一个区域市场,这是不是高估了双方经济联系的程度? 我认为,这并没有高估。长期以来,人们之所以没有从区域市场高度看待各地区的关系,主要是对古代世界发展的整体性联系缺乏足够的认识。现今越来越多的研究表明,古代世界是由无数个经济圈构成的经济发展整体。这其中,我国云南与东南亚、南亚应是一个市场圈。"贝币之路"的存在本身就说明了这一点。因此,在对云南的历史研究中,不能片面强调封闭性,而应重视它的开放特征。当然,由于历史条件的不同,云南的开放有着与其他地区明显不同的特点。我们应该研究这种开放的特殊性,以及开放与封闭的关系问题。但无论如何,只讲封闭性是不对的。

总之,"贝币之路"表明,对云南历史的研究必须以新的视觉,站在新的高度,以新的理论体系解构历史发展的过程。这样,才更符合历史发展的实际,而且也才能取得研究上的一些突破。其中,很重要的一方面就是要以开放的观点重新审视云南历史的发展,强调东南亚、南亚对云南历史发展的影响。目前,构建云南历史研究新体系的工作应该说刚刚开始,希望有更多的人从事这项研究,做出更多的研究成果。

注释:

1　李俊:《西南丝绸之路与云南贝币的流通》,《云南文物》1994 年第 38 期。

2　28　熊永忠:《云南古代用贝试探》,《云南文物》1986 年第 20 期。

3　[德]费迪南德·冯·李希霍芬是较早对中国地质、地理和经济资源进行亲身考察的西方人,他在中国的考察成果主要有《李希霍芬男爵书简》(Letter from Richthofen,shanghai,1870—1872)(1903 年上海出版)、《中国:亲身旅行和据此所作研究的成果》(China:Ergebnisse erigener reisen und darauf gegründeter studien)(见[英]罗伯特·迪金森著、葛以德等译:《近代地理学创建人》,商务印书馆 1980 年版)。

4　代表性成果有王炳华编著:《丝绸之路研究丛书》(全 20 册),新疆人民出版社 2009 年版。

5　万斯年:《云南剑川元代火葬墓之发掘》,《考古通讯》1957 年第 1 期。

6　孙太初:《云南西部的火葬墓》,《考古通讯》1955 年第 4 期。

7　13　15　王大道:《云南出土货币初探》,《云南文物》1987 年第 22 期。

8　云南省文物工作队:《云南大关、昭通东汉崖墓清理报告》,《考古》1965 年第 3 期。

9　云南省博物馆:《云南江川李家山古墓群发掘报告》,《考古学报》1975 年第 2 期。

10　云南省文物工作队:《大理崇圣寺三塔主塔的实测和清理》,《考古学报》1981 年第 2 期。

11　昆明市文物管理委员会:《呈贡天子庙滇墓》,《考古学报》1985 年第 4 期。

12　云南省博物馆文物工作队:《云南剑川鳌凤山墓地发掘简报》,《文物》1986 年第 7 期。

14　《云南景洪曼阁渡口古墓葬清理简报》,《东南文化》1992 年第 1 期。

16　李伟卿:《云南古代的铜铸艺术》,《云南青铜器论丛》,文物出版社 1981 年版,第 30 页。

17　21　23　[意]马可波罗著、冯承钧译:《马可波罗行纪》,上海书店出版社 2001 年版,第 290、291、290 页。

18　[唐]樊绰:《云南志》卷6《云南城镇第六》。

19　[宋]李焘著:《续资治通鉴长编》(第19册)卷267,中华书局1985年版,第6541页。

20　见[宋]李昉等编:《太平广记》卷190。

22　[明]谢肇淛:《滇略》卷9。

24　方国瑜:《云南用贝作货币的时代及贝的来源》,方国瑜著:《滇史论丛》第一辑,上海人民出版社1982年版,第247页、第253页。

25　江应樑:《云南用贝考》,杨寿川编著:《贝币研究》,云南大学出版社1997年版,第83页。

26　李家瑞:《古代云南用贝币的大概情形》,《历史研究》1956年第9期。

27　杨寿川:《云南用贝作货币的起始时代》,《思想战线》1981年第5期。

29　王东昕:《西汉及以前滇贝非"币"与"装饰品"论》,云南大学历史系:《史学论丛》第7辑,云南大学出版社1999年版,第233—240页。

30　见方国瑜编:《云南史料丛刊》第5卷,云南大学出版社1998年版,第151页。

周边国际环境的新挑战和中国外交政策的调整

邢广程(中国社会科学院
中国边疆史地研究中心研究员)

近几年来,伴随着中国的发展和壮大,中国周边国际环境也在发生一些引人注目的变化,尽管这些变化没有改变中国周边国际环境总体格局,但一些新情况和新因素的出现确实给中国周边国际环境带来的新的挑战。

一、中国面临着来自海洋方向的严峻挑战

最近几年,中国在海洋方向出现一些严峻挑战。比如,2010年3月26日"天安号"事件引发了黄海局势的极度不稳定,美韩军演多次举行联合军演;再如从2010年9月7日中日钓鱼岛"撞船事件"到目前日本钓鱼岛"国有化"妄举,造成了新的一轮中日钓鱼岛争端;再看南海方面,2011年以来中国与菲律宾和越南等国纠纷不断升温。中国在海洋方向突发一系列新挑战,表明中国在维护海洋领土主权方面压力陡然增大。其中南海问题和中日钓鱼岛问题已经严重牵扯了中国外交精力,成为全世界关注的焦点问题。

（一）日本钓鱼岛"国有化"触动了中国的战略底线

在钓鱼岛问题上，日本一意孤行是有战略上的考虑的，一是想通过攫取钓鱼岛，推翻二战铁案，试图以此卸掉沉重的历史包袱。近年来日本与俄罗斯、韩国和中国都在岛屿问题上发生激烈的纷争，究其原因就是日本准备否定二战结束时所作出的历史安排。二是利用中国在发展但还不特别强大的时机来谋取钓鱼岛，造成实际主权控制的既定事实。三是日本攫取钓鱼岛的最大"法理"依据就是日美安保条约"适用于"钓鱼岛，日本试图借用美国的力量来吓唬中国，使中国在日本实际攫取钓鱼岛时因顾及美国而不敢采取有效的实际行动。

长期以来中国政府一直将日本视为一衣带水的友好邻邦，针对日本方面经常不断炮制出来的麻烦事情，中国政府着眼于维护大局，没有采取严厉的回应。尽管日本曾经给中国带来过巨大的伤害和灾难，但中国政府本着向前看的态度，精心维护来之不易的中日友好合作关系，甚至在中国经济十分困难的时候免除了日本的战争赔款，这不仅在当时就是现在看来也依然是非常了不起的举动，这是中国政府和中国人民能够不计前嫌，化恨为大爱的仁慈之举。但是，长期以来日本方面却一直在利用中国方面的大爱和宽容，在历史问题上纠缠不休，从"历史教科书"问题到参拜靖国神社，屡次伤害中国人民的感情。这次日本在钓鱼岛上的步步紧逼，已经超越了历史和现实的所有界限。现在日本不仅仅在攫取钓鱼岛，更是公然蔑视日本在二战战败所构成的历史事实，实际上就是第二次侵略钓鱼岛，就是日本视中国为可欺之国，这也表明，军国主义思维在日本还没有得到彻底改变。中国曾经有人表示，中国应该以更多历史事实来证明钓鱼岛是中国的固有领土，这个思路没有问题,但是需要强调的是,日本明知钓鱼岛及其附属岛屿是中国的固有领土,但日本就是想"吃掉它",这是日本所固有的强盗逻辑,而强盗逻辑是不讲法理和尊重历史事实的。面对日本所固有的强盗逻辑,中国用大爱能够感化得了吗?尽管日本攫取钓鱼岛巧立名目,但其强盗逻辑的实质没有什么区别。"中国与日本之间持续不断的紧张关系提出了这样一个问题:两国之间是否有可能——以及在何种情况下——建立起范围更加广泛的友好关系?除非日本愿意正视其在二战期间对待邻国的方式,尤其是中国和韩国,否则这个问题不会得到根本的解决。但这不会是件容易的事情"。[1] 日本的强势攫取钓鱼岛的行为给中国出了一个难题,应该引起中国政府和民众深思的是,为什么二战过去这么多年,日本依然还顽抱强烈的帝国侵略思维?为什么日本会抛弃原来所有的中日在钓鱼岛问题上的政治共识和政治默契而专横地攫取钓鱼岛?日本是不是一步步地在将自己塑造成中国的实际战略对手,或者反过来说日本是否已经将中国视为其战略对手了?在钓鱼岛问题上反映了日本对中国崛起的恐惧[2]。过去中国在很多问题上容忍了日本,没有纠缠日本制造种种麻烦事情的细枝末节,但日本在钓鱼岛问题上的作为,中国还能够容忍下去吗?这不仅仅是领土问题,更重要的是如何看待二战的历史安排和性质问题。面对日本的强盗逻辑,中国应该谋求对日本的强盗逻辑和行为给一个清晰的、极其深刻的教训,使日本重新回到对中国尊重和敬畏的轨道上来。因为中国虽然赢得了二战的胜利,但惩治日本的实际操控权力被美国和苏联所把持。还有一个问题需要讨论,日本自恃有美国盟国为后盾才敢于挑战正在不断发展的中国的战略底线,而美国出于遏制中国的战略目的竭力模糊二战结束时期所作出的历史安排,美国成功地将曾经的战争对手塑造成为自己的盟友和马前卒。但无论日本与美国关系和身份的如何转变，都无法改变日本是二战战败国的历史事实。过去日本侵占他国领土是一种罪行，现在日本试图在美国的庇护下抢占钓鱼岛也是一种侵略罪行，而任何侵略行为总会付出巨大代价的，不要妄图中国无动于衷。在钓鱼岛问题上日本试图绑架美国，但在中国对日本采取严厉措施时美国会强势介入吗？

（二）南海问题的挑战

2012年南海问题不仅没有降温，而且越来越尖锐。中国渔政船与菲律宾军舰在黄岩岛形成了长时间的对峙。围绕南海问题菲律宾在国际上制造了一系列事端，菲律宾一方面与美国进行全面的合作，另一方面为应对南海局势不断扩充军备，推进军队现代化。越南也是如此。

还有一个现象值得注意，自南海成为世界热点以来，菲律宾和越南加强了互动，如2012年7月在金边举行的东盟第45届外长会议上，菲律宾和越南企图联合推动与会者通过"南海行为准则"，将东盟绑架在南海问题上，进一步向中国施加压力。但菲律宾和越南的行为没有在此次会议上得逞。日本也趁机加强了与菲、越之间的军事和其他领域的联系。2011年日本政府向越南提供了大规模的经济援助并加强了与越南的军事合作，牵制中国的意图十分明显。日本还积极与菲律宾签署了防卫合作备忘录，提供军事援助，出口大型巡逻船。

在这种情况下中国加强了南海问题的管控力度，具有实质性的步骤就是组建了三沙市，这表明中国加强了对南海区域的管理。南海问题不是近期就能够解决的问题，目前的现实选择就是危机管控的问题，我们依然要坚持"主权在我"的原则，在这个原则基础上再通过"搁置争议"和"共同开发"等灵活步骤加以妥善解决。当务之急就是要在南海加大法律确定力度,从法理上确认中国的主权地位。与此同时,以三沙市成立为契机,抓紧对南沙群岛尚未被周边国家占据的岛礁进行勘察并加以有效管理,在有效管理的岛礁区域如果条件具备则须逐步开发油气资源。在南海问题上大陆与台湾应加强沟通与合作。在南海问题上中国不能采取急于解决问题的心态,不要指望短时期内就能够解决问题。

二、美国因素的放大

近几年来,亚太地区正在发生一些引人注目的新变化,并且出现了一些具有重要战略意义的新特征。大国对亚太地区的关注程度急剧提升表现在三个方面,一是美国高调声称"重返亚太",二是俄罗斯重新关注亚太地区,提出开发远东地区的新战略,三是印度提出向东外交战略。此外,就连与亚太地区甚远的欧洲也以新的目光关注亚太地区的发展。大国如此关注亚太地区使得本来就不够平静的该地区显得更加不平静。尽管美俄印等大国都高调介入亚太地区,但三国的战略目的却不尽相同。

美国"重返亚太",实行战略再平衡,醉翁之意不在酒,意在遏制中国的崛起,围堵中国的亚太地区日益增长的国际影响力,面对中国越来越强的发展态势,美国匆忙从伊拉克和阿富汗脱身,急于"重返",不想让中国在亚太地区做大做强。尽管美国政府在这个问题上公开表态遮遮掩掩,但其战略意图是司马昭之心路人皆知。问题还在于,美国是一个行动力很强的国家,急于重返亚太地区,不仅是言辞上的,而且是行动上的。这几年中国周围出现一系列麻烦,海洋方向生成一层层波澜,都浮现出美国的影子。美国"重返亚太"可谓是携大西洋和印度洋之风,呼啸而来,给中国溅上了半身水花。南海问题,钓鱼岛问题,黄海上的美韩联合军演等,都是这些"水花"的生动体现。美国不与中国发生直接的碰撞,而是鼓励周边一些国家与中国发生摩擦,如鼓励日本在钓鱼岛问题上与中国发生碰撞,鼓励菲律宾等国在南海问题上与中国进行纠缠。美国的做法一方面,无非是让中国心神不宁,不能够心无旁骛、聚精会神地搞经济建设和改革,干扰中国发展的大局,阻止中国进一步前进的步伐。另一方面,美国试图通过这些方式激怒中国,使中国在激愤的状态下做出不理智和不富有智慧的决策,酿成重大战略失误,从而自身遭到重大挫折,从而坐收渔翁之利。美国在中国周边不断举行军演,一方面是给盟国助威,另一方面也在传递明显的磨刀信息,刺激中国民众的神经,让中国方面心烦意乱。美国还加强在亚洲一些组织里的存在,如美国加强对东盟的影响,在东亚峰会上扩大自己的影响力。美国加强美日澳之间的战略关系,组建 TPP,遏制中国的经济发展和影响外溢。"随着中国的发展壮大,美国在该地区加强了自己的军事实力,增加了与传统上的盟国的战略合作,与印度和新加坡等具有相同的关切的其他国家建立了新的伙伴关系"。[3] 不能完全说,美国旨在构筑包围中国的战略影响带,美国"重返"亚太地区的目的和动因是多重的,但美国确实利用各种手段、各种平台来干扰中国,纠缠中国,增强中国崛起的国际成本和难度,制造一系列麻烦,使中国周边国际环境出现不协调现象,使周边一些国家对中国的信任程度下降,猜疑和埋怨成分上升,这一方面达到了美国遏制中国的目的,另一方面加强中国周边一些国家也本能地靠向美国的可能性。

布热津斯基在《战略远景:美国与全球权力危机》(Strategic Vision: America and the Crisis of Global Power)论著中提出了四个

重要问题：一是全球力量分布由西向东转移的涵义是什么？人类已在政治上觉醒的新现实对其有何影响？二是美国的全球吸引力为什么不断减弱？美国在国内和国际上衰落预示着怎样的不祥？美国如何浪费了冷战和平结束所提供的独一无二的全球性机会？相反地，美国在恢复活力方面有何优势？为重振美国的全球作用必须重新确定什么样的地缘政治方向？三是如果美国衰落并不再占据全球范围内的卓越地位，可能会造成什么地缘政治后果？谁将即刻成为这一衰落的地缘政治受害者？其对 21 世纪全球问题的影响是什么？中国到 2025 年能否承担起美国在世界事务中的核心作用？四是展望 2025 年以后，重新崛起的美国应如何界定其长期的地缘政治目标？美国怎样才能与传统上的欧洲盟国一起寻求与土耳其和俄罗斯保持接触，以构建一个更大和更生机勃勃的西方？同时，美国怎样才能在东方实现平衡，一方面照顾与中国密切合作的需要，另一方面顾及美国在亚洲的建设性作用，既不完全以中国为中心，又避免卷入亚洲冲突中的危险？上述问题的提出无非是美国智界已经认识到，全球力量的重心在发生由西向东的转移；美国尽管依然很强大，但已经逐步减弱自己的全球影响力；中国崛起已经成为事实；美国应该如何面对正在崛起的中国。

三、中国和平发展的方针被误读

长期以来，中国将和平发展作为自己的国家战略，反复向世界强调，中国的发展是和平的发展，中国不谋求世界霸权。和平发展的思想给中国带来了三十多年的持续发展。但是，伴随中国的持续发展，西方一些国家和周边一些国家在不断地误读中国和平发展的方针，日本甚至认为中国和平发展的思想就是"和为贵"的思想,就是不敢碰硬的思维。在这种误读中国和平发展的思想指导下,日本在钓鱼岛问题上采取了侵害中国主权的做法,挑战中国和平发展的底线,但日本的这种误读也将会给其带来非常严重的负面影响和代价,中国坚持和平发展,但中国更有坚持维护自身国家利益的坚强国家意志和决心,如果日本在钓鱼岛问题上一再挑战中国的利益底线,那么中国不惜运用包括武力在内的各种手段和方式捍卫中国的领土完整和国家尊严,中国更不能在自己越来越发展和强大的状态下任凭日本去翻第二次反法西斯战争的案,中国会坚定维护二战做出的历史安排,会再给日本上一堂历史课程,让日本真正地懂得如何尊重邻国,如何反思自己历史所犯下的严重罪行,如何汲取历史教训。同样如果菲律宾及其暗中支持的国家利用中国和平发展的方针谋求自己的私利,攫取中国利益,在南海问题上冒险地试试中国和平发展的限度,则也会损害自己的国家利益。中国坚持和平发展的道路,但中国绝不会任凭别的国家损害中国的核心国家利益。

现在的中国不仅有能够维护自身国家领土完成和统一的能力和手段,而且更具备正确而理智使用这些手段和能力捍卫自己国家利益的决心和意志。那些想利用中国和平发展善良愿望谋取私利的国家应该及早明白这个道理。

中国崛起的历史已经证明,中国的发展是在维护周边和世界和平的状态下进行的,中国的发展所实行的是维护周边良好国际环境,旨在谋求互利共赢。中国为更好地贯彻和平发展的道路,具体地提出了睦邻友好政策,即"睦邻、富邻、安邻"的政策,还提出了和谐世界的战略思想,这些思想无非想表明中国的发展是建筑在和平互利基础上的。多年的持续发展使中国周边国家充分地享受到了中国发展所带来的经济益处,但周边某些国家在享受到了经济益处和发展好处的同时，又在从事损害中国国家主权和核心利益的事情。日本和菲律宾的搅局思维恰恰说明，中国和平发展道路选择的正确性。同时也提醒了中国政府应该明确和完整地阐述中国和平发展道路的内涵和外延，压缩某些国家利用中国和平发展思想来达到自己不很光明的目的。

　　中国崛起的过程中因发展迅猛自然也有一种焦虑感，而美国和日本等西方国家更有一个被中国所追赶的焦虑感，中国超越日本这个事实本身就造成了日本的焦虑感，中国赶超美国也使美国在行为上产生了被赶超的焦虑感，其实无论美国还是日本都应该客观地正视中国崛起的现实，而不是产生给中国崛起设置种种障碍，甚至产生给中国发展实施外部刹车的冲动，因为这不仅给中国而且给美国和日本等自身也造成伤害。正如有的美国学者所言："对于担心对抗和战争的风险的人来说，主要挑战是把军事革新活动放在更广泛的政治战略中，意识到中—美合作的好处，以及竞争转化为对抗或冲突时的共同风险。""在我们继续必不可少的军事现代化进程中，加强与中国的军事和外交政策参与者的对话将越发重要，此外还要在出现问题的时候展开冷静的危机管理"。[4]因为在中国崛起的进程中，中国与美国等国的关系形成了前所未有的联动和依赖关系，你中有我，我中有你的利益捆绑关系。所有这些现象都是在全球化背景下发生的。就是我们所生活当下的客观现实，唯一理智的选择就是客观地看待中国的发展，并且看到中国的崛起客观上也给美国等西方国家带来的巨大机会和益处。正如美国学者所言，中美"这两个国家在经济上越来越离不开对方，而且都具有足以伤害对方的军事力量。就是这种相互的脆弱性，带来双方合作的最佳中期希望。相互惧怕才使彼此之间携手合作的必要性得以延续"。[5]

四、中国如何应对国际格局的变化

国际力量对比正在发生变化,新兴大国的群起猛烈地冲击着西方长时段所积累的传统国际优势,挑战西方国际主宰地位和所主导的国际格局。国际格局转型的第一个特征,就是传统西方国家的衰落;第二个特征就是包括中国在内的新兴国家的崛起,这不仅改变了西方为主导的世界经济格局,更主要的是,给世界提供了一种不同于西方国家的新的发展模式和道路。这些新兴国家还经常在一些国际问题上反对美国等西方国家的做法,如俄罗斯和中国在如何对待叙利亚问题上反对美国等西方国家的主张,自然被西方国家所排斥。

自21世纪以来,亚太地区越来越成为全世界所关注的焦点地区,该地区的持续发展使得世界地缘政治、经济和文化重心正在从欧洲大西洋地区向亚太地区移动,冷战后世界正在从单级状态走向多极化、多元化和多样化。亚洲经济和政治成就的实现得益于,东亚和东南亚国家实施对经济进行直接和间接干预的政策。亚洲尤其是中国的成功,是基于政府所制定的政策符合逻辑,并具有广泛的适应性,符合本国国情,不拘于意识形态。还要看到,中国民众能够创造性地借鉴别人经验、对其他国家的传统和思维方式具有高度的包容性,中国在实施改革开放的过程中认真研究西方有益经验并灵活地加以本土化,这使中国在当今世界发展中迅速提升全球经济竞争力并取得成功。亚洲的经济成就并不能使亚洲国家之间的关系本身避免必须解决的一系列复杂问题。这些问题是由一系列复杂因素促成的,比如历史因素会促成亚洲国家关系紧张,比如日本国内的党派斗争会明显地干扰对华政策,比如美国的强势介入等。

亚洲的发展使世人有目共睹的。按国内生产总值(购买力平价)计算,中国如今是世界第二大经济体,日本第三,印度第四,韩国位列十三。在总储蓄量方面中国位列第一(占世界份额的20.7%),日本第三、印度第五、韩国第十。上述四个亚洲国家总共占世界总储蓄额的34.5%。中国经过三十多年的改革开放取得了举世瞩目的可喜成就,2010年中国超越日本成为世界第二大经济体,西方经济学家已经明确地计算出中国超越美国成为世界第一经济体的时间表。2003年,中国出口量排名世界第五位,2009年首次位居第一名。2010年,中国的进口量超过德国位列第二名,仅次于美国。中国持续和迅猛的发展和壮大是当今国际社会最大的变量,中国给国际社会带来了活力和冲击力,而这种冲击力是中国迅猛发展的自身发展所携带的自然现象,它是一种正能量,并不具有破坏力。

这里有两个问题需要讨论,一是世界结构和国际格局正在发生转型和变化;二是中国正在迅猛而持续的发展。问题在于,迅猛而持续发展的中国与正在急剧变化的世界究竟是一个什么样的关系? 有一点是确定的,即无论是急剧变化的国际格局和世界,还是迅猛而持续发展的中国都处于变动的状态中,因此,其相互关系必然要在这种变动的状态中加以构建。尽管中国和世界都在变化,但大的国际格局并没有发生翻天覆地的改变,世界"一超多极"的传统格局并没有被打破。"欧洲、日本与美国的实力对比将继续维持目前的状况,中国、印度与美国的力量差距可能会缩小,但仍无法决定性地改变世界权力分配的格局"。[6]但变化是有的,在"一超多极"格局中,"一超"的比重在下降,"多极"的比重在上升,中国在"多极"中脱颖而出,这就是变化。

中国如何确定自身的国际地位,外部世界如何认识中国的新角色、新的身份和新的国际影响。中国如何适应急剧变化的国际格局和世界，反过来，国际社会如何适应和看待迅猛崛起的中国。种种迹象表明，中国崛起的外部投影被无端拉长和拉宽了，并没有反映出中国的实际状态。西方在观察中国时经常不看说明书就使用观察工具，结果是不恰当地使用了所观察的工具，在需要使用望远镜时却使用了显微镜，而在需要使用显微镜观察中国时却错拿了望远镜。焦距对不准，自然所看到的中国影像不是真实的，不是将中国放大了，就是缩小了，或者扭曲了。所以，"中国威胁论"、"中国责任论"、"中国傲慢论"、"中国崩溃论"层出不穷。西方不愿意正视中国崛起的现实，将中国崛起这个事实用各种方式加以扭曲，附加各种不正确的信息。这就使西方对中国的认识不可能是正确和公道的，而上述这些对中国扭曲的看法折返回来，又使中国对西方的战略意图产生忧虑。西方不愿意客观地认识中国就使得中国在崛起的外部环境方面面临着巨大的挑战和困难。

所以，中国与世界的关系是一个带有全局性、战略性和长期性和复杂性的互动复合型问题。而中国与美国等西方国家的关系是新兴大国与守成大国关系的生动表现。"关键是要尊重对方的核心利益和重大关切，不相互制造麻烦，不逾越对方的底线，新兴大国不挑战守成大国，守成大国也要容得下新兴大国"。[7]

中国外交处于转型时期，因为内外部环境也在发生变化。中国外交需要更加缜密的战略构划和利益的维护及其外交政策的有节奏实施。中国外交应适应中国国力提升这个客观因素的变化，中国需要通过更加合理的外交布局和外交运作将中国的国家利益维护得更好。不能忽视这样一个现实，中国越来越发展，但中国的国家利益越来越受到来自各方面的挑战，维护国家利益的成本越来越大，越来越困难。随着中国的崛起，中国的国家身份和重量都在发生变化,过去中国可以在国际社会中充当旁观者、沉默者、边缘户,现在则是另一幅景象了,中国无意中走进了国际社会的舞台中间,尽管中国暂时还没有来得及准备好自己精彩的台词,但中国不能不发出自己的声音,不得不面对来自国际社会吵吵嚷嚷的评论和质疑甚至喝倒彩,中国也有一个适应国际社会的过程和阶段,对此中国也要有与国际社会打交道的心理准备。

五、中国外交政策的选择

在中国发展的国际战略机遇期,中国的外交挑战,第一来自美国的"重返"亚太地区;第二是来自周边某些国家。或者说,这两者有着密切的联系。在中国周边已经开始形成了具有潜在危险的安全真空。中国不威胁任何人,但增长如此之快,引起了一些邻国的忧虑。如何破解?俄罗斯智库曾提出,有针对性地在亚太地区建立新的对外政策区域性模式,即建立有效的类似于"亚洲的赫尔辛基进程"形式的政府间协商的常设机制,甚至更小规格的中美俄关系机制,还可以签署"太平洋安全和发展公约"。

中国在国际社会中如此引人注目并不是中国刻意所追求的,恰恰相反,正是中国三十年来埋头苦干,坚持改革开放,集中精力谋发展搞建设,才取得了如此骄人的成就。现在中国还不是世界的"领头羊",但全世界已经按照中国发展的既定轨迹描绘出中国有可能成为世界真正的领头羊,这样,中国就被世界"头"化了。邓小平曾经说过:"我们千万不要当头,这是一个国策。""这个头我们当不起,自己力量也不够。当了绝无好处,许多主动都失掉了。"[8]邓小平所言的年代中国确实很落后,我们没有本钱当头,而现在中国发展了,有些本钱了,中国能不能当头?这就涉及到了当今中国的国际定位,中国依然是发展中国家,依然艰苦地跋涉在发展的道路上,依然没有足够的本钱去当头。这一点中国政府是非常清楚的,但问题在于,西方将中国当做潜在的"头"加以识别出来,美国自然不希望中国充当世界的"头",所以,封杀潜在对手的想法和做法逐步实施。需要强调的是,多年的经验告诉人们,美国作为头号世界强国,有着丰富的整治潜在对手的经验和手段。二战以来美国用各种办法成功地整治了苏联、日本,造成了苏联和日本一死一衰的状况。"在中国人看来,华盛顿同北京缓慢的邦交正常化不是出于理想主义及慷慨大方,相反,美国之所以寻求邦交正常化,是因为美国可以在中国经济开放中受益,通过美国投资、消费廉价的中国商品以及通过支持美国贸易及财政赤字的借款来榨取利润。然而,忙于在中国餐桌上灯红酒绿之时,美国的战略家忽视了中国崛起的风险,直到 20 世纪 90 年代末期才感觉到。既然美国感觉到中国的威胁,这些中国分析人士相信,不再有任何现实主义的方式阻止中国继续发展。从这一点来说,美国的接触战略是失败的,从而证明了中国领导人邓小平在 1991 年提倡的战略思想'韬光养晦'的有效性。面对增长迅速无法停步的中国,美国除了现在所做的无能为力:要求按照美国的条件进行合作、威胁中国、军事围堵以及继续尝试改变其政权"。[9] 现在,种种迹象表明,美国正在逐渐将中国视为自己的潜在对手加以防范和整治,美国一系列综合性的遏制手段和手法接连展现出来,中国无意与美国争霸,无意与美国发生战略上的碰撞,但中国也不能因为不想当头,担心被别人整治而裹足不前,不谋求发展。中国在发展道路上找到了符合自己国情的路子,越走越快,越走越宽,越走越有信心。尽管中国无意当头,但山高人为峰,中国的实力显现出来了,尤其在 1998 年亚洲金融危机和 2008 年经济危机中中国发展的含金量被验证了,中国 GDP 总量超越日本直逼美国的趋势明显地显现出来,经济的追赶者和赶超者的角色显露出来了,美国感到了自身的威胁,开始不从容地拉开阻拦的架势。中国当今的最主要的课题就是如何富有智慧地保持发展的势头又不与领跑者发生直接的身体冲撞,是继续跟跑还是超越领跑者自己领跑。如果想超越领跑者,是在直道上超越还是在弯道上超越? 假如现在的领跑者用恶意犯规的方式挑衅跟跑者时该如何应对呢? 还需要强调的是,我们赶超美国的只是 GDP 总量这一项,在人均 GDP 这个选项上,中国还远远落后于很多国家,更不用提美国和日本了。所以,在经济发展的全能比赛上,中国只在 GDP 总量这个单项上占有优势,其他方面还缺乏优势,将来即使我们在 GDP 总量这个单项上超过了美国,我们依然不可能获得全球经济全能比赛的冠军,所以,我们还当不了世界的领头羊。

　　未来的中国会越来越对国际格局和世界体系贡献出自己的智慧和力量。现在中国提出和谐世界的思想,但中国的和谐世界的思想并不是要推翻现行的国际格局和世界体系另起炉灶,而是将中国对世界的深度理解和思考逐步地传达给世界,现行的国际规则会逐步采纳中国的富有智慧的思想和理念,因为世界总是需要进步的。只要中国的理念和思想是进步的,就不必担心中国的理念和思想不会在国际社会中得到体现和接受。只要中国在不断发展,只要中国在发展中不断提出符合世界发展方向的正确理念,则国际社会就会不同程度地吸取这些理念,当然我们并不相信这个过程是自然的、顺畅的,而是充满了碰撞和斗争,但未来的国际规则、世界体系必然会反映出中国和其他新兴大国、发展中国家的理念,必然会体现出国际社会利益多元化的趋势,国际社会中的公正、平等、合理、互利、和平和多元化的理念已经被大多数国家所接受,这就是进步的表现。过去中国实行的是低调外交,但未来即使中国越来越发展也不应该实施高调外交。中国应该实施的是务实外交。最重要的依然是将自己内部的事情做好、做到位。

　　胡锦涛同志在中国共产党第十八次代表大会报告中明确指出,"在国际关系中弘扬平等互信、包容互鉴、合作共赢的精神,共同维护国际公平正义"。这就为中国今后的外交政策提出了明确的方向,这也是中国对国际事务的基本主张。

注释:

1　马丁·雅克(《当中国统治世界:西方世界的终结与世界新秩序的诞生》一书的作者):《中国和日本:陷入相互厌恶而不能自拔的两个国家》,载英国《每日电讯报》2012 年 8 月 20 日。

2　马丁·法克勒:《岛屿争端反映了日本对中国崛起的恐惧》,载美国《纽约时报》2012 年 8 月 22 日。

3　阿伦·L·弗里德伯格(美国普林斯顿大学政治与国际事务教授):《对抗北京——一项替代性的美国对华政策》,载美国《外交》杂志 2012 年 9—10 月号。

4　迈克尔·奥汉隆(美国布鲁金斯学会防务问题分析家)和詹姆斯·斯坦伯格(美国前常务副国务卿):《"空海战"如何纳入美国的规划》,载美国《华盛顿邮报》2012 年 8 月 24 日。

5　9　黎安友(安德鲁·内森)(哥伦比亚大学政治学教授)和施道安(安德鲁·斯科贝尔)(兰德公司政治学家):《中国是如何看待美国的——北京担忧之事》,载美国《外交》杂志 2012 年 9—10 月号。

6　朱锋:《中国外交向'新国际主义'转型》,载《中国与世界观察》2007 年第 1 期。

7　乐玉成:《关于中国与世界关系的十点思考》,载《国际问题研究》杂志 2012 年第 3 期。

8　《邓小平文选》第三卷,第 363 页。

中国边疆学学科构筑的透视

李国强(中国社会科学院
中国边疆史地研究中心研究员)

在哲学社会科学不断繁荣的时代,中国边疆学的构筑日益引起学术界的关注,其原因不仅在于这一发展中的边缘学科在我国具有优良的学术传统,而且在于这一学科独特的理论价值和实践意义不断得以彰显。事实上,从一门学问逐步升华为一门学科,往往伴随着较为漫长的发展过程。

在探讨中国边疆学构筑这一重要命题时,有必要廓清"学科"的含义是什么、从传统的中国边疆史地研究向中国边疆学转型的进程、中国边疆学的基本结构等等问题。本文拟就上述问题进行初步研究,希望对推进中国边疆学的构筑有所裨益。

一、关于"学科"的定义

科学的学科分类,对于准确反映学科体系的现状、揭示学科发展的规律、预测学科发展的趋势有着重要的意义。而要正确地对学科进行分类,首先要对"学科"有恰当的定义和认识。通常"学科"这一概念至少包括两方面的含义:

其一，是学问的学术分类，即按照一定的学术标准将人类浩如烟海的知识积累划分成不同的类别，它表明一定科学领域或一门科学的专业分支。学科是相对独立的知识体系，是与知识相联系的学术定义，是自然科学、社会科学、人文科学三大知识系统内若干知识子系统的集合概念。[1]

1997 年国务院学位委员会和教育部联合下发的《授予博士、硕士学位和培养研究生的学科专业目录》（简称：学科目录）共设置一级学科 88 个。1998 年教育部颁布的《普通高等学校本科专业目录》中，高校本科教育学科专业包括哲学、经济学、法学、教育学、文学、历史学、理学、工学、农学、医学、管理学等 11 大学科门类。2007 年教育部公布了国家级重点学科，其中一级学科为 72 个。在上述学科分类中，人文社会科学的学科分类基本上以独立分支学科的形式予以体现，如哲学、经济学、法学、教育学、文学、历史学等。

早在 1992 年 11 月国家技术监督局批准并发布了 GB/T13745—92《学科分类与代码》（Classification and code disciplines），以后逐年对二、三级学科进行了一些微调。该国家标准依据科学性、实用性、简明性、兼容性、扩延性、唯一性六大原则，从学科研究对象、研究特征、研究方法、学科的派生来源、研究目的、目标等五个方面，将各学科门类划分为自然科学、农业科学、医药科学、工程与技术科学、人文与社会科学五个大的类别，下设一、二、三级学科，其中一级学科 58 个，一级学科中人文与社会科学有 20 个。[2] 该国标的意义在于对人文社会科学的学科以整体独立的形式进行了分类，形成了人文社会科学自成一体的学科分类系统。

其二，学科是对科研机构及高校人才培养、教师教学、科研业务隶属范围的相对界定，它力图使学术与社会发展之间呈现出协调和谐的关系。这一界定对不同学科在人才培养的规划和目标、学术资源的配置和协调、教育的质量和效益、科研成果的评价和推广等方面提出不同的要求或标准，同时在学术体系和学术机制等方面形成不同的规范或模式，从而使各个学科体现出各自的特质。

说到底，学科反映着不同科学领域的本质差异和原始属性。当然，在各学科门类之间依然有一条贯穿始终的主线，即遵循学术发展的客观规律并与社会发展的要求相适应。这几乎是所有承载学术功能的机构的立足之本，也是学术得以繁衍和繁荣的必由之路。

从第一层含义上而言，侧重于学科内涵的基本定义与规范；而第二个含义，则侧重于学科外延的基本实践与意义。显而易见的是，学科分类表现出两面性：一方面学科分类力图保持其相对的稳定性，尤其是一级学科的分类大体上长期固化为哲学、经济学、法学、教育学、文学、历史学、理学、工学、农学、医学、管理学 11 大门类（或 58 个门类），从一定意义上体现出学科分类（特别是一级学科）所具有的权威性和独特性。另一方面，学科从来都不是静态的，随着学术的发展、时代的变化，学术本身总是处于裂变、细化的动态过程中，从而导致一些传统学科逐渐蜕化、衰弱，甚至成为"绝学"，而与之相伴的是新兴学科、交叉学科不断涌现，因此学科门类处于不断调整和变化当中，呈现出明显的动态特征。

由于人们对学科分类的认识不尽相同，学科分类的适用性本身存在差异，学科分类的实践目标各有侧重，所以在分类中一直存在不同的意见，也导致不同的部门有不同的分类。教育部门更多的是从自身行业角度进行学科分类，而国家标准则从不同专业的角度进行学科分类。国标 GB/T13745—92 在其说明中第一条便开宗明义地指出："国家标准《学科分类与代码》（GB/T13745—

92)适用于国家宏观管理和科技统计。其分类对象是学科,不同于专业和行业,不能代替文献、情报、图书分类及学术上的各种观点。在本分类体系,尤其在工程与技术科学分类体系中,出现的学科与专业、行业、产品名称相同,但其涵义不同。"此外,该国标对某些横断学科、综合学科及某些特殊学科进行了特殊处理,如该国标认为"信息科学与系统科学"的理论和技术部分,其性质与数学类似,排列在数学之后,考虑其发展前景,设为一级学科。"信息科学"和"系统科学"都以"控制论"、"系统论"和"信息论"为基础理论,很难分开,故暂列在一类。又如"环境科学技术"、"安全科学技术"、"管理学"三个一级学科属综合学科,列在自然科学与社会科学之间。再如该国标将"心理学"列入"生物学"下二级学科;"地理学"列入"地球科学"下二级学科,"人文地理学"入"地球科学"等等,这些反映了国标制定部门对学科和某些专业的理解,显然与教育部门的理解是不完全统一的。

长期以来,教育系统的学科分类与国标同时并存,虽然两者在很多学科分类上有相同或相似之处,但在一级学科的分类上出现11个门类和58个分类不同划分的较大差异。而由于体制、机制和习惯的原因,我国科研机构大多沿用的是高校系统的学科分类标准,一方面对规范不同科学领域的科研活动发挥了积极作用,另一方面也极易混淆科研机构与高校系统在性质与功能上的意义和作用。学科分类上的不同体系,一定程度上制约了科研机构的学科创新、体系创新,这一问题在人文社会科学领域尤为突出。于是,在学科分类上出现十分尴尬的现象:一方面需要划一的、科学的并兼顾各不同功能机构性质的学科分类;另一方面又不得不继续沿用单一系统的学科分类。

如何将不同的学科进行全面、科学的统一分类,既是值得进一步探讨的课题,同时也是亟待解决的问题。

二、中国边疆史地研究向中国边疆学学科转型的发展历程

在中国有着优良学术传统的中国边疆史地研究经历了漫长的发展历程,当我们审视中国学术史时,不难发现,从古至今的历代学者对中国边疆的关注、记述、研究和思考与其他领域相比,从未有过弱化的倾向。从《尚书》、《管子》、《尔雅》到《史记》、《汉书》、《清史稿》,凡中国历代纪传体通史和断代史、编年体史书和起居住及实录、典志体史书、地理书和方志以及会要类、辑录类、目录提要类、笔记杂记类等古代历史文献,不仅为我们还原边疆历史、追溯中国疆域形成发展的过程提供了极为丰富的史料,同时也积淀了极为丰富的学术思想,从而使边疆研究成为中国学术领域不可或缺的重要的组成部分。

因应学术发展和时代要求,在某些历史时期,中国边疆研究成为学人所关注的"显学",尤其是在近代以来更是形成了中国边疆研究的三次学术高潮:第一次高潮是在鸦片战争之后到清末,其原因在于严重的边疆危机,其代表人物包括魏源、何秋涛、夏燮、梁廷楠等;第二次高潮出现在 20 世纪 40 年代,其原因在于深重的民族危机,其代表性研究团体和人物包括中国地学会、禹贡学会,张相文、顾颉刚等。[3] 第三次高潮出现在 20 世纪 80 年代并持续到现在,其原因在于国家统一、边疆稳定和发展的客观要求。这个时期,边疆研究领域不仅硕果累累,而且其学术内涵及外延得到极大丰富,研究的广度和深度得到极大延展,可以说过去的 20 多年是中国边疆学学科迅速发展的时代。而引领这一学术高潮的即中国社会科学院中国边疆史地研究中心(以下简称"边疆中心")。

　　边疆中心成立于 1983 年,在 20 余年的发展中,边疆中心致力于中国边疆研究领域各个层面的科学研究。从边疆中心的发展,可以窥见中国边疆研究第三次学术高潮的勃兴历程。边疆中心成立至今,大致经历了以下 4 个时期:

　　1. 1983—1987 年是边疆中心初创时期。在这一时期,由于基本科研条件以及对这一学科的认识程度所限,相关科研工作并未真正得到实质性展开。

　　2. 1987—1994 年是边疆中心学科框架奠基时期。1987 年边疆中心在对科研机制进行必要调整的同时,经过认真分析、科学论证,明确了主要任务,即以马列主义、毛泽东思想和邓小平理论为指导,坚持科研改革开放和学科建设与发展的正确的政治方向;继承和弘扬中国边疆史地研究的优秀遗产和中华民族的爱国主义传统;组织和协调本单位及全国边疆史地领域的学术研究;为本学科的学术繁荣,为维护国家统一,为我国边疆地区的稳定和发展作出贡献。同时确立了充分发挥自身学术优势,坚持基础研究为主,应用研究为辅的方针,并确定了主要研究方向,即在基础研究方面以中国近代边界研究、中国古代疆域研究和中国边疆研究史三大研究系列为内容,重点研究中国近代边界变迁,中国统一多民族国家形成和发展的规律,历史上治边政策的经验教训,以及中国边疆研究的历史遗产,充分发挥以史为鉴的作用。在应用研究方面,对当代中国边疆地区热点问题、重点问题进行对策性和预测性研究。由于确立了三大研究系列的学术发展方向,明确了边疆中心建设的目标,在这一时期,边疆史地学科框架的雏形基本形成,学科建设和发展呈现出崭新局面。

　　3. 1994—2000 年是边疆中心学科建设取得重大发展的时期。1994 年中国社科院进行了学科调整,1996 年"边疆史地"被列为中国社会科学院重点扶持学科之一,在中国社会科学院的大力支持下,不仅边疆中心科研实践取得重大进展,而且边疆史地的学术体系进一步得以确立,边疆史地研究成为史学领域充满朝气、充满活力的学科门类。经过不断的科研实践,促使边疆史地研究有了新的飞跃,在不断拓宽基础研究学术范畴的同时,加大了应用研究的力度,并实现了基础研究与应用研究并重的学术体系调整。

4. 2000 年至今是边疆中心学科建设和发展持续活跃的时期。随着学术研究领域的不断深化,以重大学术研究项目为龙头,不断夯实学科发展的基石,成为边疆史地学科建设和发展的一个重要思路。在这一指导思想下,以重大基础理论和重大现实问题为主攻方向,全面整合和优化学术资源,着力开展大型的综合性科研项目,成为这一时期的显著特点。

2001—2006 年由边疆中心主持的中国社会科学院重大项目"东北边疆历史与现状系列研究工程"开展了为期 5 年的学术研究;2004 年启动的、由边疆中心主持的国家社科基金特别项目"新疆历史与现状综合研究项目"也将开展为期 5 年的学术研究;2008 年在边疆中心的推动和积极参与下,由中国社会科学院主持的国家社科基金特别项目"西南边疆历史与现状综合研究项目"已经启动。

边疆史地学科以"东北边疆历史与现状系列研究工程"和"新疆历史与现状综合研究项目"两大科研项目为学科建设和发展的重要突破口,抓住机遇,乘势而上,在"两翼齐飞"的基础上,带动和培育出学术研究新的增长点,学术领域大大拓宽。

上述项目引起国内学术界的广泛关注,先后有 400 余人次主持或参与课题研究,从而全面推动了东北边疆、新疆历史与现状的学术研究。东北边疆及新疆历史与现状研究领域的迅速推进,对其他边疆地区的学术研究产生了良好的辐射作用,在两大项目的带动下,北部边疆、西南边疆、西藏、海疆等领域的学术研究不同程度地呈现出蓬勃向上的势头。2000 年以来边疆研究领域从课题遴选到学术成果,较之以往均有大幅增加。国家社科基金课题中有关边疆问题的课题所占比例呈逐年增加的趋势;高校系统在边疆研究领域的学术活动也十分活跃,呈现出课题来源多,课题分布广,教研结合的特点。

课题研究的普遍开展,极大地强化了基础理论的研究,中国边疆学学科体系、中国历代疆域形成、历代边疆治理、历代宗藩关系等前沿问题,成为学术界讨论的重点;同时多角度、多层面深度解读中国边疆稳定与发展的创新性科研成果纷纷面世。

边疆中心成长的 20 余年,为推动中国边疆史地学科的再度勃兴起到了中坚作用。同时在新的条件下,使这一学科的体系和机制更趋完善,学科框架日臻成熟,中国边疆史地学术领域不断被激发出勃勃的生命力。总的来看,中国边疆史地研究始终是这一时期十分活跃的学术领域。

随着学术的不断进步,顺应社会现实的要求,作为一门发展中的边缘学科,仅仅围绕边疆历史研究而展开理论研究的传统格局已经被打破,学术界在深入研究中国边疆历史的同时,更加关注中国边疆的现实问题。同时,在边疆问题研究中,多学科相互交叉、相互渗透、相互交融,研究者普遍将历史学、民族学、考古学、宗教学、法学、社会学、国际关系等学科的理论和方法结合在一起,以更加多样化的视角来审视中国边疆的历史和现状,因而呈现出历史研究与其他学科有机结合的特点,跨学科研究渐成趋势。

中国边疆史地研究由单一学科层面向多学科层面的发展,既符合学术发展的一般规律,又凸显出该学科的独特性。当仅仅依托单一学科的理论、方法和手段已不足以全面诠释中国边疆所面临的诸多问题时,由中国边疆史地研究向中国边疆学的学术转型就成为必然。这一学术转型建构于以下四个方面的原因:

首先,中国边疆史地研究具有优良史学传统,特别是20世纪最后20余年学术研究所取得的重大成就,为学科的发展奠定了良好的基础;随着学科体系的不断完善,以及新思路、新方法的不断出新,研究的层面以及研究者的视角将向更深入、更广阔的方向发展。

其次,随着研究的深入,边疆研究中的难点问题层出不穷,以往研究中被忽视或研究不够深入的大量理论问题日益成为本学科不可回避的课题,这些课题具有重要的学术价值和现实意义,从而为研究者的科研活动提供了巨大的空间,也展示出中国边疆学学科的发展潜力。

再次,研究与应用研究相结合的发展趋势,为本学科领域注入了新的活力。时代的发展不断提出新问题和新要求,尤其是边疆学研究领域,面临着诸多新的挑战,研究者必须直面中国边疆稳定与发展中所产生的种种问题。无论是传统的历史学研究,还是具有时代特点的现实问题研究,都不是孤立存在的,把两者融为一体进行贯通性研究,在历史的长河中探索当代中国边疆治理的重大问题,既是社会科学研究功能的体现,也是本学科不断蓬勃向上的客观要求。

第四,跨学科研究凸现本学科发展潜力。就学科本身的特性而言,在边疆问题研究中,历史学无疑是最基础、最重要的学科门类,只有对中国疆域形成、发展的历史有科学、深入的研究,才可能使我们准确把握中国统一多民族国家演进的规律,从而为中国边疆研究奠定坚实的理论基础。

但是毋庸讳言，仅从历史学的角度来解决中国边疆的问题，显然有很大的局限性。由于学科的分野，加之中国边疆的多样性、复杂性，决定了中国边疆问题的研究需要集纳多学科的理论和方法，学科间互通、交融的趋势大大增强。各相关学科门类从理论到方法的成熟性，以及中国边疆学术领域跨学科研究的大量实践，为中国边疆学的构筑提供了有益的保障。

"中国边疆学"已经呼之欲出，其意义在于，首先，它将大大扩张中国边疆研究的学术内涵和外延，有益于进一步整合各种学术资源，从而使中国边疆的理性研究步入更加良性的发展轨道；其次，通过对中国疆域形成、发展过程中在不同历史阶段的不同表现形态的研究，深刻揭示出我国统一多民族国家形成、发展的历史规律；第三，通过对中国边疆稳定与发展若干层面的研究，将为构筑当代中国边疆的发展战略提供坚实的理论基础。

三、中国边疆学以"二元"结构为特征的基本形态

中国边疆学研究对象的定位是中国边疆的历史与现状，这决定了其具体研究内容包括以基础研究为主的中国边疆历史进程研究和以应用为主的中国边疆稳定与发展的现状研究两个部分。中国边疆研究不但要探究中国边疆历史发展的轨迹，总结历史上统一多民族国家边疆发展的规律，而且要探索中国边疆发展的现状和未来，求证和展望新形势下中国边疆发展的趋势。

在探索中国边疆学学科体系时，我们必须注意到中国边疆的研究体系中包括了基础研究与应用研究的二元性结构，这一特性决定了它的学科体系必然是二元性的结合。

事实上，以往中国边疆的研究与学科体系的培育是一脉相承

的,几乎所有关于中国边疆的历史研究,无一不是从对现实的关注而引发的。当研究者的视野放诸历史长河时,力图从中找到破解现实问题的答案。中国边疆基础研究的学术传统,赋予中国边疆研究丰富的内涵和外延,也奠定了中国边疆学学科体系的基本框架。从某种意义上而言,在历史学科中,将基础研究与应用研究结合得最为紧密的就是中国边疆学。但在后来的发展中,这一结合日益松散,以至于关于中国边疆的基础研究与应用研究几乎相互隔离。经过边疆中心 20 余年的学术实践,重新对中国边疆研究的二元性进行了定位,促使中国边疆的基础研究与应用研究又回归到同一个体系中。

但我们也注意到,目前在同一个体系中的中国边疆基础研究和应用研究,实际上处于平行发展的状态,两者间尚未达到真正意义上的有机结合。从长远发展的角度来看,或许中国边疆基础研究和应用研究将会一直平行发展,我们需要构建的是将两者科学、有机地联系起来的学术"桥梁",进而使理论与实际的结合达到和谐统一。因此,实现中国边疆基础研究与应用研究相互寓于其中的、完整的学术体系,在学科建设和发展中显得尤为重要。

值得一提的是,在中国边疆学构筑的过程中,加快中国边疆研究的信息化建设显得十分重要,这已不仅仅是改变研究手段的问题,而是它在改变我们的研究方法的同时,也在改变我们的研究思路和学术思想,因此在学科体系的构建中,信息化将成为我们不可忽视的重要因素。在现阶段以专业数据库的编制为核心,不断整合学术资源,提高信息效率,建设"数字边疆"学术研究交互平台,应予以重点推进和实施。从长远来看,基于数字化的中国边疆学学科体系,将有助于使中国边疆研究的二元结构得到更加完善的整合。

　　基于对中国边疆学"二元"结构基本形态的思考，我们有必要进一步探讨中国边疆学的研究方法、研究内容和研究手段。

　　首先，就方法而言有三个结合。其一，将马克思主义辩证唯物主义和历史唯物主义与中国边疆历史与现状的研究实践相结合，并使之真正融会贯通于学术活动中；其二，将应用研究与历史进程研究有机结合，从现实的表象追溯历史的渊源，从历史的还原解析现实的症结，并借助多学科的理论与方法，进而在基础研究与应用研究之间获得互为支撑的平衡点；其三将西方前沿理论与我国边疆研究的传统相结合，在着力塑造中国边疆学研究"中国化"的同时，充分吸收、汲取、借鉴西方理论中先进的思想和研究方法，不断开拓我们的思路、丰富我们的学术思想，在中国边疆学研究"国际化"趋势日益彰显的态势下，紧紧掌握学术话语权、牢牢驾驭学术方向。

　　第二，就内容而言有两个重点方向。其一，以"中国历史疆域的法律地位"作为中国边疆历史和中国疆域理论研究的出发点，重点开展以羁縻政策、藩属制度为主的中国历代边疆治理与历史疆域形成发展的研究，同时将中国边疆研究置于世界各国边疆（或边界）研究之中，注重中国边疆与世界各国边疆、中国边疆研究与世界各国边疆研究局部与全局的关系，注重中国边疆研究的中外贯通和古今贯通，进而深入探索古代中国边疆的发展规律，并构筑相应的理论体系；其二，以"当代中国边疆的稳定与发展"作为中国边疆现状研究的出发点，以中国边疆的重大现实问题为主攻方向，探讨21世纪新形势下中国边疆发展的规律。

　　第三，就研究手段而言，应注重基础学术资料，广泛利用考古、田野调查和外文资料，借助信息化手段，多角度、多层面审视和考察中国边疆的历史与现状。"学贵创新"，可以说创新是学术研究的生命和目标,而理论创新是哲学社会科学研究的本质要求,是哲学社会科学发展的不竭动力。

学术创新的基础恰恰在于对资料的全面掌握和准确理解,从这个意义上来说,无论是档案文献资料,还是考古、田野调查和外文资料,对于中国边疆学的研究而言无疑都是不可或缺的。同时,中国边疆学的发展有赖于研究方式的规范化、研究手段的现代化、研究方法的科学化和资料建设的信息化。充分运用多种研究手段,将有力地促进中国边疆学的理论创新和学科体系创新。

通过上述对中国边疆学发展进程的考察以及对中国边疆学"二元"结构的剖析,可以说,中国边疆学已经具备了独立"学科"的若干特征,无论是学科研究的对象、研究特征、研究方法,还是学科的派生来源、研究目的和目标,构成了中国边疆学独特学科系统的基本要素,从而使其在中国学科分类体系上应该据有相应的地位。

中国边疆学的建设和发展已经呈现出良好的发展前景,更多的研究者积极投身边疆问题的学术研究,潜心治学、孜孜以求、开拓创新。在学术界的共同努力下,具有中国特色、中国风格、中国气派的中国边疆学研究必将造就出一大批具有时代特点和创新意义的学术成果,从而极大地推动哲学社会科学的不断进步和繁荣。

注释:

1　别敦荣:《高等学校学科专业建设的问题与对策》,《绍兴文理学院学科建设文件简报》,2007年第1期。

2　国家技术监督局:《学科分类与代码使用说明》,1992年版。

3　马大正、刘逖:《二十世纪的中国边疆研究》,黑龙江教育出版社1997年版,第255页。

多民族国家构建视野下的土司制度

李大龙(中国社会科学院
中国边疆史地研究中心编审)

关于土司制度,学界已经有百年研究历史,不仅出版了诸多专门性著作,[1] 发表了众多的论文,[2] 近年来也出现了构建"土司学"[3]的呼声,显示着土司制度的研究已经取得了较大成就,并成为了研究的热点。土司制度是多民族国家中国构建过程中出现的一种特殊的政治体制,也是中国边疆史地研究的重要内容,尽管以往学者们从历代王朝边疆治理或不同土司的个体层面已经有过很多研究,但笔者认为在宏观理论层面还是有些问题需要进一步深入研究。下面,笔者试图从多民族国家构建的角度,对土司制度的形成和发展谈些粗浅的认识,求教于学界同仁。

一、郡县制下的特殊统治方式

土司制度初建于元,发展于明,衰落于清,延续至民国,似乎已经是学者们普遍的认识。而论及土司制度的形成,《明史》卷310《土司传》开篇的下述阐述对学者们的认识影响颇深:

西南诸蛮,有虞氏之苗,商之鬼方,西汉之夜郎、靡莫、邛、筰、

僰、爨之属皆是也。自巴、蔡以东及湖、湘、岭峤,盘踞数千里,种类
殊别。历代以来,自相君长。原其为王朝役使,自周武王时孟津大
会,而庸、蜀、羌、髳、微、卢、彭、濮诸蛮皆与焉。及楚庄蹻王滇,而
秦开五尺道,置吏,沿及汉武,置都尉县属,仍令自保,此即土官、土
吏之所始欤。迨有明踵元故事,大为恢拓,分别司郡州县,额以赋
役,听我驱调,而法始备矣。

《明史》是清人张廷玉等所撰,上述记载应该是代表了明清两
代人的一般认识,也引起了学者的关注,《明代土司制度》开篇的
对土司制度缘起的阐述即基本源于对上述记述的转述,[4] 但是如
果过于看重"西南诸蛮"和"自相君长"、"仍令自保",那么我们对
于秦汉两朝尤其是西汉武帝以后汉朝对西南地区的管理方式就会
难以得出一个全面准确的认识,进而也会影响到我们对土司制度
在多民族国建构建过程中的具体定位。因而,如何理解上述认识
似乎还有进一步探讨的必要。

仔细研读《明史》的上述记载,笔者以为无论是从所谓"西南
诸蛮,有虞氏之苗,商之鬼方,西汉之夜郎、靡莫、邛、莋、僰、爨之属
皆是也",对西南族群起源和发展的描述上,还是从所谓"自周武
王时孟津大会,而庸、蜀、羌、髳、微、卢、彭、濮诸蛮皆与焉。及楚庄
蹻王滇,而秦开五尺道,置吏,沿及汉武,置都尉县属,仍令自保,此
即土官、土吏之所始",对"西南诸蛮"和中原王朝关系的阐述上,
《明史》的作者对"西南诸蛮"已经给出了一个明确的定位:"西南
诸蛮"是"大一统"王朝的组成部分,而作为郡县制度的补充,秦汉
王朝尤其是汉王朝对"西南诸蛮"采取的特殊管理方式是导致"土
官、土吏"产生的直接因素。这是《明史》作者阐述土司制度缘起
的视角和基本原则。也就是说,《明史》的作者是从"大一统"王朝
或称多民族国家的视角来定位土司制度的,"大一统"王朝对"西

南诸蛮"特殊的管理方式是土司制度形成的源头。对于前者,仅仅从"蛮"的称呼所体现出的中国传统夷夏观的影响即可以充分反映,似乎没有做进一步阐释的必要,只是对于后者则需要深入分析。

在追溯土司制度的过程中将"西南诸蛮"作为一个整体有助于强调元以前历代王朝对其的特殊管理制度固然重要,但忽视这种特殊管理方式是中原王朝对辖区基本管理方式的补充则会影响到我们对土司制度的整体认识。"秦开五尺道,置吏,沿及汉武,置都尉县属,仍令自保",这一记载很显然是对秦汉两朝实施郡县制的阐述,但郡县制下何以会出现"都尉县属,仍令自保"的特殊管理方式,并成为"土官、土吏之所始"? 也就是说,郡县制下对"西南诸蛮"的特殊管理方式才是土司制度形成的源头,这应该是我们认识土司制度形成的关键。

汉承秦制,郡县制是"大一统"王朝基本的管理方式。秦朝在"西南诸蛮"地区设置郡县的情况由于史书记载的原因有待探讨,但西汉王朝最迟在汉武帝时期已经将郡县体制推行到了整个南部地区。元鼎五年(前112)秋,汉武帝出兵统一南越,"遂以其地为儋耳、珠崖、南海、苍梧、郁林、合浦、交址、九真、日南九郡"。[5]同时,西汉王朝在西南夷地区也积极推行郡县统治方式,而且是作为南越政策的一部分制定实施的。早在建元六年(前135)西汉王朝进攻闽越的时候,大行王恢派遣番阳令唐蒙前往南越告知有关征讨闽越的情况。唐蒙在南越了解到流经西南夷地区的牂柯江在番禺(今广州附近)旁通过,可以行船,所以在回到长安后建议经营西南夷地区,利用西南夷的力量为统一南越做准备:"南粤王黄屋左纛,地东西万余里,名为外臣,实一州主。今以长沙、豫章往,水道多绝,难行。窃闻夜郎所有精兵可得十万,浮船牂柯,出不意,此制粤一奇也。诚以汉之强,巴蜀之饶,通夜郎道,为置吏,甚易。"

汉武帝随之以唐蒙为中郎将,前往夜郎,"厚赐,谕以威德,约为置吏,使其子为令。夜郎旁小邑皆贪汉缯帛,以为汉道险,终不能有也,乃且听蒙约。还报,乃以为犍为郡"。后"蜀人司马相如亦言西夷邛、莋可置郡。使相如以郎中将往谕,皆如南夷,为置一都尉,十余县,属蜀"。[6] 此为西汉王朝在西南夷地区设治之始。元鼎六年(前111),"南粤反,上使驰义侯因犍为发南夷兵。且兰君恐远行,旁国虏其老弱,乃与其众反杀使者及犍为太守。汉乃发巴蜀罪人尝击南粤者八校尉击之。会越已破,汉八校尉不下,中郎将郭昌、卫广引兵还行,诛隔滇道者且兰,斩首数万,遂平南夷为牂柯郡。夜郎侯始倚南粤,南粤已灭,还诛反者,夜郎遂入朝,上以为夜郎王。南粤破后,及汉诛且兰、邛君,并杀莋侯,冉駹皆震恐,请臣置吏。以邛都为粤(越)嶲郡,莋都为沈黎郡,冉駹为文山郡,广汉西白马为武都郡"。后又遣王然于"以粤破及诛南夷兵威风谕滇王入朝。滇王者,其众数万人,其旁东北劳深、靡莫皆同姓相仗,未肯听。劳、莫数侵犯使者吏卒。元封二年,天子发巴蜀兵击灭劳深、靡莫,以兵临滇。滇王始首善,以故弗诛。滇王离西夷,滇举国降,请置吏入朝。于是以为益州郡"。[7] 至此,西南夷地区也被纳入到了郡县管理体制之下,成为西汉王朝直接管辖的区域。

尽管西汉王朝众多边疆民族纳入到了郡县的管辖之下,但由于边郡和内地郡县有着不同的民族构成,往往分布着众多的边疆民族,为了便于统治,也保留了边疆民族固有的管理体系,从而形成了维持管理体系运转的另一个具有地方特点的"土官"系统。汉代维持管理体制运转的"土官"系统在不同的地区具有不同的特点,但它是边疆民族固有的统治体系却是共同的特点,不同点主要表现在西汉王朝按照这些边疆民族势力的大小及其和西汉王朝关系亲疏的不同等因素,将这些民族的"土官"系统分为了两种不同的等级，其一是以王为首的"土官"系统；其二是以"侯"为首的"土官"系统。册封边疆民族首领为王是西汉王朝维持边疆民族管理体制运转的主要政策之一，但并不是所有的边疆民族首领都能够得到王的称号，得到王称号的是很少的一部分。以西南夷为例，据《汉书·西南夷传》载："西南夷君长以百数，独夜郎、滇受王印"，加上在昭帝时期由于"钩町侯亡波率其邑君长人民击反者，斩首捕虏有功，其立亡波为钩町王"，笔者见到的史书的记载所反映的西南夷中只有三个边疆民族首领获得了有王的称号。另据该书记载，在西南夷中势力较大的有：夜郎、滇、邛都、巂、昆明、徙、筰都、冉駹、白马等近10个边疆民族，但其中仅仅夜郎、滇、钩町三个政权的首领获得了王的称号，而钩町则是势力相对弱小的边疆民族，它之所以也得到了王的称号，完全是由于在平息反叛的过程中立有战功，由此可知西汉王朝册封边疆民族首领为王虽然考虑到了其势力的强弱，但更重要的还是看被册封者是否有功于边疆稳定。由于史书记载的原因，我们目前还难以对郡县体制下各边疆民族的"土官"系统有一个全面的了解，但可以肯定的是，以王或以侯为首只是反映出不同的边疆民族在西汉王朝的管理体制中具有不同的地位，其属官并不会存在太大的差别，而是保留了原有的"土官"管理体制。参考《汉书·西域传》所载："最凡国五十。自译长、城长、君、监、吏、大禄、百长、千长、都尉、且渠、当户、将、相至侯、王，皆佩汉印绶，凡三百七十六人"，以及高句丽"常从玄菟郡受朝服衣帻，高句丽令主其名籍"[8]的记载推断，王侯的属官尽管是原有的"土官"，但在纳入到西汉王朝的管理体制后也获得了西汉王朝的承认，持有西汉王朝权力的象征"印绶"和官服。以太守—都尉为首的"流官"系统和以王或侯为首的"土官"系统尽管都是维持西汉王朝地方管理体制运转的要件，但二者的作用是有较大差别的,其中前者对后者具有监督控制的职责是最显著的特点。形成这种状况的原因是多方面的,诸如夷夏观念的影响等,但最主要的还是以太守—都尉为首的"流官"系统直接受命于汉王朝统治者,代表的是汉王朝统治者的利益,而以王或侯为首的"土官"系统尽管称臣于汉王朝,并得到了某种承认,是维护边疆稳定的重要力量,但毕竟他们有自己的利益,且其利益和当地民族的利益更多的是捆绑在一起的,因而在边疆民族反抗西汉王朝统治的过程中,边疆民族王侯往往是反抗的首领,我们在史书中经常可以见到这方面的例证,无需例举。

在郡县体制下出现的以王或侯为首的"土官"系统,既是中央王朝的地方官员,又是边疆民族首领的双重身份与元代的"土官"、明清时期的土司具有很多相同特征,笔者认为这即是《明史》作者认为"此即土官、土吏之所始"的原因所在。

二、土司制度也是羁縻统治方式的一种

关于土司制度的特点,《明史》卷310《土司传》开篇有言:"然其道在于羁縻。役大姓相擅,世积威约,而必假我爵禄,宠之名号,乃易为统摄,故奔走惟命。然调遣日繁,急而生变,恃功怙过,侵扰益深,故历朝徵发,利害各半。其要在于抚绥得人,恩威兼济,则得其死力而不足为患。"此记载也对学者如何认识土司制度颇有影响,尤其是概之以"羁縻"并有进一步的阐述,导致很多学者往往将土司制度与唐代的羁縻府州制度相联系,甚至将二者等同。然笔者却认为,唐朝的羁縻府州与元明清时期的土司制度虽然名称与内涵各有不同,但都属于"羁縻"性质的管理体制,我们既没有必要将其等同起来,也没有必要将其完全割裂开来将其看作是截

然不同的两种制度。

"羁縻"二字用于说明中央王朝边疆民族政策出现很早，至迟在司马迁的《史记》中已经开始使用。关于《史记》中"羁縻"的含义，古有两种解释：一为《史记》卷117《司马相如列传》载"盖闻天子之于夷狄也，其义羁縻勿绝而已"下有《索隐》案："羁，马络头也。縻，牛缰也。汉官仪'马云羁，牛云縻'。言制四夷如牛马之受羁縻也。"一为唐人颜师古对《汉书》卷25下《郊祀志》所载"方士之候神人海求蓬莱者终无验，公孙卿犹以大人之迹为解。天子犹羁縻不绝，冀遇其真"做的注释："羁縻，系联之意。马络头曰羁也。牛靷曰縻。"仔细分析这两种解释，前者与中央王朝治理民族的政策最为贴近，所谓"制四夷如牛马之受羁縻也"，"羁縻"含义的解释应该侧重于对边疆民族的控制；后者直接将"羁縻"解释为"系联"，用以说明皇帝对待方士的态度或政策，虽然具有很明显笼络之意，但也是一种松散的"控制"。也就是说，"羁縻"的本意虽然是"控制"，但"控制"的程度因羁縻主体的不同其含义也有很大差别，故而古人在使用"羁縻"一词时相对宽泛和灵活。

西汉时期"羁縻"的使用即很宽泛。《汉书》卷78《萧望之传》在记录西汉王朝接受匈奴呼韩邪单于降汉事件时也记载了萧望之对"羁縻"的理解："单于非正朔所加，故称敌国，宜待以不臣之礼，位在诸侯王上。外夷稽首称藩，中国让而不臣，此则羁縻之谊，谦亨之福也。书曰'戎狄荒服'，言其来[服]，荒忽亡常。如使匈奴后嗣卒有鸟窜鼠伏，阙于朝享，不为畔臣。信让行乎蛮貊，福祚流于亡穷，万世之长策也。"据此看，于萧望之而言"羁縻"即是"外夷稽首称藩，中国让而不臣"。尽管如此，对于汉朝针对降汉之后呼韩邪单于势力的政策，《汉书》卷94下《匈奴传》的作者依然使用了"羁縻"："呼韩邪携国归（死）[化]，扶伏称臣，然尚羁縻之，计不颛制。"实际上西汉王朝对匈奴的控制已经远远超出了"中国让而不臣"的程度,呼韩邪单于要接受册封、三年一朝、纳质、纳贡等,而更重要的是要遵从汉王朝皇帝的诏令。[9]也就是说,尽管西汉王朝对匈奴控制的程度不同,但只要在"外夷稽首称藩,中国让而不臣"与称臣纳贡、接受册封等之间,都可以用"羁縻"称之。

东汉时期"羁縻"的使用则又有不同。《后汉书》卷86《南蛮西南夷列传》有载:"顺帝永和元年,武陵太守上书,以蛮夷率服,可比汉人,增其租赋。议者皆以为可。尚书令虞诩独奏曰:'自古圣王不臣异俗,非德不能及,威不能加,知其兽心贪婪,难率以礼。是故羁縻而绥抚之,附则受而不逆,叛则弃而不追。先帝旧典,贡税多少,所由来久矣。今猥增之,必有怨叛。计其所得,不偿所费,必有后悔。'帝不从。"按照尚书令虞诩对"羁縻"的理解,"羁縻"的要义则是管理与安抚兼备,基本原则是"附则受而不逆,叛则弃而不追"。

晋人对"羁縻"一词的使用则又有差别。《晋书》卷110《慕容儁载记》载慕容恪兵围叛军,"诸将劝恪宜急攻之"但慕容恪言:"如其我强彼弱,外无寇援,力足制之者,当羁縻守之,以待其毙。"此处的"羁縻"虽然不是指称治边政策而是指重兵围困,但相对于虞诩的理解,慕容恪所用"羁縻"的控制程度明显增强了很多,如果说虞诩所说"羁縻"的对象还可以来去自由,那么慕容恪的"羁縻"对象已经完全失去了自由。

从明代以前人们对"羁縻"一词的使用情况看,值得关注的有如下两点:一是,"羁縻"用于指称历代王朝的治边政策,多数情况下是针对没有设置"流官"进行直接而具体管理的边疆民族或地区。二是,虽然古人往往以"羁縻"来比喻历代王朝对边疆民族的治理,但因国力、统治者观念的不同导致历代王朝的"羁縻"也存在明显的差异。

明朝在多民族国家构建历史上并不是强盛的"大一统"王朝，因而明人用"羁縻"来概述其治边政策并不仅仅限于"西南诸蛮"。如对东北地区的建州女真，也言"羁縻"。《明宪宗纯皇帝实录》卷195 成化十五年冬十月丁亥条有："太祖载诸祖训，永以为法。建州女直叛服不常，朝廷或开马市以掣其党，或许买铁器以结其心，皆羁縻之义，非示之弱也。"对北疆的蒙古各部亦是如此。如《明穆宗庄皇帝实录》卷59 隆庆五年七月戊寅条载大学士高拱等上疏言北虏俺答率众款塞稽首称臣奉贡阙下事有："当是时也，彼若寻盟我仍示羁縻之义，彼若背约我遂兴问罪之师，伸缩进退自有余地，虏狂故态必难再逞，而中国可享无穷之安。此则要领之图，本意之所在也。"而《明史》卷221《王廷瞻传》载："怀远，古犷悍，地界湖、贵靖、黎诸州，环郭皆瑶，编氓处其外。嘉靖中征之不克，知县寄居府城，遥示羁縻而已。"此"羁縻"的含义更表明明清时期也将明朝对没有设置"流官"进行直接管理的边疆民族或地区的政策称之为"羁縻"。

总体而言，笔者认为《明史》作者认为土司制度"其道在于羁縻"也是针对土司制度的特点是非"流官"直接管理的统治方式而言的，只是这种统治方式是历朝各代治理边疆民族惯用的方法，并不局限于"西南诸蛮"，研究者将其简单地与唐王朝的羁縻府州进行比附于我们认识土司制度而言没有多大意义，因为它们是羁縻政策在不同时期的不同表现形式。

三、改土归流是多民族国家建构的必然趋势

对于土司制度的研究，虽然笔者更多的只是关注，但却十分赞

同马大正先生所言："研究历史上的土司制度，不能忽视中国历史发展的大背景。因为土司制度从其产生、发展到消亡，都是在中国这样一个具有悠久历史的统一多民族国家和多元一体、血肉相融中华民族的中国国情背景下演进的"。[10]对土司制度的研究是如此，认识和评价改土归流更是如此。改土归流是土司制度研究中的一个重要内容，但如果将视角仅仅停留在元明清时期，那么对改土归流的认识及评价也不会全面和科学。

如《明史》卷310《土司传》所言，土司制度始于"土官、土吏"的出现，而之所以会出现"土官、土吏"是因为在中华大地（古人多以"天下"称之）分布着具有不同物质文化特征的族群。"中国、戎、夷五方之民，皆有性也，不可推移。东方曰夷，被发文身，有不火食者矣。南方曰蛮，雕题交趾，有不火食者矣。西方曰戎，被发衣皮，有不粒食者矣。北方曰狄，衣羽毛穴居，有不粒食者矣。中国、夷、蛮、戎、狄，皆有安居、和味、宜服、利用、备器，五方之民，言语不通，嗜欲不同。达其志，通其欲，东方曰寄，南方曰象，西方曰狄鞮，北方曰译。"这是《礼记·王制》对先秦时期古人如何认识不同族群的记述。称为"中国"的族群，又称"华夏"，在先后融合了建立夏朝的夏人，建立商朝的商（殷）人，建立周朝的周人之后，在其独具特色的"大一统"王朝"天下"理论的指导下，实现了中原地区的统一，构建起了多民族国家秦王朝。秦王朝立国短暂，但继其后的西汉王朝不仅继承了秦王朝的疆域，也继承了秦王朝的"大一统"观念，并不断实践着"大一统"王朝理论。如前所述，秦汉王朝的基本统治形式是郡县制度，而西汉王朝的郡县统治区域即是《汉书》卷28上《地理志》所记载的"十三部刺史"的管辖范围："汉兴，因秦制度，崇恩德，行简易，以抚海内。至武帝攘却胡越，开地斥境，南置交趾，北置朔方之州，兼徐、梁、幽、并夏、周之

制,改雍曰凉,改梁曰益,凡十三部,置刺史。"这一郡县区域是在
九州基础上发展而来的,汉朝以此为核心构建起来的"大一统"王
朝疆域也成为后代各朝显示"大一统"的比照对象。《新唐书·地
理一》记唐王朝疆域"然举唐之盛时,开元、天宝之际,东至安东,
西至安西,南至日南,北至单于府,盖南北如汉之盛,东不及而西过
之。"《元史·地理一》在论及元朝疆域时也说:"自封建变为郡县,
有天下者,汉、隋、唐、宋为盛,然幅员之广,咸不逮元。"清朝雍正
皇帝《大义觉迷录》卷1中则是如此对比前代"大一统"的:"自古
中国一统之世,幅员不能广远,其中有不向化者,则斥之为夷狄。
如三代以上之有苗、荆楚、犹,即今湖南、湖北、山西之地也。在今
日而目为夷狄可乎? 至于汉、唐、宋全盛之时,北狄、西戎世为边
患,从未能臣服而有其地,是以有此疆彼界之分。自我朝入主中
土,君临天下,并蒙古,极边诸部落俱归版图,是中国之疆土开拓广
远,乃中国臣民之大幸,何得尚有华夷中外之分论哉!"多民族国
家的疆域就是这样在汉王朝郡县区域基础上不仅没有中断反而不
断拓展,最终在清代得以形成。值得注意的是,由于疆域辽阔,族
群众多,生产生活方式各异,尽管早在秦始皇时期即开始在"地东
至海暨朝鲜,西至临洮、羌中,南至北向户,北据河为塞,并阴山至
辽东"的辽阔地区,"一法度衡石丈尺,车同轨,书同文字",[11]试图
实现"九州攸同",[12]但政治体制的划一、族群融为一体的过程却是
漫长而曲折的,这也是"土官、土吏"出现并长期存在进而发展为
土司制度的客观条件。

　　如前所述,"土官、土吏"诞生于郡县制下,是作为一种特殊的
补充方式出现的,但郡县制的出现是"大一统"王朝构建的结果,
强调政令的统一是"大一统"王朝的显著特点,由此也决定了"改
土归流"是一种必然趋势。"溥天之下,莫非王土,率土之滨,莫非

王臣",这是《诗经·小雅》对先秦时期以"王"为中心"天下观"的经典概述。这一观念至秦汉时期随着秦汉统一王朝的出现最迟在汉武帝时期就已经发展成为指导后代各朝构建多民族国家的"大一统"王朝理论。这一理论的目的是建立以皇帝为中心、郡县为内核、以边疆民族为藩附的"大一统"王朝体制,也即《汉书》卷64上《严助传》所载:"汉为天下宗,操杀生之柄,以制海内之命,危者望安,乱者印治。"在这一理论指导下西汉王朝虽然在秦王朝的基础上构建起了辽阔的郡县区作为王朝疆域的核心区域,但内部的族群分布并不一致,依然是由"夏"、"夷"构成的二元分布格局,于是在郡县制下利用"土官、土吏"以维持王朝对"夷"的具体管理便成为了一种暂时的补充。之所以称为"暂时",是因为受传统夷夏观的影响,"土官、土吏"由于族群属性的原因常常被视为王朝政令统一的障碍,而障碍的消除一方面需要依靠推广中原文化,以达到"用夏变夷",另一方面即是任用"流官"。依靠推广中原文化实现"用夏变夷"进而保证王朝政令的畅通,我们从史书当中可以找到很多实例,明朝则将其发挥到了极致。《明太祖高皇帝实录》卷43洪武二年七月丁未条载:"中书省臣言:广西诸洞虽平,宜迁其人内地可无边患",朱元璋则说:"溪洞猺獠杂处,其人不知礼仪,顺之则服,逆之则变,未可轻动。今惟以兵分守要害,以镇服之,俾之日渐教化则自不为非,数年之后皆为良民。何必迁也。"至于使用"流官",从历代王朝对边疆民族的管理实践看,实际上在使用"土官、土吏"的同时即已经存在,只是数量较少而已。虽然笔者在史书记载中没有见到和"土官、土吏"共事的"流官"的名字,但上引《汉书》卷95《西南夷传》中出现的"为置吏"、"约为置吏"、"请臣置吏"、"请置吏入朝"等似乎可以作为汉王朝"流官"存在的证据。在以羁縻府州作为边疆民族主要管理方式的唐王朝,依据《旧唐书》卷 199《高丽传》的记载："高丽国旧分为五部,有城百七十六,户六十九万七千;乃分其地置都督府九、州四十二、县一百,又置安东都护府以统之。擢其酋渠有功者授都督、刺史及县令,与华人参理百姓。"羁縻府州之内也有"华人"官员的存在。即便是土司制度盛行的明代,"土流参治"情况也存在。《明太祖高皇帝实录》卷 70 洪武四年十二月戊申条即有:"吏部奏拟马湖府知府一人从四品,同知一人从五品,通判一人正七品……以流官土官参用从之。"

明代是土司制度最盛的时期,但明朝在实行土司制度的同时也推行着改土归流的政策,对此已有大量论著论及,[13]无需赘言。但是,明朝何以改土归流,而改土归流又如何成为清王朝,尤其是雍正王朝迫切需要推行的政策? 这一点是值得给予关注的。李世愉先生在《清代土司制度论考》中对清王朝尤其是雍正朝改土归流的原因有过详细的分析,认为改土归流发生在雍正朝有着"深刻的社会原因:一方面从土司制度来看,它的发展已被历史证明不适应多民族国家的统一和巩固,同时已被封建政权所不能继续容纳,改流已成为客观需要。另一方面,从封建政府方面看,已具备了强大的政治、军事、经济力量,能够进行改土归流。这两方面的条件缺一不可。"进而通过对西南地区与内地的联系更加密切,土民与土司的矛盾日益激化,中央政权与土司的矛盾日益尖锐、改土归流的呼声越来越高等方面的阐述,论证了雍正朝改土归流的时机已经成熟。对于清王朝改土归流的目的,认为"对封建统治来说,当初设置土司是求得在全国发展不平衡的西南少数民族地区实行间接统治,而改土归流则意在取代土司,进一步实现对这一地区的直接统治。雍正朝的改土归流即突出地表明了这一根本目的"。[14]笔者十分赞同这一认识,只是从多民族国家建构的角度略做如下补充。

自先秦时期形成了"大一统"的天下观之后,构建"大一统"王朝的理想就不断被聚居在中原地区的汉人和分布在北方地区尤其是草原地区的非汉人族群积极实践着,多民族国家的疆域也在分裂、统一,再分裂、再统一的发展历程中实现着内部的熔合和不断向外拓展。在经过了汉、唐、元三次"大一统"王朝的建构之后,至清代,我国多民族国家就疆域形态而言已经开始由传统的王朝国家向近现代多民族国家转化,其标志即是通过一系列国际条约的签订有了明确的现代意义的国界,而这一系列国际条约的签订都发生在康熙、雍正时期。康熙二十八年(1689),清王朝和沙俄签订了《尼布楚条约》,清朝代表的"中国"已经成为一个多民族统一国家的称呼,而且得到了邻国的承认。《尼布楚条约》之后,雍正五年(1727)七月十五日清王朝和俄国又签订了《布连斯奇界约》,双方通过国际条约的形式又确定了由沙毕纳依岭到额尔古纳河的边界;雍正五年(1727)九月初七日,清王朝和俄国双方再签订《恰克图界约》,划定恰克图附近疆界;雍正五年(1727)九月初十日,清王朝和俄国签订《阿巴哈依界约》。国际条约和界碑的出现,一方面说明清王朝的疆域开始由传统王朝疆域向条约疆界(现代疆域)转变,另一方面则表明多民族国家的疆域范围已经不能够在向外肆意拓展,内部的整合或称之为统治方式的划一、族群的整合等成为了清王朝最高统治者需要集中精力解决的问题。值得关注的是,康熙时期清王朝遇到了来自蒙古葛尔丹对其"正统"王朝地位的挑战,而雍正皇帝即位之后则面临着来自以曾静、吕留良等为代表的汉族儒士挑起的对满族成为"中国之主"合法性的质疑。而更耐人寻味的是雍正皇帝不惜降低身份,亲自出面进行驳斥,其言论辑录于《大义觉迷录》之中。从该书卷一的记载看,雍正并没有否认"满洲"统治者的"夷狄"身份："夷狄之名,本朝所不讳"。但却认为所谓的"夷狄"仅是一种地域上的划分："本其所生而言,犹今人之籍贯耳","何得以华夷而有殊视?"同时引上古的事例为满族成为"中国之主"的合法性进行辩护："在逆贼等之意,徒谓本朝以满洲之君,入为中国之主,妄生此疆彼界之私,遂故为讪谤诋讥之说耳。不知本朝之为满洲,犹中国之有籍贯。舜为东夷之人,文王为西夷之人,曾何损于圣德乎?"更进一步,雍正皇帝将这种观念和中国疆域的发展相联系,认为正是这种观念的负面影响阻碍了多民族国家疆域的形成和发展："自古中国一统之世,幅员不能广远,其中有不向化者,则斥之为夷狄。如三代以上之有苗、荆楚、犬,即今湖南、湖北、山西之地也。在今日而目为夷狄可乎? 至于汉、唐、宋全盛之时,北狄、西戎世为边患,从未能臣服而有其地,是以有此疆彼界之分。自我朝入主中土,君临天下,并蒙古,极边诸部落俱归版图,是中国之疆土开拓广远,乃中国臣民之大幸,何得尚有华夷中外之分论哉!"雍正皇帝的这些言论,目的虽然是为清朝的"正统王朝"地位进行争辩,但其中试图消除华夷(族群)之间尤其是汉人和满人之间认同矛盾的意图也很明显,而这不仅有助于国家的稳定,也自然有助于国民的形成。也就是说,康熙和雍正时期的清王朝也面临着一些列的转型:在多民族国家疆域层面存在着由传统王朝国家向近现代国家的转化;在国家属性的层面存在着由"夷狄"王朝向"中国"王朝的转换;皇帝个人层面则存在着"夷狄"统治者身份向"大一统"王朝皇帝身份的转换等。在这种情况下,康熙和雍正应该说迫切需要确立自己的核心地位,使"普天率土之众,莫不知大一统之在我朝。悉子悉臣,罔敢越志者也",[15]改变阻碍中央政令畅通的土司制度也由之成为了必然的选择。清王朝雍正时期大规模的改土归流就是在这一大背景下出现的。

注释：

1　代表性著作有余贻泽：《中国土司制度》,正中书局 1944 年版;江应樑编著：《明代云南境内的土官与土司》,云南人民出版社 1958 年版;吴永章：《中国土司制度渊源与发展史》,四川民族出版社 1988 年版;龚荫：《中国土司制度》,云南民族出版社 1992年版;李世愉：《清代土司制度论考》,中国社会科学出版社 1998 年版;成臻铭：《清代土司研究———种政治文化的历史人类学观察》,中国社会科学出版社 2008 年版等。

2　参见贾霄峰：《二十多年来土司制度研究综述》,《中国边疆史地研究》2004 年第 4期;李良品：《中国土司研究百年学术史回顾》,《贵州民族研究》2011 年第 4 期。

3　参见成臻铭：《论土司与土司学——兼及土司文化及其研究价值》,《青海民族研究》2010 年第 1 期;李世愉：《关于构建"土司学"的几个问题》,《云南师范大学学报》2011 年第 2 期。

4　余贻泽等著：《明代土司制度》,学生书局 1968 年版,第 1—5 页。

5　《汉书》卷 95《两粤传》。

6　7　《汉书》卷 95《西南夷传》。

8　《三国志》卷 30《东夷·高句丽传》。

9　呼韩邪单于降汉后西汉王朝对匈奴的管理,参见拙著：《汉唐藩属体制研究》,中国社会科学出版社 2006 年版,第 105—158 页。

10　马大正：《深化边疆理论研究与推动中国边疆学的构筑》,《中国边疆史地研究》2007 年第 1 期。

11　《史记》卷 6《秦始皇本纪》。

12　宋人林之奇《尚书全解·禹贡》语："自九州攸同以下又所以同之也。盖有以辨之,则广谷大川,异制民生其间,异俗五味,异和器械,异制衣服,异宜各得其所而不相杂乱。故有以同之,则车同轨,书同文,行同伦,各要其所归而不见其为异,此先王疆理天下之大要也。"

13　参见吴永章：《中国土司制度渊源与发展史》,第 203—209 页。

14　李世愉：《清代土司制度论考》,第 42—50 页。

15　《清世宗实录》卷 86,雍正七年九月癸未条。

范慎遹、阮述使团来华新论

——兼论《往津日记》
与《建福元年如清日程》的价值

孙宏年(中国社会科学院
中国边疆史地研究中心研究员)

中法战争期间,清政府为加强对法国的越南问题交涉,1882年12月总理衙门照会法国驻华公使宝海,主张在中、法"两国派定大员后,并应有越南国王遣派大员三面会商",以便谈判中顾全中、法两国"体面","又使越南国能办得动"。[1]1883年,阮朝派刑部尚书范慎遹、侍郎加参知衔阮述到天津,后因宝海被撤换回国,法国加紧侵略越南,三方会议无法举行,11月他们离津回国。

范慎遹、阮述使团这次来华,中、越档案中都有相关记述,中国官员唐景崧的《请缨日记》中也记述,而且20世纪60年代以来陆续发现了以范慎遹、阮述名义撰写的《往津日记》、《建福元年如清日程》。这两种文献的版本情况如何,内容的真实性如何,又如何看待它们的关系和学术价值呢?本文拟依据中、越两国档案、文献加以分析,请方家指正。

一、关于越南派范慎遹、阮述来华参与对法交涉的记载

在中国文献中,清代档案对此事的记述如下:1882年12月13

日,总理衙门照会宝海,主张在中、法"两国派定大员后,并应有越南国王遣派大员三面会商",以便谈判中顾全中、法两国"体面","又使越南国能办得动"。[2] 李鸿章对三方会谈的设想是由越南国王派亲信大臣"前来天津进谒,以便密询底细,当再相机会商法国公使,设法调停"。[3] 实际上,这是把中法交涉改为中、越联合对法交涉,形成联合对法交涉的局面。1883 年 3 月,越南派范慎遹、阮述到达天津,呈交了嗣德帝的咨文和密函,内称"下国南北两圻疆土皆属天朝锡壤",希望清廷设法使其"得以疆土如旧,免于受亏,且无后患",同时又希望尽可能避免战争。[4] 恰在此时,宝海被撤换回国,三方会议无法举行,中、越两国联合对法交涉和越南借助中国通过外交手段收回疆土的设想也随之落空。

在越南文献中,《大南实录》对这件事的记述较为充分地反映阮朝官方的观点。《大南实录》正编第四纪记载了阮朝翼宗嗣德年间(1848—1883)的史事,据陈荆和先生的考证,这部分修撰工作于 1894 年完成,1899 年印成。尽管如此,由于"从《大南实录》的构成内容上看,记录阮主时代的实录前编、列传前编和实录正编第一、二、三、四纪,即嘉隆、明命、绍治及嗣德朝的部分,是阮朝史官独立的以固有的正式记录为基础而编纂的,因此具有极高的史料价值。而一到第五纪(建福帝)、第六纪(咸宜帝、同庆帝)时,已进入法国保护时代,因而它的编修受到法国方面的种种制约,反而是安南理事长官府、印度支那总督记录的史料有更高的价值了"。[5] 那么,这时的阮朝史官如何记录阮朝派范慎遹、阮述到天津参与对法交涉呢?《大南实录》正编第四纪卷 68 对于这件事的记述如下:[6]

> (嗣德三十五年十二月),命刑部尚书范慎遹充钦差大臣,侍郎加参知衔阮述副之,往清国天津公干;办理户部阮额

充钦派广东，以递信报。自河城有事，我经移书东督裕（名宽）、曾（名国荃），祈为妥料，至是曾督委招商局唐廷庚、省属马复贲、周炳麟等，同燕派唐景崧（主事，进士出身，奉密旨来我国探察）来问现情，并商应办事——有云力征未见有余理论，或可排解。经派充阮述钦差偕清官往呈东督，祈为转达，寻接李伯相电音，邀我国大臣二、三人往天津询问，并商议法国之事，乃命慎通等奉国书以行。

清国得河城失守之信，即令李相与法公使宝海商讲，宝使亦欲顺从，书回该国审定，李相故有此电音。嗣后年二月慎通等至天津，则法已有来书不肯调停，且执以甲戌约（宏年按：1874 年的《越法和平同盟条约》，即第二次西贡条约）有"大南系操自主之权，非有遵服何国"之语，不允清认我为属国。复撤宝使回，而以德理固代之，寻又以该掌李范利纸桥之死为深仇理论，愈不入。李相又书报清国住英钦使曾纪泽，令联约英、俄、普讲使讲解其事，而亦未有回信。至八月，适朗国公新约有清国亦不得我事之款，遂执此为辞以卸责。阮颧住东，则东督亦恐为法人所憾，节次求见，均以病却，遂各于是冬陆续返回。

细读上述记述，可以发现越南阮朝的史官提供了这样的过程：河内失守后，李鸿章奉清廷之命与法国驻华公使宝海交涉。在宝海与法国政府联系、等待批准交涉事时，中越两国密切沟通，两广总督曾国荃督所派唐廷庚、马复贲、周炳麟和北京来的唐景崧到了越南，越方则派阮述和他们先到广东联络，希望他把越方求援的信息转报清朝中央政府。不久，李鸿章致电越南，让该国派"大臣二、三人往天津询问，并商议法国之事"，嗣德帝这才正式地派范慎通为正使、阮述为副使"奉国书以行"。这一记述和清朝档案相比有自身特点,一是记述得更为细致,特别是对阮述先到、后正式任命范氏和阮氏的记述,就更为清晰;二是关于对法交涉未成、使团回国的原因,除了强调宝海回国、法国借口纸桥占领中法军将领被杀拒绝交涉外,还认为清政府借口顺化阮朝的"朗国公新约"推卸责任、害怕法国不愿真心援助。尽管中、越档案中的记述有上述差别,但记载的过程基本一致。这为我们评述《往津日记》和《建福元年如清日程》的价值提供了基本的史实依据。

二、《往津日记》和《建福元年如清日程》的版本和异同

《往津日记》由阮述撰写,20 世纪 60 年代法国学者戴密微(P. Demiéville)收藏了此书的钞本,1966 年赠送给饶宗颐教授。饶氏"略考阮述生平,并与唐景崧《请缨日记》互勘",写成跋文,"旨在论越南人之语业,兼及中越文学交流",戴密微对此文很欣赏,把它翻译成法文,1976 年在《远东学报》上发表。1977 年,饶氏又在第七届亚洲史学会议上宣读这篇跋文,专门介绍了这本书的内容。他还请越南史专家陈荆和教授翻译这本书,"以飨法国学界",到1980 年陈氏编注完成《往津日记》,由香港中文大学出版社出版。[7]

《建福元年如清日程》"有多种不同钞本,围绕版本及作者的问题,学界小有不同意见"。据王鑫磊先生介绍,现藏于越南汉喃研究院的就有两种钞本,一是《建福元年如清日程》,一册,编号为 A929;一是《往使天津日记》,编号为 A1471。这两个钞本"著录作者均为范慎遹",两本的文字内容相同,但前者比《往使天津日记》多三幅上海、香港、天津的手绘简图。因此,《越南汉文燕行文献集成》收了《建福元年如清日程》。就本书的记载本身看,是"以范、阮二人共同的名义呈递御览,故当定为二人合撰之作"。[8]

这两种文献在内容有何异同呢？总体上看，《往津日记》与《建福元年如清日程》都是以日记形式记录范、阮使团活动的文献，二者在 1883 年 1 月 16 日（阮朝嗣德三十五年十二月八日）至 2 月 19 日（阮朝嗣德三十六年正月十二日）记录的内容有差异，《往津日记》主要记述了阮述先期从越南经香港到广州的活动，《建福元年如清日程》记述了范氏受命担任正使后从越南经香港到广州的活动。1883 年 2 月 20 日（阮朝嗣德三十六年正月十三日）范、阮二人在广州会合，此后两人的活动基本一致，《往津日记》与《建福元年如清日程》所记大致相同，差别主要是《建福元年如清日程》主要是提纲契领地记述了使团的公务活动，《往津日记》则在记录公务活动的同时更为详细地记述阮述与中国、日本、西方各界人士的交往。既然 1883 年 1 月 16 日至 2 月 20 日二者的记述有差异，那么是否存在内容上真实性的差别呢？如果我们参考中、越档案和其他文献，就会发现二者记述的内容都是可信的：

首先，《往津日记》所记 1883 年 1 月 31 日前的内容涉及到阮述与唐景崧等中国官员从越南一起经香港的活动，其中的记载如下：

> 嗣德三十五年腊月八日，钦奉上谕，述以本衔充钦派，带同枢密院员外黎登贞（碧峰）、内阁侍讲阮藉（梦仙）、笔贴式杜富肃，偕清官唐景崧（薇卿，广西人，翰林散馆，分派云南。年前述奉使至燕，曾与相识）、马复贲（铁崖，安徽人，即用大使衔充办广东机器局。唐、马二人均系至我国探访现情者）往香港、广东公干，先期至广南沱汛，俟有轮船搭往。
>
> 初九日（公历 1 月 17 日），奉于文明殿拜命，并领敕书、谕旨、赏银各项（此行属繁，行装不能预办，均准给银）。
>
> 初十日（1 月 18 日），午正启行，晚宿承农驿……十一日，

晚抵承流驿,清官唐、马二位并周炳麟(竹卿,广东举人,原至我国办招商分局务)已至此相待。

十二日(1月19日),偕清官起行,午过海云关,晚宿南真驿……十三日,午牌,抵南坞驿,申牌抵沱瀼汛,暂住海防衙署。清官寓公昌公司,夜至清官寓所探慰。十四日,偕清官唐薇卿、马铁崖游五行山寺,洞天福地,历览殆尽。二人各具怀中小册及洋铅笔,凡亭台之位置、洞谷之向背皆描志之,且啧啧称其名胜,谓桂林西霞洞不能过也。游毕,余与唐、马各以银钱给之,日暮回舟……十五日,移住公馆,与诸兄弟话旧,以礼品——豚、酒、粢饼并书籍药物——送赠清官。

十六日(1月24日)晚,有海南轮船入汛。清官接东督来函,报以李中堂电音,使唐应星邀我国大臣前往天津备问之款密以相告(中堂讳鸿章,号少荃,现文华殿大学士,钦差北洋通商大臣,一等肃毅伯;应星讳廷庚,补用道衔,筹办招商分局,现住我国。天津属清国直隶省,去燕京二百余里),又约以十八日搭此船往港。即以事恭折入奏。

十七日(1月25日),薄暮接马铁崖报,以海南船改订以今夜十点钟出洋,宜同搭往勿迟……九点钟,同唐、马诸员就船,十点钟动轮……十八日,船行稍稳,铁崖、竹卿以余未尝渡海,恐其晕浪,频频慰问,因言平日往来广南、顺化洋分,罕得波涛顺贴如今日者,实由使君福力致之。余答以此行彼此各有公事,下价则凭国王福庇、列位则藉圣天子威灵,故能致此。小臣何福之有? 二员均称其言有体。

十九日(1月27日),午后至琼州海岸……二十日,船主尚停搭货。二十一日同。在船无事,与薇卿、铁崖诸人啜茗笔谈,梦仙、碧峰上岸游览……廿二日,五点钟开船……夜过澳门,昏黑不能望见。

廿三日(1月31日),早过万山,午抵香港,暂住于上环信和源栈,与钦派谢述甫(即惠继)同住。薇卿诸人先搭渡船回省禀知(香港至广东省城,每日夜渡客各一次,船行八点钟即到),订以二、三日后铁崖再来相接。⁹

阮述这些记载是否属实呢? 唐景崧与他一起从越南经香港到广东,能否在他的《请缨日记》中找到佐证呢?《请缨日记》中的相关记载如下:

唐景崧主动请缨,前往越南探访情况,联络阮朝君臣,他是在阴历十二月初四日(公历1月12日)到顺化,"十点钟抵东城招商内局,唐应星及马铁崖皆在此,询其所探何事,则云法人有保护之说,其官坚讳不言,语多讥讽,现仍有国书派员赴粤中呈递,尚未交来"。初五日,周炳麟(竹卿)拜访阮朝"礼部侍郎兼枢密院"陈叔切,说明了唐景崧的来意,陈叔切在早朝汇报说"据报有唐某者入口,不识何人",内阁参知阮述说唐"系中国京员,吏部某,曾在北京相识,但何以来此?"未刻,"协办大学士、户部尚书兼枢密院"阮文祥拜访唐景崧,两人"笔谈良久",唐表示这次来越南"固查看情形,而为越作说客",劝说阮朝政府"不逐刘永福,不从保护"。¹⁰

十二月初六日(1月14日),陈叔切到招商局,"奉王命前来探慰,并传王语",表示阮翼宗因"法人密迩,恐有泄漏,不敢延见",派他与唐笔谈后回去报告。两人"笔谈良久",陈氏说这次准备了"国书三本,一呈曾督(按:即两广总督曾国荃),一呈礼部,一呈李傅相(按:即文华殿大学士、直隶总督、北洋通商大臣李鸿章)",都请曾国荃"代为咨达",派阮述随马复赉到广东呈递国书,又担心曾氏"仍不肯代咨",请唐景崧"加函密恳"。初七日,唐氏上写信给曾国荃,报告了到顺化后与越方官员交流的情况,强调阮朝准备

派阮述随马复贲到广东呈递三本国书。初八日，唐景崧拜访陈叔
讱、阮述和阮朝奉天府府尹陶登进，确定"初十日与阮述、铁崖、竹
卿出广南候船"。唐氏还强调，阮述是"去岁弃贡使入都者"，初八
晚上府尹阮登进"奉王命送豆蔻，晚送歌者娱客"，这些"歌者"被
称为"曲妹"，为唐景崧演唱"唐人古文词，尤多古乐府"，府尹亲自
击鼓以示敬意。[11]

　　上述记述说明，唐景崧到顺化前，越南阮朝就计划派阮述和中
国官员马复贲到广东，通过两广总督曾国荃向清朝中央政府呈递
国书，待唐氏到达后双方约定十二月初十（1 月 18 日）一同"出
广南候船"，因此《往津日记》所记的阮述"以本衔充钦派"，带着枢
密院员外黎登贞、内阁侍讲阮藉、笔贴式杜富肃，与中国官员（"清
官"）唐景崧、马复贲"往香港、广东公干，先期至广南沱汛，俟有轮
船搭往"是可信的。

　　这时，法国人注意到了中国官员到顺化一事，十二月初八日
（1 月 16 日）"驻越法使"派人到招商局询问"有中国苏进士到此
何事"，周炳麟回答是"唐应星族人渡海闲游"。初九日，唐景崧和
阮朝官员互相赠送礼品，陶登进"奉王命馈莲子、冰糖"，陈叔讱
"奉王命送沉香、肉桂"。唐氏赠送阮文祥、阮述、陈叔讱和陶登进
"文物四色"，阮文祥回赠茄楠、豆蔻，陈叔讱回赠肉桂，陶登进送
了"自著诗集"。阮述送上了"肉桂、豆蔻、碑拓、妙莲、苇野诗集"。
妙莲，又称梅庵公主，是阮朝绍治帝的女儿，唐景崧在中国就闻其
诗名，为她的诗集题词："妙莲丽句传名远，更说诗媛有范胡。天
末未能窥指爪，此心遥愿拜麻姑。"到顺化以后，他更感叹："今至
其都，可窥环佩矣！"[12]

　　十二月初十（1 月 18 日）下午三点钟，唐景崧与唐应星、马
复贲、周炳麟一起坐船离开顺化，十一日在承化栈泊船，在陆上行

走 23 里,到富禄县的"承流站"住宿,等待阮述一行。他们与阮述
会合会,唐氏与阮氏又"夜谈良久,前赠碑拓为宁平省东北郊外浴
翠山灵济塔记,该国陈朝张汉超书"。[13]这些记述在《往津日记》中
可以得到印证,阮述记载是初十日"午正启行",十一日"晚抵承流
驿",唐、马、周三人"已至此相待"。这里的"承流驿"也就是唐景
崧所说的"承流站",是他们会合的地点。那么,他们原来约定十
二月初十日一起"出广南候船",为何分开行动呢? 现有的中、越
文献没有明确记载,笔者认为这可能与避免法国人的注意有关,因
为初八日法国人已经到招商局询问所谓的"苏进士"来越的目的,
唐景崧和阮述分开走就更容易避开法国人的监视,有利于隐蔽此
行的任务。

　　他们会合以后,十二日(1 月 20 日)"黎明启行",路上经过了
海云关。十三日,乘船出广南湾,到达沱灢,这里有水称为"岘
港",有山称为"岘山",《越南志》又称为"茶山",唐景崧等住在
"代办招商局公昌栈",晚上阮述前往看望,和唐氏谈到"本国宜迁
都清化省"的绍化、寿春、广化等府"距海三四日程",但是"屡奏不
报"。十四日(1 月 21 日),阮述送唐景崧"宁平范旸所著象郡、铜
柱各考,颇详核",又送了"茶山石刻",还请他为两把扇子题字。
唐景崧、马复贲在早饭后到海防衙门拜访阮述,又在他、阮籍(按:
《往津日记》记为"阮藉")等游览五行山、三台寺,并详细地描写了
其中的自然景观、碑刻等,还给三台寺"僧人银四元"。[14]这个"公昌
栈"就是阮述所说的"公昌公司",他们所谈越南"宜迁都"等内容
就是阮述"夜至清官寓所探慰"时留下的,而唐氏、马氏等游五行
山时认真了解景观,并称啧啧称赞景致之美,在阮述笔下得到印
证,也更加传神。

　　十六日(1 月 24 日),马复贲在海防收到了广东招商局给唐廷

庚的信,他拆开后看到了曾国荃给唐的信,谈到法国驻华公使已经
到天津,总理衙门奏报后清廷命北洋通商大臣李鸿章与法国公使
"会商越南通商、分界事宜",要求"越南派一、二明干大员来津备
问"。马氏、唐景崧把这一情况告诉阮述,由他上报阮朝中央政
府,并确定乘坐经海南、香港的轮船,一起前往广东。十七日晚上,
他们先乘船赶到"轮船泊所,八钟动轮"。[15]这封信是影响阮述来华
任务变化的关键因素,正如他在《往津日记》中提到的,他原来的
任务是和中国官员一起到广东,请两广总督呈递越南的三封国书,
得知清政府"邀我国大臣前往天津备问"后"即以事恭折入奏",越
南阮朝才"命刑部尚书范慎遹充钦差大臣,侍郎加参知衔阮述副
之,往清国天津公干;办理户部阮韻充钦派广东,以递信报"。[16]这
也就是《建福元年如清日程》开始所记述的:"嗣德三十五年十二
月二十一日,钦奉谕准臣范慎遹充为钦差正使,臣阮述充为钦差副
使,前往天津备问;臣阮韻充为钦派,前往广东留住,以便寄递书
信",这一天"臣范慎遹臣、阮韻奉于文明殿拜命",而"臣阮述已于
是月初十日奉准赍递国书,前往广东呈候"。[17]这一记述就和《大南
实录》、《请缨日记》等档案、文献中的记载相符,说明了阮述被任
命副使之前就去了广东,任务是"赍递国书",任命的当天他不在
越南,只有慎遹臣、阮韻到"文明殿拜命"。

　　在阮朝讨论清政府信函、任命阮述为副使期间,阮述仍在前往
广东途中,十二月十八日(1月26日)他和唐景崧等都在开往海南
途中,十九日(1月27日)"午后至琼州海岸",二十、二十一日因
"船主尚停搭货",他们滞留海南,在船上与唐景崧、马复贲等人
"啜茗笔谈"。轮船在二十二日"夜三点钟始行,二十三日十一钟
至香港",而唐氏、马氏在下午"五钟附夜船"到广州。这几天,他
们笔谈情况如何? 唐景崧记载说,阮述告诉他:三国时代的士燮

"在北宁有墓、有祠，以文学开风气，土人谓为士王；海阳安子山有唐石刻"。唐氏还请阮述介绍当时本国贤才，阮氏说唐氏到越南时"苇野公欲一见"，因"无公事，不敢来"，其子洪参也是"风雅"之士，曾请唐氏"书一扇，一名章"，后又通过阮述赠送诗、函。唐景崧只知苇野公是宗室，"古文、骈体、诗词俱可观"，还把他错记成了"仓山公"。[18]

对于1883年1月18日会合后的活动，唐景崧、阮述的记述虽然详略、重点不同，个别具体时间也，但所记行程、活动总体上大致接近。饶宗颐、陈荆和都曾对比过阮述、唐景崧的记述，陈氏认为《请缨日记》的相关内容有时还比阮氏记得更详细，在编注《往津日记》时以注释的形式作了较为详细的说明，如对于十二月十三日阮述所谈越南"宜迁都"一事、十四日游五行山一事记述"甚详"，并考证了"仓山"、"苇野"两人情况，指出唐景崧就把"仓山"与"苇野"混为一人。[19]其实，苇野是阮朝明命帝第十一皇子阮绵寊，号静圃，又号苇野，经常与越南王公诗词应和，嗣德帝时主管宫中的"尊学堂"。据陈荆和先生考证，越南明命帝第十子、从善公阮绵审号"仓山"，与苇野是邻居，他们经常诗文应和，唐景崧就把"仓山"与"苇野"混为一人，这表明当时他对越南文人的了解仍然不够。因此，我们可以认为，阮述的《往津日记》所记1883年1月31日之前内容是可信的，具有重要价值。

其二，《往津日记》、《建福元年如清日程》所记1883年1月31日至2月20日有一定差异，其中《建福元年如清日程》重点记述了慎遹臣、阮颙的公务活动和经历：

嗣德三十五年十二月二十一日（1月29日），范慎遹被任命为"钦差正使"，阮述为"钦差副使，前往天津备问"，阮颙"充为钦派，前往广东留住，以便寄递书信"。这一天，范慎遹、阮颙"奉于文明殿拜命",而阮述已"前往广东呈候"。

二十二日,范慎遹派随从"就内务府检认货项、归束箱台停当",并等候船只"搭往"。

二十七日(2月4日),得知得知商局"普济轮驶来顺安汛,订以二十九日驶往海阳、海安"。二十八日,率领随从、家丁等"由东嘉津次渡船,装载箱抬,未牌开棹,二更初抵顺安汛招商局津次停待",跟随人员包括:二等侍卫阮文有、四等侍卫黎得咏、司务潘瑜、编修张仲友、权充八品吴有濡、九品邓德辉、行人阮进瑾,还有"随兵二名、家人三名"。二十九日,范氏到招商局与唐廷庚"笔谈少顷",回船后派人把"水脚银"——自顺安至海阳、海防的船费——交给普济轮,而"午牌下船,未牌放洋"。

经过两夜的行驶,嗣德三十六年正月初一日(2月8日)"酉牌抵海阳、海防招商局津次停泊"。初二日,范氏把"土物——清义广桂各一片、象牙箸二对"赠给唐廷庚,初三日又把"水脚银"——自海阳、海防至香港的船费——交给普济轮,"申牌开驶",初四日到海口,"该船停泊搭货"。初五日"申牌开驶",六日"午牌到澳门洋分",初七日"丑牌抵香港",暂时住在了顺稳轮上。在香港,范氏"访闻臣阮述已于初五日由港搭船"往广东,初八日把"抵港现情咨呈枢密院审办",初九日又"奉摘项文交钦派臣阮䫉留东预支"。[20]

范氏"访闻"的阮述在初五日从香港到广州的情况是可信的,这在阮述的《往津日记》有详细的记述:"初五日,坐河南轮船"赴广东,该船是"英人、华人合股制造以渡客"的客轮,早晨八点从香港驶出,十二点到虎门,下午两点到黄埔、三点到太平门外,他住在扬仁街何昭记店,还说这是越南"派员所常"住的一家店。不仅如此,他还详细地记述了1月31日(嗣德三十六年十二月二十三日）至 2 月 12 日（嗣德三十六年正月初五日）他在香港的活动：

十二月二十四日（2 月 1 日），他和黎登贞、阮藉步行"略览香港形胜"。二十五日，越南籍的顺捷、顺稳两艘轮船正停泊在香港九龙山山澳，主管两轮船事务的阮朝官员何文忠和两船"正、副管督"等人都过来慰问。这天晚上，香港招商局的张荫孙（禄如）、吴俊熊（香圃）前来拜访，第二天又宴请阮述等人。二十七日，因马复贲未回香港，决定派阮藉在二十八日乘船到广州"探问消息"。二十八日，阮述收到马氏来信，表示当时正值年终，待春节后到接他们，并代表两头总督致意，还赠送了四色的过年礼品。二十九日，阮述到文裕堂书店买书，当晚阮藉从广州返回。三十日，阮述与谢述甫（即惠继）、阮藉一起拜访王韬。王氏"博学能文"，又"遍游欧洲各国"、"能揣中外大局，发为议论，以寄怀抱"，当时正在香港担任《循环日报》主笔，与越南官员陈希曾、黎调等人有过交往，所以见到阮述等人很高兴。他们笔谈很长时间，"纸已盈寸"，谈及越南官员、文人的诗文，王氏又询问越南"与法人交涉现情"，把诗集赠送给阮述，阮述则在返回住处后回赠了苇野公、妙莲的诗集。

正月初一（2 月 8 日），阮述等"晨起焚香，祝我皇上万寿"，遥想顺化朝野上下庆祝元旦的场景，感叹"远游"。这一天，王韬、张禄如和住在香港为越南管"学童学习英字事"的广东人石应麒（清泉）都来祝贺节日。初三，马复贲回到香港，表示待唐廷庚返回后再安排各项事情，阮述则提出自己奉命"赍书上呈到督，事属关紧，久留在港，恐至迟误"，双方确定初五前往广州，"随机呈办"。初四，阮述、石应麒、阮藉"乘小火船至九龙山，观许景堂试放水雷炮"。[21]

阮述到广州后，他在初六（2 月 13 日）接待了来访的石和钧，他是石应麒的儿子，当时担任炮船管带，"学放鱼雷炮法，居在省城"。初七,他就写好公文呈递,请求拜见两广总督,但总督"以病重未能接",只好带着返回住处。这天晚上,阮述去五云楼买书,可惜"楼已失火,移居他店",书籍也多残缺。初八,他就接到了招商局从香港带来的消息,说唐廷庚同范慎遹、阮颧一起从越南到了香港,还接到了范慎遹、阮颧的书信,得知范慎遹担任正使、他出任副使,"同往天津",候李鸿章"备问,并商议决国事"。这天晚上,唐廷庚从香港回到广州,初九阮述就向广东巡抚等呈递公文,要求拜见,并访问唐廷庚。初十,唐廷庚拜会阮述,广东地方政府的善后局又通知阮述,广东巡抚已经命人在逢源书院为越南使团准备了"使馆",请阮述入住。阮氏表示,范慎遹、阮颧还没到广州,他不住进去。十一日,马复贲通知阮述,总督"因病未能接见"他们,已经委托广东巡抚接收越南国书,于是他带着国书到机器局,陈设香案,正式交呈。[22]

范慎遹、阮颧在正月初七到香港,阮述在初八日就得到这一消息,所以加紧时间呈递国书,完成自己的使馆,又迟迟不肯先住进使馆,到正月十三日(2月20日)他们在"使馆"会合。对于这一天的情况,《往津日记》、《建福元年如清日程》记述的内容大致相同,但角度也有不同,《往津日记》从阮述的角度记载:他们在正月十三日"移住使馆",范慎遹、阮颧和随从在晚上才到,新增的随从包括侍卫阮文有、司务潘瑜"并八九行人",后来只有三名随从前往天津,侍卫黎得咏、编修张仲发和一名通事随阮颧"留粤递信"。他们见面后,范氏把阮朝皇帝的敕书一道"捧交"给阮述,阮氏"望阙拜领"。[23]《建福元年如清日程》则包含阮述和范慎遹、阮颧的全部活动,内容更全面、丰富:十三日卯牌,范慎遹、阮颧和随从搭乘汉口号"火渡船"离开香港,"申牌抵广东渡船津次",唐廷庚到码头迎接,派人抬运行李,安排到广州内仙湖街的陈氏逢源书屋居住。阮述在十二日就接到广东方面通知已安排"公馆,明日请延就住",这天与随从的阮藉等人从何昭记寓移住过来,范氏"奉将敕书一道,交臣阮述,遵奉拜领恭阅"。[24]

上述记述相互印证,说明阮述的《往津日记》和以范慎遹、阮述名义呈报的《建福元年如清日程》所记的内容都是事实,只是记述的角度、重点又有差异:因为阮述先到广东,在嗣德三十六年正月十三日(2月20日)之前主要记述他的行程、经历和在华活动(含与广东地方官员、文人的往来),而对嗣德三十六年正月十三日之前的情况重点记述阮朝正式任命后的公务、文书准备和赴广东的行程。

1883年2月20日至1884年1月26日(嗣德三十六年十二月二十九日),范慎遹、阮述等人一起在广州、上州、天津活动,又从天津经香港返回越南,《往津日记》《建福元年如清日程》记述的日程、活动大致相同,内容上又有细微的差异:《建福元年如清日程》主要简要记述了范慎遹、阮述等人的公务活动,并记录一些涉及中越关系、军政大事的见闻,基本上采用了大臣向君主奏报行程的公文风格,行文时简明扼要,语气较为严肃,所提及的中、越、法等国人物多用职务、官衔或全名;《往津日记》则在记述公务活动的同时,更多地记述了阮述与中外人士的交往、感受,包括诗文应和等,基本上采用个人笔记、日记的形式,行文时根据所记内容的情况详略有致,语气时较为随和、宽松,所提及的中、越、法等国人物或用职务、官衔,或用别名、雅号。而且,二者对一些事件、时间的记述上有些不同,对于同一事件的记述《往津日记》一般比《建福元年如清日程》详细。比如,嗣德三十六年八月二十至九月十日的20天内,《建福元年如清日程》的内容如下:

八月二十、二十一、二十三、二十四、二十五、二十七、二十八,仅记下七天的日期,未记录任何事项,没有内容。二十二日,"委邓德辉就招商局探问公文已未寄递"。二十六日,"接广东钦派阮飀公文一封"。二十九日,"接统带孔庆玉抵馆谈叙,少顷辞别"。三十日,"接香港钦派谢惠寄公文一封"。

九月初一、初二、初三、初四、初五、初六、初九,仅记下七天的日期,未记录任何事项,没有内容。初七,"接马大使笔叙,法使宪德理古向总署言我国事,臣等具有商答,另饬精缮一本,交马大使递呈"。初八,"具将马大使笔叙与臣等答话各节,缮咨回国,委邓德辉递交招商局转寄"。初十,"接马大使承李中堂札饬,递交机密院公文一封(访闻这公文由陆发递到津)。又交沪报一纸(内有我国与法定约七款),据叙承中堂转交臣等阅看,并问报中所叙人名、地名[具],臣等具有覆禀"。[25]

《往津日记》的记述则相对详细一些,其中还有一些事件、时间和名称的差别:

八月二十一、二十三、二十五、二十七、二十八、三十,仅记下六天的日期,未记录任何事项,没有内容。二十日,"马铁崖笔叙法国钦使德理固现由沪至津(该钦使前在沪与中堂辩说我国之事,不能妥协,中堂乃回天津,该钦使仍住在沪),昨日,入谒中堂,大约又辩说我国之事,惟语密人不得知"。　十二日,"阅《字林沪报》,有云我国使部参办员病终于津,余等将载其灵輴回国。盖闻吴润斋之卒而云然也。报文有句云:瘴海炎天,共返孤臣之擢;廞旌冷翠,竟归义士之魂。因附记于此。"二十四日,"往曾文正公祠(在北门外阝菁江),访李佩之不遇(近日佩之移寓于此)。祠壮丽,堂廊广阔,中祀曾公(公讳国藩,湖南人,前两广总督曾国荃之兄,咸丰年间倡立楚勇,剿粤、捻二匪,为清朝中兴功臣之冠),左右附祀提督陈云集、杨鼎勋二人。盖公年前剿平捻匪,保护津门,又曾督直隶，有遗爱，殁后士民请于其地建立专祠。嗣又以陈、杨二人附祀，亦以其有功于津也。"二十六日，"接广东钦派阮珥南公文（叙访闻顺安、北圻消息，并请余等或专回广东，相商回国事）"。二十九日，孔瑶峰（庆玉）"就馆相访，言自练军营至此，一路皆水，非船不达"，阮述便问"山东河决之患"，孔氏告诉他："今年秋潦太盛，晋（山西）、豫（河南）、畿、直以及口外，均被水灾，民不聊生，非特山东一辖已也"。

九月初二、初六，仅记下两天的日期，未记录任何事项，没有内容。初一，"接香港谢钦派咨文，叙接认公文事"。初三，陶述斋"至馆相访"。初四，"以书讯梅小树近状，并借《周易》、《史》、《鉴》诸书"。初五，到城南"观武童生岁试"，这一天"试骑射一场，树三表于马路旁（表编竹为之，形圆如柱），每表相隔五丈（去路约五尺）。童生骑马狭弓矢，驰而射之，每人三箭皆中表为合式"。顺天府学政孙贻经到场，"盖试文童后，即兼试武童（中国例，督学亦考试武童生）"。初七，李鸿章派马铁崖"密示各款（叙法使德理固至京，而总理衙门说话各节）"，阮述与范慎通"商覆，请密咨回国"。初八，"发咨文回国（叙中堂密示各款），并覆咨广东、香港钦派各一"，阮述还说，他"有寄家书一，由谢钦派附寄回陀瀼海防，转交舍下，未知达否？"初九，重阳节，"在馆甚闷"，阮述和杜富肃到书画坊、官书局，"买书数本而回"。阮述说，这个官书局是去年春天开设的，"李中堂以北地书少，乃委派员人准领公银，贩江、浙以南诸省（江南、江西、浙江，湖南、北，广东）书籍至天津，依原价出售（由招商局轮船搭载至津，不取船脚，并免关税），俾寒士易于购买。或请就局领书稽考者亦有，惟不准携归，诚惠士林善举也"。该局"董办为补知府缪宜，并司事数人，薪水之费，则另由官给"。初十，马铁崖"递交我国公文一封，内叙使部请由海程及法船来顺事,前已接到。惟我国恐海程或梗,故复由陆发至广西,转递至津"。十一日,马铁崖"交沪报一纸,内有我国与法国新约二十七条,据称中堂交余等阅知,并问人名、地名有能揣度识否"? 阮述等人"以此纸系由洋字译出汉字,人地俱与我国不符,不敢臆说,具由覆禀"。阮述觉得,报纸上"所叙协办大学士伦天德,似是陈廷肃;礼部尚书兼外务大臣熊扬叶,似是阮仲合;正办内阁大臣韩可尚,似是黄有常,但恐未确,不便覆告,姑记于此"。[26]

对比以上记述,我们可以发现:

1. 在内容上,《建福元年如清日程》主要记述越南使团在华日期、行程及越方官员与中国官员的公务往来,比较简单明了,而且有公事就记录,无重要公务就仅仅记录日期,不记任何内容。该《日程》是使团回越南后为报告情况撰写的,在建福元年(1884年)二月初呈进给阮朝朝廷,而且是"以范、阮二人共同的名义呈递御览"。这在该《日程》第1页就明确的记述:臣范慎遹、臣阮述奏,嗣德三十五年十二月"奉往天津公干,至去年十二月底回。所有途间见闻及与清官交接、往来款赠,并臣等行走、居住各等情,具有日记,谨奉精缮,进呈候奉"。同时,我们还要注意的是,这一《日程》第46页上的署名为"臣范慎遹、臣阮述,奉草考臣黎贞"。[27]这位"奉草考臣黎贞"是谁,为何列在范、阮之后,仍需要进一步考证。

《往津日记》则是阮述从个人角度撰写的出使笔记,所以它较为详细地记述中国官员马铁崖所谈的公务和公交的主要内容,他和中国官员孔庆玉(瑶峰)笔谈、与中国文人陶述斋、梅小树的交往,还记录他对病逝同行官员的感伤、观看武童生的岁试和重阳节在公馆内的郁闷,以及他向中国文人借书、到书局买书、给家人寄信等个人的活动。

2.在行文风格上,《建福元年如清日程》比较简略、严肃,《往津日记》则相对随和、宽松。

3.对于重要公务的记述,两者也有时间的细微差异。比如,《建福元年如清日程》记录了八月三十日"接香港钦派谢惠寄公文一封",九月十一日马铁崖交来"沪报一纸",内有越南与法国的新约,并奉李鸿章之命咨询其中的人名、地名,《往津日记》对这两件事的记述都提前了一天。至于到底哪一天更准确,可以根据中国档案、文献继续考证。

如上所述,笔者认为,范慎遹、阮述使团来华是越南方面在1885年前派往中国的最重要的一个使团,该使团是特殊背景下的重要事件。尽管《建福元年如清日程》和《往津日记》所记述的重要公务交往有所记时间上的差异,需要考证更精确的时间,但是主要的活动基本相近,这也就表明二者都具有重要的史料价值,都是研究晚清中越关系史的重要文献。它们在很多方面可以相互补充,再与中国、越南、法国的其他档案文献相结合,不仅能够清晰反映中越宗藩关系因法国殖民者入侵而终结的历程,而且有助于后世正确认识中越关系的真实状况,特别是两国人民千百年来文化相通、友好相处和近代以来共同抗击西方侵略的历史真相。

注释:

1　2　3　4　郭廷以、王聿均主编:《中法越南交涉档》,台北1988年版,第559、559、608、699—704页。

5　陈荆和著、塔娜译、郭胜华校:《〈大南实录〉与阮朝硃本》,《中国东南亚研究通讯》1987年第1—4期,第51—62页。

6　《大南实录》正编第四纪,卷68,第29—30页。

7　陈荆和《代序》,饶宗颐《阮荷亭〈往津日记〉跋》,[越南]阮述著、陈荆和编注:《往津日记》,香港中文大学出版社 1980 年版,第 1—15、89—93 页。

8　复旦大学文史研究院、越南汉喃研究院合编:《越南汉文燕行文献集成(越南所藏编)》(23),复旦大学出版社 2010 年 5 月第 1 版,第 173—174 页。

9　[越南]阮述著、陈荆和编注:《往津日记》,香港中文大学出版社 1980 年版,第 19—22 页。

10　11　12　13　14　15　唐景崧:《请缨日记》卷 1,第 17—18、19—20、20—21、21—22、22—24、24 页,台湾布政使署光绪癸巳(1893)刊本。

16　《大南实录》正编第四纪,卷 68,第 29—30 页。

17　[越南]范慎遹、阮述:《建福元年如清日程》,越南汉喃研究院钞本 A929,第 1 页,复旦大学文史研究院、越南汉喃研究院合编:《越南汉文燕行文献集成(越南所藏编)》(23),复旦大学出版社 2010 年 5 月第 1 版,第 178 页。

18　唐景崧:《请缨日记》卷 1,第 21—24 页,台湾布政使署光绪癸巳(1893)刊本。

19　[越南]阮述著、陈荆和编注:《往津日记》,香港中文大学出版社 1980 年版,第 65—69 页。

20　[越南]范慎遹、阮述:《建福元年如清日程》,越南汉喃研究院钞本 A929,第 1—3 页,复旦大学文史研究院、越南汉喃研究院合编:《越南汉文燕行文献集成(越南所藏编)》(23),复旦大学出版社 2010 年 5 月第 1 版,第 178—182 页。

21　22　23　[越南]阮述著、陈荆和编注:《往津日记》,香港中文大学出版社 1980 年版,第 22—25、25—26、26 页。

24　[越南]范慎遹、阮述:《建福元年如清日程》,越南汉喃研究院钞本 A929,第 4 页,复旦大学文史研究院、越南汉喃研究院合编《越南汉文燕行文献集成(越南所藏编)》(23),复旦大学出版社 2010 年 5 月第 1 版,第 183—184 页。

25　[越南]范慎遹、阮述:《建福元年如清日程》,越南汉喃研究院钞本 A929,第 32、33 页,复旦大学文史研究院、越南汉喃研究院合编:《越南汉文燕行文献集成(越南所藏编)》(23),复旦大学出版社 2010 年 5 月第 1 版,第 239—242 页。

26　[越南]阮述著、陈荆和编注:《往津日记》,香港中文大学出版社 1980 年版,第 52—54 页。

27　[越南]范慎遹、阮述:《建福元年如清日程》,越南汉喃研究院钞本 A929,第 1、46 页,复旦大学文史研究院、越南汉喃研究院合编:《越南汉文燕行文献集成(越南所藏编)》(23),复旦大学出版社 2010 年 5 月第 1 版,第 177、267 页。

中国发展与东盟
互联互通面临的挑战与前景

李晨阳(云南大学人文学院教授)

互联互通[1]是近年来中国与东盟加强区域合作的重要内容,也是提高中国与东盟的相互依赖程度和经济—体化水平,夯实中国与东盟关系可持续发展的重要途径。关于中国与东盟互联互通的意义[2]、主要进展[3],国内已有学者专文阐述。本文拟在简要介绍未来中国发展与东盟互联互通规划的基础上,全面探讨中国发展与东盟互联互通所面临的主要挑战以及中国与东盟互联互通重点项目的前景。

一、中国未来发展与东盟互联互通的主要规划和目标

在服从中央政府统一安排的前提下,云南、广西地方政府也有自己与东南亚国家在地理上连接的诸多战略、规划和项目。

(一)云南未来发展与东盟互联互通的战略和主要项目

20 世纪 90 年代初开始,云南与东南亚的交通基础设施连接经历了"打开南门,走向亚太"的"通边达海"战略、连接东南亚和南亚的国际大通道战略和桥头堡战略等几个阶段,先后提出了建

设中缅陆水联运、澜沧江—湄公河国际河运、中缅油气管道、第三亚欧大陆桥和印度洋国际大通道等重大项目建议,参与了 GMS 南北经济走廊、两廊一圈和泛亚铁路等互联互通项目的建设,这些工程部分取得了明显进展,但中缅陆水联运等项目夭折了。随着胡锦涛总书记 2009 年 7 月在云南视察时提出"要把云南建设成为我国面向西南开放的重要桥头堡",云南省与东盟之间的互联互通规划和建设就围绕桥头堡展开。2009 年 12 月,云南省委省政府把"云南建设成为面向西南开放重要桥头堡"确立为云南经济社会发展新三大战略目标之一[4]。国务院于 2011 年 5 月 6 日下发的《国务院关于支持云南省加快建设面向西南开放重要桥头堡的意见》把云南建成我国向西南开放的重要门户定为云南桥头堡建设排在首位的战略定位,具体内容是加快外接东南亚、南亚,内连西南及东中部腹地的综合交通体系、能源管网、物流通道和通信设施建设,构筑陆上大通道[5]。

(二)广西未来发展与东盟互联互通的主要战略、项目和目标

广西是中国唯一与东南亚海陆相交的省区,在发展与东盟互联互通过程中具备得天独厚的区位优势。2004 年,广西积极响应越南提出的"两廊一圈"计划;2005 年,广西加入了大湄公河次区域合作机制;2006 年 7 月,广西提出泛北部湾经济合作构想,即由泛北部湾经济合作区、大湄公河次区域合作两个板块和南宁—新加坡经济走廊组成中国—东盟之间"一轴两翼"区域经济合作的战略构想,并把"南宁—新加坡通道或走廊"的建设作为重点。目前广西与东盟互联互通交通基础设施建设的目标是力争用 10 年的时间,建成以南宁国际综合交通枢纽为中心,以海港、空港为龙头,以泛北部湾海上、南宁—新加坡陆路和南宁通往东盟国家航空

三大通道为主轴的出边出海国际大通道体系；着力建设连接东南亚的铁路、公路、沿海港口和机场[6]。

(三)中央政府未来发展与东盟互联互通的主要规划和项目

交通基础设施合作是 GMS 合作和中国—东盟自由贸易区建设的重要内容。自 2002 年以来，我国与东盟先后建立了交通部长年度会议等合作机制，双方先后签署了《中国—东盟交通合作谅解备忘录》、《中国与东盟交通合作规划设想》等一系列关于交通通联的协议。中国对东盟提出的泛亚铁路和《东盟互联互通总体规划》持肯定态度，我国《中长期铁路网规划》(2008 年调整)提出改建中越通道昆明—河口段，新建中老通道昆明—景洪—磨憨段、中缅通道大理—瑞丽段等，形成西南进出境国际铁路通道[7]。

2009 年，中国正式提出加快与东盟国家的互联互通，宣布设立总规模为 100 亿美元的中国—东盟投资合作基金，并向东盟国家提供 150 亿美元信贷支持，其中优惠贷款额度由原来的 17 亿美元增加到 67 亿美元[8]。在 2011 年 11 月 18 日的第十四次中国—东盟(10＋1)领导人会议暨中国—东盟建立对话关系 20 周年纪念峰会上，温总理再次提出把互联互通等基础设施建设放在突出位置，并倡议成立中国—东盟互联互通合作委员会，力争尽快实现中国与东盟有关国家陆路运输通道互联互通的目标；构筑海上互联互通网络，愿采取有力举措与东盟国家发展冷藏船、滚装船以及集装箱班轮直线，推进海上旅客和货物运输便利化；同时中方将追加 100 亿美元信贷，其中包括 40 亿美元优惠性质贷款[9]。

二、中国未来发展与东盟互联互通所面临的主要挑战

虽然东盟很重视与中国的互联互通,东盟自身的《东盟互联互通总体规划》也把昆明—新加坡铁路列入了优先项目,但总体上中国与东盟之间未来的互联互通发展面临着来自国内、国外的诸多挑战。

(一)中国发展与东盟互联互通面临的内部挑战

1. 广西、云南提出的发展与东盟区域合作战略以及互联互通的项目本身存在一定的不足

广西提出的"一轴两翼"战略把泛北部湾经济合作与 GMS 作为两翼,南宁—新加坡经济走廊作为轴心,但是由于海上合作比较难以开展,泛北部湾经济合作的推进困难重重。云南的桥头堡战略由于桥头堡的军事术语色彩浓厚,最初受到了国际社会的一些质疑。目前我国政府已要求把桥头堡翻译成 Gateway 而不是 Bridgehead,并做了大量的释疑工作,但是尚未完全消除东南亚、南亚以及欧美国家的疑虑。

2. 广西、云南自身能力的不足

中国与东盟的互联互通总体上属于中央政府管理的事务,广西、云南作为次国家政府没有直接与外国政府商谈并签署互联互通协议的权力。换句话说,地方政府去游说东南亚国家支持广西、云南提出的互联互通项目,影响力有限。此外,对于广西、云南提出的发展与东南亚国家互联互通的庞大规划而言,凭云南、广西自身的经济实力,根本无法完成,东南亚国家首先会考虑中国中央政府的态度,而不是广西、云南的建议。

3. 中国相关省份之间的竞争

这种竞争不仅存在于广西与云南之间，广东、海南乃至上海、江苏也对云南、广西构成了严峻的挑战。比如广西试图将南宁建成面向东盟的国际门户枢纽机场，并耗费巨额资金来培育航线，但它在近期无法与昆明竞争。广西计划把北海、钦州、防城等港口建成辐射东盟的区域性国际航运中心，但也将遇到货源不足的问题，广西北部湾港群的吞吐能力可能过剩。

4. 建设资金的短缺和预期收益不被看好

中国和东盟国家多为发展中国家，经济实力有限，柬埔寨、老挝和缅甸还被联合国列入最不发达国家之列，没有能力投入巨资修建连接中国的公路、铁路等交通通联项目。中国政府提供的100亿美元合作基金和250亿美元信贷对于规模宏大的中国与东盟通联项目而言是杯水车薪。2011年9月，东盟决定设立基础设施基金，初步基金总额为4.8520亿美元，目标是每年资助6个项目。东盟希望在2020年之前，能发放40亿美元贷款，资助项目总价值达130亿美元以上[10]。此外，人们普遍对中国与东盟之间公路和铁路建好后的预期收益不是太看好，事实上昆曼公路、湄公河航运开通后的效益都与预期相距甚远。由于13名中国船员2011年10月5日在湄公河上被杀，航运也暂停至今。

（二）中国发展与东盟互联互通面临的外部挑战

1. 中国与东盟之间复杂的政治关系以及区域外大国的干涉是最大的外部挑战

由于历史原因以及现实存在并日趋恶化的南中国海问题、美国等区域外大国的干涉等因素使中国与东盟之间的互信度还不高，尤其是中越关系是影响广西与东南亚陆地上互联互通的关键因素。此外,东盟各国之间的关系也错综复杂,尽管提出了《东盟互联互通规划》,但要到 2020 年才能初步建成。马来西亚 2010 年提出的由中国公司承建时速达 250 公里至 280 公里的"隆新高铁"的计划也未见下文。随着中国与东盟关系的不断发展,美国奥巴马政府重新加强了对东南亚的重视和在东南亚地区的军事存在,印度、日本一直与我争夺对东南亚地区的影响。尤其是美国、印度为了阻止我走向印度洋,完全有可能对中国与东盟之间的互联互通尤其是中缅之间的通道建设设置障碍。

2. 中国与东盟的互联互通计划与东盟的互联互通总体规划并不完全匹配

东盟内部的互联互通规划只将昆明—新加坡铁路列为优先项目,除此之外并无其他的项目涉及到中国,尤其是广西力推的南宁—新加坡经济走廊未被东盟所接受。即便是双方都认可的昆明—新加坡铁路,双方也有分歧。东盟规划有东线和西线,先修东线。中国对于优先修建东线并无异议,但有东、中、西三线规划,尤其是在中国的西线方案中,重点不是要尽快连接新加坡,而是优先修建从昆明经瑞丽最后到印度洋沿岸的皎漂港。

此外,东盟拟议中的互联互通内容只包括物理连接、制度对接和人员往来,但中国政府和学者认为要把产业方面的互联互通作为双方互联互通的核心内容。

3. 交通技术标准的差异

如中国和东盟国家的铁路轨距不同。中国使用的是轨距 1435 毫米的标准轨,东南亚国家绝大多数使用的是 1000 毫米的窄轨,印度尼西亚的轨距是 1067 毫米[11],不同的轨道标准间的转换影响了国际铁路联运的效率。同时,各国间还存在不同的交通规则,中国、老挝和越南实行车辆右行的公路交通规则,而马来西亚、泰国和新加坡则是左行。

　　4.口岸通关便利化严重滞后

　　目前中国和东盟国家口岸管理制度、运输标准和金融服务存在明显的差异,如区域内各国对口岸开放时间和车辆限载量各不相同,尤其是中越之间、中泰之间还不允许货车跨境行驶。这给客货跨境流动造成了无形的壁垒,影响到国际运输的通畅运作。如,2009 年开通的南宁—河内国际旅客列车全程需要 13 个小时,其中出境、入境就要 5 个小时[12],而坐飞机只要 45 分钟,乘汽车只要 5 个多小时。所以,即便中国与东盟之间的交通通联能很快实现,但通关便利化滞后问题也将严重影响通道的成效。

三、中国与东盟之间主要互联互通项目的前景

　　中国与东盟之间未来最主要的互联互通项目是云南桥头堡中的对外交通建设(包括昆明—新加坡铁路)、南宁—新加坡通道,总体前景较为乐观。

(一)昆明—新加坡铁路的前景看好

　　由于东盟把昆明—新加坡铁路列入中国与东盟互联互通的重要项目,而且中国将把这一铁路视为中国—东盟互联互通的示范项目来建设。与此同时,泛亚铁路东、中、西三条线路中国境内段的铁路建设不仅纳入了国家中长期铁路规划调整方案,而且已经动工建设。

(二)昆明—新加坡高铁是被媒体炮制出来的虚假新闻

　　2010 年以来中外媒体铺天盖地地报道中国高铁即将走向东

南亚,鼓吹昆明—新加坡高铁将于2011年4月25日动工,2020年以前3条连接中国与东盟的高铁都将竣工等等,中国将拥有直达印度洋出海口的高速通道等等[13]。如新加坡《联合早报》2011年以来也多次用"中国高铁外交异军突起"、"高铁战略成中国与周边政经交往黏合剂"等引人注意的字眼来报道中国高铁走向东南亚。部分中国学者也撰文评述中国高铁走向东南亚的可行性和风险[14]。这些报道使中国高铁走向东南亚变得真假难辨,但事实真相是,中国外交部、铁道部、国家发改委、交通部从来没有正式发布这样的消息,国务院批准的《中长期铁路规划调整方案(2008)》根本没有提到出境的高铁。尤其是媒体混淆了高速铁路、客运专线和快速铁路的概念,把规划的客货混用的快速铁路(时速170公里—200公里)等同于高速铁路[15],并强调中国高铁走向东南亚的地缘政治和战略意义。中国媒体的炒作使国外媒体纷纷跟风,国际社会普遍质疑中国高铁在不可能盈利的情况下走向东南亚的真正目的。实际上中国与东盟之间修建高铁的经济条件根本不成熟,东南亚对中国存在的偏见和民族主义情绪也可以使"高铁出轨"[16]。交通基础设施建设要适度提前,供应也能产生需求,但昆明—新加坡高铁无疑是过度超前了。

(三)南宁—新加坡经济走廊(或通道)很有可能"有实无名"

建成南宁—新加坡经济走廊(或通道)本身不存在问题,但是要东盟承认这个名称有较大的难度。其实南宁与新加坡之间已有公路连接,广西学者曾组团实地考察过这条路。《东盟互联互通总体规划》中昆明—新加坡铁路东线方案就经过河内,而南宁已有铁路与河内相通,因此,只要等昆明—新加坡铁路东线方案在2020年建成,南宁—新加坡之间的铁路就通了。但是要东盟承认

"南宁—新加坡经济走廊（或通道）"这个名称有较大的难度。由于海运具有价格低、运量大、快捷等优势，实际上广西与马来西亚、新加坡的贸易走海路要快捷和便宜得多，因此，南宁与吉隆坡、新加坡之间即使有铁路连接，南宁与这两个城市之间的点对点货物运输将很少，乘坐这条铁路的旅客也不会多。

（四）把云南建设成为我国向西南开放重要桥头堡中的交通项目前景看好

　　虽然国务院下发了加快把云南建设成为我国向西南开放重要桥头堡的指导意见，但是具体的规划和实施方案还在制定当中。除了上文提及的泛亚铁路东中西三线之外，中国与缅甸两国政府已签署了昆明与缅甸皎漂之间的油气管道、铁路和高速公路的相关协议，其中油气管道境外段已于 2010 年 6 月 3 日正式动工，预计 2013 年完工；中缅铁路和公路已完成了部分勘测和设计。因此，昆明与缅甸之间的互联互通项目前景比较乐观。

结　语

　　中国政府近年来把发展与东盟的互联互通提升到前所未有的高度，主要是着眼于中国的周边安全、稳定以及加快沿边省份的开放，当然也考虑到了夯实中国—东盟关系的基础、增强中国与东盟的相互依赖以及对"东盟互联互通总体规划"的配合，总体上中国比东盟更加积极，广西、云南等地方政府比中央政府更为积极，并且先后提出了众多的发展战略和重大项目。但是广西提出的南宁—新加坡经济走廊超出了省级政府的财政能力和外交管辖权限，也没有被"东盟互联互通总体规划"以及 GMS 合作近期的建设规划所接受,因而在实践过程中难以推动。此外,昆明连接缅甸、老挝最后到新加坡的高速铁路项目,纯粹是被媒体炒作出来的。

中国与东盟的互联互通面临着区域内各国之间复杂的政治关系、外部大国竞争、建设资金短缺和融资难度大、各国的交通标准不一、运营赢利预期较低等方面的挑战,其中政治上的互信是中国—东盟互联互通项目能否顺利推进的根本因素,尤其是错综复杂的中越关系是南宁—新加坡经济走廊能否建成的关键;南海主权争端是海上互联互通的主要障碍。东盟虽然通过了"东盟互联互通总体规划",但东盟能投入的资金有限,东盟内部的互联互通能否按期实现也要打问号。

由于东盟与中国互信度不够,中国与东盟的互联互通可以尝试与美国、日本、印度等进行竞争性合作,不一定要把其他大国都排挤出去。实际上中缅油气管道就是由中国、韩国、印度和缅甸的企业共同建设和合股经营,在中国与东盟之间的铁路和公路建设应该同样可以与其他国家合作。这样的合作模式既可以降低资金压力和金融风险,也可减少东盟国家的疑虑和担心。

注释:

1 根据东盟的《东盟互联互通总体规划》(Master Plan on ASEAN Connectivity)中的定义,互联互通(Connectivity)包括物理连接(Physical Connectivity)、机制的对接(Institutional Connectivity)和人与人之间的连接(People – to – People Connectivity),其中物理连接又包括运输(Transport)、信息与通讯技术(Information and Communications Technology)和能源(Energy),机制的对接包括贸易的自由化与便利化、投资与服务的自由化和便利化、多边认证协定、区域运输协定、跨境手续简化、能力建设等内容,人与人的连接包括教育和文化的交流以及旅游。本文主要讨论中国与东盟之间物理连接中的公路、铁路、水路、航空和管道等交通基础设施的连接。

2　详见马孆：《中国和东盟互联互通的意义、成就及前景—纪念中国—东盟建立对话关系 20 周年》，载《国际展望》，2011 年第 2 期，第 17—22 页。

3　详见《中国—东盟 10＋1 交通合作概况》，载《中国远洋航务》2010 年第 8 期，第 44—45 页；李涛：《大湄公河次区域交通与通信合作》，载刘稚主编《大湄公河次区域合作发展报告（2010—2011）》，社会科学文献出版，第 56—75 页；马孆：《中国和东盟互联互通的意义、成就及前景—纪念中国—东盟建立对话关系 20 周年》，载《国际展望》，2011 年第 2 期；陈利军：《促进互联互通，提升开放水平》，《云南日报》2011 年 7 月 22 日，等等。

4　另外两个目标为"民族文化强省"和"绿色经济强省"，三大目标简称为"两强一堡"。

5　《国务院关于支持云南省加快建设面向西南开放重要桥头堡的意见》【国发〔2011〕11 号】，2011 年 11 月 3 日，参见 http://www. gov. cn/zwgk/2011—11/03/content_1985444. htm.

6　详见《广西推进与东盟交通基础设施建设，将实现互联互通》，《广西日报》，2011 年 1 月 24 日，参见 http://www. gxnews. com. cn/staticpages/20110124/newgx4d3cbe15—3565905. shtml.

7　参见 http://www. sdpc. gov. cn/zcfb/zcfbqt/2008qita/W020090605629892360234. pdf.

8　温家宝出席中国与东盟领导人会议》，人民日报，2009 年 10 月 26 日，http://paper. people. com. cn/rmrbhwb/html/2009－10/26/content_368338. htm.

9　《温家宝在中国—东盟（10＋1）领导人会议讲话》，参见 http://www. gov. cn/ldhd/2011—11/18/content_1997289. htm.

10　《东盟设近 5 亿美元基础设施基金缩小贫富国差距》，参见 http://www. chinanews. com/gj/2011/09—26/3354152. shtml.

11　Intergovernment Agreement on the Trans－Asia Railway Network. See http://www. unescap. org/ttdw/common/TIS/TAR/text/tar_agreement_e. pdf.

12　古小松主编：《中国与东盟交通合作战略构想—打造广西海陆空交通枢纽研究》，社会科学文献出版社 2010 年版，第 113 页。

13　参见《中缅高铁意义非凡，中方开拓印度洋出海口》，凤凰网，http://news. ifeng. com/mainland/detail_2010_11/24/3211645_1. shtml；《中国—老挝高铁整体设计完成，老挝段料 4 月开工》，中国新闻网，http://www. chinanews. com/cj/2011/01—

27/2814463. shtml.

14　参见庄礼伟:《中国高铁走向东南亚的动力与风险》,载上海《东方早报》,2011 年 4 月 25 日,转引自 http://jnnews. jnu. edu. cn/html/2011/4/7998. htm.

15　根据国际铁道联盟的定义,"高速铁路"(high – speed railway)是指提速改造后时速在 200 千米以上,新建时速 250 千米以上的铁路系统。中国目前所说的高速铁路是指时速在 250 千米以上的"客运专线",专门用来输送旅客,不运输货物。

16　尹鸿伟:《中国高铁驶向东南亚》,《南风窗》,2011 年 3 月 18 日,参见 http://www. nfcmag. com/articles/2747.

20 世纪三四十年代外侨
在云南边疆的居住与管理研究

——以昆明为中心的考察[1]

罗　群(云南大学人文学院教授)

黄翰鑫(云南大学中国近现代史专业博士研究生)

自 19 世纪 80 年代末以来,随着蒙自、思茅、河口、腾越和昆明五口开关通商,外侨在云南边疆地区的社会经济活动不断得到了加强。他们主要以经商、传教、游历、谋生和从事科考、间谍活动为目的,将省会昆明作为其主要的居住中心,并逐步向周围的边贸城镇辐射,致使外侨在近代云南边疆的居住日趋成为一种较为普遍的社会现象。

一、20 世纪三四十年代外侨在昆明的居住及特征

1937 年全国抗战爆发后,由于南京国民政府在正面战场的军事失利,蒋介石于 1937 年 11 月被迫宣布迁都重庆,实施"内迁西南"的战略转移,这就使得云南的抗战地位不断上升,成为了当时支持全国抗战的大后方、大通道。而在中国居留的外侨为了寻求中国政府的保护,也开始迁移到西南地区。当时外侨入滇的路径主要有两条:其一沿长江水系至渝中,然后再转乘车或飞机经黔入

滇;其二沿珠江水系至邕,再转乘车或飞机入滇。据昆明市警察局外事科的数据资料统计来看,截至 1940 年 9 月,入昆的外侨人数达 132 人,比内迁前的人数多了将近 4 倍。[2] 抗战胜利后,外侨在云南(主要在昆明)的居留人数仍旧保持着一种上升的势头。其原因一方面来昆谋生的邻侨居民(主要指越南侨民)人数的快速增加,另一方面是一些教堂和教会属下的神职机构和教育机构需要增加专职人员。根据昆明市警察局外事科《外侨户籍册》的资料统计结果来看,截至 1948 年 12 月,来昆居留的外侨总数达 364 人,涉的国家和地区有 23 个。[3] 而这一历史现象也客观说明了,云南虽地处中国西南边陲,但近代以来与世界各国之间的经济文化交往仍是十分紧密的,处在一个包容、共存的社会环境体当中。然而,目前史学界对于这样一个特殊多元的外来群体展开微观研究的成果却是凤毛麟角,地方政府在民国时期对外侨管理层面的研究仍具有进一步的拓展空间。因此,笔者依据所掌握的档案资料,对 20 世纪三四十年代外侨在昆明的居住概况和管理进行分析探究,力图将其在昆明的活动情景加以展现。

　1. 从国籍分布来看,英、法、美、越四国在昆的外侨人数占据了 85% 的绝对比重[4]。究其原因,笔者认为这与当时的国际环境因素和近代以来昆明的历史发展特点有着必然的联系。首先,近代以来,中国西南边疆作为英法传统势力范围,云南一直是两国争夺比较多的地区。而英法两国进入云南的外侨人数也最多。如蒙自、思茅、腾冲开关后,建立了税务司署,各地设分税务司,主要由英、法等国人担任。仅蒙自关从 1889 年到 1934 年的 44 年里,税务司更换 27 任,其中英籍 11 任,法籍 6 任,美籍 4 任,意大利籍 2 任,德国、日本、挪威、丹麦各 1 任。其次,从当时的国际因素来分析,"太平洋战争"爆发后,中国政府随即向德意日(及轴心附属国)宣战,把轴心国的在华侨民界定为"敌侨",[5]并对其进行集中的控制和管理。尤其在1943年前后,民国中央政府为了确保本国的军事安全,对敌国侨民的入境人数进行了严格限制。而对于"世界反法西斯同盟"阵营中的友邦国家侨民,政府则多采取宽松和保护的政策来加以区别对待,以尽量减少与友邦国家在外交层面上的摩擦来获取后来抗日和内战的国际支持和援助。此外,越南邻侨人数的激增,一方面与当时云南边疆地区的开发和边贸经济的发展有着密切的联系;另一方面则是由于滇越铁路建成通车后,有相当一部分越南人进入云南,在铁路沿线充当技工、机工等。此外,1940年日军侵占越南,生存环境十分恶劣,越南流民迫于生计只能越境入华。

2. 从职业分布来看,主要以商人、教士、工人、医护、教师等为主。昆明作为云南的省府,其近代历史的发展特点决定了外侨职业的分布状况。(1)洋行商人在户籍册上的比例最高,主要是由于随着蒙自、思茅、腾冲的约开商埠及昆明的自开商埠,客观上为洋行进入云南活动提供了一个活动场所,很多外国洋行由此到了云南。滇越铁路通车后,外国人到中国更加便捷,海外商路和对外贸易得以开拓,越南邻侨以商人身份来昆经商的情景已屡见不鲜。而一些国外的公司、洋行(如美商的美孚石油公司、英商的英美烟草公司、法商的徐壁雅洋行等)纷纷在昆明建立分支机构,体现出昆明已初步具备国际化市场的特征。而三十年代中期的"工业内迁",不仅给云南的工业发展带去了机遇,也为来华谋生的外侨增加了一定的就业机会。(2)户籍册显示传教士入云南的也不少。从历史来看,传教士作为最早进入中国的外国人群体,云南也不例外。据《昆明天主教史》记载:1910年以前,在云南活动的仅有负责云南传教事务的巴黎外方传教会一个修会组织,而自1911—

1936 年间,就先后有圣保禄女修会、伯大郎圣心会、十字修女会、加尔默罗会、方济各女修会等修会组织应邀进入云南,大批传教士及修女也随之而来。如当时教会的重要人物、天主堂院长、51 岁的洪文灏(GRIGNON JAAUES)1934 年 10 月 31 日来华,1936 年 1 月居住在昆明的平政街 43 号……。[6] 而清末以来,昆明地方政府对外来宗教的管理采取了相对包容、开放的政策措施,并同意通过以募捐为主要的筹款方式建立起多处教堂以供信徒开展各种宗教活动。譬如基督教会的三一圣堂、内地会、五旬节会、中华基督教神召会、安息日会和天主教的清修祈祷院、昆明天主教大修院、中华圣公会(分支机构)等都是昆明当地负有盛名的宗教组织机构。而一些教会机构所创办的医院(如惠滇医院)和学校(如上智学校、恩光学校、中法学校和英文学校等)的规模此时也有了一定程度的发展,外来专职人员的数量也相对增加,这些因素的综合作用致使外侨在神职、医护和教师的职业分布上占据了重要的比重,如名噪一时的甘美医院院长白蕃特(PEPET),1934 年 7 月从法国来到昆明,担任甘美医院院长(今昆明市第一人民医院)。另有 66 岁的密喜森(MIHELSON EAICH),犹太人,职业是家庭教师,和妻子同住北仓坡附 1 号。1940 年 5 月来到昆明,设英文补习所,有学生 13 人。[7] 户籍册上还出现了一部分在滇外国人的职业为“救济”,也是此种情况的具体体现,他们均信仰天主教,工资供给来自慈幼会。这说明,民国时期云南的文教事业和慈善业已有一定发展,而且其中活跃着外国人的身影。(3)此外,出于抗战和内战的需要,当时民国中央政府也允许少数外国军职人员和工程技术人员居留在昆。户籍册上 3 个来华的美军士兵时间是 1935 年 5 月 31 日,居住在昆明的时间是 1946 年 7 月。其中 34 岁的佐治培得(GEDRGE·J. BENOEY),美陆军中尉,1946 年 7 月抵达昆明,查该侨系美陆军昆明区公墓管理处官兵，护照均无。

总之，从国籍和职业的分布来考察 20 世纪三四十年代居住在昆明的外侨群体，可以总结出他们具有广泛性、多样性和时代性的特征。

表1　截至 1948 年 12 月居住在昆明的外侨国籍和职业统计表

（单位：人）

国籍＼职业	商人	教士	医护	教师	工程技师	军人	工人	公司洋行	其他	合计
美国		8	3	1	4	6		1	4	27
英国		19	2	5				1	5	32
法国		16	2	3			1	1	3	26
德国		7	2	1						10
日本									1	1
意大利				2					1	3
苏联	5							2	1	8
比利时		2								2
南斯拉夫				1						1
捷克	1			1				1		3
西班牙				2						2
加拿大				2						2
波兰				1						1
荷兰		1								1
芬兰		4								4
瑞典					1			1		2
瑞士								2		2
希腊								2	1	3

续表

职业 国籍	商人	教士	医护	教师	工程 技师	军人	工人	公司 洋行	其他	合计
印度			1						1	2
韩国					1				2	3
朝鲜										1
犹太				1					1	2
越南	75	2	10	1	3		54		80	225
不详										1
总计	80	59	21	21	9	6	55	11	102	364

资料来源:昆明市警察局外事科《外侨户籍册》。

说明:①该数据不包括户主所携带的年幼子女;②"职业"一栏中的"其他"主要包括少数外国公派人员、滇越铁路的公职人员、大量通过各种手艺活、家务打杂等手段谋生的越南侨民和一些"职业"记录不详的外侨。

3. 从经济来源、状况层面来观察这一时期在昆居住的外侨,笔者依据史料的记载主要分为以下三种情况:第一,由本国政府供给。这一部分外侨主要是政府公派人员和军职人员,在当时的数量很少,以美、法两国的侨民为主。第二,由所从事的职业机构供给。这一部分外侨以宗教、教师、医护、公司和洋行为职业的人员为主,在当时的数量较多,主要来自欧美各国,其经济状况多属"尚佳"。第三,由工厂或自己供给,多以越籍邻侨居民为主。主要通过经商、进厂矿成为工人、利用手工艺活的特长或家务打杂来谋生,其经济状况多处在"平常"、"尚可"之中。下面根据昆明市警察局外事科《外侨户籍册》中有记载的 166 名外侨经济状况进行统计,通过表 2 加以说明。

表2　截至1948年12月居住在昆明的外侨经济状况统计表

（单位：人）

内　容 ＼ 经济状况	尚佳、好	平常、尚可	贫困
人　数	74	88	4
所占比例	44.58%	53.01%	2.41%
欧美地区	51	26	3
越南	19	60	1
日朝韩印	4	2	0

资料来源:昆明市警察局外事科《外侨户籍册》。

说明:①该数据不包括户主所携带的年幼子女;②德、法两国居留在昆的宗教人士,其经济状况多以"平常、尚可"为主。其中德侨因当时被列为"敌侨",中国政府对其所携带的私人财产有明确的限制。[8]

4. 从性别与年龄来看,在《外侨户籍册》上记录的364人中,男性221人,占60.71%,女性143人,占39.29%。[9]在不同年龄层次中,多为中年人入昆,具体为0岁~9岁2人,10岁~19岁19人,20岁~29岁69人,30岁~39岁109人,40岁~49岁81人,50岁~59岁43人,60岁~69岁21人,70岁以上5人,其他15人(未标出)。

5. 从侨居住地的分布来看,突显出职业性的特征。自1905年昆明开关通商后,国外商业资本逐步进入昆明市场,与地方性商品经济产生了有机的联系。随着外来商品流通的剧增,昆明的商业化进程也获得了飞速发展。到了20世纪30年代初,昆明出现了区域性的地方商业中心。据《云南行政纪实·昆明市政》中记载:"本市商业趋重东南,为扩展市场,振兴商业,乃于大南城与小南城间开阔市场,将由正义门起至护国门上……"[10]而这一区域包括的商业街道主要有金碧路、巡津街、兴仁街、拓东路、护国路、宝善街等,以及朝滇越铁路车站延伸的塘子巷、双龙桥这一带商埠地区

（见图1）。笔者通过以职业为商人的越南邻侨为例，根据《外侨户籍册》上的居住地址在40年代的昆明市地图上进行标识发现，他们聚居的地区恰恰也在昆明这些主要的商埠地带和商业街上（见表3）。此外，这一地区也是外国银行、洋行和公司的重要荟集地，尤其金碧路一带的巡津街，同样也居住着大量从事各种商业贸易的各国侨民。

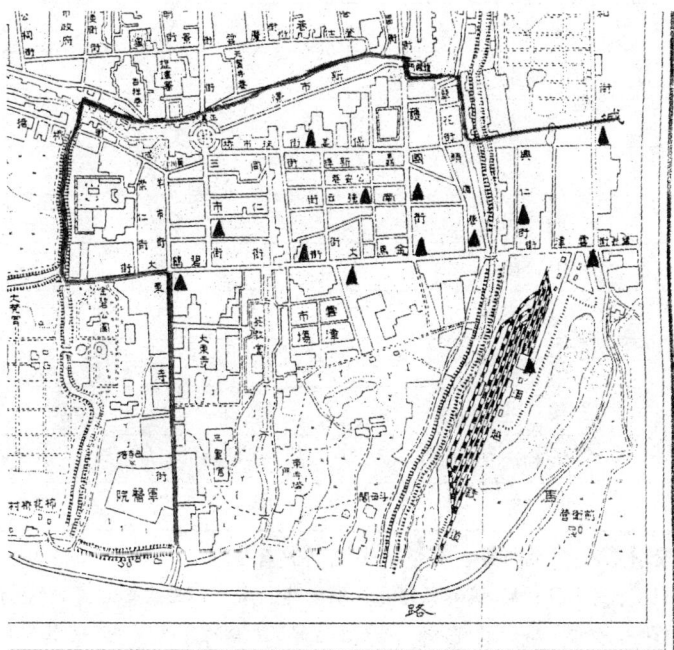

图1　民国30年代昆明市商业区地图（截图）

图注："黑色区域线"范围为民国30年代昆明市的商埠区域地图，标注有"▲"为越侨商人的主要居住区。

资料来源：李春龙、牛鸿斌等编：《新纂云南通志》（一），云南人民出版社2007年版，第77页。

本图是从该书收集的《昆明市图》中截取商业区部分。

表3　越籍邻侨商人居住分布情况表

主要商业街	居住人数
兴仁街	26 人
拓东路	3 人
塘子巷	11 人
临江里	6 人
金碧路	5 人
护国路	7 人
端仁巷	3 人
后新街	3 人
巡津街	4 人
宝善街	2 人
南强街	1 人
双龙桥	1 人
司马巷	1 人
太和街	1 人
头道巷	1 人

资料来源:昆明市警察局外事科《外侨户籍册》。

说明:①民国时期,滇越铁路在昆明的终点车站是西庄车站,位于塘子巷内,因此笔者对户籍册上所注明的居住地址"滇越铁路车站内"将其统一划入到塘子巷;

②民国时期,"甘美医院"位于昆明市的巡津街,因而对户籍册上所注明的居住地址"在甘美医院内"的越籍商人统一划入到巡津街。

二、昆明地方政府对外侨的管理

20 世纪三四十年代,由于受到当时特殊历史条件和环境的影响,民国各级政府对不同性质的外侨主要采取了区别化的管理手段,其意图多从政治、外交和国防的需要上进行考虑和操作。

(一)对"友侨"的管理

关于"友侨",笔者定义为:在三四十年代,民国政府认为具有相同(或类似)国家意识形态的各主权实体在政治、外交方面相互尊重,而在经济、军事上对其有过援助的友邦国家的侨民,这里主要指是美英法三国的侨民。[11] 一般说来,民国时期对于"友侨"的管理,应更多地体现在国家层面的利益关系上,毕竟地方政府对于这样一个特殊群体的有效需求并不是很大,有时甚至可能会出现排斥的情况。因此昆明地方政府对于"友侨"的管理,一般多以遵循民国中央政府的制度框架内进行有效运作,彰显出地方与中央态度一致的共性色彩。

从昆明市警察局外事科所发的大量有关"与英美等国机构关于治安事件之往来公义"和"有关外事工作之法令等"的档案资料中,笔者可以看到,昆明地方政府对"友侨"管理的法律依据主要来自于国民政府的内政、外交两部,以采取奉令遵办的做法来维护"友侨"在地方的安全和利益,充当着执行者的角色。譬如,民国三十六年元月发生在北平的美军强奸女大学生案件,当时昆明市警察第三分局发钧座手令署开,"此案本系军法案件,深恐奸人制造事件,妨害中美邦交,着由该局就管区内,有美官员、侨民办事处,于奉令后,即派警妥为保护,仍将遵办派遣保护情形,秘密报查为要……遵查：(职)管区内北仓坡附一号，住有美国领事府副领事麦克棋，北门街八十七号基督教安息日会传教士包谦、包自珍夫妇二人等二处。除遵令于五日下午五时，即派得力官警常川梭巡妥为保护外，奉令前因理合将遵办。情形及管内美国人驻地调查表，一并备文密报"。[12]而在民国三十七年元月，对于"广州沙面英国总领事馆及英商太古洋行被暴徒捣焚"事件中，民国中央政府要求"各省市长官督促治安机关对各该地方英国领馆及其侨民之生命财产确实保护……应力避越出法律范围以外之过激言行，以免形成反英运动"。[13]由此可见，昆明地方政府在管理"友侨"方面的作用主要是避免地方性中外群体的冲突，化解社会危机，极力维护"友侨"在昆的各项权益，体现出维护地方治安的职责和功能。

(二)对"敌侨"的管理

"敌侨"是二战局势发展过程中的产物，笔者在前面依据档案资料对其已经作出了明确的界定。由于它关系到交战国双方的外交、军事安全等一系列敏感问题，因而民国各级政府对"敌侨"的管理主要通过采取各种限制措施来降低或防范国家或区域的安全风险，中央与地方仍处于一种权责共担的同一体当中。

不可否认，通过健全制度层面来实现有效管理是这一时期民国各级政府对"敌侨"管理的一大特点。制度作为一种对社会(或个人)行为规范的产物，当它上升到国家、政府层面的时候，一般会成为服务于国家和统治阶级的一种有效工具用来降低自身安全风险的成本支出。从1942年至1948年间，民国政府出台"敌侨"的管理制度不下数十种，涉及的内容主要有户籍制度、出入境管理制度、个人私有财产查报、登记、处理制度、遣送制度、国内出行、游历管理制度，以及每年多次向上级提交关于外侨(包括敌侨)的异动和居留情况报告表等等,而这些制度的具体实施主要还是依靠地方政府来执行。下面,笔者以其中一部分对"敌侨"有特殊意义性的管理制度作为典型,进一步探讨其存在的具体性、有效性(或合理性)等各种问题。

　　首先,各项"敌侨"管理制度的出台,反映了中央或地方政府对国防安全的利益需求出现了最大化。譬如民国三十一年四月,中央政府颁布了《敌产管理办法》,其中第四条对各类敌产的处理办法不仅制订了非常明确的管理细则,而且还考虑到"战时"的国家利益需求,"学校、教堂、病院、美术馆、艺术馆、森林、矿产、银行及其他企业、工厂等应由主管官考核实际情况,并呈请敌产处理委员会指定官署部委托私人代为管理;应予管理之敌产,因国防或公益之必要,得继续使用或利用之;现款或有价证券及其他贵重物品,应储存国家银行或其指定之金融机关或觅妥当地点保管之;商标专用权险依法撤销、消减、无效者外一律不得袭用,但政府得因国防、民生所必要,需于国营事业内暂行使用……"。[14]民国三十二年十二月,中央政府颁布了《敌国人民处理条例》,其中就明确规定:"敌国人民应受检查,有以下各款情事之一者,应送由军法机关依法处理:(1)侦察军情者;(2)有帮助敌军之企图或行动者;(3)有敌对抗拒行为者。"此外,中央还规定了地方官署对于"敌侨"的管理职能,指出:"对于辖境内敌国人民应令其办理登记手续;如携有军器及其他可供军用之物品、图书者,应开单报明,听候转请检查、扣押,逾期不照办者,予以强制处分;旅行中之敌国人民,应于接到地方官署通知之日起,停止旅行,按规定办理登记手续;地方官署于敌国人民登记,应分别拟具处理办法呈由上级官署,转报内政、外交两部核准执行之。应予集中收容及免予收容,准其继续居留之敌国人民,应给予等级执照,载明该敌国人民姓名、性别、年龄、职业、国籍及原住所。"[15]而从具体的执行情况来看，昆明地方政府确实依据中央的部署要求去做了。从 1944 年到 1946 年这三年间，昆明市警察局外事科对"敌侨"的明密调查的活动达到 18 起，其中 1946 年"敌侨"登记在册有 14 人。[16]尤其对居留在昆的德籍传教士、医护人员是否"有间谍嫌疑或行动者、有帮助日军企图或行动者等"进行了严格地查控，最终的结果都认为他们的行为正常，并无上列嫌疑情事。[17]

其次，对于不同性质的"敌侨"采取不同的制度进行制约，表明政府对"敌侨"管理日趋走向成熟。制度本身是具有可塑性的，这主要看供给方（或执行者）对一个事物的认识是否客观、全面和理性。譬如在对"德侨遣送问题"的处理上，民国各级政府明确规定，"技术人员经农私机关呈准内政、外交两部予以雇佣者和教士经所属教会负责人担保，并经内政、外交两部核准继续传教者"，不在遣送之内。[18]而对于国内一些工厂、公司，因为业务出行的需要，向政府申请发给其雇佣之德侨旅行签证的请求，也得到了相关部门有条件限制的许可。[19]所以说，民国各级政府对"敌侨"采取"分而治之"的管理手段，一方面展示了中国政府的包容精神，缓解他们对中华民族的仇视心理，从而避免军事、外交矛盾的进一步升级，有利于维护国家的军事安全；另一方面也使一部分在中国从事经济、文化和技术交流的敌籍侨民能继续为中国的社会发展提供各种服务和帮助。

（三）对"邻侨"的管理

"邻侨"作为昆明外侨当中一支特有的社会群体，它的存在与云南自身的地理区位有着紧密的联系。云南地处中国西南边疆，与越南、老挝和缅甸三国接壤，随着近代以来边贸经济往来的不断发展,渐而形成了"越侨入滇,滇民入缅"这一特有的社会经济活动现象。通过对前面的数据资料进行考察,我们不难发现,上个世纪三四十年代是越侨入滇活动的一个高发期,经商和谋生成为他们入滇活动的主要目的。下面,基于"越侨"成为当时"邻侨"在滇活动的主体,笔者以其作为研究对象来探讨昆明地方政府对"越侨"的管理。

由于越侨来昆的人数很多,为了方便与当地政府的沟通和交涉,他们建立了自己的民间组织——越南驻滇同乡会。据档案资料记载,"该会原名为越南相济会,成立于 1928 年 2 月 18 日,曾在法国驻滇领事馆备案。直到 1944 年 1 月 4 日,越南相济会改名为越南驻滇同乡会,其宗旨与早期相同,即'相互帮助同乡之人',所有不同之处为'本会不属于法领事,并且不接受法政府接济'。在 1946 年 5 月 18 日,本会曾将本会会员名册呈报警务处,有卷可澄(见表4)"。此外,该会还提出倡议,"在孙中山先生领导三民主义下,中国应帮助越南。现在本会尚未请求中国帮助,本会祗请求中国政府允许便利,帮助本会受害之同乡。本会之员自愿认捐、自愿救济。本会不做政府工作,本会之员自愿捐助在中日战争中被害之中国同胞、同越南同胞"。[20]由此可知,该会是一个独立于越南殖民政府外的民间组织,有一个相对完善的组织系统,且会员的职业成分较为复杂,其目的是试图通过昆明地方政府的许可,以认捐、自救的方式来解决越侨同乡在昆的救济问题。前面笔者在阐述越侨在昆的职业和经济状况时,我们不难发现,居昆的越侨主要以谋生为目的,即便是经商,他们的经济状况也多为一般,再加上从事职业的复杂性,居住分布的不规则,昆明地方政府要管理好这支特殊的外侨群体实属不易。因此,笔者认为能否利用这样一个民间组织来协助地方政府管理越侨,使之成为一种实效之举便成为了我们关注的焦点。

表4　越南旅滇同乡会会员、职位和职业一览表

职位	姓名	年龄	职业
正会长	何玉杵	42	中法学校教授
副会长	陈文清	35	滇越铁路工务组
书记	陈世康	26	滇越铁路车长
书记	武文思	48	滇越铁路书记
财务	陈文秋	54	法莱西餐厅老板
财务	阮春兰	61	滇越铁路工务组
联络员	张南明	63	机械师
联络员	范文善	42	春记咖啡室老板
联络员	阮文显	40	商人
联络员	阮其能	32	商人
联络员	陈文云	23	机械师

　　资料来源:《调查越南旅滇同乡会召开大会时选定理事人员姓名、年籍、住址开呈》,昆明市档案馆馆藏档案,全宗号:30,目录号:6,卷号8,第138页。

　　然历史的事实表明,昆明地方政府对"越南驻滇同乡会"的态度不是保护、利用而是要求"其刭日取缔、解散",其原因在于"查越南驻滇同乡会系属外国人民所组织,法无明文,应饬刭日解散。按民国团体组织法规定,外人在华只能成立联谊会或侨友会,不能组织同乡会或其他党团活动。该会成立时以及此次举办募捐,本府均未据申请有案。"[21]但是,笔者对于"本府均未据申请有案"作为取缔、解散的理由是值得质疑的。首先,越南驻滇同乡会召开

前,会长何玉杵已将选定的理事人员姓名、年籍、住址和召开会议的时间、地点向昆明地方政府开呈;其次,在会议召开时,昆明市警察局饬令第六分局派便衣警一名,按时前往监护,并由外事科派科员孙纯馥暗中侦查;[22]第三,这次越南驻滇同乡会在昆明举办的募捐活动影响是很大的,来自云南省各地(如宜良、开远、盘溪、蒙自、碧色等处)的越侨都积极响应和参与,并要求政府请予备案,所以政府所谓的"均未据申请有案"的理由显然是站不住脚。而且从史料的反映来看,当时居留在昆的越侨对当地的社会治安并没有带来严重的不良隐患。这样一来关键的理由只有一个,就是中央政府的法令对该会的名称和运转机制起到了限制性的作用,地方政府对越侨的管理仍然维系于"权威实体"控制下的原有制度框架内展开。

三、昆明地方政府管理外侨的特点

通过前面对 20 世纪三四十年代昆明地方政府管理外侨情况的分类概述,笔者认为,由于国内时局的变化发展和外侨居昆人数的不断增加,昆明地方政府在外侨的管理层面上除了有与中央管理的共性特点外,也存在着它们处在边疆区域环境中个性特点。这些特点不仅反映了当时民国中央政府与云南地方政权的关系出现了微妙的变化,而且也考虑到地方政府在维护边疆地区安全问题上所体现的实际效能。因此,总结昆明地方政府管理外侨的特点,有助于加深我们对这一历史时期外侨在昆明活动的了解。

（一）中央权威渗透力度的加大，促使昆明地方政府管理外侨的制度管理体制相对健全和完善

自护国、护法运动后，滇系军阀一直盘踞西南，掌握着当地政治、经济和军事等主要方面的实权，并经常与各时期的中央政府处于对立和抗衡的局面，因此，加强对西南地区的控制一直成为民国政府速求解决的一大难题。随着后来抗战的需要，民国政府提出"内迁抗日"的策略，这为促使中央权威进一步向西南地区渗透提供了有利的政治时机。所以在管理外侨方面，许多制度框架由中央政府来提供，昆明地方政府以传达、执行为主，这就说明了云南地方政权对辖地的控制力与一二十年代对比来说是弱化了，中央与地方的关系从原来的军政对抗关系转变为现在的行政隶属关系。但如果从设计制度本身所需的资源成本要素来看，中央对于制度构建的系统性和制度保障的权威性能够支付巨额的成本开支，由它出台可以大大降低了地方制定制度所需的费用开支，更有利于通过推动地方制度管理体制的健全和完善来提升制度实施的各种效能。所以说，与一二十年代相比，这一时期昆明地方政府在管理外侨方面的制度安排更具有权威性和可操作性，中外矛盾在该地区没有出现升级和恶化，更好地维护了西南边疆地区的安全与稳定。

（二）注重对不同职业的侨民进行区别化管理

根据前面表1的统计，我们不难看出这一时期居昆外侨的职业类型具有明显的复杂性，而且多数普通职业还与地缘性有着紧密地联系，因此昆明地方政府为了加强对外侨的有利监管，也相映制订了符合本市区情的制度措施展开实施。譬如在《外人居昆之限制》的条文中提到,"下列外国人得在本市区内租赁房地以供居住使用,但不得开设行店、公司或经营商业。(1)中国官署公司、厂店所聘僱之人员;(2)各国使馆或领馆之随从员役;(3)各国教会、教士及医院医师;(4)游历人士或通讯社、报社之访员。而外国人有下面情事之一者,不得租赁房地。(1)无国籍或国籍不分明者;(2)素行不端或无正当职业者;(3)有违反公安之行为者等等";[23]对于一些旅居在滇越铁路上的法属越侨职员,"如该法属越侨仍在铁路线居住者,每年由本署(指昆明市警察局外事科)予以查验护照一次,如遇该离开铁路沿线驻地者,则由本署加给内地游历签证,以便管理。"而一些外国教会及传教士在昆所购置的不动产(指田产或房产),则由各警察分局详细按表查填,作为日后管理之凭证。[24]此外,一些特殊职业的侨民(如抗战时期盟国的军事官员或士兵),因持有国防部颁发的特许证,可以在昆自由居留并免于登记载册。[25]由此可见,昆明地方政府对于职业复杂化的外侨群体采取多样化的制度措施进行区别化管理,它的确有效解决了管理者与被管理者之间所存在的隔阂与摩擦。毕竟,外侨作为当时中国一支特殊的社会群体,地方政府如有处置不当,很容易上升到国际性的外交层面进行所谓的"公决"。以当时中国所处的国际地位来看,主权实体的地位虽已日趋明显,但要获得真正意义上的国际公平,其自身综合国力与西方列强的差距还是相当大的。

(三)凸显出维护国防安全的功能和作用

20 世纪三四十年代的中国不仅面临着日本全面侵华的国防安全问题,而且出现了国共两党争夺政权的军事斗争问题,因此这一时期民国各级政府对外侨的管理侧重于维护国防安全的功能和作用方面,涉及的主要防范对象是敌侨和苏联间谍。譬如昆明市警察局转发的《中华民国境内禁止外人通行、游历、居留办法实施注意事项》中明确规定，"空军基地(主要飞行场及附属厂库)、海军基地(军港)、要塞、国防工业地区(船坞厂库及矿厂等)、军政机关、军队驻地、营房兵战设施、现有作战地带及不靖地带为禁限地区，由国防部随时通知内政部、外交部转知各使领馆、当地主管部队，必要时得劝阻外人进入。如外人(敌籍侨民除外)欲申请进入限制地区，应指示其向国防部或有关机关领取外人通行游历、居留禁限地区特许证申请表，经国防部核发特许证后，方得依证内注明之项目进入指定之某禁限地区。"[26]内战爆发后，国民政府为了防止苏联间谍以侨民身份为掩护来窃取各地国军的军事情报传送中共，进一步加强了对苏籍侨民的管理。例如"对苏籍人民不办理外交正式手续即行来华者，依照《查验外人护照实施办法》之规定，予以禁阻其入境。已在华之苏籍侨民，其有谍报人员嫌疑者，务须严密监视。如有犯法或间谍行为，应依法处理"[27]。此外各级政府部门对苏谍组织机构的概况还从政治经济、外交情报和军事情报等方面进行深入了解，甚至把"防制苏联和无国籍侨民的间谍活动"作为1947年外事工作的中心任务。[28]所以笔者认为，政府实施一项新的管理制度，它不仅要反映出时局的特征，还要以维护政府权力的利益最大化作为其支撑的动力来源，毕竟政府的执政功能要想得以实现，国家安全和社会稳定将成为解决这一问题的先决基础。

注释：

1　撰写本文的史料资源以云南省及昆明市档案馆馆藏的民国时期昆明市警察局外事科的档案资料和一度流失越南的《昆明外侨户籍册》为主。

2　《1940年外侨在昆异动调查表》、《外事科工作纪实》和《外侨调查表》(1940年11

月),昆明市档案馆馆藏档案,全宗号:30,目录号:6,卷号166,第27、38—40、55—57页。注:该数据不包括从越南、缅甸边境过来的邻侨居民。而在1937年登记在昆居留的外侨人数(不包括越、缅侨民)仅为33人,此数据来自于昆明市警察局外事科《外侨户籍册》资料统计所得。

3　此数据来自昆明市警察局外事科《外侨户籍册》资料统计所得(见表1)。

4　依据表1的统计数据计算所得。

5　关于"敌侨"的界定,根据昆明市警察局外事科民国三十三年7月15日的《外事科工作纪实》中有记载,"自我国政府对德等轴心国宣战,及其留居本国之侨民当属敌侨,应予以集中收容或监视。省会警察局于民国三十一年5月,奉省府令遵照:行政院所颁布《敌国人民登记》、《敌国国籍教士集中及保护监视办法》、《敌国人民移居办法》等,饬令各分队详查。",而当时在昆的德侨有21人。昆明市档案馆馆藏档案,全宗号:30,目录号:6,卷号166,第28—31页。此外,"敌侨"这一概念并不是随着"二战"的结束而终止,它的使用一直延续到1949年。

6　昆明市宗教事务局等:《昆明天主教史》,云南大学出版社2006年版,第86页。

7　昆明市警察局外事科《外侨户籍册》。

8　根据云南省警务处训令昆明市警察局(民国三十五年7月13日,第8482号)关于《德侨在华私人财产处理办法》第五条乙款中记载:"凡须集中管理之德侨,除准予携带其日常生活必需之物及我国法币五万元外,其他物品及款项与有价值之货品应自行造册、签证,送请所在地省市政府接收,转报行政院指定接受机关接管。"昆明市档案馆馆藏档案,全宗号:30,目录号:6,卷号2,第67页。

9　对于《外侨户籍册》上有关"性别"的记载,笔者依据当时昆明市警察局外事科的《外侨调查表》等资料进行核对,其中发现极少数出现了错误。如英籍外侨易理藩(ALFRED EVANS)在《外侨户籍册》上为"女性",而《外侨调查表》中多次显示为"男性"。因此,笔者在统计"性别"时,如发现有误的,着以《外侨调查表》为准。

10　龙云:《云南行政纪实》第22册,云南财政厅印刷局1943年版,第20页。

11　在这里需要指出的是,出于国家意识形态的不同,民国政府对苏侨的管理多以防范为主。尤其在抗战结束后,国民政府多次指出"要注意防范苏籍不办外交正式手续入境侨民及有谍报性质嫌疑人员"。甚至在民国三十六年,中央政府把外事工作的中心放在"防制间谍,其对象以苏联侨民及白俄或无国籍之外人为主体"。但值得我们注意的是,从所掌握的档案资料中,民国各级政府并没有把苏侨列为

"敌侨"，而是将其处在一个"友敌"之间的边缘化状态当中。《本年度外事中心工作实施要点》和《本市外侨侦防监视工作实施方案》（民国三十六年5月），昆明市档案馆馆藏档案，全宗号：30，目录号：6，卷号8，第128、130页。

12　《"管内美国人驻社已派得力官警保护"案存》（民国三十六年1月8日），昆明市档案馆馆藏档案，全宗号：30，目录号：6，卷号9，第137—138页。

13　《对英侨的保护：广州沙面英国总领事馆及英商太古洋行被暴徒捣焚兹申电文》（民国三十七年1月21日），昆明市档案馆馆藏档案，全宗号：30，目录号：6，卷号170，第6页。

14　《敌产管理办法》（民国三十一年4月2日），昆明市档案馆馆藏档案，全宗号：30，目录号：6，卷号165，第48页。

15　《敌国人民处理条例》（民国三十二年12月7日），昆明市档案馆馆藏档案，全宗号：30，目录号：6，卷号135，第45页。

16　根据各年份昆明市警察局呈报的《外侨异动情况》和《外侨调查表》统计所得。其中这里关于"敌侨登记在册的14人"数据来自于1946年6—8月间昆明市警察局所发的《有关外事工作之法令及二分局关于外侨居留情况之报告》统计所得，其中在昆的德侨7人、意侨1人于1943年7月前已被中国政府遣送出境。昆明市档案馆馆藏档案，全宗号：30，目录号：6，卷号172。

17　《呈报调查本管德籍人民有无间谍嫌疑及帮助日本或隐藏军用械品等情事》，昆明市档案馆馆藏档案，全宗号：30，目录号：6，卷号5，第35、37、38、42页。

18　《遣送德侨办法草案》（民国三十五年7月），昆明市档案馆馆藏档案，全宗号：30，目录号：6，卷号2，第79页。

19　这里的"有条件限制"是指，"如德侨旅行之目的系在推进雇佣机关之业务，似亦得以照准，所有旅行签证之发给，均由该省市政府警察机关办理。"《关于德侨出行问题》（民国三十五年9月），昆明市档案馆馆藏档案，全宗号：30，目录号：6，卷号2，第99页。

20　《越南同乡会来函》（民国三十六年6月9日），昆明市档案馆馆藏档案，全宗号：30，目录号：6，卷号8，第164—165页。

21　《昆明市政府指令》（民国三十六年7月10日），昆明市档案馆馆藏档案，全宗号：30，目录号：6，卷号8，第174页。

22　《越南同乡会召开案据》（民国三十六年5月8日），昆明市档案馆馆藏档案，全宗号:30,目录号:6,卷号 8,第 143—144 页。

23　《外人居住昆明之限制》(1948 年 10 月),昆明市档案馆馆藏档案,全宗号:30,目录号:6,卷号 131,第 79—80 页。

24　《外事科工作纪实》(民国三十三年 7 月 15 日),昆明市档案馆馆藏档案,全宗号:30,目录号:6,卷号 166,第 28—31 页。

25　《昆明市外籍居民身份登记暂行办法》(民国三十一年 9 月),昆明市档案馆馆藏档案,全宗号:30,目录号:6,卷号 165,第 64 页。

26　《昆明市警务处等所发有关外侨管理之法令规章等》(1947 年 5 月—10 月),昆明市档案馆馆藏档案,全宗号:30,目录号:6,卷号 78,第 142 页。

27　《呈报遵令防范苏侨有谍报人员嫌疑情形析》(民国三十五年 10 月 28 日),昆明市档案馆馆藏档案,全宗号:30,目录号:6,卷号 2,第 139 页。

28　《苏谍组织机构概况》《本年度外事中心工作实施要点》(民国三十六年 5 月),昆明市档案馆馆藏档案,全宗号:30,目录号:6,卷号 8,第 127—128 页。

民国时期滇北金沙江两岸土司的衰落历程

——以丁文江、曾昭抡等的考察为中心

潘先林(云南大学人文学院历史系教授)

杨朝芳(云南大学图书馆馆员)

辛亥革命推翻了中国几千年的封建统治,开始了从王朝国家向近代民族国家的转型与过渡。但时逢多事之秋,新兴的民国政府始终未能对封建王朝有机组成部分的土司制度制订出明确的政策法规宣告其存废。因而民国时期土司制度的合法性未能得到新法规的支持,沿边地区各自为政,各行其是,土司制度成为民族国家体制下的残留形态,不再是地方行政管理中的行政单元[1],成为中国几千年封建统治的习惯性延伸[2]。

近年来,随着西南边疆历史与现状研究的深入,论者多涉及民国时期的土司制度,言必称"改土归流","土流并治"。检讨这类研究,窃以为存在两方面不足:一是动辄引三四十年代的资料代表全部,二是偏重云南边疆的腾龙边区和普思沿边,其他时代和其他地区则重视不够。我们注意到,1914 年著名地质学家丁文江、1935 年中华职业教育社农学团国内农村考察团向尚等、1941 年著名化学家曾昭抡均曾步行考察过滇北金沙江两岸,留下了弥足珍贵的考察资料,将民国时期滇北金沙江两岸土司的衰落与适应生动地串联起来,为我们留下了一幅幅波澜壮阔的历史画卷。读罢

掩卷长思,不胜欷嘘叹息。本文结合其他材料,对此进行初步研究与讨论,尝试为民国时期土司制度的研究提供一份略有新意的成果。

一、旧制度与新司法的冲突:土司成了高等审判厅的被告

清末金沙江南岸的武定直隶州,据新纂《云南通志·土司考五》记载,保留有勒品甸土巡捕李氏、环州甸土舍李氏、暮连乡土舍那氏、汤郎马土巡检金氏四家土司,其中勒品甸土巡捕为武职,其余为文职。这些土司历经风雨,分别传袭了二三百年至四五百年不等。辛亥革命爆发民国建立,封建皇帝被推翻,"皮之不存,毛将焉附?"四土司先后受到更为激烈的冲击和打击。其中环州甸土舍李自孔首当其冲,多次被推上民国政府的各级被告席。

环州甸位于武定县西北,其先安纳因征讨武定凤氏土司有功,于明嘉靖四十四年(1565年)授环州甸土舍,传三世,改姓李。入清仍授土舍世职,咸同年间曾获土知州衔。管地东至暮连乡河五十里,南至高桥七十里,西至元谋县界五十里,北至四川界碑塘七十里。清末,土司李朝炳(自孔)在职,其时基督教传入环州地区,傈僳人民受到一定程度的影响,不满土司的统治和剥削。辛亥革命爆发后,云南都督蔡锷实行征兵制及短期兵役法,环州傈僳青年李万华、李春发、白如一、罗一等参加了滇军,受到辛亥革命民主主义的洗礼。他们退伍后,在家乡宣传说:"我们到了蒙自、安宁一带,都没有什么土司,孙中山也在闹革命,打倒皇帝,李土司家这样统治我们,一定要打倒才行。"[3] 于是约集各村人民控告土司,最初15个村起来告发,不久发展到51村,后江外28村也给了不少资助,共有79村。村村推出代表,共同商议与土司斗争。1912年冬

月十一日，十五村人民上呈文到武定州，要求废除土司的苛捐杂税和各种特权剥削。知州刘宗泽于腊月二十六日传集双方对审，多次调解未果。"在这次对审中，土司根本说不出什么道理，讲不过人民"。李自孔坐在被告席上，面对历代以来被视作"奴才"的傈傈人侃侃而谈，与自己平起平坐，并毫不留情地指责自己，其尴尬和恼怒可想而知。

1913 年，李春发、普玉廷等人又向云南巡按使署、云南省议会控告，并附冗长的《环州乡土司苛磕乡民等清折》，云南民政长罗佩金指令新任武定县知事张世勋认真查办。1914 年，环州乡民在东街坡成立团保分局，推李贵荣为负责人，向云南省高等审判厅、北京大理院控告。五月丁文江从昆明经富民到了武定县城，与正在县城告状的十六位傈傈人见面并进行了交谈，"他们的装束完全与汉人一样，为首发言的一位，说的很好的汉话"。[4] 十二日，丁文江到了环州李土舍家，"原来是个衙门，有大堂、二堂。堂上放着有公案、朱笔、签筒。两边还有刑具"。土舍的母亲自氏穿了寻常的汉装，黑布裹头，说的很好的汉话。土舍夫人李玉兰，字佩秋，二十岁左右，暮连土舍的女儿，在昆明女学堂读过书，与土舍感情不和。她"一脸的病容，上下都是省城的时装，脚不过五寸，大概是缠过的。头发结着一条大辫子，拖在背后。桌子上有玻璃镜子、雪花膏、刀牌的纸烟和《三国演义》。墙上挂着许多照相"。自氏说起傈傈告状一事，叹气说："这些人原是我们罗婺的奴才，相传十四代，从来没有反抗。自从郭、王两位牧师来了，他们纷纷的入教，就渐渐的不容易管束了。几个月以前有从省城退伍的兵回到这里来，他们就叫大家抗租。他们说在兵营里面，傈傈和大家一样，不但夷家不敢欺负他们，连汉家对他们都很客气，为甚么再当土舍的奴才。"第二天李土舍亲自来见，"他才二十七岁，穿一身青布的短褂裤,裤管极大。光着头,赤着脚,一幅黑脸,满脸的横肉。我问他话他一句不答,他带来的差役说:'土舍年纪轻,不懂事,汉话也不大懂得,请委员原谅。'我给他照了一个相,他红着脸坐在凳上,一言不发,却又不走。直等到我对他的跟人下逐客令,他才跚跚蹒跚的走了出去"。据丁氏的观察和描述,李自孔专横、颠顸,任性妄为,教育程度和应变能力均极差,其统治能力可想而知[5]。土舍夫人却很明白,受到傈僳的爱戴,后来出面调解官司,曾发生一定的效力。但土舍母亲自氏谈到官司时说:傈僳"近来竟敢到县里告我们了,委员! 请你写封信给张大老爷,把他们打几十板子就没有事了。"这应该是当时大多数土司的普遍看法,仍然是封建皇权统治下的习惯性思维。

北京大理院接到控告后,批回云南高等审判厅审判。审判中,李自孔未到案,派头目郭宗扬、堂侄李洪勋任代理人。民国四年(1915年)十月三十一日,云南省高等审判厅作出判决,判决书描述诉讼过程说:"诉经该县刘前任判,将不正当之苛索,悉行豁免。不能免者,仍照旧上纳。普玉廷等不服,复诉经前县判断,仍除杂派,酌减馈佃佃谷,纳于租石之内,以免土役催收苛索。仍以田地之肥瘦,定租石之多少。李春发等仍不服,叠诉于县,并诉于巡按使署。经该县知事正式判决,环州乡十民管束权仍属土舍,各佃收租纳粮,仍照旧办理。前收粮银壹两加收三钱,再酌减为每两加收一钱五分。一切赢余陋规,由土舍自行添足报解,不准再立库房名目,于一钱五分之外,格外加收。馈佃前系两年一收,以后按年分上一半。随租杂款,照刘前任判决清单,再行酌减。折征佃谷立名不正,类于摊派,应定为让三收七。其余伕役细礼暨不正当之苛派,违体制之礼节,悉行取消。并将分别存留租物,各立簿据,陈请盖印,共相遵守。马仕洪等不服,控诉到厅。"[6] 显然,在云南省高等审判厅判决前,武定州(后改县)刘宗泽有过两次判决,张世勋有过一次正式判决。原告均不服,并逐一提出不服的理由三条。高等审判厅逐条进行了驳诘,指出控诉人无理由或不得谓无理由者多处,认为"本案系争土地所有权,两造不能提出确切证据,证明属于何人,自应维持现状。原审对于浮收苛派之部分,判决未免失当。本件诉讼,不得谓毫无理由,应予变更原判"。"环州乡土民仍暂由土舍管束,各土地应缴租谷钱粮,仍暂由土舍经理,除应缴条银正供外,不准巧立名目,格外加征。所有从前一切赢余、陋规,以及馈佃、杂派等项,一概豁免。控诉费诉讼费归两造平均负担"。

判决书声称:"此案争点,一在土地所有权,二在浮收苛派。"对于浮收苛派,认为"专制既经铲除,苛征自应豁免",苛派"有专制陋习","夫马费乃前清专制之陋习",因而一律革除。但对土地所有权,则因民国政府没有制订出明确的政策法规,只能因循敷衍,"维持现状"而矣。

判决书下达后,于十一月九日由发吏萧维汉送达马仕洪等收执,环州五十一村公同议决,于民国五年(1916年)七月泐石立于典莫村,"以垂不朽云耳"。但李自孔等并未遵守,仍然向人民收取摊派。他们还多次变卖田产,向各级官府疏通关系,上诉到北京大理院,大理院发回云南省高等审判厅复审,判决农民仍出馈佃费。此后由于南北纷争,战争不断,云南政府无暇兼顾,各种判决形同空文,环州地区各族人民展开了武装反抗土司统治的斗争。

二、恢复土司与复辟帝制:美丽女土司的呈文

清末金沙江北岸的会理州,据同治《会理州志》卷七《土司》记

载,保留有黎溪州土千户白氏,披砂土千户禄氏、会理村土百户禄氏、普隆土百户沙氏、者保土百户禄氏、苦竹坝土百户禄氏、通安州土百户禄氏七家土司,均为武职。这些土司多为清康熙年间投诚授职,传袭二百年左右。其中披砂、会理村、者保、苦竹坝、通安州五土司均为禄氏,互有兼袭兼辖事实,如披砂土千户乾隆时即以者堡土百户兼袭兼管,通安土百户光绪元年乏嗣,由者堡、苦竹土百户兼袭。光绪三十三年(1907年),者堡土百户同时兼袭披砂土千户、通安州土百户、苦竹土百户四职的禄绍武病故,其母禄禄氏抚养禄绍武外甥自复棋(自老五)为己子。宣统元年(1909年)8月,禄禄氏病故,自复祺自称袭通安、苦竹土百户职,占据苦竹土署。禄绍武妻禄自氏不服,率众围攻苦竹,双方械斗,经地方文武劝令和息,自复祺将苦竹土百户钤记及白银3500两交给禄自氏。12月,贵州威宁土司禄祯祥经禄绍武家奴严如松等引诱,与禄绍武之妻禄方氏联结,占据者堡土署,与禄自氏、自复棋争袭土职,发生械斗。四川建昌镇总兵田振邦、宁远府知府陈廷绪率师征讨,将自复祺、禄自氏拘留于会理,诱送禄祯祥、禄方氏至宁远府关押。宣统二年(1910年)正月,会理州知州王香余调处"通安、苦竹百户争袭案",判禄祯祥监禁20年。10月,强令将披砂、者堡、苦竹、通安、会理村等禄氏五土司改土归流,所有田产除分拨地租1200石作为禄自氏养膳外,一概充公。辛亥革命爆发民国建立,四川政局动荡,中央和各级政府没能对土司制度制订出明确的政策法规。禄祯祥、禄方氏获释后,继续争夺土司职印和田产,于民国元年(1912年)6月率众进据者堡一带,劫掠居民40余家。经宁远府禀准,监禁禄祯祥20年,强令披砂等五土司"改土归流",租息没收归公,并将五土司财产逐一清查上报[7]。

1914年五月二十日,丁文江过金沙江到了会理境内。六月十四日,计划从会理县城东行过金沙江赴云南东川,会理萧县长因安全问题建议改道。一位基督教内地会的牧师建议他顺路拜访苦竹土司,求得她的帮助,才能安全通过。该牧师说,苦竹土司禄方氏"人极其能干,家里有几百杆枪,凉山的罗㑩没有不怕她的"。[8]在县长派来的向导带领下,丁文江于十六日出发,路上向人打听,知道禄方氏娘家姓方,成都人,几岁时被禄绍武买来,后来做了土司的姨太太。禄土司去世后,其妻禄自氏住在苦竹,禄方氏住在披砂。本年二月十四日,禄自氏被杀,禄方氏率人从披砂赶到苦竹,枪毙了凶手。"这位方姨太太人极其能干。"到了苦竹,其衙门比会理县署雄壮得多。禄方氏年约二十多岁,前后十几个差役簇拥,"头上盘着青色的'罗锅帽',身上着一件青布的大袖长袄,下边束着百褶裙子。身材在五尺一寸左右,一双天足。鹅蛋式的脸,雪白皮肤。眉毛虽不很细,却是弯长;眼睛虽不很大,却是椭圆;鼻梁虽不很高,却是端正;嘴虽不很小,嘴唇却是很薄很红。加上一口很整齐的白牙,不擦粉,不擦胭脂,是我生平所见东方人中少有的美人"。禄方氏向他介绍了苦竹、披砂、者堡、通安四土司的历史,强调了丈夫禄少吾(绍武)的功绩。丈夫去世后,留下两个寡妇和一个一岁的女儿,贵州威宁稻田坝的远房本家出来争袭,才闹到改土归流的地步。对于改土归流,方氏认为,每个土司"养活着一百多户到二百户人,每年要多少粮食"? 如果立即把衙门撤了,"手下人没有法安插,一定要出事"。丁文江还注意到,方氏用饭时,十几个背着枪的土兵和几个吹鼓手跑了进去,站班奏乐,"我方才知道土皇帝的尊严"。第二天离开时,方氏"拿出一张用蝇头小楷写的呈文交给我,请我带回北京,代呈大总统,请求不要改土归流"。丁文江对方氏说:"如今五族共和,大总统事事主张公道,决没有欺负夷家的心事。但听说你所管辖的地方还有许多夷家不甚安分,常常要闹事。日子久了,一定要连累你的。我希望你赶紧的约束他们,恢复秩序,和汉家共享太平。"她直立着,扬起头来答道,"敢不效犬马之劳!"

十九日,丁文江离开苦竹,因有禄方氏的帮助,顺利进入云南境内。途经岔河时,当地人介绍说,"方太太却不大同,来到苦竹没有三个月,已经枪毙了十六个人,所以人家很怕她"。次年丁文江回到北京,将禄方氏的呈文送交工商部,请求转呈。工商部长官将原呈发还,说不是本部所管,不必多事。

据丁文江的记录,禄方氏是民国初年凉山地区有影响的女土司,知书达礼,敢做敢为,巾帼不让须眉,具有过人的能力和勇气。她对当时国内状况、四川省情及会理县情均有一定的了解,从今天的角度看,以一个小小的被废土千户妻子的身份,敢于向新兴的民国大总统呈文,其勇气和眼界均值得称道,在同类土司中出类拔萃,可称"并世稀遇"。但她待人苛严,杀人如麻,逆历史潮流而动,力图恢复土司统治,正如丁文江所担心的一样,必然要以悲剧收场。而令人感慨的是,上天既付予其过人的容貌,杰出的能力,当不忍令其湮没于"禄方氏"三字之中。丁文江虽未能将她的呈文送达大总统,却将她的音容笑貌和事迹保留了下来,跃然纸上,让多年后的我们能领略其风采,这种历史的巧合与机缘确乎是可遇而不可求的。

现将禄方氏的呈文辑录于下。

　　世袭苦竹土千户职妇禄方氏报为沥陈衷情,敬叩大总统宏恩电鉴,赏还疆域,淑慝攸分事。窃职氏夫禄绳祖承授祖德宗演,历功昭著,传袭会理县属沿边四署:披砂、者保、苦竹、通安。各设头目家丁,遵理旧制宪书,茯苓贡马,约束夷众,管辖生番。自前清雍正康熙初年,始祖禄鲁姐率众投诚,招抚番蛮,镇靖乌蒙东川等府夷虏有功,世世罔替,袭裔数代,无异继职。至氏夫绳祖禀请接铃任事,迭奉大宪札调,自备兵饷,办理宁远府属凉山乾象营,石板沟,昭觉县各寨夷蛮,猖獗忒甚,出没无常。氏夫督军剿贼,折兵千余,费粮饷叁拾余万,均由自垫。蒙军督大宪隆恩知遇,奏升副将,仍令威镇边陲。不料骤办三年,因染潮湿痰瘵,于光绪三十一年回籍殒亡。遗留一女,仅存嫡庶,抚鞠孤女。选议威宁家族稻田坝抱子承桃,禀恩就职,慑服夷众。陡遭宁远陈守廷绪,会理州牧王香余叵测滥政,仗权压治。将氏嫡庶及禄祯祥拘留宁狱,勒缴铃记,家私抄没,并将孤女天祥改名刘龄。庐田坟墓,掘骨抛尸,数代灵牌宗祠毁化。派委曹永锡率兵役霸收租润,纵兵奸淫夷女,酷虐佃户,蹂践不堪。家丁概行驱逐,土署家资,尽被抄掠侵蚀。可怜一家之患而延万户。且又逼氏再醮马灿奎。如氏不允,守牧定要治罪。氏本坚笃忠贞,矢誓不二,惟死无憾,遂绝奸念。氏嫡庶只以朝夕涕泣,谅无生期。幸值大总统命令,五族共和成立,则荷川蜀隆遇,解释禄祯祥并氏嫡庶孤女回籍,恢复旧业。氏即聘员演说四凉山敬教新学,各守本分,稍有归化气象。是年旧历二月十四日,惨遭奸人弊窦,附合逆奴弑嫡。氏接凶耗,星夜兼程数百里,聚团平乱,办获十余逆正罪,以清九原冤魂。迨蒙会理县萧知事清慎廉明,查氏弹压夷虏有方,秋毫无犯,悉氏甘苦备尝,详请四署给还,准氏继职抚孤,抱子承桃,禋祀宜续。况夷人各认有主,历服世职抚驭,若以威胁,断不服输。惟有匍匐俯恳大总统镜察昭雪,悯氏抚孤劳瘁,电令川督赏还职妇全幅疆域,致免李代桃冤而祸桑树。不但众夷民咸慕来享来王,暨氏生生世世顶祝千秋不朽矣。特为缕诉,伏乞大总统台前,赏准昭察原宥瞻依之至。须至报者。

三、暴力抗争与因应时势：会理五土司的结局

民国建立后，南北纷争，川滇之间战争频仍，滇北金沙江两岸长期扰攘不宁，土司的统治逐渐走向衰落。在武定地区，环州各族人民先后于1919年、1923年、1925年进行了武装反抗，有五十八村彻底摆脱了土司的统治，获得了土地所有权，永远不再给土司纳粮上草，土司的统治大为削弱，各种苛役摊派一律取消，不得不出卖大量土地包括"私庄地"，剩余的"私庄地"也只能出租。此外，暮连乡土舍那氏统治区也不断遭到所属乡民的反抗。1927年龙云上台后，颇思励精图治，整顿全省政治、经济、文化政策，清查户口，核查田地。首次清理全省土司统治区域，规定由各县、各行政委员、各设治局取具各地土司册结，其清册除列名称、位置、面积、人口、姓名、原籍外，并有宗图亲供，由民政厅转呈省政府核委[9]，武定四土司全在清查核委之列。1935年5月，中国工农红军长征过武定县，杀死县长，经过暮连土司统治区，砸碎土司大厅横匾，并在大门前的照壁上写下"打富济贫，杀官安民"的标语。在红军的影响下，万德乡掀起了反抗土司统治的斗争，勒品甸、环州、汤郎马土司地区也受到较大影响，土司再次受到沉重打击，"只收租不管佃"，逐渐向普通的地方大地主演变。

而江北岸的会理，禄氏五土司的统治却遭到了毁灭性的打击。1914年丁文江离开后，伶俐过人的禄方氏陷于地方情势，没有接受丁文江的劝告。她继续参与对五土司职位和田产的争夺，同时并未因向大总统的呈文没有下文而放弃努力。1916年间，她似乎费尽心力，得到了当时四川督军后委成武将军的袁世凯亲信陈宧的支持。4月，陈宧以禄方氏"办理夷务，深资得力"，委任为夷务

"宣抚官"，仍辖披砂、会理村、苦竹、者堡、通安五土司夷众，恢复原业，镇靖边陲。禄方氏立即以夷务"宣抚官"的名义，发布告示，于五土司所辖境内 30 处场镇，派差强行收租，恢复土司制度。5 月 25 日，四川省巡按使委禄安佑任者堡兼会理村土司，管理该地彝务。禄安佑，云南宣威拖木土司的后代，禄绍武孤女禄天祥（禄成基）之婿。禄天祥命途多舛，母亲早逝，一岁时父亲去世，由禄方氏抚养。可以说，这时的禄方氏可谓春风得意、意气风发，实现了她多年来梦寐以求的理想和政治抱负，她美丽清澈的眸子中闪现出自信、满足的光芒，顾盼自雄。她将在袁世凯洪宪帝国中大展手脚，施展自己的政治才华。

　　但袁世凯仅做了八十三天的皇帝梦，洪宪帝制在唐继尧、蔡锷等领导的云南护国军民的打击下轰然倒塌，禄方氏的土司美梦也随之幻灭。民国六年（1917）1 月 20 日，四川督军署发布指令，前成武将军任内委任禄方氏为"宣抚官"，系属权宜之计，现大局已定，自应取消。禄方氏籍宣抚名义侵回官产，实属胆大妄为，目无法纪，应即先将宣抚官原委注销，不准沿用。民国七年（1918）3 月，滇军华封歌部渡江进占会理，者堡兼会理村土司禄世昌（安老八）、苦竹土司禄方氏、苦竹兼通安州土司自复祺等联合起来，进据长冲，威逼会理，声言三路攻城，驱逐滇军，在者堡、苦竹、长冲等地与地方团队、滇军激战，这是从顶峰跌落谷底、满腔失望与怨愤的禄方氏的一次总爆发。会理县知事沈寿烈调集各路团丁，配合滇军作战，禄方氏等不支，败退潜逃，者堡衙署被焚毁。民国八年（1919 年）1 月，禄世昌、自复祺等被俘，但在关押中逃脱，再次调集武装踞守苦竹衙署。禄方氏被逼缴纳滇军勒派军饷 3000 元，因无力完成，再次聚众反抗。华封歌部进剿，烧毁苦竹衙署，掳杀禄世昌和自复祺。禄方氏被捕，在押病死，结束了她短暂而跌宕起伏的一生。1915年夏天当丁文江听说会理县长与苦竹土司发生冲突时，曾为禄方氏的安危担心，并因披砂已经设了新县，感叹"恐怕方太太就是尚在人间也不能再做女土皇帝了"。但出乎丁文江意料的是，锲而不舍的禄方氏在1916年间曾获任四川将军委任的夷务宣抚官，实现了自己的梦想。当1933年3月19日丁文江刊出《会理的土司太太禄方氏》，并于4月15日公布禄方氏呈大总统文，国人首次从文稿认识美丽能干的禄方氏时，她已于十三年前万念俱灰之下病死于关押之中。约3年后，丁文江在调查粤汉铁路沿线煤矿时，亦因煤气中毒在湘南殉职。

　　但禄方氏的悲剧还没有结束，由她抚养的禄天祥（成基）与禄天佑结婚后，禄天佑承袭了苦竹、者堡、通安州、披砂、会理村土司职衔。1926年，禄天佑被任命为西康省第三混成旅骑兵团第二营营长兼苦竹、通安、者堡、披砂、会理村宣抚司。1927年底，二十四军军长刘文辉下令宁属清乡司令羊仁安委禄安佑为宁属清乡司令部夷务司令。1928年又与普吉州土司吉绍虞等赴昆明拜见云南省主席龙云，寻求支持。1932年6月，会理驻军团长许颖在宁属驻军司令刘元璋的支持下，布告禄安佑"冒承土职，窃位弄权，肆虐土民，对抗官府，勾结外匪贻祸地方"等罪名，派军围剿。禄安佑起而反抗，兵败被俘，禄成基亦因生产被俘。9月，刘元璋等将禄安佑活剐于西昌西较场，临刑前将禄成基当面砍头，尚在襁褓中的男婴亦被抛刀刺死。夫妻两人并被传首各地，"以儆效尤而振军威"。者堡等地的土司衙署被烧毁，财物被劫掠一空。至此，禄氏五土司的统治全面结束，退出了历史舞台[10]。禄成基及其儿子的惨死，为禄方氏的悲剧画上了一个凄厉悲恸的句号。

　　到1935年前后，滇北金沙江两岸土司的统治大多走向了衰落与崩溃的境地。当中华职业教育社农学团国内农村考察团向尚、李涛、钟天石、汪本仁、姚惠滋等 5 人,从昆明经富民、禄劝,渡金沙江前往西康时,所经路线虽与 21 年前的丁文江大致相似,但却几乎没有留下沿途土司的相关材料。该考察团 1935 年 3 月 12 日离开上海,经香港、澳门、广州、南宁、贵阳,8 月 2 日到达昆明。9 月 6 日,考察团离开昆明,取道滇北线,沿途"人烟荒凉,满目皆山,贫富相差甚远。交通方面,滇北尤为艰难,全赖驼马,且盗匪出没无常,行旅多不安全,非结帮合众,不敢通行"。于是遵普通惯例,与大队马帮合伙。该队马帮共有一百余匹马,六七只大毛狗,三四十个马哥头。"总计全数人马,不下一营骑兵队,形势极壮观"。沿路经二道村,八日到富民县,"远看俨然大村庄"。10 日过禄劝,全县人口将近两万,夷人约有几千人,但实数不明,前县长被红军攻城打死。12 日过二顺河,两岸有几家小村落,多半是夷人。向尚在山岗上遇见一位夷妹子,"年近二十岁,头上挽一条长辫,披一张大羊皮"。13 日过杉老树,山顶有住户数十家,十九是夷人。晚上正逢中秋节,考察团买来鸡、鸡蛋和鸡枞菌,向夷家买了酒,唱歌热闹起来,引来一群披羊皮、赤脚的夷妹子,随着他们哼着调子和情歌。14 日到金沙江,有渡船十余只,在江北者属四川管,江南者属云南金土司(夷官)管。"每渡一客,收费五角钱,驼马收费一块钱"。15 日由金沙江边沿旧驿道北行,当晚到通安州止宿。通安州是一个大市镇,"比云南师宗县差不多"。16 日到会理县,有人口十三万余,"夷多汉少,夷人真实数量,尚无精确统计"。[11]城内街道因红军过境,驻军为坚壁清野计,完全烧成了一片焦土。在会理休息 4 日,21 日起程前往西昌。

向尚等人的记录中,对禄劝县汤郎马土巡检金土司提及一句,对刚结束统治的会理县通安州土百户则只字未提。这一方面固然是当时滇北金沙江两岸土司衰落和崩溃的实际体现,但也因红军长征和中央军的追击刚从这条道路上通过,包括土司在内的地方势力受到了较大的打击。同时,因安全问题,向尚等人虽称为"农村考察团",却只能随马帮行走,考察记录流于表面,没有深入乡村,多道听途说和猎奇之处。与21年前的丁文江相比,完全不可同日而语。

四、先行者与旧传统:土司成了人民政府主席

滇北地区的土司成为地方上的大地主后,势力不断削弱,与会理五土司一样,必将退出历史舞台。但有意思的是,没落土司们的历史并没有就此戛然而止,落日余晖,同样辉煌,偶尔也会发出短暂的耀眼光芒。

1941年夏,国立西南联合大学师生11人组成川康科学考察团,化学家曾昭抡任团长。7月2日,考察团自昆明起程,当天抵达富民县,他们的行李雇了马帮驼运,马帮的主人唐老板随队同行。第二天向禄劝前进,当时昆明到会理,"多年来交通路线,一向是握在汉人手里,可是大路两旁广大的地域,迄今大部分仍然是由夷人(傈僳)居住。像面包夹肉一般,汉人在夷族区域里,打开了一条血路。鸡街以北,直到会理,这条插在夷人中间的汉族区域,平均宽度,大约有二三十华里,其中有些地段,这'三威治'(Sandwich)中间的一片火腿,竟薄得和纸一般。像由冷饭桥到硝井丫口一段,大部分便是此等情形"。[12]当晚住在柿花树禄劝县贤德乡第八九联保国民小学。第三天到禄劝,"觉得此处人民,并已相当地近代化。"拜访军人出身精明强干的李子元县长后,派两名士兵护送。下午两点,离开禄劝,当晚住拖梯。7月5日,从拖梯出发,"团街以后,经龙海堂、石板河、板桥,直到金沙江边,大体可

说完全是夷人区域"。当晚住龙海堂村，经小学王校长帮助，找到两名自卫队的熟夷护送。"我们于是第一次和倮儸作伴，共历征途。"7月6日经马楚大梁子，过六顺河，"看见三位身材高大，头戴白布缠成大帽子的夷兵，荷枪向我们走过来。他们先开口问我们，要不要护送到石板河去？……这几位是撒营盘土司（简称撒土司）下面的夷兵。撒营盘距此四十里，在大路旁边一点（不当大路）。土司名叫常佩春，现在省城未归，所以他们比较自由。这位土司和逼进金沙江边的金沙江土司，乃是昆明、会理道上目前剩下的唯一土司。金江土司，久已改土归流，现在是有名无实。剩下唯一是真正的土司，只有此一处了"。他们和夷兵谈好，护送费是二十元国币和一钱大烟。经过砍登山口时，"要不是有撒土司的夷兵作伴，我们真不敢确保自己的安全。……护送的夷兵，在将到此处以前，也不免紧张一番。到此居然安然无事，我们特别和夷兵合照了一张相，另外还专替他们三人照了一张"。当晚住石板河。7月7日，经路南河桥、攀枝得到板桥停宿，路上因避雨进入夷人家庭，"初试倮夷生活"。7月8日，经白云山到汤郎。"汤郎俗称'螳螂'，距板桥三十华里（俗亦云三十里），为金江土司所在地。……在街上听说金江土司此刻正在衙门。我们抱着满腔好奇心，特地去拜访他。土司衙门是一种前清式的旧式衙门建筑，但是并不见大。来到此村，街上零星地看见一些头缠黑布包头的土兵，远不及撒土司夷兵那么神气。一到衙门大门口，看见聚有许多倮妇，衣服大都褴褛不堪，尤觉有失尊严。（此处土司及其以前所辖百姓，都是倮儸）。衙门虽则不大，进身却颇深。找门房递一张片子，金土司便邀我们进去坐。我们原来以为此处土司，多少必有他的特点。进去一看，房间陈设完全汉式。土司本人穿着一身汉式的军服，我们大失所望。交谈以后，知道这位现任土司，名叫金宇晖,年纪不过二十余岁,系昆明中央军校第五分校十七期毕业生。毕业后返此小住,不久仍拟去省城,在军界服务。关于此处土司的沿革,金土司说,民国二三年的时候,就已改土归流。二十余年以来,政权业已移入汉人手中。原来土司的威权,早已不复存在。剩下来的,只有土司这个空洞的尊称。实际方面,现在的土司,不过是一个普通的地主,而且不是大地主。按照以前的惯例,土司所辖的地方,全部土地都是他的私产。政权虽然转移,土地权却没有让渡。可是此处土司,辖境不大(西北均到金沙江边,南由汤郎行经五六里,东由此处去约十余里),而且山地过多,适于耕种的地方太少。所以他的全部财产,不过收租百余担,远不及唐老板之富。(唐老板所住地方,属于金江土司,唐本人以前当过乡长。他所管渡口,原来是土司的私渡,后来改为由他承办。)关于本地收租情形,金土司说,这一带地方,平均每亩出不到两担谷子。收租习惯,系主三佃七,或主二佃八。向政府缴纳田赋,全部由田主负担,税率按田的好坏而定(三等田每亩一年不过纳税一角)。农具一项,由佃户自备。承租时需付'押字'即(押金),欠租即在押字里扣。只要佃户不欠租,田主无论如何,是不能将他撤换的"。

当天赶到鲁车渡,过金沙江,晚上住在唐老板在江边的马店。7月9日,从鲁车经天坪到新铺子。7月10日,在新铺子休息一天。7月11日从新铺子出发,经杨家村、木洛寨、张官冲等,于13日到达会理县城,之后在会理考察鹿厂铜矿及瓷业。7月15日离开会理,沿西会大道北行,于7月22日抵达西昌。

曾昭抡等人的考察也不能与27年前的丁文江相比,但也较为深入,尤其是对禄劝汤郎马巡检司及金宇晖的描述,保留了极为珍贵的资料。书中对撒营盘土司的描述却不尽准确,所谓撒土司,当是民国后期土司亲属中有权势而自称土司者。但曾昭抡对金土司辖区内土地及租税的调查，已经远远超过 6 年前向尚等农村考查团的工作。此后从金沙江到会理及在会理的考察活动，一字未提及会理土司。时过景迁，22 年前苦竹土司禄方氏的失败，9 年前禄安佑及禄成基的惨死，早已为矿产开发及西(昌)祥(云南祥云)公路的修筑热潮所取代。

但曾昭抡等所始料未及的，是他巧遇中描述并记录下来的汤郎马土司金宇晖，却在此后的滚滚红尘中，扮演了极为精彩的没落土司的辉煌业绩。曾昭抡与金宇晖的"巧遇"，似乎也是某种历史的巧合与机缘所注定的事实。

金宇晖，又作宇辉，名洪照，1918 年生，第八代世袭汤郎马巡检司土巡检。其先金有仅于清康熙年间授世袭土职，咸丰时金本粹获赏五品顶带，光绪年间，金璋袭职。金洪照是金璋之子，民国二十四年(1935 年)袭职。管理汤一马等村庄，东至半果马七十里，壤接金沙江界，南至汤乍拉梁子四十里，壤接拈桂典文界，西至金沙江三十里，壤接暮连乡界，北至金沙江三十里，壤接四川界[13]。金洪照少年离家求学，在昆明完成了初中学业，1939 年经张冲将军推荐入中央陆军军官学校第五分校第十八期[14]，毕业后在滇军19 师、18 师担任排长。期间，与中共地下党员张天祥(彝族，转龙则邑人)结识，接受革命思想影响。1945 年 8 月随军赴越南受降，驻扎河内 8 个月。滇军被调往东北时，率亲信八九人脱离部队，回归故乡。1947 年冬，主动派人寻找张天祥，在张的指示下，以保护家园为名，组建一支五十余人的私人武装。1949 年 4 月，中国人民解放军滇桂黔边区纵队三支队二十五团在团长张天祥率领下进入寻甸、禄劝开辟新区。金洪照派人前往联系，表示愿将自己的武装全部交给共产党安排。经三支队党委同意，并派一营副营长张崇德、连长宋承彦到汤郎，协助金洪照整编、扩建金氏保安队。6

月初,二十五团命令金洪照率队急行军到达罗茨果园参加整训。7月20日,正式命名为二十五团直属游击大队,亦称"金大队"、"禄劝游击大队",金洪照任大队长。8月发展到250余人,二十五团党委在大队设立了特别党支部。9月,经中共滇北地委批准,金洪照加入中国共产党。二十五团撤离后,金大队由滇北地委领导,在金洪照的组织指挥下,成功袭击了民愤极大的茂山乡乡长孔宪章及县常备中队长董正富的老巢,有力地打击了国民党的武装力量。1949年11月4日,禄劝县临时人民政府在撒营盘成立,金洪照出任主席。11月下旬,皎西乡张克安、撒营盘杨玉林等地霸武装先后叛乱,国民党禄劝县长王鉴乘机策动金洪照叛乱。金不为所动,仍积极主动率领部队打击反动武装。1950年1月,金大队与其他两个游击大队整编为中国人民解放军滇桂黔边区纵队独立第二团,金洪照调中国人民解放军武定军分区工作。1951年春,被选派到西南高级步兵学校(重庆)学习。[15]。

除金洪照外,滇北土司中,还出现了追求新思想的暮连土司那维新,他短暂的一生犹如划过星空的闪亮流星,耀眼夺目。那维新,1909年生,原名休,字焕民,暮连土司那安和清独子。其先那天宠,清顺治初投诚,授世袭土舍。道光时赏五品顶带,咸丰时奏升土同知,颁给铜印。光绪年间那靖保袭,民国十一年(1922年)那维新袭,其母那安和清坐权。管地东至杨爱其教木里七十里,壤连禄劝县界,西至洒布、张李二哨一百三十里,南至老木坝插甸一百二十里,壤接武定州界,北至志立顺金江八十里[16]。那维新幼年聘请老师在家读书,14岁私自跑去北方,考入天津南开中学。高中毕业后回乡,不愿袭土司职,并劝母亲授田于民。那安和清不同意,那维新贴了一副对联在土署大堂上:"这土司不过草莽之臣,享祖先现成福耳;真丈夫当存鸿鹄之志,为人民谋幸福也!"随后离家去昆明,入中央陆军军官学校第五分校学习。毕业后被任命为元(谋)武(定)江防司令(又称"金沙江边防司令"),时年仅 19 岁。任职期间,"励精图治,刷新政治",常与地方土豪余沛然、李茂森等摩擦,甚至在江边提出"打倒土豪劣绅"等口号,因此被撤职。之后离家去广西从军,从此无音讯[17]。其母那安和清在风雨飘摇中独撑危局,连续受到各族人民的武装反抗,后来被迫逃往武定。解放后,被押回万德进行斗争与清算,1952 年 7 月病死。从这个角度上说,那维新与其他转型时期的土司一样,也不能回避忤逆不孝子的民间舆论谴责。

五、结　语

综上讨论,本文仅据 1914 年丁文江、1935 向尚等、1941 年曾昭抡的考察,结合其他资料,将民国时期滇北金沙江两岸土司的衰落与适应串联起来,就其中的典型事例提出了自己的初步认识。但必须明确的是,其中尚有诸多问题存在明显的不足与困惑:如环州傈僳乡民控告土司的官司,北京大理院、云南省高等审判厅、武定县的相关档案资料及从司法角度对案件的讨论,可能还有时人的评论;又如苦竹土司禄方氏的个人经历[18]、及她从四川督军成武将军陈宦处获委夷务宣抚官的过程;又如禄劝汤郎马土司金洪照、暮连土司那维新的经历及滇北各土司的最终结局等,都还有进一步深入讨论的空间与余地。因此,我们提出以下粗浅的认识:

(一)民国政府建立后,由于客观因素的限制,始终未能制订出明确的政策法规宣告土司制度的存废,沿边地区各自为政,各行其是,造成了一定的混乱。因而北京大理院、云南省高等审判厅、云南省议会、云南省民政长、云南省巡按使署、武定县等相关部门在审理环州甸土司李自孔案件时,无章可循,无法可依,无所适从,始终未能触及土司制度的根基——土地所有权,只能因循敷衍,"维持现状"。

(二)由于民国政府未能制订出明确的政策法规宣告土司制度的存废,这就给沿边各土司造成了较大的困惑与想像空间。他们群起抗争,文武兼用,力图复辟土司制度,造成社会纷争与动荡。这可能是禄方氏们始终锲而不舍的重要原因。

(三)土司制度是封建王朝的有机组成部分,其形成和统治有基于历史、地理、民族、经济、文化等诸多因素的限制,沿袭传承了近千年。要让土司制度及成百上千的土司个体彻底退出历史舞台,不是一纸公文和几个法律法规就能解决的问题。也就是说,即使民国政府制订出了明确的政策法规,也不可能在短期内一蹴而就。改土归流或者说土流并治应是一个渐进的、漫长的过程,这是中国土司制度的悠久历史及其特点所决定的。

(四)中华民国的建立,土司制度的合法性未能得到新法规的支持,成为民族国家体制下的残留形态,因而其衰落与崩溃已经成为不容置疑的事实。但是由于各地历史、民族和经济等的不同,土司退出历史舞台的过程和形式存在较大的差异。如金沙江北岸禄氏五土司的覆灭较为激烈、血腥,因暴力戛然而止,付出了惨重的代价,是新形势下极为偏激的"适应"形式。而金沙江南岸的土司虽垂死挣扎,步履蹒跚,但却较为温和,走完了土司制度衰落与崩溃的全过程。金洪照和那维新在"适应"中走在了时代的前列,成为末代土司中的先进分子。我们可以说,西南边疆各土司的衰落与适应都有自己独特的特点。

(五)以往对民国时期土司制度及改土归流的研究,过多依靠官方、知识分子和地方精英的材料,长期陷入他们的话语系统而不自觉。我们应集中精力观察和梳理衰落和崩溃中各地土司的生命史，从他们的视角分析和讨论其衰落和适应的过程。应该说，土司退出历史舞台，其间所包含的丰富多彩的曲折经历和悲欢离合，还静静地埋藏于残垣断壁和档案文书等故纸堆中，等待我们去认识，去鉴别，去打开尘封多年的盒子！让各地末代男女土司精彩的生命史重现于天地之间，流淌于万千史家的笔下，提供给同行共好者领略与缅怀，或成为社会大众茶余饭后的谈资。

注释：

1   1912 年 6 月 10 日北京国民政府国务会议讨论县官制草案，其第一条各县职员部分规定："有蒙、回及土司或番苗之县，得设译员。"第二十二条规定："省直接管辖之府、厅，悉改名为县。其边省之府，旧管土府、州、县土司及蒙部缠回各族者，得暂用府名。"注意到了土司等少数民族地区的特殊性。但 1913 年 1 月 8 日颁布《临时大总统关于暂行划一地方官制令》，除蒙古、西藏、青海地方"别有规定"外，全国划一地方官制，将清朝的府、直隶厅、州等一律改为县，删除前述内容，闭口不提土司地区的特殊性，显系为改土归流预做准备。参见中国第二历史档案馆编《中华民国史档案资料汇编》第三辑政治(一)，江苏古籍出版社 1991 年 8 月版，第 84 页，第 87 页，第 121 页。

2   参见杨庭硕：《土司制度终结于辛亥辨》，载《中国社会科学报》，2011 年 10 月 13 日，第 5 版，第 229 期 。

3   以下有关环州乡民控告土司的材料，引自张传玺、杨万全、张元庆等调查整理《武定县万德区万宗铺村彝族社会历史调查》，载云南省编辑组编《云南彝族社会历史调查》，云南人民出版社 1986 年 10 月版，第 48—52 页；杨全《武定县环州地区各族人民反土司斗争情况》，题为《武定县环州公社典莫村内碑文》，载《云南文史资料选辑》第十一辑，第 160—168 页。

4   以下丁文江的记述，参见丁文江《漫游散记》(十三)，《云南的土著人种：武定的土人——麦岔——倮倮——罗婺——苗》，载《独立评论》第三十四号，第 17—20 页，1933 年 1 月 8 日；丁文江《漫游散记》(十四)，《云南的土著人种(续)：环州的罗婺》，载《独立评论》第三十五号，第 11—16 页，1933 年 1 月 15 日。收入丁文江著、陈子善编订《游记二种》，辽宁教育出版社 1998 年版。

5　云南省元谋县志编纂委员会编纂：《元谋县志》第五编《社会》之和"土司世袭"称：李自孔"酷爱放牧耕地，还爱学习元谋花灯，演唱弹奏。"云南人民出版社 1993 年 9 月版，第 411 页。

6　《云南高等审判厅民事判决》（控字第一百九十六号），见张传玺、杨万全、张元庆等调查整理《武定县万德区万宗铺村彝族社会历史调查》，载云南省编辑组编《云南彝族社会历史调查》，云南人民出版社 1986 年版，第 52—55 页。又见杨全《武定县环州地区各族人民反土司斗争情况》，题为《武定县环州公社典莫村内碑文》，载《云南文史资料选辑》第 11 辑，第 168—174 页。

7　以上参见张国树《会东县志·大事记（1912 年—1949 年）》，载《会东史志资料》第二期；四川省会理县志编纂委员会编纂《会理县志》之《大事记》、第十篇《民族》，四川辞书出版社 1994 年版；四川省会东县志编纂委员会编纂《会东县志》之《大事记》、第九篇《民族》，四川人民出版社 1996 年版。

8　以下丁文江的记述，参见丁文江《漫游散记》（十六），《四川会理的土著人种：苦竹的土司太太禄方氏》，载《独立评论》第 42 号，第 15—20 页，1933 年 3 月 19 日；丁文江《漫游散记》（十七），《四川会理的土著人种（完）：鲁南山》，第 13—18 页，载《独立评论》第 46 号，1933 年 4 月 15 日。收入丁文江著、陈子善编订《游记二种》，辽宁教育出版社 1998 年版。

9　新纂《云南通志》土司考一。

10　以上参见张国树《会东县志·大事记（1912 年—1949 年）》，载《会东史志资料》第二期；四川省会理县志编纂委员会编纂《会理县志》之《大事记》、第十篇《民族》，四川辞书出版社 1994 年版；四川省会东县志编纂委员会编纂《会东县志》之《大事记》、第九篇《民族》，四川人民出版社 1996 年版。

11　向尚等著：《西南旅行杂写》，中华书局 1939 年版，第 209—223 页，包括"滇北道上"、"通过宁属"两个部分。又见沈云龙主编《近代中国史料丛刊》第 92 辑，台北文海出版社 1973 年 5 月版。书中内容，向尚等人曾以旅途报道形式，发表于上海《国讯》（旬刊）1934 年的各期上，但该刊能查阅到的相关内容不多。

12　以下记述参见曾昭抡《边区行之一———滇康道上》，文友书店（广西桂林）1943 年版。

13　16　新纂《云南通志》土司考五。

14　曾昭抡记为第 17 期。

15　1952 年 3 月，金洪照在西南高级步兵学校"三反"运动中被迫害致死。1979 年，经
　　楚雄军分区党委批准，正式为金洪照平反昭雪。参见禄劝彝族苗族自治县地方志
　　编纂委员会编《禄劝彝族苗族自治县志》，人物传，云南人民出版社 1995 年 8 月
　　版，第 838—839 页。

17　云南省武定县志编纂委员会编纂：《武定县志》第二十二编《人物》，天津人民出版
　　社 1990 年 12 月版，第 497 页。张传玺、杨万全、张元庆等调查整理之《武定县万德
　　区万宗铺村彝族社会历史调查》，记为"后与卢汉矛盾被害"。载云南省编辑组编
　　《云南彝族社会历史调查》，云南人民出版社 1986 年 10 月版，第 23 页；凤仪飞、凤
　　宪文、沙亮美、罗崇德口述，龙运泽整理之《武定慕莲土司点滴》，记为"不久投奔广
　　西军阀白崇禧，在镇守白（百）色时被白崇禧处决"。载《武定县文史资料》第一
　　辑，中国人民政治协商会议武定县委员会 1995 年版，第 179 页。

18　《会东史志资料》第二辑及新编纂的《会理县志》、《会东县志》中，提及披砂土千户
　　禄绍武妻禄实琼，又写作"禄宝琼"，兼管披砂土千户，并与禄祯祥、禄自氏、自复祺
　　等争夺披砂、者堡、苦竹土司职位。据实际情况推之，禄实琼（禄宝琼）可能就是禄
　　方氏，或应写作"方实琼"，当可进一步研究。

云南边境地区和境外诸国的阿卡人
及其与哈尼族的历史文化关系

何　平(云南大学人文学院历史系教授)

阿卡人(Akha)是一个与哈尼族关系极为密切的群体,这个群体主要分布在云南边境地区和境外的老挝、缅甸、越南和泰国等国家,与我国哈尼族分布区毗连,文化习俗方面也与哈尼族近似。因此,国内外有的人把他们和哈尼族看成是同一个民族,而还有一些人则又认为他们与哈尼族是两个不同的民族。阿卡人和哈尼族到底是什么关系?他们和哈尼族到底是一个民族还是两个民族?关于这些问题,我国学者并没有详细的论述。因此,本文打算在所掌握的资料的基础上,对云南边境地区和境外诸国的阿卡人及其与哈尼族的历史文化关系作一点较为深入的探讨。

一

由于阿卡人与哈尼族的关系极为密切,所以,我国许多学者在谈到哈尼族的时候,多会顺便提到阿卡人的情况,甚至把境外的阿卡人也叫做哈尼族。而国外则又有一些学者把中国境内的哈尼族也叫做阿卡人。

在中国,哈尼族的人口有100多万,大多数分布云南省境内的元江与澜沧江下游之间的地区，以元江、墨江、红河、元阳等县分布最为集中。分布在这一带的这些哈尼族虽然支系众多，但是，在我国，一般都把他们称为哈尼族。不仅如此，在我国一些学者的论著中，甚至把云南境外被称为阿卡人的群体都看成是哈尼族。[1]

而在国外学者的统计资料中，从西双版纳沿边境一带地区开始一直到境外东南亚几个国家，那些被划为哈尼族或与哈尼族关系很密切的群体，一般都称为阿卡人。具体地说，哈尼族和自称为阿卡人的群体是以居住在西双版纳沿边境一带地区为分界线的，分布在这一带地区的被认为是哈尼族的支系的爱尼人，其自称就是阿卡人。在爱尼人分布区以外的东南亚诸国，那些与他们有着密切关系的群体都称为阿卡人。[2]

当然，在东南亚一些国家，也有人把他们当中的一些群体叫做哈尼族。例如，老挝就把哈尼族和阿卡人看成是两个民族，在老挝官方的民族统计资料中，就分别列有哈尼族和阿卡人的资料。[3]

老挝的阿卡人主要聚居在黑河流域与越南接壤的丰沙里和与湄公河流域与中国、缅甸接壤的南塔省一带，与当地的苗族、瑶族、克木人、听人、傈僳族和拉祜族等民族杂居。关于居住在老挝的阿卡人的人数，有人认为有 7.6 万，[4] 也有人认为，老挝阿卡人的人数大概在 10 万左右。也许还要更多。[5]

在缅甸，自称为阿卡的人主要集中在掸邦的景栋一带地区，与当地的拉祜族、傈僳族和佤族杂居在一起。在过去 30 至 40 年期间，由于缅甸内战，这些阿卡人的居住地又发生了一些变化。如今许多阿卡已移居到景栋城里和靠近泰国边界一带地区的霍吉列镇。居住在缅甸的阿卡人的人数很难统计，有人认为缅甸的阿卡人有 15 万，[6] 也有人认为其人数可能已经达到了 32 万。[7]

在泰国，阿卡人主要居住在清莱一带，但在清迈、袍、帕瑶和南邦等地，与当地的傈僳族、拉祜族、克伦族、苗族和瑶族的人杂居在一起。关于泰国阿卡人的人数，泰国官方公布的数字是 5800 人，也有人认为，加上那些没有登记在册的，泰国阿卡人的人数估计近75000 人。[8] 但是，泰国的民族统计资料中并没有把与阿卡人有密切关系的哈尼族单独列出，只是在介绍阿卡人这个群体的别称时说，这个群体又叫哈尼。[9]

越南也有一部分阿卡人，主要居住在越南北方越中边界一带地区，据国外学者施莱辛格引用的一份资料的统计，那里居住的阿卡人大约有 2 万到 2 万 5 千人。另外，越南与老挝交界的地区也有 2000 到 3000 阿卡人。[10]

但是，许多关于越南民族的资料却并没有把阿卡人算做是一个单一的民族群体，而是把他们统称为哈尼族。例如，越南国家人文社会科学研究中心民族学研究所出版的一本关于越南民族的资料中就只提到了哈尼族而没有提到阿卡人。[11] 我国学者范宏贵在其 1999 年出版的《越南的民族与民族问题》一书中也只提到了哈尼族，没有提到阿卡人。范宏贵还谈到了越南的"哈尼族"的具体人数，认为在莱州省勐碟县有 6613 人，封土县有 1775 人，笙湖县有 1697 人，老街省巴沙县有 2213 人。[12]

范宏贵所说的越南的"哈尼族"，所提到的人数与施莱辛格引用的资料中所统计的阿卡人的人数相接近。所以，越南的哈尼族应该就是施莱辛格所说的阿卡人。

二

关于阿卡人的早期历史，人们还不是很清楚。从所操的语言来看，与哈尼族一样，阿卡人说的也是藏缅语族的语言，而我国学者多认为,藏缅语民族均源自我国古代的氐羌族群。因此,阿卡人也应当是从这个族群中的一些群体演化而来的。

中国古代被称为"氐"的族群最初见于记载的居住地都是在黄河上游地区,后来他们不断沿青藏高原南迁。"子孙分别,各自为种"。从殷、周时起,分布于今甘肃、青海、四川西部至云南西北部一带。氐人多与羌人杂居,故古代史籍中往往氐、羌并称。魏、晋时,大批氐人徙于关中,逐渐被汉族同化。晋太康六年(269年),其支系白马氐曾经在今甘肃东南部、四川西北部建立仇池、前秦、后凉等割据政权。

羌部落集团居住在甘、青地带的历史,与华夏族居住在中原的历史一样古老。而且很早就同华夏部落有了往来,并一度向中原方向迁徙,其中一些部落后来融合于华夏族中。到了春秋战国时代,他们流徙的方向,便被局限于西南部和南部今西藏、川西南及云南一带地区了,因为当时西北部和北部出现了强悍的狄族(后来的匈奴),而东部又有华夏族对羌人的"攘击",所以他们便只能向西南部和南部流徙了。

一般认为,大约在春秋战国时期,氐羌的一些部落就已经迁入中国西南地区了,据《史记·西南夷列传》记载:"西南夷君长以什数,夜郎最大;其西,靡莫之属以什数,滇最大;自滇以北君长以什数,邛都最大;此皆椎结、耕田,有邑聚。其外,西自同师以东,北至叶榆,名为嶲、昆明,皆编发,随畜迁徙,毋常处,毋君长,地方可数千里。自嶲以东北,君长以什数,徙、筰都最大;自筰以东北,君长以什数,冉駹最大。其俗或土著、或移徙,在蜀之西。自冉駹以东北,君长以什数,白马最大,皆氐类也。"

司马迁在这段文字中历数了一系列部落的名称后,说它们"皆氐类也,"似乎肯定这些部落都是氐羌部落,但说得仍然比较含混。

　　方国瑜先生经过考释后认为,在这些部落中,除了夜郎以外,靡莫、滇、邛都、嶲、昆明、徙、笮都、冉陇、白马等,均属于氐羌系统的民族或部落。[13]

　　南北朝以后,从汉、晋时期的嶲(叟)、昆明等族群中分化出一支叫做"和蛮"的族群,唐代开元年间张九龄撰《敕安南首领爨仁哲书》中提到"和蛮大鬼主孟谷悮"。[14]《新唐书·南蛮传下》也说:"显庆元年(656年),西洱河大首领杨栋附显、和蛮大首领王罗祁……率部落归附,入朝贡方物。"从这些记载可以看出,当时的"和蛮"分为东西两片,东片为孟谷悮统辖,接近安南都护府(近越南北方地区),与爨仁哲统辖下的"白蛮"、"乌蛮"及"僚"等民族群体杂居,大概在今文山州及红河州一带;西片为王罗祁等人所统辖,分布区域接近洱海地区,当为今天楚雄州南部与思茅一带地区,其东部当与东片的和蛮地区相连。

　　大理国时期,东部和蛮中形成了教化山部(在今文山州文山县境内)、铁容甸部(在今红河县东北的下亏容一带)、思陀部(在今红河县乐育区)、伴溪部(在今红河县西南的落恐一带)、七溪部(又叫溪处甸部,在今红河县东南的溪处一带),统归秀山郡管辖;西部和蛮逐渐为"金齿百夷"的统治者所统辖,辖于大埋国卅南州(驻今景东)和威远州(驻今景谷,辖今景谷、镇源、元江、墨江、思茅、普洱等地)。

　　《蛮书》卷8说,在乌蛮语言中,"谷谓之浪,山谓之和,"则"和蛮"因居住在山区和半山区而得名。而"和"又与"哈"同声,古"和蛮"当即今哈尼族的先民。[15]

　　唐宋时期的"和蛮",到元、明、清时期被称为"斡泥"、"禾泥"、"窝泥"、"倭泥"或"和尼"等,这些名称就是今天哈尼族名称

的异译。当时,这些群体的分布区可分为三片:

东片主要在清代开化府、阿迷州与蒙自县境内。天启《滇志》卷30《土司官氏》说:"教化三部长官司土官莽乍,和尼人,洪武中授副长官。"乾隆《开化府志》卷9说:"窝泥,或曰斡尼。男环耳跣足,妇女花布杉,……性柔畏法,多处山麓耕种。"至近代,这部分哈尼族可能融合到当地的彝族和汉族中去了,故今天文山一带已经没有哈尼族群体了。又据雍正《阿迷州志》卷11和康熙《蒙自县志》卷3记载,阿迷州和蒙自县境内有"窝泥,或曰斡泥。""自呼哈尼",杂居在当地的"罗罗"与汉族中。至近代,这些人中的一部分可能融合到当地彝族和汉族中去了,还有一部分则可能迁走了。

东片主要分布在临安府境内。李京《云南志略》说:"斡泥蛮,在临安西南五百里,巢居山林,极险。"元代临安路驻今通海县,今玉溪辖下通海以南、红河州大部分地区,都为临安路辖地。这是哈尼族人口的主要分布区,明代在这一地区的红河南岸设置了溪处、思陀、左能寨、落恐等正副长官司,以哈尼族人任土官,统治哈尼族。至近代,今元江、红河、绿春、金平、江城、元阳加上墨江等县的哈尼族,占了哈尼族总人口的75%,是哈尼族人口最集中的地区。

西片主要分布在今玉溪市的西南部地区、楚雄州的南部与思茅市、西双版纳州境内,即清代元江府西南部、楚雄府南安州(今双柏县)、景东府、普洱府境内。又据康熙《武定府志》卷1、康熙《禄劝州志》卷上、康熙《元谋县志》及乾隆《易门县志》卷6等记载,武定、元谋、禄劝、易门等县境内也有部分哈尼族居住。近代,易门、武定有很少一部分哈尼族,元谋等地的哈尼族,可能融进了当地的彝族或汉族之中。[16]

由于哈尼族内部经济文化发展不平衡,部落界限等未被完全冲破,故名称复杂,支系很多,计有"哈尼"、"卡多"、"雅尼"、"蒙尼"（布都、布孔）、"碧约"、"罗缅"等。其中，"碧约"又被称为"白哈尼"，"布都"则被称为"黑哈尼"。[17]

三

从阿卡人与哈尼族的密切关系来看，他们应该就是从哈尼族中分化出来并逐渐迁徙到他们的后裔今天分布的这些地区去的。那么，他们是在什么时候从哈尼族中分化出来的呢？又是在什么时候迁徙到他们今天分布的这些地区的呢？由于中国汉文史籍没有记载，我们只能根据阿卡人的传说或口传史来进行探讨。阿卡人虽然没有自己的文字，但是却有丰富的传说和口传史，目前，国外学者已经收集整理了许多阿卡人的传说和口传史，其中有一些就提到了他们的起源和迁徙的情况。例如，有一个叫做《嘎藏勾》（Gadzangghaeu）的传说就提到了阿卡人的起源和迁徙的情况。这是一个在葬礼上吟颂的传说，目的是要送死者沿着他们祖先来的道路回到祖先居住的地方去。按照这个传说，在很久很久以前，他们的祖先居住在一个非常高的山上，后来，他们从山上下来，迁徙到其他地方居住，由于与倮倮（彝族）发生争执，后来就迁徙到了红河和黑河附近一个叫做扎德米坎（Dzdeh Mikh'an）的地方，与哈尼族和汉族生活在一起。他们在那里种植水稻。后来，泰族（傣族）到来以后，又迫使他们越过澜沧江向云南西南的西双版纳一带迁徙。在西双版纳住了一段时间以后，他们又被傣族驱赶，只好分成几路，翻山越岭向中南半岛各地迁徙。[18]

还有两首在 8 月底的一个节日的仪式上吟颂的颂歌，一首叫做《优娄表》（Euleubieu），一首叫做《拉奏表》（Latzeubieu）。据阿卡人说，这两首颂歌是他们在脱离一位叫做阿波匝德（Abaw Dzjadeh)的哈尼族的首领的统治后从哈尼族中分化出来以前向哈尼族学来的。这两首颂歌中都提到，他们从哈尼族中分化出来以后，迁徙到西双版纳，后来，他们的土地又被傣族抢占，与是阿卡人变成了"无地"的民族。[19]

除了与倮倮和傣族以外，阿卡人的一些传说还提到他们的祖先曾经与孟高棉语民族生活在一起。缅甸的阿卡人有一部阿卡人的口传史说，他们在迁徙的过程中，来到一个叫做唐拉牟（Tangla meu，意为"毛驴城"）的地方，这是一个居住着许多阿波人（Aboe）或卡波人（Kh'aboe）的地方，阿波人或卡波人就是阿卡人对孟高棉语民族的称呼。

泰国的阿卡人还有一个叫做米桑拉卧（Misang laweu）的仪式，这是一个祭祀土地之主的仪式，据说哈尼族中也有这个仪式，只是与阿卡人的略微有些形式上的差异。在泰国，这个仪式都是在村子外面的场地上举行。而且，泰国阿卡人村寨里面也没有祖先的牌位。据说，之所以如此，都是因为泰国的阿卡人并没有把他们视为他们今天居住的这片土地上的主人之故。[20]

从什么地方迁徙到他们今天居住的地方的呢？阿卡人的传说中提到，他们的祖先曾经居住在一个叫做 Tmlang 的地方。这个 Tmlang 应该就是汉文史籍中记载的他郎，即今天云南的墨江县。据说"他郎"是傣族语言"岔河"或"金岩子"的意思。清雍正十年（1732 年），清政府在当地设置了他郎厅，属元江府。乾隆三十五年（1770 年）改属普洱府。1913 年废为县（他郎县）。1915 年改为墨江县。[21]

据阿卡人中的一个叫做阿佐阿卡（Adzoh Akha）的支系的口传史说，他们的祖先在 12 世纪末期曾经在云南南部建立了一个叫做 Tumlah 的城市国家。这个 Tumlah，也就是上面提到的 Tmlang，即汉文文献中的他郎。有学者推测说,可能在这个时期,阿卡已经学会了读书和写字。近来人们发现的一些古老倮倮(彝族)文字书写的文献中,提到他们的先民曾经遭到了一场大火,大火之后,他们只好迁徙到浓密的山林中。有一些历史学家认为,倮倮文献中记载的大火发生的时间在13世纪,当时正是蒙古铁骑踏遍中国大地同时也扫荡了倮倮政权的时期。[22]

施莱辛格认为,虽然现在还不好说倮倮文献中说的那场大火发生的时间是不是就是在那个时期,但是,阿卡人的先民确实是从那个时候开始就不断地往南边迁徙了。[23]

不过,从今天东南亚地区的阿卡人保留下来的资料来看,虽然他们祖先在很早的时候就离开了他们的故土往南边迁徙了,但他们是在比较晚近的时候才进入今天的东南亚各国的。

从现有资料来看,哈尼—阿卡族群最早进入的东南亚国家就是今天的越南。据居住在越南的哈尼族—阿卡人说,他们的祖先是从中国云南省金平县、绿春县迁入越南的,时间距今大约有300年。开始时只有五六户人家迁来,不久又迁回云南,12年后又迁到越南。但有学者调查后认为,居住在老街的哈尼—阿卡人迁入的时间较晚,他们称他们的祖先大约是在170多年前从中国云南省"睿伽县"迁入,后来又有人陆续从金平县迁入。越南老街省巴沙县和勐碟县的哈尼—阿卡人都说他们有一个共同的故乡。在巴沙,每当六月节时和婚礼时就有人唱他们有一个叫做 nung ma 的地方。勐碟的哈尼人说,他们原先居住在一个叫做 na ma 的地方。他们中流传的长诗《哈尼地方》中也提到上述地方。很多人认为,nung ma 就是 na ma,只是读音有差别。并认为 na ma 就是睿伽县。查云南并无此县名,但元代云南省有矣尼伽部,即今天的马关县,明代称八寨长官。[24]他们所说的睿伽县可能就是今天云南的马关县。

　　阿卡人是在 19 世纪的时候才进入今天的老挝和缅甸的。在 19 世纪上半叶的时候，老挝开始出现了阿卡人的定居点。更多的阿卡人则是在云南境内发生的杜文秀起义失败以后才为了躲避战乱而迁徙到老挝去的。1880 年的时候，有文献开始提到缅甸掸邦的阿卡人村寨。[25]

　　阿卡人进入泰国的时间比较晚，据记载，大约在 1903 年的时候，泰国北部才开始出现了第一个阿卡人的村寨，1925 年的时候才出现了第二个阿卡人村寨。今天居住在泰国的大多数阿卡人都是 20 世纪中期从缅甸迁徙过去的。当时，缅甸人和掸族之间发生了战争，居住在今天掸邦一带的便纷纷逃往泰国。除了从缅甸进入的以外，也有一小部分阿卡人是从老挝进入的。[26]泰国的阿卡人大多数是最近这 130 至 150 年间从邻近国家迁徙过去的。[27]

四

　　从哈尼族这个大群体中分化出来的阿卡人这一个支系中，由于分布在不同的国家，其民族认同方面也发生了较大的变化。

　　在中国，虽然哈尼族中有一些人自称为阿卡，但是，由于他们一直被看成是哈尼族的分支，并没有被划为单一的一个民族，所以，他们对于"阿卡人"的认同已逐渐变得模糊，放弃"阿卡人"的认同而对"哈尼族"产生认同成了必然。人们只是在进行细致的民族学调查的时候才能够知道他们是"阿卡人"。

　　迁徙到东南亚一些国家的阿卡人，由于一直被叫做阿卡人，特别是在老挝，政府在民族统计中按照他们的自称把划为与哈尼族并列的一个单一民族，所以，他们的"我群"认同强烈而清晰。

与哈尼族一样,境外阿卡人内部也有许多支系,有一些资料说分布在各国的阿卡分为7个大的支系,也有的说有9个大支系,各个支系都有各自的名称。这些支系又有许多分支,有人认为有30多个分支,各个分支也都有各自的名称。阿卡人各个支系的名称纷繁,这些名称大体上有以下几个来源:

第一是因地名而得名的。例如,缅甸掸邦的雷米萨阿卡(Loimisa Akha),其名称主要是因为他们居住在掸邦境内的一个叫做雷米萨(Loimisa)的山区,帕米阿卡(Phami Akha)的名称则是因为他们居住在泰国北部一个叫做帕米(Phami)的村庄而得名的。

第二是按照他们的服饰,特别是妇女的头饰而得名的。例如乌罗阿卡(Ulo Akha)。

根据国外一些学者的调查,一些比较古老的阿卡氏族已经延续了55至60代了。[28]若以20年为一代计算,则这些氏族中最古老的已经存在1200年了。

阿卡人的村寨一般都有两个头人,第一个头人称为"祖马"(dzoema),其地位一般是世袭的。祖马既是村寨事务的管理者和仲裁者,又是村寨里的祭司。整个家族的长老都服从祖马。由于其地位非常重要,所以,祖马也成了村寨的重点保护对象。为了使他不会受到外界的伤害,所以,凡是与外界打交道的事务,都由一名叫做布舍(buseh)的"二头人"来负责。[29]这种情况与我国境内的哈尼族过去的"两族长"制度有些相似,虽然"两族长"各自的称谓与阿卡人的不同。[30]

与我国的哈尼族一样,阿卡人也长期保留着父子联名制的习俗。[31]

在宗教方面,除了移居到景栋城里的部分缅甸的阿卡人和靠近泰国边界一带地区的霍吉列镇的阿卡人接受了基督教(主要是天主教）以外，[32]其他地区的阿卡人依然还保留着他们传统的原始宗教。在阿卡人的原始宗教体系中，几乎万事万物都有相应的神灵。最主要的神是太阳神、月亮神、大地神和天空神。另外，还有名叫"节叶"（Je Yeh）专门保护牲畜的神；名叫"卡叶"（Ka Yeh）的专门保护庄稼的神和名叫"比叶"（Bi Yeh）的专门保护村寨中居民的神。

村寨中的传统宗教神职人员一般有三人，第一位也就是村寨的大头人"祖马"。"祖马"的职能一般是在建立新的寨子时在寨子中心地区最先建房的人，同时还要主持在新的村寨中建立寨门和围栏的仪式。另外，祖马还负责主持全寨子一年中的主要宗教祭祀活动。

寨子里位居第二的神职人员叫做"毕摩"（boemaw）。"毕摩"一般就是驱鬼的巫师，村民有人患病时，一般就请"毕摩"到家中去"驱鬼"。

此外，还有一位神职人员叫做"尼琶"（nyi pa），一般都是由女性担任。她主要是负责为村寨中的居民"招魂"。[33]

总而言之，除了改信基督教的少数阿卡人以外，信奉传统宗教的阿卡人在宗教方面与我国境内的哈尼族颇为相似。虽然各地神祇的名称和祭司的称谓并不完全一致。[34]

境外的阿卡人与中国的哈尼族之间最大的不同是在经济方面。境外的阿卡人和中国的哈尼族的经济都以农业为主，但是，在中国，虽然一些哈尼族长期还在进行刀耕火种农业，但红河南岸的哈尼族很早就有了定居农业，并开垦出了著名的梯田。而境外的阿卡人则一直都保持着刀耕火种的生产方式，而且，他们除了种植粮食作物以外，还普遍种植鸦片。[35]

那么，阿卡人和哈尼族到底是一个民族中的两大支系还是两个不同的民族呢? 人们一直没有一致的看法。由于各国民族划分的标准并不一致,要回答这个问题确实很困难。我想,如果你要强调他们之间的差异的话,可以把他们看成是两个民族,如果你要强调他们中的共同之处的话,把他们看成是同一个民族的两大支系也未尝不可。近年来,云南省墨江县也打出了"国际阿卡文化节"的旗号招徕游客,虽然其目的是为了促进旅游,但是,也反映出当地哈尼族对阿卡这一名称的认同。正因为如此,国外有一些学者主张把阿卡人和哈尼族笼统地叫做哈尼—阿卡族群。[36]

如果把哈尼族和阿卡人视为同一个民族的话,那么,主要居住在中国云南境内的哈尼族和主要居住在云南境外东南亚诸国的阿卡人就可以看成是跨境民族。而如果把他们看作是两个民族的话,则可以把他们叫做同源民族,这样可能更为恰当一些。

这就是目前阿卡人与哈尼族关系的现状。

本文系云南大学"211 工程"三期民族学重点学科建设项目《中国西南民族及其与东南亚的族群关系》资助课题(21131011—09027)及云南大学人文社会科学 08 年年度项目《云南与大湄公河次区域国家跨国民族比较研究》前期成果。

注释:

1　30　34　雷兵:《哈尼族文化史》,云南民族出版社 2002 年版,第 19—27、79、148—178 页。

2　"Civility and Savagery: Social Identity in Tai States", edited by Andrew Turdon, Curzon Press, 2000, p. 124.

3　Joachim Schliesinger, "Ethnic Groups of Laos" Vol. 4. Sino – Tibetan – Speaking Peoples", White Lotus Press, Thailand, 2003, pp. 34、85.

4　Joachim Schliesinger, "Ethnic Groups of Thailand: Non – Tai – Speaking Peoples",

White Lotus Press, Thailand,2000,p. 178.

5　"Civility and Savagery: Social Identity in Tai States", edited by Andrew Turdon, Curzon Press, 2000,pp. 125—126.

6　"Civility and Savagery: Social Identity in Tai States", edited by Andrew Turdon, Curzon Press, 2000,p. 125.

7　Joachim Schliesinger, "Ethnic Groups of Thailand: Non – Tai – Speaking Peoples", White Lotus Press, Thailand,2000,p. 178.

8　"Civility and Savagery: Social Identity in Tai States", edited by Andrew Turdon, Curzon Press, 2000,pp. 126—127.

9　Joachim Schliesinger, "Ethnic Groups of Thailand: Non – Tai – Speaking Peoples", White Lotus Press, Thailand, 2000,p. 176.

10　"Civility and Savagery: Social Identity in Tai States", edited by Andrew Turdon, Curzon Press, 2000,p. 126.

11　Khong Dien, "Population and Ethno – Demography in Vietnam", Silkworm Books, 2002,p. 64.

12　24　范宏贵:《越南民族与民族问题》,广西民族出版社 1999 年版,第 231 页。

13　方国瑜:《中国西南历史地理考释》上册,中华书局 1987 年版,第 9—18 页。

14　张九龄:《曲江集》卷 12。

15　万永林:《中国古代藏缅语民族源流研究》,云南大学出版社 1997 年版,第 124—125 页。

16　万永林:《中国古代藏缅语民族源流研究》,云南大学出版社 1997 年出版,第 194—195 页。

17　万永林:《中国古代藏缅语民族源流研究》,云南大学出版社 1997 年出版,第 125 页。

18　"Civility and Savagery: Social Identity in Tai States",edited by Andrew Turdon,Curzon Press, 2000,pp. 132—133.

19　ibid. ,p. 133.

20　ibid. ,pp. 134—135.

21　史为乐主编:《中国历史地名大辞典》,中国社会科学出版社 2005 年版,第 766 页。

22　Joachim Schliesinger, "Ethnic Groups of Thailand: Non – Tai – Speaking Peoples",

White Lotus Press, Thailand,2000,p. 177.

23　Joachim Schliesinger, "Ethnic Groups of Thailand: Non – Tai – Speaking Peoples", White Lotus Press, Thailand, 2000,p. 177.

25　Joachim Schliesinger, "Ethnic Groups of Laos", Vol. 4, "Profile of Sino – Tibetan – Speaking Peoples", White Lotus Press, Thailand, 2003,p. 35.

26　Joachim Schliesinger, "Ethnic Groups of Thailand: Non – Tai – Speaking Peoples", White Lotus Press, Thailand,2000,p. 177.

27　"Civility and Savagery: Social Identity in Tai States", edited by Andrew Turdon, Curzon Press, 2000,pp. 126—127.

28　"Civility and Savagery: Social Identity in Tai States", edited by Andrew Turdon, Curzon Press, 2000,p. 127.

29　Joachim Schliesinger, "Ethnic Groups of Laos", Vol. 4, "Profile of Sino – Tibetan – Speaking Peoples", White Lotus Press, Thailand,2003,p. 48.

31　Joachim Schliesinger, "Ethnic Groups of Laos", Vol. 4, "Profile of Sino – Tibetan – Speaking Peoples", White Lotus Press, Thailand,2003,p. 49.

32　"Civility and Savagery: Social Identity in Tai States", edited by Andrew Turdon, Curzon Press, 2000,p. 125.

33　Joachim Schliesinger, "Ethnic Groups of Laos", Vol. 4, "Profile of Sino – Tibetan – Speaking Peoples",White Lotus Press, Thailand,2003,pp. 51—52.

35　Joachim Schliesinger, "Ethnic Groups of Laos", Vol. 4, "Profile of Sino – Tibetan – Speaking Peoples", White Lotus Press, Thailand,2003,p. 46.

36　"Civility and Savagery: Social Identity in Tai States", edited by Andrew Turdon, Curzon Press, 2000,p. 123.

《边政公论》之中国边疆研究概论

秦树才(云南大学人文学院历史系教授)

刘晓光(云南大学人文学院历史系硕士研究生)

《边政公论》是 20 世纪 40 年代中国最重要的边疆研究学术刊物之一,所刊载的边疆研究文章,极大地推动了当时边疆与边政研究。系统地梳理、研究该刊物所刊载的边疆研究文章,既有利于推动中国边疆研究学术总结的发展,也有助于继承和借鉴这笔丰富而重要的学术遗产,更好地做好当今的边疆研究,推动边疆学学科建设与发展,服务于中国边疆的经济社会发展。目前,《边政公论》虽然受到了学术界的关注,不少学者对 20 世纪中国边政研究与边区开发理论、《边政公论》所反映出的中国边疆研究的理论与方法等问题进行了较为深入的研究,对《边政公论》与边疆研究的部分主题、重要作者等进行了较好的探讨。[1] 然而,系统梳理《边政公论》所刊载的文章,分析其与 20 世纪 40 年代中国边疆研究的关系的论著却并不多见。本文不揣浅陋,在通览、研读《边政公论》的基础上,对该刊物边疆研究进行统计分析,并对其内容、特点等作一力所能及的总结。

一、边疆局势与《边政公论》的创刊

《边政公论》与边疆研究的关系,从边政学会的建立和《边政公论》杂志创办的动机便可窥其一斑。

自19世纪中期以来,中国边疆危机日甚。日本帝国主义的入侵,更使中国边疆和中华民族面临着前所未有的危机。这种状况下,对边疆和民族的研究日显必要。尤其是1938年年底国民政府迁都重庆后,西南边疆上升为中国政治、经济、文化中心,是支持中华民族抗战的基地,对西南等边疆地区的研究成为国民政府施政的重要前提。正是在这样的背景下,边政学会及其机关刊物应运而生,在推动边疆的研究和认识方面发挥了极其重要的作用。

中国边政学会于1941年9月29日在陪都重庆正式成立,同时创办《边政公论》作为学会的学术刊物。关于边政与边政学的概念,尽管在当时和现在很难求得一个统一的认识,但吴文藻先生在《边政学发凡》一文中所作的阐述则产生了较大的影响。吴先生认为,"边疆政治,系边政之广义;边疆行政,系边政之狭义"[2]。相应地,边政学则是研究边疆政治的专门学问,是"研究关于边疆民族政治思想、事实、制度,及行政的科学"。可以看出边政学的研究内容无不与边疆研究密切相关。不但如此,为了做好边疆政治或边疆行政工作,还须广泛深入地研究边疆的历史、地理、民族、宗教文化等。可以说,边政学会与《边政公论》与边疆研究的关系是与生俱来的。这种关系,在边政学会和《边政公论》的创办宗旨中有明确的表述。

该学会以"加强中华民国之团结为宗旨,上以襄赞政府之政治设施,下以建立国人之正确舆论,期于边政前途有所裨益"。为了达到这样的目的，就必须"集合对于边事夙具热望、边政饶有兴趣之士，以研究边疆政治及其文化，介绍边疆实际情况，促进边疆建设"[3]。也就是通过学会集聚学人，对边疆进行研究、介绍与宣传，达到服务政府"边政"之目的。相应地，学会的机关刊物《边政公论》也将其创刊旨趣确定为"凭客观的见地，真诚的研究，一方阐发一般边政原理，使得边政实施能有个正确的理论做参考基础；一方研讨实际问题，搜集实际资料，冀能为建设边疆尽其前哨的义务。换句话说，就是想使理论与实际溶成一片，行政与学术取得配合，以共谋边事的发展"[4]。另外，在《边政公论》的《征稿简则》中所言，也明确提出"本刊以研究边疆政治及其文化，介绍边疆实际情况为目的，举凡政治、经济、交通、教育、宗教、民族、语言、史地诸问题有关边疆之一切论著，均所欢迎"[5]。可以看出，为适应边疆形势，满足边疆政治治理与行政运作的需要，边政学会和《边政公论》旗帜鲜明地把边疆研究、介绍和宣传作为主要目的。这就决定了边政学会和《边政公论》在团结学人，开展边疆研究方面将发挥重要作用。

二、《边政公论》边疆研究论文的统计分析

《边政公论》1941 年 9 月创刊后，初由边政学会边政公论社在重庆巴县西水乡花房子三九号编行[6]，为月刊。从第 5 卷第 1 期迁至南京出版，为半年刊[7]，第 6、7 卷为季刊。1949 年，杂志停刊，共存在 9 年时间，刊行 7 卷 58 期，发表 274 篇文章。

刊物常设的边疆研究栏目包含：(一)论著，(二)译述，(三)书评，(四)边地通讯，(五)边政资料，(六)考古调查笔记等。其间还随机增设边疆论文索引、纪行、书目提要、读者通信、专载等。根据

现实边疆局势与边疆研究需要,刊物又设立有关边疆研究的专号,如第 3 卷第 3 期为《地理专号》,第 3 卷第 5 期为《历史专号》,第 3 卷第 9 期为《纪念陶云奎先生专号》,第 3 卷第 10 期为《新疆专号》,第 3 卷第 11 期为《茶叶专号》,第 5 卷第 1 期为《海南岛专号》等。此外,杂志还可根据需要"得随时增辟专栏"。[8] 这就使杂志在保持边疆研究、介绍、宣传总体风格的基础上,于各卷又形成相对集中的核心主题,体现特色。如第 3 卷即以"宗族之融合、文化运动与边疆、宪政与边疆、五大建设与边疆,以及新西北之瞭望等等"为各期探讨的核心。[9]

在此,我们在原期刊中"论文分类目录"的基础上,将一些未收录在内(如第 1 卷第 3—4 期黄明信译《猴岛变迁记》)的篇章补出,并将杂志目录中明显分类有误的篇章(比如同是一篇蒋旨昂的《黑水社区政治》,在第 2 卷中将其上篇列为政治类,而在第 3 卷中将其下篇列为社会类)调整归类,按边疆政治等十个类别对《边政公论》所刊的 274 篇文章进行分类统计,并图示如下:

《边政公论》所刊文章分类量化示意图

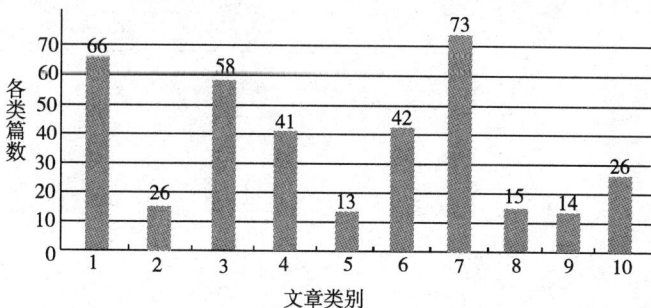

注:"文章类别"轴数据代表内容:1、政治 2、经济 3、社会文化 4、民族语言 5、教育 6、历史 7、地理 8、宗教 9、书评 10、其他

　　由以上统计结果可以看出，杂志所刊载的文章，地理类最多，达 73 篇，占刊载文章总数的 27%；政治类和社会文化类居第二、第三位，分别为 66 篇、58 篇，占总数的 23%、21%；教育类和书评类最少，分列倒数第一和第二，分别为 13 篇和 14 篇，仅占总数的 5%。反映出当时对边疆各层面的关注和研究是极不平衡的，第一位和末位类型间竟相差 22 个百分点。

　　以《边政公论》所刊边疆研究的区域范围而论，因西康省与川藏两省区关系密切，为行文方便，便于统计，特将单独涉及西康省的划入川省，涉及康藏两省区的划入西藏。这样，我们对该杂志所载文章进行区域性分类，制作了以下《边政公论》所刊文章地区分类量化示意图。

《边政公论》所刊文章地区分类量化示意图

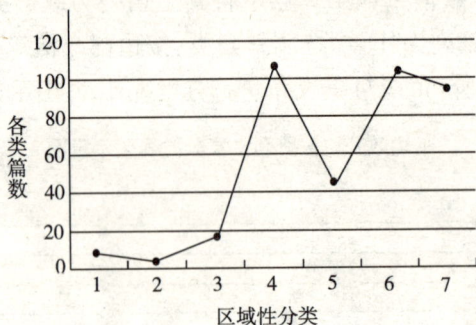

　　注："区域性分类"轴数据代表内容：1、东北　2、东南　3、中南　4、云贵川　5、西藏　6、西北北方　7、总论

　　由上图可以看出，所刊文章中研究云贵川（西南）地区、西北地区数量最多，分别为 103 篇和 102 篇，各占总数的 38%，两地区之和则占了总数的 75%。而最少的地区则为东南地区和东北地

区,仅为 3 篇和 8 篇,各占总数的 1% 和 3%。不难看出,研究的地区差也特别明显。究其缘由,在抗日战争结束之前,大西南(包括西藏)和大西北(包括内外蒙古)是国民政府重要的控制区,这不但使依靠大西南、大西北抗战建国的思想在学人中得到了积极的响应,而且两大区域相对稳定的社会环境,也为学者们对其开展边疆研究、边疆调查提供了方便和保障。

抗日战争胜利后,东北、台湾、海南岛得以收复,大片的沦陷区域陆续摆脱了被日本帝国主义铁蹄蹂躏的命运,研究东北、台湾和海南的文章以及从全国大局来审视边疆的总论性文章不断增多。如在研究东北的 8 篇文章中,就有 6 篇出现在 1945 年及以后,而且这些文章不再是对东北地区的资源和气候的简单介绍(如《东北之资源》、《东北的气候》),而是从全国的高度来探讨新东北与新中国的关系,来重新划分东北地区的行政区划,研究东北的历史和地形(如《新东北与新中国》、《战后东北四省重划省区私议》、《东北之行政区划》等),以使国人对东北有个清晰的了解和认识,进一步加强东北和祖国之间的紧密联系。另外,研究台湾的文章共有 3 篇,也全部出现在台湾收复后的 1947—1948 这两年,介绍了台湾的气候、文化以及民族等问题(《台湾之气候与天气》、《台湾省高山同胞问题》、《台湾高山族之文化》)。《边政公论》杂志社曾专门开辟《海南岛专号》(第 5 卷第 1 期),大量刊登王兴瑞、岑家梧等专门去海南岛实地考察的学者的文章,在划归中南地区的 19 篇文章中就有 14 篇是关于海南的研究。这些文章涉及海南的民族、历史、风俗、社会、华侨以及研究海南岛的参考书目等等各方面。除此之外,还有一篇专门研究西沙群岛的文章,即符气雄的《西沙群岛与渔业》,这是一篇较早关注南中国海岛屿与经济的文章,在今天南海海域风云变幻之际,应引起相关部门的注意。东北、台湾及海南等曾经是沦陷区或殖民地的研究文章的大量出现，是和全国的大气候一致的，也只有在这些地区得以收复以后，大量的学者才能够去实地考察，写出高质量的文章来。

三、《边政公论》论文边疆研究主题举隅

从上面对《边政公论》发表文章的总体性观察我们可以看出，虽然具有明显的不平衡性，但该杂志边疆研究的论题较为广泛，关涉的区域也较为广阔。在此，我们谨以杂志所刊论文中，相对较为集中的几个边疆研究主题作一评介。

(一)边区知识介绍

在《边政公论》的《征稿简则》中谈到，"本刊以研究边疆政治及其文化，介绍边疆实际情况为目的，举凡政治、经济、交通、教育、宗教、民族、语言、史地诸问题有关边疆之一切论著，均所欢迎"[10]。故在《边政公论》所征集的文章中，有大量"介绍边疆实际情况"的文章即关于边区知识的介绍，它们几乎涵盖了边区的各个方面，特别是边区历史、地理知识和民族语言的介绍。这些介绍，不仅仅停留于书本，很多还是作者实地考察的结果，给读者和社会展示一个具体清晰的边疆，一个充满生气、大有开发潜力和价值的边疆。

(二)历代边疆政策研究

历代边疆政策的内涵相当丰富，不仅是我们了解边疆发展历程的重要内容，也是探讨和认识历代边疆制度、边疆治理与开发的重要前提。因此，《边政公论》非常注意刊载历代边疆政策的文章。概而言之，在《边政公论》上刊载的历代边疆政策的文章，有

历代边疆政策的综合研究,也有对民族政策、治边思想、人物、事件的比较研究,还有对边疆政治、军事、民族、经济、文化等诸领域政策的深入研究。

(三)治理开发边疆的建议

边疆地区的开发,是历史发展的必然,在古代关于开发边疆的建议中,以移民实边为重中之重。近代以来出于实边固边,增加财政收入及经济增长的考虑,国民政府都较为重视边疆地区的开发建设,特别是孙中山1919年在《建国方略》中提出的开发边疆、发展边疆经济与文化的计划,是民国时期现代边政思想逐步形成的一个标志。"应该说,这是中国历史上第一次把边疆建设纳入国家经济建设的一份整体规划,其所展示的侧重于经济方面的边政思想的开拓性是不容置疑的,其前瞻性也值得肯定"。[11]抗战以来,西南和西北等昔日的边疆转而成为国民政府生存发展的重要空间,边疆的开发对边疆自身的发展、维持和供给政府、支持抗战,都具有特别重要的意义。因此,边疆问题引起普遍的关注和重视,随着边疆研究的高涨,特别是作为"一时显学"的中国边政学的形成,人们对于边政思想不再仅仅侧重于经济方面,军事、政治、文化、教育、卫生、国防等等方面的问题都引起了国人的普遍重视。

边政学的形成与发展为中国现代边政思想的进一步形成和发展,提供了思想上和理论上的准备;边政机构的完善与治边理论研究,为近代中国健全边政机构,完善治边理念,边疆开发建设提供了保证;对边疆的调查研究,对我们重新认识边疆、开眼看边疆提供了一个很大的舞台;发展边疆教育与培训边政人才相结合,开发交通发展边疆经济,边疆地区整体的发展,提出了一些有益的尝试。

（四）边政资料的搜集

对边政资料进行收集，一直是边政公论社不遗余力的工作，并且在《边政公论》创刊之时，就专门开辟"边地通讯"、"边政资料"、"边事论文索引"及"书目提要"四个专栏，对一些最新或有针对性的文章，进行专门的介绍，使国人能够把握边政研究的最新情况，了解边疆历史资料的来源，更好地为边疆建设服务。

四、《边政公论》边疆研究的特点

综观《边政公论》所刊载的有关边疆研究的成果，可以总结出如下特点：

（一）政治意味浓厚。如上文所述，边政学会的主要领导者大多是政府官员，而仔细研究《边政公论》的主要撰稿人以及主要研究领域，不难发现，边政学会是跟着政府的指挥棒开展工作的，是以蒙藏委员会的实际研究为依托的。虽然大多数学者都认为《边政公论》属于学术性期刊，不像《蒙藏月报》、《蒙藏月刊》那样属于政治性、公报性的东西[12]。但是边政学会作为政府直属的八个边疆研究团体之一，由政府拨专款支持，响应政府的号召，为战时的边疆服务，因而也获得了大多数学者的支持。

（二）学会研究的范围和领域宽广。边政学会的研究对象包括整个中国的边疆，不仅仅是中国的东北、西北、西南等陆疆地区，还将其范围扩大到东南沿海以及台湾岛、海南岛和西沙群岛地区。不仅研究这些地区的政治、经济、历史、地理，还从现实需要出发，从国家安全、军事、外交、抗战等角度分析各个地区独特的区位优势，为抗战建国服务。

　　(三)学会重视对实际问题的研究与探讨。"凭客观的见地,真诚的研究,一方阐发一般边政原理,使得边政实施能有个正确的理论做参考基础;一方研讨实际问题,搜集实际资料,冀能为建设边疆尽其前哨的义务。换句话说,就是想使理论与实际溶成一片,行政与学术取得配合,以共谋边事的发展"[13],在此抗战危急关头,一切的建设都应以此为中心。不论是主张发展边疆教育、培训边政人才、提倡行宪地方自治,还是组织边疆调查,开设边疆研究课题,召开边疆问题研究讲座等,都离不开对边疆地区经济发展、政治进步、交通开发、人民生活安康等实际问题的探讨。

　　(四)孙中山的三民主义是边政学会及《边政公论》刊载文章的主要理论。孙中山的三民主义是边政学会运作的指南,如《边政公论》的实际负责人周昆田所说:"中国国民党奉承国父遗教,以实行三民主义为努力之鹄的,历届全国代表大会及中央全体会议,对于边疆建设,尤多具体之规划,是目前之边疆政策,乃以实行三民主义为依归,已属当然之事。"[14]"至于边疆建设的政策,过去多感于茫无所从,甚至欲予重新厘定,近年以来亦均在三民主义的原则下,统一起来。"[15]三民主义是当时中国建设的理论基础,以三民主义为基础提倡国内各民族一律平等、促进边疆建设、共同反抗日本帝国主义的侵略,容易在政界、学界以及人民群众之间引起共鸣。

　　总之,《边政公论》的成就是多方面的,在边疆知识的普及、边疆认识与边疆研究的推进、边疆调查与边疆资料的搜集和保存、边疆研究的新的学科方向的提出、边区治理的建议等都发挥了积极推动作用。作为中国边政学学科发展的载体,中国边政学兴起的推动者,中国边疆史地研究的积极倡导者,《边政公论》所取得的成就不仅对当时,即使对今天边疆地区的改革开放与社会进步都具有重大的借鉴意义,甚至对现今中国边疆学学科的建设和发展都具有较大的启示意义。

当然，《边政公论》也有其时代局限性，最主要就是官方气息相当浓厚，前期的工作比较扎实认真，后期的工作流于形式，编辑、印刷中也还存在一些纰漏等[16]。

注释：

1　较重要的成果如：符雪红《20 世纪中国边政研究与边区开发理论述评》，《学术探索》2004 年第 9 期；段金生《二十世纪四十年代中国边疆研究的方法与理论》，《北方民族大学学报》2010 年第 6 期；王洪亮《中国边疆研究的近代转型：20 世纪 30—40 年代边政学的兴起》，《四川师范大学学报》（社科版）2010 年第 5 期。

2　吴文藻：《边政学发凡》，《边政公论》第 1 卷第 5—6 期。

3　徐益棠：《十年来中国边疆民族研究之回顾与前瞻》，《边政公论》第 1 卷第 5—6 期。

4　13　杂志编者：《发刊词》，《边政公论》第 1 卷第 1 期。

5　杂志编者：《征稿简则》，《边政公论》第 4 卷第 1 期。

6　后来边政公论社编辑组由三九号改为二八号。

7　社址在枣子岗垭平庄，见第 4 卷第 9—10—11—12 期合刊，第 31 页。

8　以第 4 卷第 1 期为例，其他各期在专栏、稿酬、寄稿地址等处略有不同。

9　杂志编者：《新年献词》，《边政公论》第 3 卷第 1 期。

10　杂志编者：《征稿简则》，《边政公论》第 4 卷第 1 期。

11　方素梅：《中华民国时期的边疆观念和治边思想》，《中南民族大学学报》（人文社会科学版）2008 年第 2 期。

12　王利平等：《20 世纪上半叶的中国边疆和边政研究——李绍明先生访谈录》，《西南民族大学学报》（人文社科版）2009 年 12 月。

14　周昆田：《三民主义之边政建设》，《边政公论》第 1 卷第 1 期。

15　杂志编者：《新年献词》，《边政公论》第 3 卷第 1 期。

16　如谭英华的《康人农业家庭组织的研究》一文共分三次出版，第三次应该为"三续"，但原文标题后却标为"四续"；丁实存的《历代章嘉呼图克图》（载《边政公论》第 6 卷第 4 期，1947 年 12 月，14—19 页却误标为 4—9 页）等。

清代云南府级政区治所城池的
新建与边疆控制的强化

陈庆江(云南大学人文学院历史系教授)

一

中国古代,自春秋时期政区正式诞生,治所城池的历史便如一幅卷轴画渐次展开,代相传沿不曾断绝。诚然,不同时期封建政权和统治者对待治所城池建设的态度、政策、措施没有也不可能完全相同,加之其他一些因素的影响,治所城池的演变历程呈现出起伏跌宕的情形。有的时代甚为重视治所城池的筑造,比如列国争战的战国时期和分裂割据的魏晋南北朝时期,都形成了大规模而具有普遍性的筑城运动。有的时代则不重视治所城池的建设,甚而半毁一些城池。比如自唐代至明前期,总体上并不重视地方政区治所城池的建设,北宋初年和元朝初年还曾在一些区域推行平毁城池的措施,元朝在元末以前很长一段时期内基本上禁止修筑城池。

从明朝中后期起,非常强调和重视治所城池对于维系统治的作用、意义,其建设通常被视为急务、要务[1]。整个清朝时期,治所城池建设的受重视程度,较之明朝中后期,有过之而无不及。前代未能筑城的政区治所,尽可能新建城池。原有城池不够坚固,往往进行改筑,若有损毁,则加以修缮。

按清朝统治者的要求,各级政区治所都要建有城池。城池建设具体由地方办理,在中央则归工部负责。《清会典·工部》"尚书、侍郎职掌"明确说道:"凡建置,曰省,曰府,曰厅,曰州,曰县,皆卫以城,而备其衙署、祠庙、仓廒、营汛"。费用的筹措亦有规制,"凡兴工,皆按其规制而估报。……竣事,则核而销焉"。"城工数在三百两以上者动正项,三百两以下,地方官捐修。有由士民捐修者,由督抚奏请奖励"[2]。地方官员的一项较为重要的政务,便是筹划、主持治所城池的建造或修缮。"雍正五年(1727年)议准,令各省督、抚查所属各处城垣,如微有坍塌,令地方官及时修补。如漫不经心,以致坍塌过多,即行参奏"[3]。

基于这一大背景,清代云南政区治所城池的建设在明代的基础上进一步发展。前代修筑的城池多数沿袭,新建造的有若干座府级治所城池和二十余座府级以下治所城池。至清末而未筑城池的,仅有少数较为特殊的府属政区的治所。城池的各种修缮事宜,时有发生,文献中的相关记载可谓连篇累牍。勘察城池的情状,筹划城池的建造或修缮,成为各级官员当然的一项职责,同时也成了他们的一项政绩。以督、抚官员为例,除清初的顺治年间(其时云南由南明永历政区统治)和清中叶嘉、道时期,多数时期的历任总督、巡抚,其任内政务普遍或多或少地涉猎城池的筑造或修缮。其中鄂尔泰、尹继善、张允随、爱必达、刘秉恬、岑毓英等人,更是涉猎尤多。例如,雍正十年(1732年),普洱、思茅、元江、新平一带发生叛乱,平息后,尹继善给朝廷上《筹酌普思元新善后事宜疏》,疏中提出的处置措施之一即为修缮完固普洱府、思茅厅、镇沅府等一些政区的治所城池[4]。张允随雍正至乾隆间履职云南,于云南政区治所城池的建造、修缮等多所筹划。仅以滇东北而言,东川府城、昭通府城、镇雄州城、大关厅城、鲁甸厅城、巧家厅城、永善县城、彝良县城等的新建和改造，并为张允随奏请。他著有《张允随奏稿》，其中所收专门就城池问题而写的奏疏计有：雍正十一年（1733 年）三月二十四日"为奏报修筑城垣以固疆圉事"，雍正十三年（1735 年）二月二十五日"为谨筹分年修理城垣，以资保障，以壮疆圉事"，乾隆元年（1736 年）十一月二十二日"为请乘时修理边城，以资保障，以济灾黎事"，乾隆十二年（1747 年）四月二十日"为奏明事"等。这些奏疏涉及了全省许多区域众多城池的有关问题，奏稿中就相关问题阐明情况并提出处置意见[5]。爱必达任云贵总督时，为使云南治所城池的修缮等得到保障，拟定了若干条款上奏朝廷。《清实录》记载，乾隆二十五年（1760 年），"云贵总督爱必达等奏：'滇省各属城垣，其给发工帑，及既经修竣保固，并无庸修之处，谨就本省情形，设立章程，酌拟条款，以期经久完善。……一、未修城垣，小有坍塌，随时可修整。如坍塌过多，即将丈尺通报立案，于农隙时酌拨民夫，次第修理。责成该地方官确估，不得扶捏。一、既修城工，保固三年后，责成现任地方官随宜修葺，毋致积久倾圮。……一、滇省城垣现经分年兴修，即不应有坍塌。地方官交替时，遇有坍塌，新任官即行揭报，勒令前任赔修。一、滇省各府城垣，每年应责成迤东、迤西两道巡查。其各厅、州、县城垣，责成该管知府督查，随宜修缮。……'。得旨：'如所议行'"[6]。

二

清代云南府级政区的设置，相当一部分沿明末的格局未变。少数几个被废罢，寻甸、鹤庆、姚安等府和车里宣慰司等降为府属政区，东川等几个府原属四川而改隶云南，景东等几个府先后改为直隶州或厅，普洱、开化两府为新置。大部分时期中府级政区大约为二十余个。它们中，多数皆于前代即建造了治所城池。新建的府及直隶厅治所城池，共有五座，约占清代云南府级政区治所城池的四分之一。它们是：康熙七年（1668年）修筑的开化府城，康熙十五年（1676年）修筑的景东府（乾隆间改直隶厅）城，雍正三年（1725年）修筑的丽江府城，雍正九年（1729年）修筑的普洱府城，雍正十年（1732年）修筑的昭通府城。这五座新建的城池又分为三种情形：景东府城和丽江府城为治所原无城池而新建，开化府城和普洱府城为新置政区而新建，昭通府城为改土归流后迁治新建。

下面，我们来对这几座城池的建造背景、过程等作一稍微具体的考察：

景东直隶厅城：

明置景东府，又设景东卫，府、卫治所相距不远。明洪武中筑卫城于景董山（今名玉笔山）上，另建府治于山东麓，但"景故无城"[7]。《（景泰）云南图经志书》等明代云南诸志书皆载：府治"在卫城南门外之东"[8]。清康熙十五年（1676年），于卫城南面玉屏山麓筑府城。乾隆三十五年（1770年）改府为直隶厅，以原府城为厅城。《（乾隆）景东直隶厅志》载：康熙间所筑城池为土城，"周一里，设四门，有楼无池"，其中东、北二门雍正十一年（1733年）修缮时"甃以砖石"[9]。

丽江府城：

明设丽江军民府，以木氏世守之。至清先改为土府，雍正元年（1723年）又改土设流，府治则沿明时未变。土官守土，治所不筑城池者往往有之，明代数百年间及清初的丽江府治即如此。明代丽江府为边陲要区，实力颇为强盛，"宜其富冠诸土郡云"[10]。木土司的治署也建造得恢宏华丽，徐霞客记载说明末木府"宫室之丽，拟于王者"[11]。以这样的条件而论,改土归流之前的丽江府若要筑城,实为易事。这其间,观念是一重要因素。民间有一种传说,明丽江府治不筑城池,乃因土司为木姓,若筑城以围则被"困"。或许,这确为一个因素。有学者还认为,纳西民族从游牧民族发展壮大起来,无论其民众还是统领,在文化意识上都缺少城墙观念[12]。

如果说丽江府不筑城池是土司和纳西民族的观念起了重要作用的话,那么改土设流后随着主官角色身份的变化,这一因素的影响自然大为消解了,改土设流无疑是丽江府地方政治格局的一个转折,也成了府城建造的一个契机。《(乾隆)丽江府志略》载:"丽江旧为土府,无城。本朝雍正元年(1723 年),改土设流,总督高其倬、巡抚杨名时题请筑土围"[13]。首任流官知府杨馝到任后即着手府城的修建事宜。杨馝在其所撰《建丽江府城记》中说,"二年春,抵郡视事,见其民鸠形,其居巢附,板屋数间,晨星寥落,不禁慨然,谓残虐凋敝,一至于此。且地当内外之枢,民无城郭之卫,常何居而变何以守?因条列事宜,而首以建成为请。三年春,奉旨建筑,乃延昆明征士恺然王君,共审向背之势,辨阴阳之宜,正方测景,诹日兴工"。所筑城池"周以长计凡七百二十,高以尺计凡十有二,厚视高之三,下广而上锐,基以石,覆以瓦,环绕以隍。开四门,东曰向日,西曰服远,南曰迎恩,北曰拱极,皆竖楼于上,又别为小西门,以通桥道而便赴集"[14]。当然,所谓"民无城郭之卫,常何居而变何以守"只是城池观念下的一种定势思考。至于说"板屋数间,晨星寥落","残虐凋敝",也应当不是土司官署的状貌,明末时"宫室之丽拟于王者"的木府至改土归流时不至于败落到如此地步。

开化府城:

清康熙五年(1666 年),鉴于滇南、滇东南一带局势逐渐稳定,一些土司的叛乱被削平,平西王吴三桂上疏朝廷,建议新设一府。

次年即"以教化、王弄、安南三长官司地置开化府"[15],后辖境逐渐扩大。其地为云南边境区域,分布着多种少数民族,置府以前属土司管辖。府的开置,标志着清王朝对这片区域的统治将逐步深入、加强,统治方式必然有所调整。府治择地于山环水绕的椭圆狭长形坝子间,这里"旧无城",康熙七年(1668 年)"筑土为垣,覆木为檐,楼橹悉备"[16]。

开化府城后来进行了改筑,乾隆八年(1743 年),"总督张允随题请,委知县朱兴燕改筑砖城,下基以石"[17]。从规模上看,改筑后略有缩小,康熙间所筑土城"周四里三分",改筑后的砖城"周四里一分","盘龙河三面环绕,因以为池"[18]。

普洱府城:

普洱府置于清雍正年间,其所辖地区原分属元江府、车里宣慰司等。府初置时辖境较小,《清史稿·地理志》载:雍正七年(1729 年),以"普洱等处六大茶山及橄榄坝、江内六版(纳)地置府"[19]。以后辖境扩大,威远厅、他郎厅等划归其所属。设府之后,城池建造被提上日程。按《嘉庆重修一统志》,普洱府城:"旧土城,雍正九年易以砖"[20]。《(光绪)普洱府志·建置志》载:"旧《云南通志》:旧属元江府,有土城。雍正七年改设府治,巡抚张允随题请修筑砖城"[21]。《滇云历年传》明确记载:雍正八年(1730 年),"巡抚张允随题请修筑普洱府城、攸乐城、思茅城"[22]。综合有关记载,乃是巡抚张允随于设府后的次年题请筑城,再后一年建成府城。

实际上,上引文献所谓府城初筑即为砖城之说并不准确。雍正十年(1732 年),普洱府、思茅厅、元江府、新平县一带发生叛乱,平息后,时任云南、贵州、广西总督的尹继善给朝廷上《筹酌普思元新善后事宜疏》。疏中有言:"普洱府治宜改建石城也。普郡地处极边,接壤外域,实中外之咽喉,滇南之门户,既设镇府,必资城郭。现在虽有土城一座,但土性浮松,一经淋雨,易于倾塌,殊非久远巩固之计,且易启蠢类觊觎之心,应请改造石城,方足建威消萌。"[23]另据《(光绪)普洱府志》引述《宁洱县采访》所载,雍正间筑造的府城"外砖内土",五十年后的乾隆四十五年(1780年)改筑时才"内外一律用砖"[24]。至于说原有土城,清代以前的文献无记载,当为传言附会之说。

昭通府城:

明置乌蒙府,隶四川布政司。清雍正五年(1727年)改隶云南,随之改土归流,第二年正式设流官。雍正九年(1731年)改名昭通府。其治所城池,《嘉庆重修一统志》"昭通府城"条有一含混的记载:"旧为土城,本朝雍正十年,改筑砖城。"[25]其所说土城建于明嘉靖间,然砖城并非于原址改筑,而是府治发生迁徙后于新址所建。土城所在地名天梯,文献中或作"天砥",砖城城址名二木那,两地相距数里。民国《昭通志稿》载:"土城:距县城西七里,名天梯梁子,其城阔大,墙垣宽厚,……(雍正)初改土,仍设官于此,后废,遂成丘墟。"[26]同书又载:"(雍正)八年八月,鲁甸土酋禄鼎坤子万福叛,杀官据城,……。总督调川、黔兵及滇军进攻,十二月讨平逆党。遂废天梯土城,另建今城于二木那(亦名朴窝)。"[27]《(乾隆)恩安县志稿》说:雍正十年(1732年),"巡抚张允随题请动帑,……相度地形,于龙山之阳兴筑砖城"[28]。龙山又名龙洞山,山南即二木那。

雍正八年(1730年)八月禄鼎坤之子万福为首的那场叛乱显然成了迁址另建府城的直接原因。原乌蒙府治有其根基,已较长时期成为区域行政中心,且建有城池,以至于府改隶云南并改土归流,"仍居于此"[29]。然变乱间城池遭到严重毁坏。叛军攻破府城,"倾我城池,杀我人民。其惨,有不可胜言者矣"。雍正九年(1731

年)年初，"正焚巢覆穴时也"，"白骨遍地，流血染垛"[30]。新城的选址建造是经过一番筹划的。参与新城筹建的晋宁州人段爆文在其所撰《新建昭通府城序》中说，雍正八年(1730年)冬，"余有昭通建城之命"[31]。另一参与者、时任宁州训导的张上哲在其所作《新建昭通府城序》中说，雍正九年(1731年)春天，"昭通新服，属余卜吉地而修金汤。既奉命，不遑宁处，驱就此地，远眺山河，近瞩丘墼"[32]。由一些记载可知，新城址的选定及城池的规划，运用了堪舆理论和手段。如"城之筑也，凭东而西向。南山一支气象崔巍，迤逦如蟠如𬟽。过松岭，起龙洞，轩然树盖。剸𫟅嵚崎，规模雄远，而且面临玉案，左凤翥汉，右马腾霄，带水环流潆洄襟抱。映以文星，镇以武库，……"[33]。"城垣东北高而西南下，前后狭而左右长，实因地之形势，以为长短、广袤也。四隅圆转，法乾健也。四正齐直，效坤体也，有天地交泰之象焉"，"城楼四座，象四时也。城洞四达，通四气也"。"城内衙署，皆因地形受旺气焉"，"城内街衢，俱井井有条理，三横三直，用六贞也"。"城外最忌火峰。今凤山高耸，虽象属金水，而位实南离，则丙丁似觉可虞也。亦且九星翻卦，吊得童贞于丁位，宜于南关外蓄一月池，庶几金生水而水可火也。又且吊破军于坤申，宜于地名蜡鸡寨造一舆梁，一以锁内堂之水，一以制破军之金。若夫郭外之东北隅，金牛实缺陷焉。则宜建观宇，作一塔以镇之。如此制化，则金汤永固，水火无浸，教化日兴，人文蔚启，可预卜也"[34]。堪舆理论和手段的运用，在当时的城池建设中可谓普遍，它无疑混杂着唯心、迷信的成分，裹着神秘的面纱，但从地理学、环境学的角度去看，也有某些科学合理的因素。在昭通府城的建设中，堪舆理论和手段的运用，显然较为充分。

雍正十年(1732年)新建成的昭通府城，"石脚砖身，似人腰子样。周围四里八分三厘三毫，计长八百六十九丈九尺四寸。……

外城身实高一丈二尺,连垛口座二尺三寸,垛口二尺七寸,共高一丈七尺。脚厚一丈二尺,顶厚七尺五寸。城楼四座,炮楼四座,垛口一千二百四十五个,枪眼亦如数,炮眼六百二十二个。壕堑深一丈,宽一丈,东、南、西三面有濠,独缺北门"[35]。

三

中国古代,一个政区从政治统治的角度去看,由点——治所区域和面——其余区域两极构成,而其余区域通常绝大部分甚至全部是乡村。两极之间是一种对立统一的关系,它们随时随地充满着各种矛盾,但又互相依存。乡村是政的腹地,治所则不论其形态、规模及所在地的发展程度如何,它自身只是政区不可分割的一部分。政治功能是治所最基本、最经常性并往往是最重要的功能,而这一功能则主要是由统辖广阔的乡村所产生并实实在在地体现出来的。这就决定了治所在一个不管幅员广阔或是狭小的政区中,必然是枢纽,是政治堡垒和军事据点。在多数历史时期和一般情况下,治所的威严、强盛及其所在地的繁盛便成为政治统治目的得以实现的一个重要条件。以清代来说,规整宏阔的官署、坚固的城池、相当规模的人口和繁盛的商贸、必要的军事部署等可以说构成了治所所在地基本而较为理想的形象。治所若城池完备,则既有切实的防御功能,又有不容忽视的政治象征意义。

处中国封建社会晚期和世界各地区民族国家逐渐普遍形成时期的清王朝,总体上说一直从各方面采取措施致力于加强边疆控制与管理。实际上,边疆控制管理与政区治所的建设发展是内在而紧密地联系着的,治所是一个政区施政的大本营,对政区内各区域控制管理的实现、强化很大程度有赖于治所各"构件"的完备及其功能的发挥，治所的城池、学宫、坛庙等，其重要的一点皆是服务于边疆控制与管理。

如上所论，就边疆区域而言，政区治所城池的建设，便必然而自然地契合了加强边疆控制与管理的总体目标。当时的人们对此已每有论说，这里我们不妨引述数则以证。康熙间重修北胜直隶州城，总督王继文写了《重修北胜州城记》，记中说："余叨荷皇恩，节制滇黔，农桑学校，凡有关于民生者，靡弗兢兢筹画，矧修城郭、奠民居，视他政尤为急务，而北胜较他州尤为要地乎！"他登上修筑后的城池，感叹道："惟见筑之登登，削屡冯冯，垣墉崇也；城楼翼翼，堵堞龈龈，疆圉固也；壕沟洋洋，蓄水盈盈，保障雄也。"认为今后"苟因其旧而时加修焉、浚焉，则捍御蓄泄之方，实与政教相终始，将见边陬永邀静谧，金汤永壮山河，讵不伟欤"[36]？张允随雍正十三年（1735 年）二月二十五日给朝廷的奏疏中说："窃照云南一省，地当极边，城池关系綦重。缘数年来新拓夷疆，在在须建城郭……"，待各地城池建造修缮完备，"庶金汤永远巩固，而岩疆长资捍卫矣"[37]。雍正间东川府新建石城，张允随亲撰《东川新建石城记》，谓："东川，岩邑也，在万山之中，东界黔，西通蜀，北邻昭通，南接寻甸，盖三省之要害地也。……故虽有山川之险，斥堠之严，必高其墉，浚其濠，谨其管钥启闭，间遇寇攘奸宄，郊野之众可以入保，斯民无锋镝之忧，国有金汤之固也。"新建的东川府城"城虽三里，势逾百雉，东足以捍黔，西足以卫蜀，南顾居全滇之吭，北眺作昭通之臂，屹然为三省屏蔽，宁特保障东川一郡已哉！"[38]。

清代云南若干府级政区治所城池的新建，对于加强边疆控制与管理，无疑具有积极而重要的意义。其作用和意义显在或潜在地体现在实际防御、对人们观念和心理的影响等各方面。当时的人们在这点上有着既虚又实的认识、感受和期冀。雍正初年丽江府土城筑成后，知府杨馝在其《建丽江府城记》中说："瞻望雉堞，谓可备捍御而绝觊觎，……惭余何人，谬膺兹任，所幸圣人御宇万国，翼卫惟兹边郡，遥控诸蛮，足以据内外之防，示方域之观，庶几扩藩篱而固金瓯，于古者建侯置守与各执政经国安边之图，或无负也。"[39]同治年间，议改丽江府土城为砖城，岑毓英同治十二年（1873年）七月初二日写给朝廷的《丽江府土城改建砖城折》中说："伏查丽江府地处极边，界连西藏所属五厅州县，汉夷杂处，实为要害之区，应即如禀修建砖城，以卫居民而固边圉。"[40]开化府城初筑时为土城，乾隆时改筑为砖城，城池的功能和意义更加显示了出来，清人谓"自此岩疆重镇永固金汤矣"[41]。普洱府城初建后不久即有改建砖石城之议，尹继善在《酬酢普思元新善后事宜疏》中有言："普洱府治宜改建石城也。普郡地处极边，接壤外域，实中外之咽喉，滇南之门户，既设镇府，必资城郭。现在虽有土城一座，但土性浮松，一经淋雨，易于倾塌，殊非久远巩固之计，且易启蠢类觊觎之心，应请改造石城，方足建威消萌。"[42]昭通府迁治新建了城池，"是边隅之保障，而胜地之发祥也"[43]，"以之控制八方，了若指掌，不诚金汤永固也哉"[44]。

注释：

1　参阅中村圭尔、辛德勇编：《中日古代城市研究》，中国社会科学出版社2004年版；成一农：《古代城市形态研究方法新探》，社会科学文献出版社2009年版。

2　《清会典》卷58"工部・尚书、侍郎职掌"，光绪戊申年（1908年）商务印书馆刻印本。

3　《（嘉靖）象山县志》"城池"，《天一阁藏明代方志选刊续编》，第三十册，上海书店1990年版，第26页。

4　此疏见道光《云南通志》卷204《杂著八》，《云南史料丛刊》第八卷亦收录。

5　《张允随奏稿》未曾刊行过，只有抄本，现藏四川大学图书馆，云南大学图书馆转录过一份，《云南史料丛刊》第八卷据转录本收录。

6　《清实录·高宗实录》卷612，第18—19页，转引自《清实录有关云南史料汇编》第三卷，云南人民出版社1984年版，第49页。

7　吴兰孙纂修：《(乾隆)景东直隶厅志》卷1之3《城池》，云南省图书馆传抄南京大学图书馆藏抄清乾隆末年刻本。另，《嘉庆重修一统志》卷495《景东直隶厅·城池》谓：景东厅城"周二里，四门，旧系卫城"(《四部丛刊续编·史部》，上海涵芬楼影印清史馆藏进呈写本，第43册)。当误。

8　(明)陈文修，李春龙、刘景毛校注：《景泰云南图经志书校注》卷4"景东府公廨"，云南民族出版社2002年版，第237页。正德《云南志》、万历《云南通志》、天启《滇志》所载同此。

9　吴兰孙纂修：《(乾隆)景东直隶厅志》卷1之3《城池》，云南省图书馆传抄南京大学图书馆藏抄清乾隆末年刻本。另，《(嘉庆)景东直隶厅志》谓景东城设东、南、北三门。

10　11　(明)徐弘祖著、朱惠荣校注：《徐霞客游记校注》下册，云南人民出版社1999年版，第954页。

12　参阅夫巴：《马蹄踏出的辉煌：丽江古城与纳西族历史探秘》，云南民族出版社2000年版。

13　管学宣修、万咸燕纂：《(乾隆)丽江府志略》上卷二《城池》，清乾隆八年(1743年)刻本。

14　39　管学宣修、万咸燕纂：《(乾隆)丽江府志略》下卷四《艺文记》，清乾隆八年(1743年)刻本。

15　《嘉庆重修一统志》卷488《开化府·建置沿革》，载《四部丛刊续编·史部》，上海涵芬楼影印清史馆藏进呈写本，第43册。

16　17　41　周炳等修、万重赟等纂：《(道光)开化府志》卷2《城池》，云南省图书馆传抄清道光九年(1829年)刻本。

18　《新纂云南通志》第三册卷42《地理考二十二·城池三》"开化府城"，云南人民出版社2007年版，第456页。

19　《清史稿》第九册卷74《地理二十一》，中华书局1976年版，第2348页。

20　《嘉庆重修一统志》卷486《普洱府·城池》，《四部丛刊续编·史部》，上海涵芬楼影印清史馆藏进呈写本，第43册。

21　《清代普洱府志选注·建置志》，云南大学出版社 2007 年版，第 85 页。

22　(清)倪蜕辑、李埏校点：《滇云历年传》卷 12，云南大学出版社 1992 年第一版，第 606—607 页。

23　42　郑绍谦原纂、李熙龄纂修：《(道光)普洱府志》卷 19《奏疏》，清咸丰元年(1851 年)刻本。又见《云南史料丛刊》第八卷，云南大学出版社 2001 年版，第 449 页。

24　《清代普洱府志选注·建置志》，云南大学出版社 2007 年版，第 85 页。

25　《嘉庆重修一统志》卷 490《昭通府·城池》，《四部丛刊续编·史部》，上海涵芬楼影印清史馆藏进呈写本，第 43 册。

26　民国《昭通志稿》卷 1《方舆志·古迹》，载《昭通旧志汇编》第一册，云南人民出版社 2006 年版，第 121 页。

27　29　民国《昭通志稿》卷 1《方舆志·沿革》，载《昭通旧志汇编》第一册，云南人民出版社 2006 年版，第 102、104 页。

28　(清)戴芳等纂：《恩安县志稿》卷 3《城池》，载《昭通旧志汇编》第一册，云南人民出版社 2006 年版，第 29 页。

30　31　44　(清)戴芳等纂：《恩安县志稿》卷 1 段燠文《新建昭通府城序》，载《昭通旧志汇编》第一册，云南人民出版社 2006 年版，第 10、10、11 页。

32　33　43　(清)戴芳等纂：《恩安县志稿》卷 1 张上哲《新建昭通府城序》，载《昭通旧志汇编》第一册，云南人民出版社 2006 年版，第 9、11、11 页。

34　(清)戴芳等纂：《恩安县志稿》卷 1《新建府城堪舆论》，载《昭通旧志汇编》第一册，云南人民出版社 2006 年版，第 12 页。

35　(清)戴芳等纂：《恩安县志稿》卷 3《城池》，载《昭通旧志汇编》第一册，云南人民出版社 2006 年版，第 30 页。

36　王继文《重修北胜州城记》，载《新纂云南通志》第三册卷 42《地理考二十二·城池三》，云南人民出版社 2007 年版，第 461 页。

37　《张允随奏稿上》，转引自《云南史料丛刊》第八卷，云南大学出版社 2001 年版，第 544 页。

38　张允随《东川新建石城记》，载《新纂云南通志》第三册卷 42《地理考二十二·城池三》，云南人民出版社 2007 年版，第 457 页。

40　《岑襄勤公奏稿》卷 8，转引自《云南史料丛刊》第九卷，云南大学出版社 2001 年版，第 348 页。

环境史文献学刍论

——以西南民族环境史研究为例

周　琼(云南大学西南环境史研究所教授)

环境史是历史学领域一门新兴的、最具生命力的分支学科,在其学科体系的构建及完善中,环境史文献史料是最重要也是亟待建构的基础性领域,传统史学研究中最受推重的是王国维的"二重证据法"[1],环境史研究无疑也是在此基础上进行的。但因环境史学及其研究已突破了传统史学的框架及方法,并在研究的视域、研究方法、研究理论等方面突破了传统史学的范式,使环境史文献学在具备传统文献学的特点及基本理论、基本方法的同时,也具有了跨学科研究所独有的特点,故环境史史料学应该是实践"四重证据法"最适合的分支学科——在"二重证据法"基础上重视实地调查(田野考察)法及非文字史料法。只有将文献史料、考古资料、实地考察访谈资料及非文字资料全面结合起来,环境史研究才能建立在可行、可靠的基础上。在环境史学科理论及体系的发展及构建中,尚无学者对此进行过专门的论述。本文是在给环境史专业研究生开设的"环境史文献专题"课程讲稿及课堂讨论、个人思考及前期研究的基础上修改而成,力图对环境史文献学的基本问题进行初步阐述。

一、"二重证据法"与中国环境史研究

所谓"二重证据法",就是历史研究中将各类文献古籍记载的资料与考古发掘的出土资料相结合的方法,王国维在《古史新证》将其称为"纸上之材料"及"地下之新材料",认为据地下之材料能"据以补正纸上之材料,亦得证明古书之某部分全为实录,即百家不稚驯之言,亦不无表示一面之事实",在研究中国环境史尤其是古代环境史时,"二重证据法"具有极为重要的价值及不可替代的意义。

首先,文献史料(纸上材料)是史学存在及发展的根本动力,也是环境史学科建立及发展的基础。历史研究离不开文献史料,作为历史学分支学科的环境史也离不开文献的支撑,各类古籍文献中与环境相关的史料,当然是环境史研究的根本及基础,没有文献资料,所有的研究都将是无本之木、无源之水。

但与传统史学研究的史料相比,环境史文献资料的范围又要宽泛一些。不仅传统史学的文献史料,诸如经、史、子、集部的文献是环境史研究的重要资料;起居注、档案、奏章、实录、方志、公私文书、契约、债券、碑铭墓志、私人书信、家谱、账簿等也是环境史研究必不可少的、重要的基础文献史料;甲骨文献、金文文献、敦煌文献、汉晋书简等专门类别的文献史料是传统史学,更是环境史尤其是区域环境史、断代环境史研究的重要依据;丛书、类书、政书等史籍为历史学,也为环境史的专题研究奠定了重要基础。

由于环境史研究的视角、视域及切入点与传统史学存在的差异,导致环境史研究所需要的文献史料也与传统史学相比时存在较大的差别,大部分环境史研究者已经发现的一个特点就是,在搜

集、整理环境史史料时，很多对环境史研究具有极大学术价值的文献资料，都不被传统史学看重，被研究者所忽视而备受冷落。因此，很多被传统史学研究放弃的、看似无用的资料，或在传统史学视野里文献价值不大或没有价值的某些文献，如笔记、小说、诗文集、游记、戏曲、散文、杂文、报纸、杂志、书信、图画、雕像、图腾、传说、神话故事等，对环境史研究而言，都包含有极大的史料价值。

　　尤其是方志、笔记、诗文集、游记、公私文书等史料里包含的疾病、灾害、动植物、气候、地理、地质等资料里的环境信息相对形象集中，对环境史的研究具有极为重要的意义。如明清以来地方志文献史料中"物产志"尤其是详细记载动植物及粮食作物、经济作物及矿产的种类及种植、开采内容的文献史料，尽管受到传统史学的某些领域如经济史、社会史等学者的珍视及使用，但大部分研究者很少关注和使用这些与政治、军事、文化、教育、人口、移民等相关度较少的史料。对环境史研究而言，这类史料恰恰成为了复原及研究历史时期生态环境状态、物种生存及其发展变迁的宝贵信息及重要依据，尤其是研究历史时期生物种类如动植物种类的生存及其发展变迁以及历史时期生态链或生物圈发展变迁史不可或缺的基础文献。以此为基础，借助其他学科研究方法及研究结论，不仅能在较大程度上复原自然生态环境变迁的历史及其在人类社会历史发展进程中的作用，也能深入探究历史时期不同生物及其环境的具体变迁状况。

　　其次，考古资料（地下材料）不仅对传统史学也对历史学各分支学科的存在及发展起到至关重要的作用，更是环境史学建立的重要基础之一。地下出土资料不仅为历史研究尤其对很多学术悬案及长期争议问题的解决提供了重要依据。

　　出土文献及地下再现的每一件实物，也真实地展现了当时的生态要素及生态环境状况,是环境史研究中不可或缺的资料。如战国琴瑟、汉代式盘、魏晋天禄、唐代铜尺等实物证据,以及诸如甲骨文、简牍、写本、石刻、铭文、帛书、盟书、封泥、玺印、泉文等文字证据,还有大量不同形制及类型的器物、遗址等,不仅为考古学、史学研究提供了确凿的证据,且实物、文献、器物本身的材质、制造及其工艺等,还蕴含了丰富的科技史、环境史研究所需要的信息和资料。如利用自然科学的方法,可以根据出土器物、实物、文献的材料化验,检测出这些材料的生活环境、生存及其群落状态、气候及干湿状况等信息,为我们了解出土资料所处时代的环境史状况提供了真实详细的信息。

考古学者及环境史研究者还能根据遗址中发掘出土的诸如动植物骨骼、遗骸甚至是碳化粮食等资料,了解遗址所在地的动植物种类、数量及其生长状况,了解当地与这些种群相关的生态链物种种类及其生态环境的状况,为区域环境史的研究提供了极大的方便,在一些没有文献传承及记载的地区更是历史学各分支学科研究的重要资料。如据某些遗址中发掘出土的碳化稻谷,就是了解并复原当时水稻的栽种区域、栽种品种以及与此有关的气候、水、阳光等方面的情况,根据其他的文献资料及相关学科的研究结论,进而探究并在一定程度上复原遗址区各生态要素及其生态环境的具体状况。2011年11月22日,湖南常德临澧县新安镇杉龙村新石器前期遗址发现了多粒距今约8000—9000年的碳化稻谷,还发现了很多动物骨骼和稻谷种子。在此之前,在距杉龙岗遗址仅38公里外的八十垱遗址也出现过碳化稻谷,有约40%具备人工栽培痕迹。根据这些人类活动和碳化稻谷的遗迹及相关的研究资料可知,新时期长江中下游湖南境内的动植物种类丰富,气候比现今还要温暖潮湿,年平均温度比现今高3℃—4℃,年降雨量高于800

毫米,适合普通野生稻的生存及繁衍,为当地新石器文化的繁荣提供了良好的环境基础,孕育了长江中下游地区茂密的常绿阔叶的原始森林植被,结合其他相关学科的研究成果,就能进一步研究当地的生物群落、生态环境及其变迁状况。

在很多民族地区的考古发掘工作中,发现了数量众多的生产生活及动植物种类资料,从中了解到了少数民族先民的生活状态和农作物的栽培情况,以及到当地的自然、气候及生态环境的状况。如云南大理宾川白羊村、元谋大墩子、昆明滇池周围及其他遗址中,都发现了碳化稻谷,不仅是研究云南民族地区先民的农业生活状况的可贵物证,更是研究这些区域的生态环境及其变迁状况的实物证据。

再次,文献史料及出土资料是相辅相成、不能或缺的。传统史学及环境史学的研究,都离不开文献资料及地下出土资料的相互补充及印证。地下考古资料在史学研究领域开辟了在性质和意义上完全不同于传世文献的资料来源,用地下完好保存下来的实物证据,去印证、补充或纠正历代传承下来的文献史料,使很多悬疑问题有了突破性的进展,如王国维自己研究的简牍检署考校就是一个较为成功的范例。

可以说,“二重证据法”的出现完全适应了20世纪全球科技快速发展时代来临后学术研究资料来源的巨大变化,以及因时代发展而对学术研究提出的新要求,从而丰富了学术研究的手段和方法,也提高了研究的科学性和可靠性。这一理论的提出及其在实践中的具体应用使中国传统文献及其史学研究进入到了一个全新阶段,20世纪的史学研究也出现了一个崭新的局面,诸多学者以出土文献与传世典籍互证,取得了极为显著的成果。环境史研究不仅同样离不开“二重证据法”的理论、方法及实践原则的指导,而且能在此基础上对生态群落、生物种类及其分布、气候变迁史、灾害环境史、区域环境史、环境疾病史进行更深广的研究,取得更符合客观历史发展的、更贴近历史真实的、超越传统史学范式之外的研究结论。

二、第三重证据之田野调查史料与区域环境史研究

所谓田野调查,就是"实地调查"、"直接观察法"或"实地工作"之意,是研究者到被研究对象所在的地区环境,实地了解、调查、收集被研究对象的历史、社会形态、文化结构、生态环境、发展变迁等第一手资料的研究方法。一般说来,田野调查是在研究工作开展之前,为了取得第一手原始资料的前置步骤,并在具体调查中,以原文、原意、原事的原则进行历史资料的记录。

在学术研究的视域及方法日趋拓展的今天,通过田野调查的方法及由此获取的研究资料,绝不再只是民族学和人类学、语言学等学科的专利,这种方法在20世纪以来已逐渐在历史学研究领域得到推广和应用。田野调查方法的直接性、目标明确性及其资料的真实客观性、高价值性,受到了很多研究者的青睐。如民族学、人类学、社会学、生物学,尤其是古生物学、环境科学、历史地理、地质、地形、地球物理、语言、考古、行为学、文学、哲学、艺术、民俗、建筑等自然或社会科学研究领域学者的推重及厚爱,很多宝贵的资料由此得到了广泛深入的发掘及应用,在很大程度上弥补和完善了文献记载的缺失及不足,为科学研究的深入展开做出了积极贡献。

这种方法对历史研究所产生的巨大推动作用,尤其当田野调查与传统文献、考古资料结合起来进行更为深入广泛的学术研究,

并解决了许多重要且悬疑的问题时，得到了众多学者尤其是环境史学者的认同及实践，并取得了巨大的成绩。因此，"田野调查法"就成为了环境史"四重证据法"中不可忽视的第三重证据。

由于环境是一个近现代舶来的名词及概念，在中国古代史籍里没有专门且集中的与环境有关的史料，相关资料分散在不同的角落，躲藏在了字里行间甚至是文字的背后，这种情况似乎给环境史的研究带来了阻碍及困扰。这也使得目前中国的环境史研究虽然开展得如火如荼、热闹纷繁，且各类论著都被冠以了环境史的概念及名目，但却距真正意义上的环境史研究还有相当大的距离。然而，中国传统思想文化体系下内涵丰富的自然生态思想及观念，使得自然及环境从来都没有在中国历史及社会生活中缺位或被淡忘，但在每个有人类活动及生物物种生存的地方，在每一条与之相关的文献古籍及地下考古资料中，自然及其各要素都在不同的领地里留下了自己的影子或风采，使得环境史的研究及学科的建立有了依据及基础。

进行环境史具体问题的研究时，以"二重证据法"为基础，通过田野调查的方法及具体实践，将得到的资料应用到史学新兴学科及其具体问题如环境史尤其是区域环境史或环境史专题研究中所发挥的巨大作用，已远远超越了"二重证据法"在传统史学领域曾独领风骚的局面，已经有很多的学者撰文论述了田野考察在历史学研究中所具有的价值与地位。日本学者森正夫谈到田野考察史料在历史研究中的巨大作用时认为：历史研究本身和田野调查都具有明确的现实性和实践性，二者之间具有共通性；中国以其丰富的文献收藏量而享有文献之国之称，但很多问题若不进行田野调查，就无法弄清楚；历史学有必要全面摄取在与之相邻的地理学、民俗学、文化人类学、社会人类学中业已确立的田野调查的方法及其成果,有助于给历史学开辟新的未来[2]。而要给历史学的新兴学科环境史开辟新未来,在"二重证据法"的基础上,必须借助田野调查的理论及方法,才能让所研究的问题更深入、更符合客观实际。

正如自然及其环境对人类社会的历史进程产生了巨大的影响一样,人类活动同样对自然界及其生态环境产生了极为强烈的冲击及破坏。中国内地的生态环境在五千年文明史的进程中已经被破坏得面目全非,加上气候的变迁及干湿带、温度带的往南推移,内地原有的生态要素及自然环境的系列及其发展脉络完全被打断,研究各历史时期生态环境及其变迁的历史存在极大困难。中国是个区域性、民族性特点极为突出的国家,在其漫长的历史发展进程中,随着人类生产生活范围的不断扩大及以汉文化为中心的中央集权统治范围由中原内地向周边民族地区不断呈放射状的拓展,各地生态环境也随之发生着剧烈变迁,导致了人口密集、开发时间悠久的中原内地的生态环境破坏严重,生物种类消失灭绝的速度及几率较大的状况。由于地理、气候、地质、自然环境、交通、民族、区域文化等多方面的原因,很多生态要素在人口稀少、发展相对迟缓的边疆民族地区保存了下来。而这些地区往往是文献古籍中的史料记载及保存较少的区域,古文化遗址及墓葬保存不多,只借助及依靠"二重证据法"进行研究显然是不够的,不仅其历史发展进程的研究难以顺利开展,若还要深入地研究这些地区的生态环境及其发展变迁的历史,难度就更大。

所幸的是,这些地区因开发缓慢保留了最多的生态要素及生态环境的具体状况,成为生物多样性特点最为显著的区域,并在某些区域保留和再现了历史上生态环境某些发展阶段及变迁过程中的具体状况,为环境史及其他学科的学术研究提供了极好的研究平台。在这些地区进行田野调查并搜集相关的环境变迁资料，是民族地区环境史研究中必不可少的方法。因此，新兴的环境史更是可以切实有效地应用田野调查方法的典型学科。

如在中国边疆民族地区尤其是气候及水热条件较好的西南边疆民族地区，因为地理及整体环境的影响及制约，历史进程相对缓慢，生态环境受到的冲击、破坏相对较小。同时，因为这里优越的气候及水热条件，被破坏的生态环境在适当的条件下能以较快的速度恢复，建立新的生物链及生态循环系统，这些区域里的生态要素、生物物种的绝大部分得以保留下来。如滇、黔、川、桂等地区的生态环境尽管也遭到了不同程度的破坏，但其天然的生态自我恢复及更新能力，使其到 20 世纪都还保留了中国乃至全球四分之三的濒危生物物种及其相应的生态环境状貌，这不仅为生物学、民族学、人类学、环境科学等学科的研究提供了条件，也为环境史研究尤其是动植物种类及其生物群落发展变迁史的研究提供了良好的实地考察研究的阵地。而这些地区保存下来的客观真实、无可替代的生态环境及生物物种方面的信息，除了用田野调查的方法收集、整理以外，目前还没有一种较好的、能够替代的方法来达到不同学科的研究需要。

因此，在环境史研究尤其是边疆民族地区的区域环境史研究中，在那些生态环境保持得极为良好的区域，用田野调查的方法进行深入广泛的环境史学术研究，再辅以其他学科的理论、方法及研究成果，无疑是复原历史生态要素、生物物种及其生存环境、变迁状况的最佳方法，也是一种可以搜集到最完备的资料及信息，以建立最为系统的生物及生态环境发展变迁数据库的最好途径，更是一个在这些数据基础上建立环境史 GIS 系统最完好的阵地。

三、第四重证据之非文字史料与民族环境史研究

史料又可分为文字史料及非文字史料两类。顾名思义,文字史料是以文字为载体进行传承的资料,非文字史料则主要指那些不是以文字方式表现出来的史料。两类史料都在史学研究中占有极为重要的位置,但非文字史料在没有文字及文学记载的民族及其区域历史的研究中占有不可替代的地位。因此,很多民族地区流传的非文字史料成为环境史"四重证据法"中应该重视的第四重证据,这也是民族区域环境史、现当代环境史研究中必不可少的证据。

早在 19 世纪末、20 世纪初,梁启超就在西方近代史学观的基础上建立了新的史料观,认为史料是历史的组织细胞、是过去人类思想行为留传至今的证据,并将史料分为文字记录和非文字记录两大类,认为这两类史料各有长短,应结合使用,不可偏废,并指出史料的范围将不断扩大,以往不被看做是史料的东西,随着时间的推移也会成为史料。顾颉刚认为,史料可分成三类,即实物、记载和传说(口传),每类资料都有可用和不可用的部分。因此,此处所指的非文字史料,不仅包括上文提到的古代建筑、家具、衣物、器物、饰品、钱币、墓葬、遗址、遗迹等实物资料,还包括绘画、壁画、刺绣图案等图像类史料,民族歌舞、民族风俗类史料以及近现代的照片、唱片、电影、光盘等音像史料等。从这一角度而言,史料的范围几乎无所不包,诸如很多乡风、民俗、俚语、杂耍、庙会、法事等风俗及民间素材,也成为非文字史料的重要组成部分。

中国是个多民族共同创造历史的文明古国,很多民族的历史进程存在着极大的差异性及不平衡性。很多边疆地区的少数民族

都是没有文字、没有语言的民族，汉文史籍对其进行的记载也极为有限，有的甚至没有记载。要对这些民族的历史、尤其是环境史进行研究，用非文字史料进行学术研究就是一个不能回避的方法[3]。因此，在对汉文文献记载较少或没有记载、没有民族文字和文献流传的少数民族历史尤其是环境史及其具体问题的研究中，应用非文字史料及多学科的研究成果和方法进行创造性研究，建立新的史料学价值观及评价标准，是值得推广和肯定的。应用这种方法抢救性地搜集、记录、整理、研究民族地区的历史，不仅能拓展及深化中国史、中国民族史的研究，更能对新兴的环境史尤其是边疆民族地区的环境史研究起到积极的推动作用。

首先，口传史料具有极为重要的学术研究价值。虽然这类资料被很多学者归入到文字史料的范畴中，然鉴于其特殊的流传方式及其在很多没有文字或文献记载的民族中长期流传及其对这些民族社会历史文化的深刻影响层面而言，应将其归入非文字史料的范畴。在中国西南滇、川、黔、渝、桂等多民族聚居的地区，很多既没有文字也没有任何文献对其进行记载的少数民族，不仅有丰富的历史传说、民间史诗等口传史料及民族风俗史料，也有形式及内涵各异的实物资料及歌舞、图画资料。而内容丰富的口传史料一般包含了民族的起源、迁徙、发展壮大及其生产生活的状态及经验、民族斗争情况、定居村落的形成、等级制等民族发展史的重要信息，还包括了各民族的英雄人物及其创造的英雄史、民族智慧、民族生存环境及生物物种、生态现象与生物链、生产资料等方面的内容，更包含了民族思想、民族文化、民族民间艺术、民族婚恋等方面的内容，这些内容都能为民族区域环境史尤其是环境思想史、民族环境制度史等的研究提供了广阔的研究素材。

各民族社会中世代口耳相传的各种民族习俗和民族禁忌，很多生产、生活方面的内容以饮食、建筑、起居、出行、婚丧、节庆、宗教、祭祀民族社会生活及文化方面的内容为主，还有不少的动植物种类及其生存状态、猎杀动物、砍伐树木的时令季节及方式等的内容，还包含了民族间的交往及从事军事、贸易等活动时必须遵守的约定俗成的规则。很多与社会生活、生态环境密切相关的习俗和禁忌，以及大量具有浓郁民族生态风格和特色的生活习惯、宗教信仰、村约寨规等民族文化的表象和形式自形成之后，就以习惯法或乡规民约的形式被各民族群众长期约定俗成地遵守和沿用，影响和制约着各民族社会历史发展及生态环境发展变迁的轨迹，为没有文字或文献记载的少数民族地区区域环境史的研究奠定了坚实的基础。

目前，许多少数民族地区还有很多经历了近现代重要史事的老人，他们对本民族聚居区周围的动植物种类及其生存生活状况、自然生态环境及其变迁状况都有极为深刻的印象，对以往的情况也能通过祖辈口传的方式了解及记忆、传承下来，是近现代民族环境史研究中不可多得的珍贵材料。各民族的宗教首领、民族社会事务管理者世代口耳相传的有关民族生存、迁移的状况，以及生存区域的环境状况、生产生活方式等方面的资料，对古代民族环境史的研究具有重要价值。各民族民间流传的关于气候、地理、动植物及自然生态环境等内容的谚语、说唱词曲、歌舞等，对民族区域环境史的研究也具有不可替代的重要价值。有效地发掘、整理这些非文字的口传史料，尽可能还原这些民族的历史发展片段及其生产生活方式状况，对现当代少数民族环境史学的研究将有极大的推动作用。

其次，民族地区留存下来的器物、生产生活用品等实物资料的环境史研究价值也不容忽视。很多民族地区留存下来的实物的材质、制造、工艺技术为环境史的研究提供了真实的资料及信息，尤其是反映了民族地区实物存在时代的生物种类与生物群落状况、气候状况、生态系统及生态链状况等信息，也为民族环境史及区域环境史的研究提供详实的资料素材。

再次，少数民族的图画资料包含了环境史研究最重要的信息。很多少数民族描绘及刺绣或雕刻在服饰、墙壁、岩石、山崖等地的图画、壁画、刺绣图案、雕刻作品，其形式、内容、类型、风格、特点各不相同，不仅留下了很多自然环境及动植物种类与生活情态的信息，也为民族区域环境史的研究奠定了极为重要的基础。在西南很多少数民族中传承下来了不少生产生活中的非文字史料，如在西南地区广泛分布的彝族就极具代表性，在各年龄段人们的帽子、鞋子、衣服、装饰品及建筑物上，都绣着或雕刻、彩绘着各种类型的色彩艳丽明快的图画。这些数量众多、造型各异、栩栩如生的动物图案如龙、虎、豹子、雄鹰、狐狸、大象、燕雀等，也有花、草、树木等植物图案，反映出当地不同的生物种类及其逼真的生活情态，且不同时代及区域、不同种类的动植物，其形态状貌都有极大差异，从中可发掘出动植物生存及发展变迁的可贵信息，为民族区域环境史的研究提供不可多得的史料。尤其是那些刺绣在服饰上的图案，集中了少数民族妇女日常生活中所见、所闻的各种信息，不仅包含了历史生态故事和传说、她们及其祖先世代生产、生活的片段及曾经使用或正在使用的器物类型，也包含了她们见到或听到过的飞禽走兽、香花美草、高山大河、溪水森林等生态情景，还包含了本民族的祖先及英雄人物、勇猛的动物等民族图腾物，从中反映出的翔实的、与生态环境密切相关的史料信息，对民族环境史的研究具有极为重要的价值。

总之，在中国区域环境史、民族环境史的研究中，必须重视对民族考古资料、民族口述史料乃至歌舞、图象史料的科学调查、发掘及整理，系统、完整地收集并分析这些非文字史料揭示的历史现象，重视人类学、社会学、民族文学、民间文学的调查和研究成果，恰当利用民族考古学、人类学、民族学、地质学、语言学、社会学、金石学、档案学、民俗学、民族民间文学、宗教学等学科的研究方法及研究成果，在历史学、文献学基本研究方法的基础上，采用跨学科的研究方法，广泛搜集民族地区乃至中原内地民间流传的非文字史料，为民族环境史、区域环境史的研究提供客观真实的基础史料，也为环境史学科的建立奠定坚实的基础。

四、环境史史料的特点

尽管中国的史籍浩如烟海，有关环境史的资料也异常丰富，环境史史料的类型及范畴已经得到了学者们广泛深入的挖掘及拓展，文献资料、考古资料、田野调查资料、非文字资料都能为环境史的研究提供强有力的支持。但由于中国古代没有现当代"环境"的概念，虽然生态思想及与生态环境相关的制度法规在中国历史长河中不绝如缕，与史学传统的史料学相比，尽管浩如烟海的史籍中没有"环境"或"生态"等专门、专题的史料，但却在事实上存在的、零星分散且数量众多的与之相关的史料，是使环境史史料学具有了一些独特的特点。

（一）环境史史料具备中国传统历史史料学的一切内涵及特点。环境史是历史学的一门分支学科，换言之，环境史及其研究是建构在传统史学基础上，在研究方法及研究内容上有极大创新的学科，这就使之必然具备门传统史料学的内涵及特点，同时也具备跨学科研究所需要的、特殊类型史料的特点。

(二)环境史史料具有分散性的特点。虽然环境史史料出现在实录、正史、地方志、游记、笔记文集、专题档案等与环境史联系较为密切的文献史籍中,且地理、灾异、气候、物产等类目里,环境史的史料相对较为集中,环境史史料的搜集及其研究相对便捷,但除此以外的绝大部分文献史籍中的环境史史料,则分散在各个角落,即便是研究同一时期、同一区域的同一生态对象,也需要从不同时期、不同类型的史料中去搜集。环境史料的辨别及搜集虽然不容易,工作量也大,但唯有如此,才能使环境史料在具体研究中发挥确切可信的功能。

(三)环境史史料具有隐蔽性的特点。很多与环境史相关的史料,其环境史的相关信息及内容并不是直截了当地用文字的形式反映出来的,而是隐藏在文字的背后,很多生态环境的内涵及自然环境的信息,都是隐藏在字里行间的。这就给环境史史料的整理及研究提出了新要求,即环境史学者要那个从不起眼的文字中,从没有丝毫动植物及生态环境文字的史料中,读出其隐藏的、或是反映出的生态环境方面的信息。如很多社会史、经济史、民族史的史料中,就隐藏了大量不明显的环境史史料,只有用心体会、用心琢磨,仔细、反复地研读,才能读懂其中包含的环境史信息。有鉴于此,环境史研究者最需要具备的就是一双选择、识别史料的慧眼,具备一双能够从杂乱繁芜的资料中发现、搜取到与环境史相关的、哪怕是零星点滴的资料,来为环境史的研究服务。只有具备了这样的慧眼,环境史学的建立,才具有可行性。

(四)环境史史料具有分布不均衡性的特点。环境史史料的不均衡性有三个方面的表现,一是不同类型史籍中环境史料分布的不均衡,二是在不同时间段上分布的不平衡性,三是区域分布的不均衡性。

首先,最为突出、也是最显而易见的特点就是环境史史料在不同类型的史籍中分布的不均衡性。如在中国传统文献的经、史、子、集四部分类法中,史部及集部的环境史料分布相对较为集中,以史部的记载最为直接、翔实,数量也较多;经部、集部中诗歌散文对生态环境及其具体状况的记载较为直观、形象及具体,但数量相对较少;子部主要记载的是先秦思想家及后代思想家的环境思想,因此,环境思想史的内容在子部里面相对集中一些,也多一些,但其整体的数量与史部、集部是不能相比的。在奏章文稿、实录、档案、文集里,有关生态环境的史料一般集中在灾害及与农业生产、生活密切相关的类目中,这类资料具有直接或间接地反映生态环境及其具体情况的特点。

其次,最具普遍性的特点,是环境史史料在不同时代、不同历史发展阶段上分布的不平衡性,有时即便是在同一个朝代,也存在前后时期的不同。这种不同不仅表现在不同时期史料的详略不一,还表现在史料类型及史料重点取舍的不一致方面。

一般说来,中国古代史籍中,环境史料存在前少后多的情况。前期史籍中有关生态环境的史料尤其是生态环境变迁的史料不多,与早期生态环境没有受到严重破坏有密切联系;到了后期,尤其是明清以后,随着经济开发范围的拓展及开发程度的日益加深,生态破坏日益强烈,人们的生产生活受到了极大冲击及破坏,史籍的记载者也概莫能外地受到了影响,有关的史料就在史籍中多了起来。

先秦时期被视为中国生态环境变迁史上的黄金时期,良好的生态环境孕育了先秦思想家深邃厚重的生态思想。各种史籍中也留下了水草丰美、森林茂密、物产丰富、动植物种类繁多的生态信息,以及人与自然和谐共处等信息。但先秦时期留存下来的史籍,无论是数量还是种类，都是最少的，不仅是因为秦始皇的'焚书坑儒'的浩劫致使许多先秦古书遭受破坏，还因为很多史籍在漫长历史发展过程中不断散落亡佚及损毁，其数量永远处于不断减少的趋势之中，越到近代，数量越少，这更给先秦生态环境及其变迁史的研究增加了障碍。故先秦时期环境史的研究，只有借助于考古资料即地下出土资料来进行，其运用出土文献进行学术研究的概率在各历史时期中最高。在进行"二重证据法"的研究实践中，文献的数量及使用的概率较低。

唐宋以后，随着气候的变迁，温度带、干湿带逐渐南移，北方的生态环境遭受了自然因素及人为开发因素的强烈干扰及破坏，生态环境及其物产已经不能支撑庞大王朝的继续发展，经济中心逐渐南移，生态环境的破坏也随之移到了南方。原来瘴疠充斥、疾疫流行的南方原始生态环境逐渐被开发为耕作之区，很多地区的生态环境还遭到了大范围的破坏，动植物种类减少乃至灭绝的现象也在南方越来越频繁地出现。南迁的移民还带来了北方曾经历过的各类环境灾害，给人们的生产生活带来了极大的甚至是毁灭性的影响，生态物种及其环境状况、生态要素大量地进入了人们的生活及视野中，史籍中相关的史料也多了起来。因此，在唐宋时期有关生态环境的史料中，我们不仅可以看到动植物种类、分布及其生活状况的内容，也能够看到动植物环境的变迁及其群落生存的状态。在一些区域性的早期地方志中，地方生态环境的状况及其变迁的内容也跃然纸上。这一时期的环境史史料，虽然会因唐宋时期的文献保留比先秦多而有相应地多一些，但总体情况也是不容乐观的，由于史籍及文献的相对有限，很多历史发展的真实过程没有办法明了，生态环境及其变迁的历史也就更不能明了，给研究带来了极大困难。但这一时期环境史的研究，"二重证据法"被广泛应用,此期既有数量相对多但其覆盖面又很小的文献资料,也有保留较多的古籍、遗址、遗迹等地下资料可供采掘。

明清时期的史料绝大部分都留存至今,史籍的数量及其涵盖的内容。都达到了中国历史以来的最高峰,史籍中有关环境史的资料及信息也是最多的,环境史研究需要的专题性记载也多了起来。这也是目前明清以来环境史研究论著较多的重要原因。此时,反映生态环境及其变迁状况并将其记入历史的人,已经不仅仅只限于官修史书衙门里的人,普通民众也成为历史的书写者,如官员的奏章文稿,游人骚客的诗词歌赋、游记、文集,私人撰修的志书、家谱、日记、书信、手札,乃至账簿、契约文书等,如雨后春笋般地涌现并保存了下来,为环境史的研究提供了翔实的资料。研究这一时期的环境史,"二重证据法"依然是必须沿用的基本方法,但二者的轻重逐渐发生了变化,尽管此期保留的遗址、遗迹、器物等考古资料较多,但各类翔实的文献资料更多,虽然文献资料及考古资料也在交互使用,但相对而言,文献史料的使用概率要大得多。

民国时期,数量众多的全国性、地方性的报纸、杂志,也是记载及反映生态环境及其变迁的重要载体,照片、录音录影材料等音像资料,更是记载及反映环境史最直观的载体。现当代就更是如此,四重证据法就是这一时期环境史研究中都需要使用的方法,其中,文献研究法、田野调查法及非文字史料研究法,是使用最为普遍的方法。

再次,环境史料存在着区域的不平衡相性。一是环境史料的种类及内容都存在着区域不平衡性。这既与不同区域的史籍数量极其实际记载着的环境及生态价值观、生态趋向有极大的关系,更与各地生态环境及其变迁状况有密切关系,故某些区域动物生态环境的史料翔实,另外区域则是植物生态环境的史料要翔实一些,有的区域还在记载历史时期的生物环境之外还加记了作者生活时代的环境状况。二是记述环境史料的史籍分布也存在地域的不平衡,即不同地区的文献资料尤其是环境史资料留存的数量及内容存在差异。因记载史籍的个体在文化、教育、家庭及社会背景方面存在差异,在选择史料的方式、思想、标准上也不尽相同,有的甚至存在极大差别,导致了史料在类别、详略程度方面也存在着极大的差异。因此,一些区域史籍中的环境史料因记载者的关注而翔实具体,但一些地方的环境史料则简略单薄,有的地方则完全没有环境史料的踪迹

一般而言,在政治、经济、文化、教育较发达的中原内地,各类古籍文献较多,环境史料的保留相对多一些,在很多政治、经济、文化发展缓慢的边疆、民族地区,不仅汉文文献记载较少,即便是有文字的民族,其文献典籍也很少,环境史的相关资料就更少,更何况那些没有文字及文献的少数民族,环境史料几乎为零。这类地区的环境史研究,就只能口传史料、田野调查资料及非文字史料中去寻找。

在民族地区收集图象、雕刻、牙花、壁画、歌舞等非文字的环境史信息时,应当明确的一点是,这些史料也存在分散性的特点,即很多环境史的信息和内容不可能集中在一幅或几幅图象或雕塑上,而是分散在众多不同类型的图象中。这就需要研究者深入实地进行广泛、深入的调查,对这些从类型到内容都比较零星的史料进行分类、整理、分析,在综合各类图象信息的基础上,最终得出民族环境史发展、演变的相关史料,为区域环境史、民族环境史的研究提供准确的史料信息。

但应用民族区域的非文字史料进行环境史研究时,要注意对

其进行辨别和考证,应用梁启超五种整理史料的方法来鉴别和使用非文字史料,才能使非文字史料最大限度地反映或接近民族区域环境及其发展变迁史的真实情况,"对于史料的真伪应该是最先着手审查的,要是不经过这番工作,对于史料毫不加以审查而即应用,则其所著虽下笔万言,而一究内容,全属凭虚御空,那就失掉了存在的资格"。[4]值得强调的是,在进行这项工作时,应当结合其他学科的研究方法及成果,对所收集、整理的各类非文字史料进行深入的探析,探寻和发现不同史料反映的历史现象及真实的生态环境状况,发现这类史料存在发展及演变性的特点,才能了解各民族地区环境史的发展、变迁轨迹。这就要求调查者在收集、应用口述史料时,首先就要辨别和判断真伪,因为这类史料容易受到口述者诸如感情倾向、记忆力以及其他人为因素的影响,仔细分析这类史料容易出现"偏见"的成分。顾颉刚对口述(传说)史料的价值极为重视,但也指出了这种史料存在的复杂情况及其发生变化的可能,"凡是没有史料做基础的历史,当然只得收容许多传说。这种传说有真的,也有假的。会自由流行,也会自由改变。改变的缘故,有无意的,也有有意的。中国的历史,就结集于这样的交互错综的状态之中"。[5]因此,使用口述史料进行环境史研究时,应结合其他如遗迹、遗址、文物、图象、实物等史料来进行必要的考证。

总之,在环境史的研究中,应该熟悉和掌握环境史史料的不同特点,并根据不同历史时期、不同区域、不同史籍中的环境史史料的不同特点,深入发掘及分析其中的环境史信息,才能使环境史的研究建立在客观可信的基础上。

五、结　语

中国环境史是一门正在兴起及构建中的历史学分支学科,环境史史料学无疑是这门学科存在的基础,更是其发展的关键。应用环境史史料从事相关问题的研究时,传统史学研究中的"二重证据法"无疑是最为根本的方法,但在此基础上衍伸出来的"四重证据法"则是环境史研究中更需要掌握及实践的方法。

只有以历史学传统史料学为基础,兼顾环境史的学科特点、研究视域所赋予的特点,注重环境史发展变迁的区域性、民族性特点,在多学科交叉研究方法的基础上发掘及应用更广泛、深入的跨学科史料,才能建立完整的环境史史料学。在不同时代、不同区域环境史具体问题的研究中,应恰当把握及应用文献史料、考古资料、实地调查资料及非文字资料等四重证据法,不可偏废,才能使环境史史料学成为环境史学的重要支撑,使环境史的研究建立在切实可行、可靠的基础上,才能构建起一门真正意义上环境史学科。

环境史史料学处于刚刚起步的阶段,需要更多学者参与到这一问题研究及讨论中,只有发挥百家争鸣的优良学术传统,集采众家之所长,才能使环境史史料学真正发挥为环境史学服务的集基础性及功能性于一体的学科。

注释:

1　虽然有学者提出了异议,也有方家对此进行补充和修正,如李学勤《"二重证据法"与古史研究》,《清华大学学报》(哲社版)2007年第5期,宁可《从"二重证据法"说开去——漫谈历史研究与实物、文献、调查和实验的结合》,《文史哲》2011年第6

期),乔治忠《王国维"二重证据法"蕴义与影响的再审视》,《南开学报》(哲社版)2010 年第 4 期等,但"二重证据法"在历史研究中的基础作用是不容忽视的。

2 森正夫:《田野调查与历史研究——以中国史研究为中心》,《上海师范大学学报》(哲社版)2003 年第 3 期。

3 详见周琼:《非文字史料与少数民族历史研究》,《郑州大学学报》2008 年第 1 期;《非文字史料与少数民族历史研究》,瞿林东主编:《中国少数民族史学研究》,北京图书馆出版社 2008 年 3 月版。

4 顾颉刚:《当代中国史学》,上海书店 1949 年版,第 41 页。

5 顾颉刚:《崔东壁遗书序》,上海古籍出版社 1983 年版,第 3 页。

论明代云南新本土文化的形成及特点

程舒宁（云南大学人文学院历史系副教授）

一、云南新本土文化形成的基础

1. 土司制度与土司文化

土司文化是土司制度实施的结果。明朝在云南实行中央官制与土官制两套统治体系，即双轨制的统治体系。明朝统治者在设置由中央管辖机构的同时，根据云南的特殊情况，实行羁縻性质的土司制度。二者的存在反映的是云南实际情况的需要，是中央与地方力量平衡的需要，是通过妥协后而形成模式，达到以和平方式进行转变的目的。明朝土司制度形成的原因在于借鉴元朝在云南统治的有益经验。在元初，云南局势不稳，地方势力常常反叛。为稳住局势，赛典赤·赡思丁被派往云南。至元十一年（1274年），元世主忽必烈在召见赛典赤时说："云南朕尝亲临，比因委任失宜，使远人不安，欲选谨厚者抚治之，无如卿者。"[1] 而赛典赤到滇后所采取的策略是"力攻不如德降"[2]，即推行以安抚为主的政策，尽管有许多人反对，认为，"蛮夷不可仁义化"[3]。元朝除在云南设立的路、府、州、县以外，基本上保留了大理国时期统治制度，各级官吏大都由土官、土酋充任。赛典赤的治滇思想到后来演变成一套较为系统的制度。当时元朝统治者认为:"远方蛮夷,顽犷难治,必任土人,可以集事。"[4] 这些措施到明代就形成了完整的土司制度,并在此基础上演化出土司文化。

明朝在云南把元朝设立土官的措施变成为土司制度,其原因仍是顾及到云南民风的强悍和滇人桀骜的南诏情结。因为在元末明初之际,即使是在明朝大军平定昆明的元王朝势力之后,元朝的大理守段信苴世仍然不愿降,在他与明军将领傅友德的第一封书信中他说:"夫云南根系白爨故地,称为遐荒,历代所不能臣。"在第二封信中他又说"我云南僻在遐荒,鸟杂犷悍,最难调化"。[5]

虽然明朝后来平定了云南局势,但是血的教训最终促成了土司制度在云南的实施,即明朝在云南设立中央管辖机构三司(承宣布政使司,提刑按察使司,都指挥使司)的同时,还任用一百五十多家土官。三司虽辖府、州、县的政府机构,但是土官统治红河沿岸和澜沧江内外的广大地区[6],即使是在靠近三迤坝区的地方情况亦然。

土司制度的推行必然会产生一种有利于民族融合和交往的土司文化生态。在土司制度下明朝对云南大规模的移民运动也以屯田的方式在继续,并且形成了以平坝区为主的"夷"汉杂交错而居的局面,在此基础上形成土著人文化与汉族移民文化的并存与互动,为土司文化的发展提供了空间,有助于土著人文化的保存。

一种文化的形成往往受制于制度与结构。土司文化的形成在于土司制度的实施,其特点是,土司在与明王朝保持朝贡关系的前提下,获得相对独立性,并且保持土著民族自己的发展节奏,在与汉族文化进行互动的过程中,原住民的民俗和价值观逐渐发生改变。由于土司控制区和汉"夷"杂居区原住民的文化都得到尊重,就为民族关系的交流发展创造了条件。此外,通过中原王朝与边疆民族地区上层之间的朝贡体制的维持，在民族地区开启了从上到下交往的渠道。

在纳贡制度下，明朝统治者对到京城纳贡的土官和其代表进行赏赐与宴请，[7] 并且通过设立学校、开科取士和推行照顾性政策，向民族地区进行儒学文化的渗透，[8] 达到开风气、明教化的目的。永乐三年（1405 年），有云南"大侯长官司长官刀奉偶遣子刀奉董贡马及银器"，[9]《明太宗实录》载：永乐九年（1411 年）"云南土官潞江安抚曩壁，金齿永昌千户刀招硬来朝，贡象马及金银器。"同年还有"云南丽江军民府正千夫长阿束并蒙化等州土官知州左禾令等来朝贡马。"永乐十年（1412 年），"云南景东等府土官知府陶干等遣人贡马"。[10] 永乐以后，"云南诸土官州县，率按期入贡，进马及方物，朝廷赐予如制"。[11]

在土司制度下，土著文化与汉族文化逐渐融合在一起，从而导致人们的价值观、审美观、风土人情、生活习俗等方面的变化。而土司文化的存在也是抵制外来文化猛烈冲击的缓冲器，它可以使外来文化以被过滤的方式被接受，并使地方原有文化与汉族文化的结合不是强行，而是渐进式地进行。

随着各个杂居区经济发展带来的全省经济繁荣，促进了各民族之间的友好交往，并导致潜移默化式的移风易俗的展开，各民族在形成共同利益的基础上，引发文化理念、婚姻模式等深层次的文化变异，从而为后来一些地方的改土归流奠定基础。土司文化的发展为形成云南新的本土文化创造了条件。

2. 儒学的发展

儒学的发展在元朝时期就有一定的基础，至元十三年（1276 年）赛典赤上奏："云南风俗未变，宜建学明伦，"得到批准。他建孔庙，"购经史，置学田，率民以礼"，[12] 其结果是导致云南的"文风稍兴",儒学在云南各路逐渐地推广开来。元朝的儒学在云南推行的过程本身也是一个云南原住民文化与汉文化进行直接交流融合的过程,有利于元朝统治。虽然在元朝,除了滇池和洱海等少数地区外,云南的整个文化水平还基本还处于初民状态,出现"夷酋每来见",赛典赤"为酒食劳酋长,制衣冠襪履,易其卉服草履,酋皆感悦"的现象,[13]但是由于各路都在推行儒学,汉文化的发展还是取得了一些成效。

到明初,出于稳定边疆的考虑,从朱元璋到永乐帝都十分重视在云南设置学校推广儒学,从而导致了儒学在边疆的进一步发展。儒学传播与发展往往与汉"夷"杂居区经济发展相伴随,它对稳定边疆局势意义重大。

明朝统治者在实行土司制度稳定边疆住局势的同时,还着手采取优待政策培养土司的子弟,让他们到内地读书,[14]以达到拉近认同感的目的。于是在云南出现儒学文化与土司文化并存发展的局面,在汉文化的影响下,出现了以丽江木氏为代表的"知诗书好礼守仪"的一批云南土官。[15]洪武二十二年(1389年)云南实行选贡送监,就应天府乡试的科举制度,儒学在石屏州这样地理位置重要的地方也建立起来。[16]永乐九年,云南始行乡试。永乐十年(1412年),明朝在武定、寻甸、广西设立府学。当时永乐帝强调在云南发展儒学的关键在于自上而下的推广,他说:"学校风化所系,人性之善,蛮夷与中国无异,特在上之人作兴之耳。"[17]永乐帝还诏令挑选"俊秀"的少数民族子弟入学,使习《诗》、《书》,知礼义,这对加强西南地区各民族的团结与融合有着重要的意义。永乐十五年,永乐帝批准顺州(永胜)知州王义关于设立学校的建议。王义说当地"沾被圣化三十余年,声教所届,言语渐通,子弟亦有俊秀,请建学教育"。[18]永乐十六年,丽江府校检庞文郁请求在丽江府和宝山、巨津、通安、兰州四个州建学，也被批准了。[19]

明朝实行双轨制治滇，推行儒学和传播汉文化有助于云南民族文化水平和民间习俗的改变，并逐渐地与内地趋同。

3. 民族融合与人口结构的改变

明初，明王朝对云南实行了大规模的移民。最早的移民是明朝征滇的 30 万大军，后来这些军人大多留在云南屯垦居住下来。在明代，前后有几十万汉族移民进入云南，由于移民深入土著民族居住地，设立卫所，定居屯田，形成汉夷交错而居的发展局面。在开发边疆的过程中，由于交往频繁，民族之间的认同感在拉近，为族际通婚创造了条件，云南的人口结构因此也发生变化，最终造成汉族人口反超土著的局面。而今天云南所谓的汉族中有相当一部分是与原住民通婚以后混血而成的，就好像中土的汉族一样，其成分经过历史上的无数次民族大融合，也变得复杂，大家认同只是共同的文化与与价值观体系。其实即使在欧洲也没有纯粹的人种存在，以高卢人为主的法国人中也融入了日耳曼人的血统，更不用说今天的美国和俄罗斯人了，他们中所存在的也只是共同的价值观与认同感而已。

云南民族融合前提条件是汉"夷"政权双轨制的顺利推行与边疆的稳定，民族的和睦相处。景泰《云南图经志书》卷 1 载：云南府（包括今昆明地区）"夷汉杂处。云南土著之民，不独僰人而已，有曰白罗罗、曰达达、曰色目及四方之为商贾、军旅、移徙曰汉人者，杂处焉"。安宁州的情况也是"夷汉杂处"。双轨制下土司文化、土著人文化与汉族文化并存，有利于逐渐消除差异。该书中还提到晋宁州的情况是："诸夷杂处于州者，有白罗罗，……种类非一。不事诗书，不晓礼义。惟僰人知读书，易于化导。""逢七为市土人每月遇初七、十七、二十七，无间远迩，来集于州治之西平原,相与贸易,每集不下三四千人,若市井然"。[20]由于在杂居区夷汉人民共同从事生产建设,从而使得云南的社会经济文化发生了极大的变化,特别是滇池、洱海等地区。万历进士朱泰祯在云南做官时曾在题为《呈贡朝发过晋宁道中喜见农事》中有"海邑凌晨发,旌干露湛斯。春深平野绿,气淑麦苗滋。雌雏移朝陇,农歌出水湄"的描述[21]。

　　民族融合的成功关键在于汉族开辟荒地的农耕技术,它带来了坝区经济的繁荣,使在坝区内外的原住民看到了与汉族共同发展的好处,而这种情况在元初就已发生了。《元史·张立道传》载:至元八年(1271年),张立道率二千人治理滇池,"洩其水,得壤地万余顷,皆为良田。爨、僰之人虽知蚕桑,而未得其法,立道始教之饲养,收利十倍于旧,云南之人由是益富庶。罗罗诸山蛮慕之,相率来降,收其地悉为郡县"。[22]

　　关于汉族文化对原住民影响的情况,天启《滇志》说:"白猡猡,……在云南、澄江、临安、永昌者,渐习王化,同于编氓,……在江川、大理、姚安,皆称撒马都,大抵寡弱易治。"[23]明万历年间人谢肇淛撰的《滇略》卷9称:"爨夷种类散处于滇各郡,有与汉民杂处耕稼纳赋者。"[24]在滇南,根据明朝万历八年进士涂时相的《石屏宝秀屯仓政记》中说:"临安为滇南重镇,石屏据临安上游,其民编户与戎籍犬牙相错而居。"[25]

　　在明代,云南民族融合的方式首先是交错而居、相互影响后的自然融合。在共同生产生活的过程中,民族之间的团结与认同在增强,虽然在汉族移民中有相当部分的人是结了婚,带着家眷来云南的,所谓"高皇帝既定滇中,尽徙江左良家闾右以实之,及有皋窜戍者咸尽室以行",[26]但是实际上情况要复杂的多,携带家室、结婚后来云南毕竟只是一部分人,不能完全解决汉族移民的婚姻问题。由于民屯区域的不断扩大和双轨制下所营造出来的文化环境，带动了边疆地区的稳定，使得在成熟条件下民族之间的通婚得以进行，为明代云南本土新文化的产生奠定了基础。

首先，在坝区民族之间的交错而居往往表现为村落的形式，通婚以自然融合的方式进行，如昆明呈贡滇池区域的村落——子君、斗南、西波、梅子和可乐——都推行这种模式。这些的汉"夷"杂居村落就是民族通婚融合的典型范例。并且通婚还导致汉族与彝族的习俗的相互的交汇，以至于彝族语言和习俗直至上个世纪中叶，在这些村落中仍有较强的影响，如在 20 世纪 50 年代末的大跃进之前，斗南、梅子、可乐等以汉族居民为主的村落中，每一家在讨媳妇后的第三或第四天，请客吃饭时候都有给客人的脸上抹锅烟子涂黑的彝族习俗，虽然今天这种习俗现在已不流行了，但在云南楚雄、四川会理等彝族集聚区仍流行，而彝族的火把节等习俗更是融入进滇池坝区的汉族村落中。火把节的一个主要功能在于让青年人有谈情说爱的机会，因此其吸引力是不言而喻的，该节日也融入到汉族村民的节日之中。

以呈贡周围的村落为例，那里的民族关系融洽，以至于今天在这些以汉族为主的村落中仍然有彝族语言融入的迹象，如斗南、可乐等村落中的一句感叹语："哈木拉地改"（意为"怎么能向这样搞呢"）；其他一些词汇，还如"斯嵝"、"保苴"、"腊拉摆"等。[27]而彝族聚居的子君村一直保持着与汉族实行村外婚的习俗。[28]

其次，明朝官员与土著民族上层之间的联姻。这种婚姻也有助于自上而下地营造气氛，鼓励汉族与各民族之间以适当方式通婚。由于明初开始就实行的土司制度对安抚土著民族起到了积极作用，因此在融洽民族关系方面也起到一定效果的。原住民的上层统治阶级通过朝贡等方式与明王朝统治层保持接触、受到礼遇。

在民族关系缓和的情况下,官方层面的通婚现象的出现就不足为奇了。《明太祖实录》卷 199 载:洪武二十三年(1390 年),"乌撒军民府及金筑安抚司贵州卢番大华长官司、普定十二营长官司各遣人贡马。"这里提到的普定十二营主要是彝族聚集区,元朝时为云南曲靖宣慰司管辖,明初曾经也一度隶云南布政司。诸葛元声《滇史》说:洪武年间,安陆侯吴复在平滇中功勋卓著,"复在镇宁州时,闻十二营长官司杨氏女之贤,礼聘娶之"。"而杨氏,为僰人也"。[29]这里的长官司长官为正六品,[30]而安陆侯吴复职务是总兵,地位显然在其之上。而"礼聘娶之"的方式,应为在正常情况下民族间通婚的常见形式。早在元朝统治云南时就开始推行了。《元史》记载:在赛典赤来治滇之前,云南土著民的婚姻习俗基本上是"俗无礼仪,男女往往自相配偶",而赛典赤来后,在他的影响下原住民中才出现了"跪拜之节,婚姻行媒"的现象。[31]赛典赤去世后,其治滇的一套制度仍继续保持,所谓"帝思赛典赤之功,诏云南省臣尽守赛典赤陈规,不得辄改"。[32]而在普定这样具有战略意义的地区,通婚对于搞好民族的关系意义重大,因为在明初,十二营所属地的普定为内地入滇的两条主要通道之一,其地区安稳为朱元璋所重视。[33]洪武十年和洪武十四年,明朝都对普定来朝土官进行赏赐。[34]民族通婚也是边疆民族融合主要形式,促进了土著人的汉族化。当然在强权政治的封建时代,通过其他方式的汉"夷"结合,也会时有发生,其中包括在战争中时有发生的对土著族妇女掠夺或"籍没"等现象,它们虽然不占主流,但是通过这种方式,确实有相当部分的土著民妇女与汉族结合了。

《滇史》说:万历二年(1574 年),明军在滇南对少数民族进行镇压时,其中有对妇女的掠抢现象。"官兵所到处,先令索贿。尽窥子女繁者,树一旆引兵围之,男为馘,女为俘,须臾而尽,名曰洗村,皆良民也"。又"阿迷村中方娶妇,宴笑一楼",有官兵指挥官命令部下"围楼取众妇发配其家奴"。[35]关于对妇女"籍没"现象,《明太宗实录》卷 53 有载:永乐四年,刑部右侍郎金纯言:"西平侯沐晟不禀命于朝,擅以籍没罪人妇女给配军士,男子安置广西。"但是,以上方式一般属于破坏军纪的行为而被禁止,就是因"籍没"掠妇女而著称的西平侯沐晟在征讨安南时也不能随意纵兵掳掠妇女,当时他有"非临阵不得杀人,非禀令不许取物,毋掠子女,毋焚庐舍,毋践禾稼"的军规[36]。此外,直到清朝,在强行"改土归流"的过程中,掠取妇女的现象还时有发生[37]。

尽管杂居区民族间的自然融合为主流现象,有着坚实的基础,但是其他方式的血缘结合也不能忽视。

二、新本土文化的产生

这里所说的本土文化包括作为文化载体的语言、特有思维模式的本土意识、认同感及其审美观等。如前所言,本土文化的产生是在共同开发边疆的过程中,民族融合、儒学文化与土司文化结合的产物。

1. 云南汉语方言形成

方言是地方文化的载体,而云南汉语方言是云南各民族之间交流时的通用语,它是在各族人民长期共同生产、生活基础上形成的汉"夷"混合的产物。

土司制度与土司文化有利于维持正常的民族交往、汉族文化圈内外的土著人文化与汉文化的交融,则有助于人们从族群意识向滇人意识和国家认同意识的转化。元朝统治时期,虽然云南各民族的融合已经开始,但其程度还处于起步阶段,因为与明代相比，汉语当时在云南的使用范围有限。云南汉语方言的特点是在说话的语调上明显受到土著民语言的影响。方国瑜先生说："彝汉人民生活在一起，……语言是交际工具要互相学会，而汉族人口较多的地区以汉语为共同语言，彝语的用处少以至逐渐消失，而且互通婚姻之后，更不存在不同族别的集团，而融合为一个族了。"[38]

今天云南话中的土著民的语调，反映出汉语发音的土著化和土著民族语言在汉语方言形成中的地位。这与非洲式英语与印度式英语的形成状况是一样的。云南汉语方言反映出云南移民社会的特点。尽管最初云南移民使用的是内地口音的汉语，但是最终的语调却被"夷"化了。大理的汉语方言语调像白族话，昆明话的语调则受周边彝族腔的影响，即使昆明话受到南京话的影响较大，其核心词汇如"韶"（说话做事不知分寸）、"拿乔/俏"（故意为难，以抬高身份）等词在《南京方言词典》与《昆明方言词典》中都可以找到。[39]就云南三迤汉族各个地区而言，民族杂居地受汉文化的影响的程度越深，在其居民所讲的汉语中原住民的语调就会淡一些，反之则会浓些。

以上局面的形成都是汉"夷"文化并存、交融的结果。这一点与历史上美国白人与印第安人的关系不同，他们根本是不能在一个地区共处，即使也有过短暂的区域性交错而居的现象，但是终因激烈的文化冲突而闹得势不两立。在民族融合方面，云南汉族与土著民族的关系基本上可以说是成功的。马曜先生认为在云南，各族之间的友好交往是民族关系的主流。[40]昆明呈贡斗南村原来的村名为"目登登"（彝族语"向阳坝子"），"斗南"是后来汉族人重取之名。[41]

云南汉语方言的形成强化了各民族之间的团结和共生意识，成为地方文化发展的载体。在汉语方言流行的同时，原住民的语言也仍然保持,这与现在东非各国的情况一样,那里各个部族在使用其语言(tribal languages)的同时,民族语言(national language)斯瓦希里语和官方语言(official language)英语仍作为超部族语言在使用。

2. 本土意识与认同感

首先,本土意识与认同。由于云南汉语方言的形成促进了包括本土意识和认同感的产生。就语言上的认同感而言,云南成化进士、保山人张志淳在外面做官时发现云南话与北方话和南方各地间方言的差异性,他说:"北方士夫不能唇音,如以武为五,以尾为矣,以望为旺,以袜为兀,以茂为冒之类,难以数举。吾乡不能齿音,如以事为四,以之为知,以使为死,以齿为耻,以诗为尸之类,亦难以数举。若如江南、江西、闽、广之有乡谈者,则又不胜举其失何音矣。"并说,语音的不同往往会导致不同省份的人们之间的"相訾"[42]现象。他称云南话为"乡音"是有用意的,反映出他的本土意识。

所谓认同感,可以分为本土认同和国家认同两个方面。就本土认同而言,云南方言的形成把人们从原来单个的族群意识的范围扩大到整个区域和国家范围内,促进滇人对本土与国家的认同感。在汉语方言形成的基础上,各民族的交流更加频繁,作为云南人的本土意识也在加强,这以后,云南人被划分主要是以云南三迤地域概念来进行,而不以族群概念。

张志淳在写《南园漫录》时,已有明显的滇人意识和本土观念,他关注到云南许多与内地不同的现象,并且作了相应的解释。他认同云南历史文化的传承性,承认云南历史发展的独特性,强调要遵循其规律,反对完全以内地标准来衡量云南的发展以及肆意割裂云南历史文化做法。他驳斥过内地一些士大夫对云南使用贝币的嘲笑。他说:"云南用巴(加贝字旁)不用钱,巴(加贝字旁)即古之贝也.今士夫以为夷俗,殊不知自是前古之制,至周始用钱","上古礼,含用贝玉,其重尤可见,而顾以用巴(原文"巴"加贝字旁,以下"巴"的用法同)不用钱为讥诮,不亦异乎?"[43]而官至内阁首辅的安宁州人杨一清对云南的发展情况也一直关心,他虽然在省外出生,但他有着浓烈的家乡情结。他常与到云南任官的官员保持联系,何孟春到云南任巡抚时,杨一清欣慰地对何说:"云南,予桑梓地,巡抚得名儒,惠泽所被可量乎?"[44]成化二十一年(1485年),杨一清回云南寻根问祖时写下"关山路尽九千里,水木心悬三十年"的诗句[45]。正德十年(1516年),杨一清又在奏请皇帝恩准让其子代他回安宁扫墓,他又提到了念乡的"水木"一词,他说:"云南远在万里,水木本源之念,恒切于衷。"[46]

此外,由于民族融合还形成了本土化的习俗与节日,尽管这些节日在起源上有所不同。"汉夷之间,善于相处,经济文化交流是很密切的,……风俗习惯也互相接受,每年节日不论是彝族的或是汉族的习俗,彝汉族人民同样的过节日。由于这些因素,住在同一地区的夷汉族人民生活,逐渐趋于一致了"。[47]

其次,对国家认同感。云南新本土文化和经济的发展是与内地的支持分不开的,因而在认同本土文化的同时,云南各族人民也具有强烈国家认同感。云南人非常怀念为云南发展做过贡献的内地官员,凡为云南发展有过贡献的内地官员,如何孟春、王恕、顾应祥、沈儆炌等人,在云南都有很好的口碑和惠滇的美名。因为他们了解和喜爱云南,所谓"仕滇久,知滇悉"。[48]

内地的传统价值观与礼仪在云南也得到很好的保持。明朝中叶后,云南往往给人们留下"习俗日变,文物衣冠,彬彬与中州牟矣"的印象。[49]张志淳也认为,各地方言中的差异现象不必"相訾",

"唯读书审音而用心于言语者方正"。[50]滇南万历进士涂时相主张学习内地先进办学理念，搞好书院建设，才能"聚有名贤，讲明正学"。[51]

3. 本土审美观的形成

不同的文化和地区的人具有不同的审美观，审美观所崇尚的是一种气质与精神层面的追求。本土审美观的形成是在儒学文化的基础上，融合原住民的宗教信仰和民俗思想演化而成。审美观同时也反映了本土文化的深刻内涵，并为本土居民所普遍接受和认同。如非洲人以黑为美的审美观（Black is beautiful），也是一种热爱非洲文化的自豪感体现。本土审美观具有崇尚纯朴、雄浑和坚韧不不拔的豪迈精神，同时又有注重品位层次，内涵深刻而细腻之特点。前者抽象出土著民族豪爽的性格、民风以及云南高原独有的地貌特征；后者则由云南文人士绅恋乡意识中逐渐演化而成。二者构成了云南新本土文化中的主流审美观，为高原审美文化的要素所在。

首先，就审美观中的雄浑和豪迈等要素而言，它是土著文化中不屈与乐观精神抽象的反映，它与中土一些地方以"秀"、"柔"为美的审美观不同，并体现出高原文化中的淳朴与豪迈、无畏与乐观的精神。云南绮丽风光中的深渊绝壑，奇峰峻石之美造就了人们的刚毅性格与独特的审美意识。人在令人生畏的大自然面前不是显得卑微渺小而是显示出奋发向上、积极有为的乐观的精神。古希腊学者郎吉努斯（Longinus）在《论崇高》一书中提出了许多独特的审美观，其中有：作家在写作时"单有体积的庞大扩充而无内在的崇高与卓越，那么庞大之物也就仿佛失去了灵魂，一切皆显得毫无生气和沉闷"（In all other uses of amplification, if you subtract the element of sublimity you will take as it were the soul from the body.

No sooner is the support of sublimity removed than the whole becomes lifeless, nerveless, and dull.）的精辟论述。[52]在李元阳、张志淳和张含的诗作中既反映出大自然粗犷之美，又反映出人在自然面前乐观与超越的崇高精神，当人的这种精神融入自然的描写之中，自然的雄浑之美才能显现出来。

有山水诗人之称的李元阳在《石门山行》中写道："石门倚山千仞青，花源崖夹春冥冥。……万丈铁崖无尺土，淄泉直落声丁丁。……登高纵观日已夕，玉笋三峰破天碧。白云千顷尽遮山，不见人间尘土迹。"[53]明人对李元阳评价是："中溪（即李元阳）晚年之学，如霜清岁晏，万象森严，长松在壑，剥落英华，收敛神气，复归乎其根也。"[54]而张志淳和张含两人在刻划澜沧江两岸山大谷深，悬崖峭壁，河道礁石密布，险滩众多，石壁耸立的宏大场面的同时，又衬以一种乐观的情绪于其中。张志淳写有《澜沧江》，张含有《罗岷山》。在《罗岷山》中张含有"兰津之南何崔嵬，水寨石路盘空回，江氛岭禩日月翳。山狂谷狠猿猱哀。炎天风高屡见雹，严冬地迥常闻雷，钩藤毒葛四时茂，鹦哥杜鹃千树开"的精彩诗句[55]。

其次，本土审美观中的品位意识。它的产生主要来自于云南文人士绅认同云南古代历史和提升云南本土文化的定位思维。在边疆与内地的文化交流中，与源远流长的中原文化相比，云南本土文化要觅得一席之地确实不易，但具有爱滇思想的文人在宣传云南、提升本土文化方面善于借助一定的文化载体，这就是具有深刻历史文化底蕴而又盛传于中原大地的云南金马碧鸡神的传说与久负盛名的大理国点苍山。金马碧鸡神的传说依托于古老的文献记载，碧鸡是古滇国文化中鸡崇拜的反映[56]，而点苍山扬名不仅是因其山色苍翠，山顶点白的缘故，而且更借助于南诏与大理国的悠久历史。《汉书·王褒传》记载了中土皇帝对古滇国金马碧鸡之神的向往，所谓"方士言益州有金马碧鸡之宝，可祭祀致也，宣帝使褒往祀焉"。[57]《文选·蜀都赋》中有"金马骋光而绝景，碧鸡倏忽而曜仪"的名句[58]，樊绰的《蛮书》也有金马碧鸡山的记载，书中反映出神已被物质化。[59]元朝王升《滇池赋》中提到昆明八景时，首推金马碧鸡山，赋中有："览滇南之胜概，指八景之陈踪；碧鸡峭拔而岌嶪，金马逶迤而玲珑"之佳句。

　　到明朝，经过爱滇人士的不断宣传，金马碧鸡的传说和点苍山的奇伟成为本土审美意识中的精神家园，从而提升了审美的内涵与层次。对云南情有独钟的内地大文人王世贞（字元美）在《宛委余编》中说："滇诏之地，碧鸡金马，苍山洱水胜甲天下"，[60]杨升庵在《滇海曲》中也说："云气开成银色界，天工研出点苍山"。[61]景泰进士，在云南按察司佥事的江西人童轩曾写过："点苍山色何奇哉，芙蓉朵朵天边开。"[62]这样金马碧鸡山和点苍山成为云南的形象审美和对外宣传的代表，在明朝刘寅所作的《金马山赋》中，反映出金马在明初已经成为昆明审美形象的标志了，所谓："蓐收炳灵，房星聚精，超鸿蒙而合秀，倏凝结而成形，此金马之山也，所以直訾陬而奠昆明也欤。……金马之傍兮，有稻有粳，金马之阳兮，有郭有城。"[63]

　　因此文人们对金马碧鸡的不解情结，主要在于其中包含的审美的品位意识。杨慎有"金碧染峰端，岚沉暮霭宽。趁虚穿翡翠，刻竹坐琅玕"的诗句。[64]官至明朝兵部尚书的昆明人傅宗龙对滇池湖畔碧鸡山景色依恋融入了他在昆明西山龙门侧壁题写的意境优美的"一径飞红雨，千林散绿荫"的诗句之中。

三、新本土文化的特点

　　首先，在民俗方面形成了与内地不同的价值取向。到明朝中叶云南新本土文化已初步形成，其特点是受边疆特有环境的影响，具有民族融合的诸多特征。它与内地文化既有密不可分的联系，又有在价值取向的不同。在共同开发边疆的环境中，逐渐形成了云南人淳朴、自强、进取与睿智的价值取向。

　　而当时内地到云南之人常常对云南与内地不同的民风留下深刻的印象。杨慎在《滇中楚雄定远县儒学记》中称："云南虽去神皋万里，而气厚风和，君子道行。"[65]而且在民风纯朴方面，土著民往往还胜于移民，谢肇淛《滇略·俗略》卷4说："寻甸、武定、景东、沅江、蒙化、顺宁诸郡皆夷汉杂处。然夷虽悍而朴直不欺，其黠而作伪者皆汉人也。"此外，谢氏还认为"丽江、广南、广西、永宁纯乎夷矣，而亦向慕华风，敬礼儒释"。滇人还具有吃苦耐劳与物平和，"少有不平，宁弃不争"的特点。[66]

　　其次，在新的本土文化中，人们认同云南历史发展与内地的连续性和民族团结的重要性。金马碧鸡的传说本身就是古代汉文化与"西南夷"地区文化交往程度加深的体现，而有关庄蹻开滇和滇王仁果接受汉朝封赐并以其地为汉之益州郡的历史记载都拉近了云南与中土文化的亲缘性。昆明人刘文征在《滇志》中把滇国独立政权的首领，即在滇"自土"的庄蹻和滇王仁果都列入《官师志·总部宦贤目录》之中，其思想用意是十分清楚的。他说："夫名宦，岂非以宦游得名乎？而首称者庄蹻也，蹻既已自王矣。仁果夷王，……似不得以宦名。"[67]并主张保持和睦的民族关系，反对激化民族矛盾，破坏边疆的稳定的做法。古永继先生特别指出在《滇志》中记载了"自汉以来，在滇为官者或残暴黩武，或贪墨反叛而导致民族矛盾、阶级矛盾激化，从而给当地人民带来灾难的二十人之劣迹。"[68]张志淳、张含在其诗文中都痛斥破坏边疆稳定的宦官钱能一伙，张含在《宝石谣》一诗中写道："民憔悴，将奈何？

驿路官亭豹虎多。……山川城郭尽荒凉。纷纷象马窥封疆,窥封疆,撼边域,经年日月无颜色。"[69]

其三,崇尚清正廉洁,追求自信与卓越。在这方面突出的代表人物有:杨一清、李元阳、李启东、萧崇业、傅宗龙、杨绳武。

杨一清为弘治年间的中兴名臣,在正德年间因为国锄奸,正本清源而名重天下。他把自己看作是"占籍江南"的云南人[70]。因为人正直,不依附权势而遭刘瑾陷害,虽然"大学士李东阳、王鏊力救得解"。但杨还是"仍致仕归"。尽管如此,在他的不懈努力下,刘瑾被诛,并出现"瑾诛,公益柄用,悉矫前弊,收天下心"的政治新气象,所以《明史》对他的评价是"其才一时无两,或比之姚崇云"。[71]

李元阳(1497—1580 年)与李启东(1503—1552 年)都为官清廉,并且名重一时。李元阳嘉靖进士,为官清正,不与贪官污吏和朝中奸党同流合污,在"知江阴县"时,"有循良绩"。后又为"御史","遇事敢言,如止辇承天,诘奸东朝,每每为士林称重。巡按闽中,墨吏解绶"。但因此他也得罪权贵,最终"以持正不阿,当事衔之"而被排挤出官场[72]。

李启东被称为云南"失落的状元",他曾经殿试时被列为第一甲第一名,本可成为新科状元,但因官场腐败,而被降为二甲一名。[73]

萧崇业、傅宗龙和杨绳武都是进士出身,他们的共同特点是勇挑重担,为国尽忠。萧崇业在其他同僚畏惧风险、龟缩之时,能挺身而出,出使琉球。[74]而杨绳武被崇祯皇帝委以重任,率军队出关救洪承畴。《明史》载:"绳武者,云南弥勒人也。……洪承畴困松山,遂擢绳武总督,寻以志完代之,而令绳武总督辽东、宁远诸军,出关救松、锦,加衔督师。"[75]

　　总之,了解与研究区域与地方文化的特点有助于我们更好地保持文化的多样性,没有了多样性,同一性也就失去了意义,这是我们处理好中国文化整体性与区域性发展关系的关键所在。不能因为强调整体性而忽略区域性,二者之间需要适度的平衡,才能有助于文化的健康发展,才能使"文化兴滇"的口号落到实处。

注释:

1　13　31　32　《元史》卷125《赛典赤赡思丁传》,中华书局1983年版,第3064、3066、3065、3066页。

2　3　(明)刘文征著,古永继校点:天启《滇志》卷24《艺文志·赛平章章德政碑》,云南教育出版社1991年版,第816页。

4　12　(清)倪蜕著,李埏校点:《滇云历年传》卷5,云南大学出版社1992年,第223、194页。

5　(明)王世贞:《弇山堂别集》卷85《大理战书附》,中华书局1985年版,第1624、1628页。

6　参见木芹:《云南地方史讲义》下册,1983年油印本,第85、92页。

7　《明太宗实录》卷122、卷124。

8　《云南教育大事记》,云南大学出版社,1989年版,第5—6页。

9　《明史》卷314《云南土司二》,中华书局1984年版,第8019页。大侯在元朝属丽川路。

10　《明太宗实录》卷122,卷124。

11　《明史》卷313《云南土司传一》,中华书局1984年版,第8069页。

14　《云南教育大事记》,云南大学出版社,1989年版,第6页。

15　18　19　《明史》卷314《云南土司二》,中华书局1984年版,第8100、8093、8099页。

16　17　(清)倪蜕著,李埏校点:《滇云历年传》卷6,云南大学出版社1992年版,第259—260、281页。

20　(明)陈文等纂修:景泰《云南图经志书》卷1。

21　(明)刘文征著,古永继校点:天启《滇志》卷27《艺文志·呈贡朝发过晋宁道中喜见农事》,云南教育出版社 1991 年版,第 921 页。

22　《元史》卷 167《张立道传》,中华书局 1983 年版,第 3916 页。

23　(明)刘文征著,古永继校点:天启《滇志》卷 30《羁縻志》,云南教育出版社 1991 年版。

24　《滇略》卷 9《夷略》。

25　《乾隆石屏州志》卷 5《艺文志》,台北成文出版社,1969 年版,第 141 页。

26　《滇略》卷 4《俗略》。

27　化忠义等编:《斗南史话》,2000 年油印本,呈贡县图书馆藏本,第 9 页。

28　《滇池东岸古彝村》,云南大学出版社 2008 年版,第 164 页。

29　35　(明)诸葛元声:《滇史》卷 10,刘亚朝点校本,德宏出版社 1994 年版,第 281、366 页。

30　木芹:《云南地方史讲义》下册,1983 年油印本,第 100 页。

33　陆韧:《明代云南汉族移民研究》,云南教育出版社 2001 年版,第 11 页。

34　(明)王世贞:《弇山堂别集》卷 77《土官之赏》,中华书局 1985 年版,第 1480 页。

36　(明)丘浚:《平定交南录》,中华书局 1991 年版,第 3 页。

37　38　47　方国瑜:《彝族史稿》,四川民族出版社 1984 年版,第 553、322、321 页。

39　李荣主编:《南京方言词典》,江苏教育出版社 1995 年版,第 147,62 页;张文华等编著:《昆明方言词典》,云南教育出版社 1997 年版,第 440,381 页。

40　马曜主编:《云南简史》,云南人民出版社 1991 年版,第 23 页。

41　化忠义等编:《斗南史话》,2000 年油印本,呈贡县图书馆藏本,第 12 页。

42　50　《南园漫录》卷 3《乡音》,校注本,云南民族出版社 1999 年版,第 104 页。

43　《南园漫录》卷 3《贝原》,校注本,云南民族出版社 1999 年版,第 121 页。

44　45　余嘉华:《古滇文化思辨录》,云南教育出版社 1997 年版,第 95 页。

46　(明)刘文征著,古永继校点:天启《滇志》卷 18《艺文志·金马山赋》,云南教育出版社 1991 年版。

48　(清)倪蜕著,李埏校点:《滇云历年传》,卷 8,云南大学出版社 1992 年版,第 412 页。

49　参看方国瑜:《彝族史稿》,四川民族出版社 1984 年版,第 322 页。

51　天启《滇志》卷 20《艺文志·重修龙泉书院记》。

52　Longinus ,On the Sublime (Macmillan and co. London and New York ,1890) ,pp. 25 – 26.

53　(明)刘文征著,古永继校点:天启《滇志》卷26《艺文志·石门山行》,云南教育出版社1991年版。

54　(明)刘文征著,古永继校点:天启《滇志》卷14《人物志》,云南教育出版社1991年版。

55　(明)刘文征著,古永继校点:天启《滇志》卷28《艺文志》,云南教育出版社1991年版。

56　参看余嘉华:《古滇文化思辨录》,云南教育出版社1997年版,第1页。

57　《汉书》卷64《王褒传》,中华书局1983年版,第2830页。

58　李善注:《文选》卷4《蜀都赋》,中华书局1981年版,第75页。

59　向达:《蛮书校注》卷2《山川江源第二》,中华书局1962年版,第37页。

60　(明)刘文征著,古永继校点:天启《滇志》卷32《搜遗志·补山川》,云南教育出版社1991年版。

61　(明)刘文征著,古永继校点:天启《滇志》卷29《艺文志》,云南教育出版社1991年版。

62　(明)刘文征著,古永继校点:天启《滇志》卷27《艺文志·点苍山》,云南教育出版社1991年版。

63　(明)刘文征著,古永继校点:天启《滇志》卷18《艺文志》,云南教育出版社1991年版。

64　(明)刘文征著,古永继校点:天启《滇志》卷29《艺文志·翠岩晚霭》,云南教育出版社1991年版。

65　(明)刘文征著,古永继校点:天启《滇志》卷21《艺文志》,云南教育出版社1991年版。定远县,属楚雄府。

66　康熙《云南通志》卷7。

67　(明)刘文征著,古永继校点:天启《滇志》卷10《官师志》,云南教育出版社1991年版。

68　(明)刘文征著,古永继校点《前言》:天启《滇志》云南教育出版社1991年版,第5页。

69　《南园漫录》卷1《笑语》,校注本,云南民族出版社1999年版,第46页。《永昌府志》卷66《艺文志》,台北成文出版社1967年版,第491页。

70　《滇志》卷18《艺文志》第十一之一。

71　《明史》卷 198《杨一清传》,中华书局 1984 年版,第 5227、5228、5231 页。

72　74　(明)刘文征著,古永继校点:天启《滇志》卷 14《人物志》,云南教育出版社 1991 年版。

73　(清)崇谦等修《楚雄县志》卷 9《人物》。

75　《明史》卷 259《杨绳武传》,中华书局 1984 年版,第 6721 页。

1950 年代中苏经济交往下的滇南经济发展

赵永忠(云南大学人文学院副研究员)

20 世纪 50 年代,中苏经济往来是中国对外经济关系中最重要的组成部分。由于滇南地处边陲和经济较为落后,在中苏经济往来中,只有少量的经济项目能参与其中。滇南的锡业和橡胶种植由于有特殊的需要而成为当时中苏经济往来的重要组成部分。同时,为了兑现中苏经济往来中的承诺,个旧锡业和橡胶业受到了国家的高度重视,在多方的共同努力下,滇南的锡业和橡胶业都得到了较大的发展。

一、中苏贷款协定与个旧锡业生产的恢复和发展

云南是有色金属王国,进入 20 世纪,在云南的有色金属开采冶炼中,锡代替了铜,在全国排在首位。据统计,自 1909 年以后的 29 年中,全国大锡总出口量 244,706 吨;其中个旧为 221,974 吨,占全国大锡总出口量的 90.7%。[1] 因此,当时流传着"中国锡业看云南,云南锡业看个旧"。在 1929 年,个旧锡业最高年产量曾达到 11,800 吨,工人人数最多达 10 万人。[2] 但自 1939 年后,由于日本侵华战争的破坏和内战的影响,加上地质勘探跟不上,可采资源日

渐匮乏，个旧锡业跌入低谷，产量锐减。从 1940 年起，锡产量逐年下降，1941 年锡产量 5094 吨，1949 年，云锡股份公司仅产锡 610吨，1950 年 1 月 8 日，云锡股份公司全部停产。[3]

新中国成立后，在人民解放军四兵团尚未南下解放云南之前，周恩来即委托陈云，专门找四兵团政委宋任穷谈话，要求四兵团解放云南后，迅速恢复个旧锡业生产，国家将用有色金属去香港市场换取大批生活物资，以解当时上海、天津等大城市之急。1950 年 1月 17 日，地处祖国西南边疆的个旧终于获得了解放。3 月 8 日，军代表进驻云锡股份公司，16 日开始接管工作，云锡股份公司收归国有，改名为云南锡业公司。这为恢复个旧锡业生产提供了良好的政治条件。

在 1950 年 2 月的中苏贷款谈判中，苏联在附加条件中要求"将中国不再使用的全部剩余的钨、锑、铅、锡提供给苏联政府"，期限为 14 年，前 4 年以易货方式提供，从 1955 年开始作为偿还贷款的供货。苏联要求中国第一个两年每年提供锡 7000 吨，第二个两年每年提供 8000 吨，最后 10 年每年提供 10000 吨。苏联的要求显然是当时中国的能力所不及的。在谈判中，中国提出减少锡等的供货，经过反复谈判，最后苏联接受了中国的请求，减少了锡头四年的供给数。针对这种情况，中方在起草关于贷款的协议的补充规定时，特意首先提到："鉴于苏联缺乏战略原料（钨、锑、铅、锡）的困难状况，中华人民共和国中央人民政府决定帮助苏联政府，同意将中国不再使用的全部剩余的钨、锑、铅、锡提供给苏联政府。"当这个文件发回北京让中共中央政治局讨论时，曾建议把这句话删除，但毛泽东还是坚持了这种说法，认为不宜删除。[4] 这样，"锡"就成为中苏贷款项目的一部分，通过锡，地处边疆的个旧与北京、苏联联系在一起。

　　1950 年 4 月 19 日, 根据中国与苏联签订的《中苏贸易协定》, 1950 年中国向苏联出口四千吨锡, 这项任务由云南省完成。5 月 1 日, 时任西南军政委员会副主席的邓小平亲拟文电致云南省委书记、省军政委员会副主席宋任穷: "云南保障对外贸易四千吨锡一事, 有关国家信誉, 中央非常关怀, 请你亲自掌握, 用全力保障此任务之实现, 并随时将情况向中财委及此间作报告。"[5] 至此, 通过锡, 地处边疆的云南个旧正式被"卷入"中苏对外贸易之中, 个旧在近代之后再次与世界经济相联, 又一次引起世界的关注。

　　为了在 1950 年完成"四千吨锡"的生产任务, 全国上下高度重视个旧锡业生产的恢复和发展。接到"四千吨锡"的生产任务后, 宋任穷亲临个旧视察, 传达中央领导对云锡的指示, 接见云锡地下党全体同志, 勉励大家搞好生产。在邓小平致电宋任穷的当月, 中央有色局局长王逸群率考察团到个旧, 确定了云锡 1950 年至 1952 年的发展规划。为了完成"四千吨锡"的生产任务, 1950 年政府提出了组织 4 万人上山, 人多多出锡, 十人一吨锡的号召。[6]

　　在多方努力下, 1950 年 4 月至 6 月, 云锡公司在全面恢复生产的基础上, 抓紧进行个旧冶炼厂技术改造, 增加熔析炉、放液结晶锅、合锡锅等设备, 扩大精炼能力。同时, 云锡公司还采取了许多措施, 如在老厂锡矿, 在矿山用改良土法洗选, 自行设计制造大磨工具, 每日共可磨矿砂二百余吨, 并拟装置机器洗选摇床, 以增加产量; 在新厂锡矿, 向直井地下平巷的第五层开拓, 平巷铺设钢轨, 运输矿砂, 每月可产矿砂约六千吨; 在冶炼方面, 扩充了精炼提纯设备, 每月可产精锡六百余吨。通过这些努力, 四千吨精锡的任务, 根据当时的《云南政报》报道, 在 1950 年 11 月底即可完成。[7] 但实际上 1950 年并未完成"四千吨锡"的生产任务, 只完成了 3962 吨[8], 其中私营锡矿业完成了 2774 吨, 云南锡业公司完成了

1188 吨。[9]

　　1951 年初，国家下达了 5000 吨的大锡生产任务。由于个旧锡业在历史上形成了私矿大于公矿的局面，1950 年，公私比重为22：78[10]。1950 年的生产任务只有 30% 是由国营云锡公司完成的，剩下 70% 是由私营矿业来完成的。[11]在年初讨论生产任务时，云锡公司只能生产 1725 吨，而私矿需要生产 3275 吨。[12]因此，私营矿业对于完成国家下达的生产任务起着十分重要的作用。为了确保大锡生产任务的完成，个旧市委、市政府按照政务院颁布的《私营企业暂行条例》和"在国营经济领导下，鼓励并扶助有利于国计民生的私营企业"的政策，多次宣传"公私兼顾，劳资两利，增加生产，厉行节约"的政策，动员鼓励私营矿业主消除顾虑，响应政府号召，积极行动起来，落实生产计划，为确保大锡增产任务的完成，作出应有的贡献。根据私营锡矿业主对增加生产的热情很高，要求政府能发放贷款、调整锡价、允许增加工人、增供矿用物资等问题，由各相关部门分别向上级汇报、请示，后经中央财委批准，同意给个旧私营矿业发放贷款并调整锡价。中国人民银行总行制定了"云南锡业贷款暂行办法"，同时下达专项大锡贷款 1000 吨的指标，继后又追加 500 吨，共计 1500 吨（按当时锡价折合旧人民币500—800 多亿元）。从 1950 年 12 月开始发放大锡贷款，到 1951年 12 月底，共贷出 2259 户，共计旧人民币 636 亿元，其中大部分集中在 1951 年 6 月以前贷出。这样大规模的贷款发放，这在建国初期的云南，特别是边疆地区，是不多见的，也是云南省和地处边疆的个旧无力承担的。因此，这次贷款的发放，对鼓励和刺激私营矿业主的积极性，增加大锡生产，扩大就业，都起到了积极的作用。私营锡矿业由 1950 年的 2804 户发展到 1951 年底的 3331 户，增加 18%；工人由 16400 人增加到 31168 人。1951 年全市共生产大锡 5384 吨,完成国家计划的 108%,其中私营锡矿生产大锡 3507 吨,比 1950 年增产 733 吨,为国家提供了重要物资,创造了财富。[13] 正是在私营锡矿业和国营云南锡业公司的共同努力下,超额完成了国家下达的 5000 吨大锡的生产任务。

在充分发挥私营锡矿业的同时,国营云锡公司也不断努力生产。在军事接管时,云南锡业公司仅有职工 4143 人,采选能力很小,设备不全,采矿仅有老厂锡矿和新厂锡矿(即马拉格矿)三个坑口和松树脚一平坑,总的选矿处理能力不超过 1000 吨/日。而年冶炼精锡能力可达 5000 吨。因此,当时是选炼极不平衡,炼有余而选不足,生产极为被动。造成被动的原因除了客观因素外,主观上主要是干部缺乏,接而未管,国家派进去的极少数干部尚未掌握生产的重要部门。1951 年 10 月,为了加强云锡公司的干部力量,中央重工业产部和云南省委加派了熟悉工业生产的老干部 26 人,其中地级 2 人,县级 7 人,区级 17 人,云锡公司 10 个厂矿都派共产党员去担任厂矿长。1952 年又从地方和军队派来转业干部 239 人。这样,干部问题基本得到了解决。[14]

在解决干部问题的同时,生产建设方面的问题也不断得到解决。国家投资 839 万元用于扩建个旧选矿厂、老厂锡矿选矿厂,新建了古山选矿厂和白沙冲采选厂。至 1952 年底,云锡采选生产能力已从 1950 年的 300 吨/日提高到 1500 吨/日,锡产量从 1949 年 610 吨/年提高到 3331 吨/年,私营与公营的比重由 1950 年的 78:22 转变为 36:64,云锡在个旧地区确立了国营锡业的主导地位。[15] 三年恢复时期,云南锡业公司精锡产量逐年增加,1950—1952 年各增长为 1180 吨、4353 吨和 3331 吨。[16]

个旧锡业在完成生产任务的同时,也为日后的公私合营作了一些有益的尝试。当国家通过银行把大量贷款放出后,加强对私矿的管理就成为政府工作的一件大事。为此,云南省工业厅通知个旧市人民政府成立工商局,由西南革命大学云南省分校调给100名学员充实机构,及时汇来开办费,并决定今后私管管理的经费开支由矿业公司收购的大锡提出5%的价款解决。1951年,个旧市委在加强私矿管理的同时,就讨论了大量的私矿将来要向集体化的方向发展,以劳动者组成生产组逐步走向集体化,还准备让工商局逐步建立几个地方国营锡矿。1951年黄茅山四户私矿资本家在生产中碰到了困难,民族资本家李振泽提出请工商局出面把四户联合起来成为公私合营矿。这事对于大锡生产来说是好事,但在个旧没有先例,当时也没有政策可依,于是请示云南省工业厅,答复同意试办一个公私合营锡矿。黄茅山四户私营矿与个旧市政府合营后,生产逐年发展,1951年生产精锡矿49吨,1952年生产锡精矿153吨,1953年生产锡精矿256吨。[17]公私合营充分显示了其优越性。

虽然私营矿业在个旧锡业生产中发挥着十分重要的作用,但由于一部分地主兼工商业者随着农村减租退押和"土改"运动的开展被清算;有的在"五反"运动中严重违法而垮台;有的不执行劳资集体合同;有的继续压迫工人而受处理或被停业;有的在贷款之后大吃大喝导致生产亏损、负债而难以维持,或因天灾人祸而停业;有的因政策规定等多方面的原因,私营锡矿的户数和人工数逐渐下降。据1952年初统计,厂家下降到1357户,工人10362人,年底又下降到707户,工人6236人。私营熔锡业也由于木炭来源断绝,大锡冶炼全部交由云锡公司冶炼。私营锡矿业减少,影响到了大锡生产。对此,个旧市委、市政府立即提出了"组织起来,不要单干"的号召,先组织个旧小生产主席团,后改为锡矿小生产联合会,共组织了2184个生活小组[18],为后来的公私合营打下了坚实的基础。到 1955 年全个旧市的大锡产量上升到 13020 吨,其中云锡公司占 76.2%,地方国营锡矿从无到有发展到占产量的 9%,私营锡矿占 13.8%。[19]

个旧锡业的发展,还推动了个旧撤县改市。新中国成立初期,个旧为县治。国家非常重视个旧矿山的经济恢复和发展,为了进一步促进矿山开发和适应经济建设发展的需要,在政务院的批准下,1951 年 1 月 1 日,个旧撤县设立省级直管市。改县设市之后,个旧市的行政管辖范围以矿区为主,原来个旧县的城区(宝华区)、天锡区(老厂区)及上方区(卡房区)之一部划为矿区,并将蒙自县属大屯区的一部分(除罗依寨、田甘寨以北仍归蒙自外,包括大屯海在内之一带地区)划入,以利用大屯海水的资源便于选矿,另将个旧县原有的云河区(即鄢棚以外地区)划归蒙自管辖。个旧建市之后,经济发展和市政建设均统一在市委的领导下,云锡公司除了有一套行政管理和生产指挥机构处,各厂矿党的组织和干部管理,均直属市委领导。当时的市委书记、市长张华俊为云锡公司经理。[20]之后,个旧市委书记长期担任云锡公司经理。

二、中苏橡胶合作协定与个旧锡业的快速发展

1952 年 9 月 15 日,中苏双方签订了关于在中国种植橡胶的技术合作协定,其中规定苏联向中国贷款 7000 万卢布,在出产橡胶之前,中国每年需要从第三国为苏联尽可能购得 1.5—2 万吨橡胶,不足部分以钨、钼、锡、铝、锑等原料顶替。这个协定对中国十分不利,在斯大林去世和朝鲜战争结束后不久,中国就提出中止这一协定。作为替代,中苏两国又于 1953 年 5 月 15 日签订了一个协定,规定在 1954 年至 1959 年间,中方向苏方提供钨砂 16 万吨、

锡11万吨、锑3万吨、橡胶9万吨等战略物资，作为对苏联援建项目补偿的一部分。这11万吨锡，既是个旧锡业的压力，也是动力。

为了满足苏联对锡的需求，经过中苏两国协商，在新中国开始实施的第一个五年计划中，云南锡公司被国家列为苏联援建的156个重点建设项目之一，基本建设投资达14179万元。1954年5月，苏联总图专家德哥斯基、运输专家布里洛夫、土建专家安什布可夫等到达云锡。[21]在苏联专家的援助下，首先是在地质勘探方面，大规模地进行了勘探找矿，在较短时间内探明了砂锡矿，含锡量75万吨；还探明了一批浅、近、易、富的脉锡氧化矿资源，有效地解决了解放前勘探不力的困扰。在采矿方面，新建和对老矿山技术改造相结合，增加了矿山机械设备，使凿岩、装载运输基本上实现了机械化和半机械化。到1957年，采掘剥离总量达到了234.6万吨，是1949年的27.4倍。在选矿方面，也取得了很大成绩，到1957年末，选矿实际处理量达6250吨/年，为1949年的34.5倍，为1952年的4.16倍。原矿运输方面，建立起了中国第一条长达15.6公里的老屯索道（老厂至大屯）和长2189米的老厂胜利坑五级大斜坡道。冶炼方面，1955年新建了个旧冶炼厂，有25平方米的半机械化烧煤反射炉6座，容量23吨的氧化锅3台，合锡锅4台，熔锡炉一座，设计能力为16500吨/年（后扩建为冶炼精焊锡2000吨/年，这在当时是全国最大的熔锡炉）。经过"一五"计划的建设，云南锡业公司的生产能力大大加强，精锡产量1952年为3331吨，1953年至1957年，云南锡公司年产精锡各为5977吨、4598吨、8191吨、9484吨和10645吨，[22]超额完成了"一五"计划，成为当时全国有色金属行业中规模大、发展快、效益好的企业之一，为云锡日后进一步发展壮大奠定了坚实的基础。

同时，从东北、华东、西南等地抽调大批管理干部和技术人员以及财力、物力支援个旧，云南省以 8 个专州的矿用物资和生活用品供应个旧，使个旧的经济规模和城市建设迅速扩大，成为云南省第二大工业城市。在云南锡业公司的扩建过程中，苏联专家前后37 人来到云锡公司指导工作，为个旧锡业的发展作出重要贡献。

个旧锡业的高速发展离不开电力的使用。1937 年，为了进一步开发个旧锡业，在开远城南开始建"云南矿业公司开远水电厂"，到 1942 年完工，1943 年 8 月 1 日开始发电，总容量 1792 千瓦。作为滇南第一座发电厂，源源不断的电能输送到个旧矿山，提高了云南锡业的产量和出口，满足了开远火车站的用电需要，促进了大成实业公司利滇电石厂、碾米厂、机制白糖厂等地方工业的蓬勃兴起，为开远城区居民告别煤油灯，步入科技改变生活的时代做出了巨大贡献。但由于水电受季节的影响比较大，在枯水季节，电很难得到保障而影响生产。因此，充分利用当地煤炭资源，建设一座火力发电厂解决开发云南个旧锡矿就很有必要。正是因为如此，"个旧电站"被列入苏联援建的第一个五年计划的 156 个重点项目中。此项目列入 156 个重点项目之一，也充分说明了个旧锡业的重要性。同时在一个地方建设两个紧密相关的国家重点项目，这在当时是不多见的。

个旧电站虽然名称中有"个旧"，其实并不在个旧市，而是位于开远市城南，离个旧 50 公里，一期工程由苏联电站部电力设计总局全苏国家设计院热电设计院莫斯科分院设计，主要设备由苏联提供。1954 年 4 月，苏联专家进入现场搜集资料和踏勘选择厂址，前后有 17 名苏联专家到现场指导工作。就在 1954 年，个旧电站更名为开远电厂。到 1956 年 3 月，第一台汽轮发电机组正式移交生产，二、三号机组也分别于 7 月和 9 月移交生产。至此，总装机容量 1.6 万千瓦的第一期工程竣工，共完成投资 3262 万元。[23]一期工程从主厂房破土动工到第一台机组发电,工期仅为 313 天。苏联专家组长吉努柯夫称赞"开远电厂在土建和安装工程"所取得的成就是"打破纪录"的。一期工程原设计以 35 千伏接入系统,后考虑到主要用户是云南锡业公司,用电量将有大幅度增长,就增建了一条开远至个旧的云南省第一条 110 千伏的输电线路。[24]

开远电厂二期工程从 1958 年 4 月开始主厂房扩建破土动工,7 月汽机间框架及基础基本完工,1958 年 9 月 18 日正式移交生产。二期工程扩建了 1 台 6000 千瓦机组和 1 台 7500 千伏安变压器等,使开远电厂总装机容量达到了 2.2 万千瓦。[25]

开远电厂的建成,标志云南省电力工业技术已进入了一个新的阶段,单机容量从过去的 2000 千瓦发展到 6000 千瓦,锅炉则由过去的炉排炉发展为煤粉炉,操作由过去的手工操作发展为半自动化操作,同时还培养出一大批技术干部和技术工人,为云南火电的发展奠定了较好的技术基础。[26]

开远电厂一期和二期工程的建成,有效地解决了个旧锡业电力不足的问题。云南锡业公司精锡产量到 1956—1957 年迅速增加,其中一个很重要的原因就是因为电力更广泛地使用,提高了效率。同时,开远电厂的建成,还为开远、个旧等滇南地区的发展,提供了新的能源,促进了当地经济的发展。不久之后建立的开远糖厂、解放军化肥厂、云南省开远水泥厂等重要企业之所以落户开远,其中一个重要原因就是因为有开远电厂等电力企业。个旧之所以能发展成为以锡为主、其他工业产品为辅的云南省第二大工业城市,也离不开电力的有效供应。

总之,个旧锡业的发展,正是在中苏交往的过程中发展起来的。可以说,苏联的援助,对于推动个旧锡业的发展,起了积极的重要作用。

三、中苏橡胶协定与滇南的橡胶种植

　　除了锡业之外,云南的橡胶种植业也与中苏交往紧密关联。天然橡胶综合性能好,用途十分广泛。它曾经和钢铁、石油、煤炭一起被并列为现代社会四大工业原料,是关系国计民生的重要物资。20 世纪 50 年代初期,中国南方是社会主义阵营中唯一的大面积热带地区。这种特殊性使得南方地区橡胶资源的开发,不但具有经济上的意义,更具有国际政治意义。社会主义阵营的需求,尤其是苏联的需要,成为推动中国政府开发橡胶资源的直接动力。[27]

　　早在 1948 年,苏联驻华使馆随国民党政府转移到广州时,曾多方打听广东、海南种植橡胶的有关情况,并向斯大林作了报告。新中国成立后,斯大林更加关注我国的天然橡胶事业,多次主动向毛泽东、周恩来等提及种植天然橡胶这一重大话题。中国的天然橡胶种植虽于 1904 年就已经开始,但由于多方面的原因,到 1949 年时,也仅种植了天然橡胶 4.2 万亩,年产干胶不过 200 吨。新中国成立后,国家经济建设处于恢复时期,百业待举,民用工业、国防工业都急需大量天然橡胶,而天然橡胶也在西方国家对我国实行全面经济封锁和禁运之中。1950 年 10 月,抗美援朝战争爆发,我国天然橡胶供应关系更趋紧张。正是在这一历史背景下,中共中央果断作出“一定要建立我国自己的橡胶生产基地”的战略决策。1951 年 8 月 31 日,政务院通过了《关于扩大培植橡胶树的决定》。会议对华南广东、广西、云南、福建、四川等地的气温、雨量及其他条件进行分析研究后,要求这些地方“应大力培植天然橡胶”,“迅速动员本地可动员的农林院校学生、教授组成调查队分别对本省区境内适宜种橡胶的地区进行调查,保护现有的橡胶母树,确保种苗来源"。政务院还要求各省区从 1952 年到 1957 年种植天然橡胶 700 多万亩,争取 10 年后年产干胶 10 万吨。[28]

在政务院通过的《关于培植橡胶的决定》中,将云南定为种植巴西和印度橡胶的地区之一,种植面积为 200 万亩。为此,云南省决定成立三个区域调查队,由植物学家秦仁昌、蔡希陶、冯国楣分别担任三个调查队的领队,1951 年 10 月 8 日,滇西、滇南、思普三个区域调查队正式成立。[29]

1952 年 9 月 15 日,中苏双方签订了关于在中国种植橡胶的技术合作协定,在出产橡胶之前,中国每年需要从第三国为苏联尽可能购得 1.5—2 万吨橡胶,不足部分以钨、钼、锡、铝、锑等原料顶替。这个协定对中国十分不利,在斯大林去世和朝鲜战争结束后不久,中国就提出中止这一协定。作为替代,中苏两国又于 1953 年 5 月 15 日签订了一个协定,规定在 1954 年至 1959 年间,中方向苏方提供橡胶 9 万吨等战略物资,作为对苏联援建项目补偿的一部分。《中苏橡胶协定》的第一条第二款还规定:苏联政府"派遣植胶及将来割胶、制胶时所需要的专家赴中国担任顾问"。在 20 世纪 50 年代中前期,这一条款主要是在云南实际施行。[30]1952 年 12 月 24 日,中央指示云南省委,云南西南部气象、土壤等初步勘察结果证明,自然条件优于雷州半岛,故开辟云南植胶区是必要的。从此,云南的景洪、芒市、盈江、河口开始了引种巴西橡胶。[31]

《中苏橡胶协定》签署后,勘察适宜植胶区域的工作就此提上日程,在前期产胶资源调查的基础上,根据协定,苏联派出专家顾问到云南参与了橡胶树宜林地的勘察。1953 年 1 月,云南垦殖局尚在筹建之时,西南局便组建了中苏专家调查队,其中包括 5 位苏联专家,国内专家来自林业部、中国科学院有关研究所、中央军委气象局、西南农学院、南京农学院等单位,分赴蒙自(金平、河口)、普洱(西双版纳)、保山(德宏)地区进行橡胶宜林地调查。1 月 21日,林业部云南垦殖局成立,开始在河口、西双版纳、德宏等边疆地区建立试验场,试种橡胶。3 月,中央又组织中国科学院有关专家、东北森林测量队和西南有关高等院校教授、讲师、学生,由垦殖局和当地政府配以行政领导和卫生、会计人员共 1306 人组成的宜胶资源调查勘察队,到保山、蒙自、思茅三个地区进行宜胶资源调查勘察,至 7 月结束,首次测出宜林地 1.5 万公顷,随后在这些测出的宜林区域开始了橡胶树的试种工作。[32]

同时,《中苏橡胶协定》还规定了中国需用橡胶偿还贷款及利息。由于 1952 年底至 1955 年,中国政府只需负担利息的偿还,相对比较轻松,因此可以暂停云南植胶和紧缩华南植胶计划。但从1956 年上半年开始,直至 1961 年上半年结束,除利息外,还必须偿还贷款本金;若本国生产的橡胶不够则需进口,不但占用大量外汇,而且还要加上钨、钼、锡、铅、锑等贵重金属来偿还贷款,这些条件显然是中国力所不及的,因此,橡胶生产的规模必须扩大。从1955 年开始,云南便开始为大面积极植橡胶作准备,1956 年云南省成立热带作物局,正式布点国营农场,发展橡胶生产。由于橡胶是劳动密集型产业,需要大量的劳动力,而地处云南边疆的少数民族地区地广人稀,劳动力十分缺乏,只有移民,才能解决橡胶生产对劳动力的需求。

从 1951 年开始,为支援橡胶业的发展,先后有 20 多万人从内地来到云南边疆地区。在 20 世纪 50 年代,人数较多的橡胶移民是部队复员转业军人、昆明市自愿垦荒的青年、省市机关下放干部。在 20 世纪 50 年代,昆明军区 13 军、14 军,华南林一师、林二师、昆明军区直属部队的 2 万余名官兵转业到云南的盈江、陇川、芒市、金平、景洪、勐腊、勐海等地。1955 年 12 月,昆明青年志愿垦荒队 3552 人分赴边疆各军垦农场或组建青年农庄。1958 年 1 月,云南省省级机关干部 600 余人下放到勐阿农场,708 人下放到德宏和西双版纳。到 1959 年底,云南已有橡胶农场 41 个,职工 3 万人,种植橡胶 5 万亩。1959 年,针对云南橡胶基地建设需要劳动力的情况,中央决定从湖南支援新疆的 60 万人中抽调 5 万人到云南。从 1959 年底到 1960 年,湖南省向云南省西双版纳傣族自治州、红河州、德宏州和临沧地区共移民 36695 人。[33]

橡胶种植和大量人口的涌入,使滇南边疆民族地区的经济结构、民族关系、民族文化等开始发生新的变化。

四、结 语

20 世纪 50 年代,云南边疆民族地区处于国家的后方,由于经济落后,交通不发达,而且处于帝国主义的封锁中。在这样特殊的条件下,云南边疆民族地区经济社会的发展十分艰难,大部分地区长期处于贫穷落后的状态。而个旧、开远抓住了中苏贸易的难得机遇,乘势而上,经济建设取得了很大成就。西双版纳、芒市、河口等地响应国家号召大力种植橡胶和大量劳动力的加入,使当地的经济结构有了初步改变,为日后经济发展奠定了一定的基础。目前,当年的植胶区经济社会都发生了显著的变化,橡胶成了致富的主要产业,各族人民过上了富裕的生活。

边疆经济有其特殊性,发展边疆经济要正视边疆的特点。发展橡胶和锡业,就是紧紧抓住特点,发展特色产业的体现。但要真正把边疆经济发展上去,一方面需要国家的大力支持,另一方面还要放眼世界,从世界需求的角度来发展边疆经济,才能把特色产业发展壮大。

注释:

1　陈吕范、邹启宇:《个旧锡业"鼎盛时期"出现的原因和状况》,云南省历史研究所1979 年油印本。

2　《云南个旧锡业概况》,《云南政报》1950 年第 3 期。

3　陶培文:《锡山铭记——共和国领导人的云锡情结》,2009 年 8 月 19 日,见 http://db.cnmn.com.cn/NewsShow.aspx? id = kTd/yPGUcCQ = 。

4　沈志华:《关于 20 世纪 50 年代苏联援华贷款的历史考察》,《中国经济史研究》2002年第 3 期。

5　中共中央文献研究室、中共重庆市委员会编:《邓小平西南工作文集》,重庆出版社2006 年版,第 129 页。

6　18　王治安:《解放初期个旧私营锡矿业的生产变化情况》,载政协个旧市文史资料委员会编《个旧市文史资料选辑》第十辑,1992 年版,第 30、32—33 页。

7　《云南个旧锡业概况》,《云南政报》1950 年第 3 期。

8　11　13　王启明、陈竞新:《解放初期大锡贷款始末》,载政协个旧市文史资料委员会编《个旧市文史资料选辑》第十辑,1992 年版,第 35、35—37 页。

9　12　17　19　《回忆解放初期个旧私营锡矿的管理工作》,载政协个旧市文史资料委员会编《个旧市文史资料选辑》第九辑,1992 年版,第 40、41、44、47 页。

10　陈应龙、宋焕斌:《云南个旧市矿业发展史研究》,《中国矿业》2010 年第 12 期。

14　15　刘贵尧、杨茎:《建国初期云南锡业公司生产的恢复和发展》,载政协个旧市文史资料委员会编《个旧市文史资料选辑》第十辑,1992 年版,第 3—5、5—6 页。

16　22　李尚贤:《建国初期锡选矿生产情况》,载政协个旧市文史资料委员会编《个旧市文史资料选辑》第十辑,1992 年版,第 14 页。

20　李忠贵:《个旧四年的回顾》,载政协个旧市文史资料委员会编:《个旧市文史资料选辑》第八辑,1988 年版,第 5—6 页。

21　孙楚舫:《忆苏联专家在云锡工作二三事》,载政协个旧市文史资料委员会编:《个旧市文史资料选辑》第十辑,1992 年版,第 63 页。

23　24　25　26　云南省地方志编纂委员会:《云南省志·电力工业志》,云南人民出版社 1994 年版,第 208—210、215、210—211、214 页。

27 张九辰:《中苏合作开发橡胶资源始末》,《百年潮》2006 年第 6 期。

28 许人俊:《新中国天然橡胶种植业在困境中起步》,《党史博览》2006 年第 8 期。

29 31 云南省民族事务委员会:《云南民族工作大事记:1949—2007》,云南民族出版社 2008 年版,第 14、18 页。

30 32 文婷:《1952 年"中苏橡胶协定"与 20 世纪 50 年代的云南农垦》,《当代中国史研究》2011 年第 2 期。

33 苍铭:《云南边地移民史》,民族出版社 2004 年版,第 64—66 页。

边缘·腹地·前沿

——从历代治滇看云南历史地位的动态变迁

陈碧芬(云南大学人文学院历史系副教授)

云南——"彩云之南",东部与贵州、广西为邻,北部同四川相连,西北隅紧倚西藏,西部同缅甸接壤,南同老挝、越南毗连,与泰国、柬埔寨、孟加拉、印度等国都相距不远。是人类重要的发祥地之一,千百年来,伴随着中华统一多民族国家的发展,云南各民族融合、演变、发展,走过了漫长的历史,经过了无数次的演变,逐渐形成了一个有着深厚底蕴的独特地方,在中国历史发展中占据着重要的地位。林文勋教授曾提出:"云南特殊的地缘关系决定了云南历史发展有着不同于其他地区的特点,必须站在新的高度重新审视云南历史的发展。"[1]纵观云南的整个历史发展进程,它的地位随着历代治滇政策、方式的转变而表现出"从边缘到腹地再到前沿"的动态变迁发展趋势。这既是一个实际发展过程,也是云南谋求自身发展的必经过程,更是提升云南地位、获得更大发展的必由之路。正因为如此,对这一动态变迁过程进行梳理,彰显其特征,为云南赢得更多的关注,获得更大的发展机遇,具有一定的意义。

在中国历史上,"边缘"、"腹地"、"前沿"等概念,有着多重的含义,通常涉及到地理、政治、经济、文化等方方面面的内容,既关乎历史,又关乎现实,具有很大的波动性、相对性。就本文的讨论来说,主要是借用这些概念来对在历朝历代治理下,云南各个历史时期发展所显现出的某些特征进行归纳和总结,以突出云南在中国历史发展进程中的地位和作用。

关于边疆地区的"腹地化"、"前沿化"趋势,已有一些学者注意到[2],但他们并未专门针对云南一地展开深入、系统的探讨。本文试图以云南一地为研究对象,从云南历史地位动态变迁这一角度,对云南的历史进程进行一次梳理,探讨其在中华统一多民族国家中的历史地位。当然,本选题涉及的时间跨度大、范围广,加上笔者学识和能力有限,文中肯定存在不少问题甚至失误,祈望专家学者批评指正。

边缘时期:秦汉至元

我国自古以来就是一个统一的多民族国家,其历史发展具有整体性和不平衡性,这种不平衡性在少数民族聚居的边疆地区尤为突出。为维护统一多民族国家的整体,历代中央王朝统治者在强调"大一统"的前提下,没有搞完全的"一体化",而是根据少数民族地区社会经济发展的具体情况,建立起与当地社会经济发展的特殊性、不平衡性相适应的"羁縻制度",对少数民族实行"羁縻统治",将边疆少数民族视为"臣民",对他们施予恩抚、怀柔手段,"因俗而治"、"以夷治夷",达到"用夏变夷"的目的。羁縻制度的实施,使得中国传统社会的地方政权出现汉晋时期的内郡、边郡之分,隋唐、两宋时期的内州、边州之分,元明清时期的流官、土官政权之分。它的建立,使民族众多而经济、文化发展不平衡的国家稳固地统一起来,融为一体,有利于各民族之间经济文化的交流和共同发展,防止内乱和分裂的出现,加强各民族之间的政治、经济、文化诸方面的密切联系,增强中华民族的凝聚力。

从秦汉至元代,中央王朝对云南的治理和经营,就以这样的方式为主。地处西南边疆的云南,自古以来就被中原王朝视为"边缘"地带。生息、繁衍在这片土地上的各族人民,在漫长的生产、生活过程中,与全国各族人民的交往日益频繁,联系日益密切,共同创造着伟大祖国的历史。但云南众多民族的生存环境各异,有着各自特殊的社会历史背景,经济发展极不平衡,存在着多种经济形态,文化差异很大,故自秦汉以来的中央王朝,根据云南的具体情况,不断采取各种特殊的治理措施,逐步加强中央王朝对云南的统治。

文字记载的关于云南同中原地区有联系的历史,最早在战国时期,主要是秦、楚两个大国为扩大地盘而加紧对西南民族地区的争夺和经略。秦国以蜀地为基础,建立起郡县制的地方政权机构,展开对西南地区的经略,在云南则把统治势力伸入到今丽江地区至楚雄州一带。楚国也不甘落后,"使将军庄蹻……至滇池,……以兵威定属楚"。[3]"庄蹻留王滇池,分侯支党,传数百年"。[4]对其的治理是"变服,从其俗,以长之"。[5]虽是以滇国的制度、习俗来进行统治,却带来了楚国先进的生产工具和生产技术,从而揭开了云南与内地政治、经济、文化联系的历史新篇章。

公元前221年,秦王朝建立起统一多民族国家,在全国范围内广置郡县。庄蹻王滇,传数百年,对秦的统一威胁很大,为斩断楚在西南的势力和影响,秦采取了强有力的措施来经营云南。一是通道,即派常頞开"五尺道";二是设郡,"邛、筰、冉、駹者近蜀,道亦易通,秦时尝通为郡县"。[6]三是置吏,即在设置郡县的地区直接委官进行统治。通过这些措施,加强了对包括云南在内的西南夷的管理和统治。虽然这一时期的经营短暂且不深入,但却标志着云南从秦代开始,就已成为统一多民族国家的一个重要组成部分;是中央王朝正式统治云南的开始,为汉代在云南设置郡县奠定了基础;也沟通了西南夷与中原的交通,进一步加强了云南与中原的联系。

汉朝建立后,从巩固统一多民族国家的战略全局出发,同样积极开发西南夷,加强对西南地区的治理,这成为其整个开疆拓土计划的一个重要组成部分。为征讨并有效地统治这一地区,首要的是开通大道。汉武帝命唐蒙修筑了"自僰道指牂牁江"[7]的"南夷道"。之后,又命司马相如开"西夷道"[8]。但这一时期的经营费多无成。在张骞通西域后,为了联合西域诸国共同夹击匈奴,汉武帝乃遣使入西南夷,求通蜀身毒道。通道虽未成功,却促使汉武帝进一步开拓西南夷,加强郡县设置。经过三十多年的政治招徕与武力征讨,西汉先后在西南夷区域设置了七郡。其中,牂牁、越巂、犍为、益州等四郡的设置,使今云南大部分均属中央王朝直接管辖。东汉王朝继承和发展了西汉在云南设置的四郡,又在祖国的西南门户设永昌郡,大体奠定了我国滇西地区的疆界。还根据朱提等五县居民族属和经济文化程度不同,别设"犍为属国都尉"。汉代统治者注重恩威兼施、抚剿并用,在保持西南夷各族内部政治、经济结构基本不变的情况下,对一些势力影响很大的君长封以王侯,赐以印绶,通过这些"蛮夷君长"治理本民族地区。最为著名的是元封二年(公元前109年),汉武帝发兵,"滇王离难西南夷,举国降,请置吏入朝。于是以为益州郡,赐滇王王印,复长其民"。[9]除以上措施外,还移民戍守,发展经济生产,开发边疆。汉代对云南的经营虽有一些反复,但设置了与全国整体机构相一致的地方机构,在云南最终全面确立了郡县制度,为云南始终成为统一多民族国家不可分割的重要组成部分奠定了基础,也为祖国西南边疆的形成和巩固奠定了基础。

三国时期,"南中"(今云南省及黔西和川西南部分地区)的豪强"大姓"和"夷帅"割据反叛,在表面上又投靠东吴,与蜀汉抗衡,对蜀汉政权构成了很大的威胁。南中不稳定,也就很难稳定蜀汉政权,更谈不上北伐中原统一中国了,所以蜀汉对南中是势在必得。诸葛亮亲率大军南下,平定了南中的反蜀大姓势力,把原来的四郡改设为朱提、牂牁、建宁、兴古、云南、永昌、越巂七郡,由庲降都督统领,使这一区域开始具有一个单独政区的性质,将郡县制进一步完善。同时,对地方各族首领采取安抚和攻心为上的统治方法,不留兵,不留外人为官,而"即其渠帅而用之"[10],赐封王爵,收其俊杰为官属,大量任用各族君长为郡县官吏,从而把各族著名首领吸收到蜀汉地方政权以至中央政权中。又利用"夷汉部曲"从事屯田生产。这一系列措施,使得南中地区夷汉和睦,社会秩序稳定,生产发展,加强了同蜀国的政治经济联系,也增强了蜀国的经济和军事势力,巩固了统治。"出其(南中)金、银、丹、漆、耕牛、战马,给军国之用。不留兵而纲纪初定,夷汉初安"。[11]"军资所出,国以富饶。"[12]诸葛亮实行的这些措施,深得人心,影响深远。但他所任用的大姓、"渠帅"等地方势力,也造成了云南近四百年间大姓争霸割据的局面。

西晋时期,初仍以庲降都督管理南中事务,后为削弱大姓和夷帅的势力,欲通过控制大姓和夷帅来控制南中的郡县与诸部族,乃把建宁、云南、永昌、兴古四郡从益州分划出来,设立宁州。但不久之后又有改变,废宁州入益州,设南夷校慰管辖。后又复置宁州,统领八郡。宁州是全国十九州之一,它的设置使南中成为与益州平行由中央王朝直接统治的一个单独的行政区划。"这是云南由边地发展为内地的一个重要标志"。[13]但这一时期南中地区各种势力纷乱争扰,晋王朝的统治亦更加不稳,实际形成镇守的部将割据及大姓、夷帅势力发展的局面。

东晋、南北朝时期,地方大姓爨氏成为南中的实际统治者。他们在承认内地小朝廷派官入宁州治理的前提下,以极少的贡纳以示归顺,同时或接受内地小朝廷的委任,或自行承袭旧职,或接受魏、周遥授之职,都保持着爨氏自东晋承袭下来的权位,称霸南中。但爨氏始终没有发展到公开打出帝王称号,建国独立的地步;凡得势于蜀的王朝,也始终与爨氏联络,通过爨氏统治南中。所以,南中与内地的联系分不开、割不断。

三国两晋南北朝时期,政治上的统一为分裂和战争所代替,南中的大姓、夷帅与王朝时有对立,但整个南中地区并没有与王朝完全决裂,仍在中国的郡县体系之内。

隋文帝时,为了打破云南仍为爨氏割据控制的局面,先是任命韦冲为南宁州(北周时改宁州为南宁州)总管,派兵戍守,并设置恭州、协州、昆州,由总管府统辖。后又撤消南宁州总管府,以州代郡,变云南为州、县二级制。隋在云南所设的这三州,任命土长大姓为刺史。西爨首领爨翫被委任为昆州刺史,不久后发动叛乱。隋先后派遣史万岁、杨武通率大军进入云南,镇压了这次反叛,给爨氏势力以沉重打击。所以隋在云南的经营虽然短暂,并且多武装征讨而少政治设施,但它的统治对于巩固云南的统一,重新把云南置于中央王朝的直接统辖之下,无疑是有着积极作用的。

唐代对云南的经营集中在南宁地区和西洱河地区,其间所采取的措施有一些曲折性的变化。初唐时期,对云南各部族以招抚为主,设置了羁縻州县机构,以各族首领为都督、刺史、县令。唐高祖开南中,置南宁、昆、恭等州,释放了爨翫的儿子爨弘达,并任命

为昆州刺史,用他来联络控制南宁州各部。后来改南宁州总管府
为都督府,筑城立公廨,统辖各地,以爨弘达为羁縻都督,使听政令
于嶲州都督府。同时保持这些羁縻州县政治经济结构不变,只进
行贡纳征收,以示臣属。唐太宗积极展开对云南各部的招抚,普设
州县,初步恢复了汉晋时期中央王朝在云南设置郡县的规模。自
贞观至开元、天宝年间,唐在南宁地区的统治处于和平、稳定的状
态,当地的经济文化也有一定的发展。为限制南宁州都督爨氏的
权力,并有效地经营洱海地区,尤其是阻止吐蕃势力的南下,唐高
祖时,先设置縻州(西豫州)。唐太宗时,改为縻州都督府。唐高
宗麟德元年(664年),为加强统治,进一步在西洱河地区设置了姚
州都督府,直接统治当时滇西的各羁縻州县。但唐王朝在西洱河
地区的统治并不稳固,此地民族关系复杂,各羁縻州县的刺史、县
令为扩张势力范围而纷争不已,又企图摆脱各都督府的"羁縻"而
叛服不常,还往往利用唐朝与吐蕃之间的矛盾空隙来进行地方分
裂活动。在这样复杂的条件下,经一百余年的争夺,形成了南诏势
力,导致了唐代中期以后与云南关系的变化和对云南策略的调整。
唐王朝在政治上一直扶持南诏,借以打击和消除吐蕃在洱海地区
的势力。开元年间,南诏在唐朝的支持下,统一了六诏,成为唐王
朝抗御吐蕃的西南屏障。南诏王皮罗阁受唐册封为云南王,唐王
朝与云南地方的关系相应地变为与南诏的关系。六诏的统一,是
唐王朝一手促成的,但他凭借强大,企图割据云南,又对唐朝的统
治构成很大的威胁,最终导致了唐王朝与南诏之间历时数年的
"天宝战争",南诏也借此投靠吐蕃,趁机征服了两爨地,建立起南
诏政权,逐步控制了整个云南,达到了割据的目的。但这并未改变
云南和祖国统一团结的总趋势,阁罗凤仍旧立《南诏德化碑》表白
对唐朝的忠诚。贞元年间,异牟寻又与唐使崔佐时会盟于点苍山

神祠,归附唐朝,被册封为南诏,乃奉表谢恩,请颁正朔。为加强对南诏的统治,唐设云南安抚司,以剑南西川节度使韦皋兼任云南安抚司职务,并定为令式。唐朝颁册南诏印是其职务,其政区的名称则是云南安抚司。南诏的行政区划设置也一如唐制。韦皋还在成都办了一所学校,专供南诏子弟学习,学成后回云南,促进了云南教育文化的发展;为了共同抗御吐蕃,又派工匠教南诏制造坚甲利弩,促进了云南制造业的发展。南诏虽时叛时服,但自细奴逻至舜化贞共十三代王中,有十个王接受了唐王朝的委任或封号,所以南诏并未自外于中国。

　　宋代虽国力衰落,无法采取强有力的措施经营云南;并鉴于南诏曾经多次侵扰内地的历史教训,对大理国有很大的戒心。但仍采取措施加强彼此间的联系,延续了前朝的政治臣属关系。在大渡河上造大船,方便"西南蛮"来朝贡。宋太宗时,还封赐大理王为"云南八国都王"[14]、"云南大理国主、统辖大渡河南姚嶲州界山前山后百蛮三十六鬼主、兼怀化大将军、忠顺王",后来又加封为"特授检校太保、归德大将军、忠顺王"。宋徽宗时,进一步册封大理王为"云南节度使、金紫光禄大夫、检校司空、上柱国、大理王"[15]。大理王则不断向宋王朝称臣,进贡马匹、麝香、牛黄、细毡、玉石等物。云南地区与内地的经济文化联系则更为密切,北宋时期,大理与西川交通互市;南宋时取道邕州博易战马;大理的"宫室楼观,言语书数,以至冠婚丧祭之礼,干戈战阵之法,虽不能尽善尽美,其规模服色、动作云为略本于汉,自今观之,犹有故国之遗风焉"[16]。

　　由于宋朝在云南的统治势力式微,蒙古族灭西夏和金后,选择了"自临洮、吐蕃穿彻西南以平大理"[17]的进攻路线,先控制云南,籍以形成对南宋"斡腹之举"的南北包抄,攻取南宋,进而统一全国。元军在忽必烈和兀良合台的率领下,经过两年的征战,"平大理五城八府四郡,洎乌、白等蛮三十七部"[18],控制了云南大部分地区。蒙古对云南施行了约二十年的军事管制,"州县皆以万户、千户主之"[19],以当地各族的贵族分子为万户、千户、百户长。还设立了大元帅府于大理,统率十九万户府。但时间一久,引发了一些严重问题,当地人民对军事征讨和军事统治不满,统治集团内部为争权而互相残杀;且忽必烈改蒙古为元朝后,需进一步加强全国范围内政治上的一统;而云南历南诏、大理五百余年的发展,与内地一体的经济文化已达到一定阶段。故很有必要在云南建立与全国大致相同的政权机构,至元十一年(1274年),乃建立云南行省,以赛典赤为平章政事行省云南。自此以后,云南成为祖国牢不可分的一部分进一步加强,再也没有出现过象汉代的"滇"、唐代的"南诏"、宋代的"大理"那样的地方性政权。元代在云南行省之下,建立起郡县系统的行政机构,改万户、千户、百户为路、府、州、县,"为路三十七,府二,属府三,属州五十四,属县四十七,其余甸、寨、军民等府不在此数。"[20]同时,注意"抚以威惠,沿其俗而道其善利"[21],在云南推行土司制度,设置宣慰、宣抚、安抚、招讨、长官诸司,招抚各土著民族中的上层首领参加地方政权的管理。由朝廷正式任命,享有一定的自治权,并承担一定的义务。元朝通过这一制度,比较稳固地将这些地区统一到国家版图之内。元代行省云南后,还"广屯田以积谷"[22],有组织有计划地发展生产,既达到了"控扼蛮夷腹心之地"的目的,又促进了云南社会经济的发展。为把各地紧密联系在一起,迅速传递政令,在云南广开驿道,极大地改变了云南的交通面貌,方便了与内地之间的政治、经济、文化联系。为改变云南子弟"不知读书","不知尊孔、孟"[23]的状况,在中庆、大理两路设儒学提举,在西到大理、永昌,东至乌蒙的各路、府、州、县中普建孔子庙，设置学舍，明伦堂，购经史，授学田，以蜀士之贤者为师，土人子弟得以入学。云南"由是文风稍兴"[24]，对社会、文化产生了很大的影响。元政府所采取的这些措施，促进了云南与内地的一致发展，使云南的政治经济文化进入到一个新的发展阶段，云南的疆域基本固定，为明代的统一和发展奠定了坚实的基础，云南省的名称也沿明、清至今不改。

腹地时期：明清

从明清时期开始，随着中原王朝政治、经济、文化"中心"位置的一再变更，加上各民族的迁移、融合，统治疆域的调整，国家控制的增强，"边疆"、"腹地"的范围、含义、性质等都与过去有了明显的不同。徐新建就从"腹地"的概念入手，阐述了这一变化的具体过程。他说："早期汉语文献中所表述的'腹地'，主要指黄河流域以华夏为主的中心、中原或京畿。由'腹地'出发，向外延伸出依次统属的四面八方，形成所谓'一点四方'和'五服统治'的王朝版图。……在这种结构中，'腹地'的含义，不仅意味着地理的中心，同时还体现着王朝统治的权力基础及其族群利益和价值指向的核心所在。"但是，明清以后，这种格局和意识发生了很大的变化，"其中的突出表现之一，就是由于中原汉族不断向四方开边拓垦，并由少变多，以往的边疆渐纳入了后来的腹地；而移民所到之处，一些先前的'边地蛮夷'也渐次变成了汉族文化围绕中的'腹地少数民族'。这种情况在如今的西南省区表现得尤为显著。"[25]杜文忠也说：明清以后，"经数次大的民族变迁和民族融合，中原民族得发向四方不断发展，一些原来在意识上被认为是边疆的少数民族地区，逐渐不再视为边疆。如南方广西、广东和西南的云、贵、川的少数民族变成了'腹地少数民族',这以西南族群最为明显。"[26]

应该说,云南的历史发展在此时有了划时代的变化,出现"边沿属性"弱化、"腹地属性"不断加强的趋势,这与明清中央王朝的治理措施、方式密切相关。

在此之前,魏晋南北朝时期的地方大姓、夷帅称霸,唐代的南诏政权,宋代的大理政权,基本上是中华帝国版图中相对独立的民族自治区域。元帝国虽将云南纳入全国统一的行省统治范围,却对段氏因功受封,依旧保持大理贵族段氏的"总管"地位与特权,也就在一定程度上保留了原大理国的势力,段氏总管管辖的大理地区仍然成为相对独立的自治特区。从而给多民族国家的统一、巩固和发展遗留下许多问题需要解决。

明代具有雄才大略的开国皇帝朱元璋,充当了历史不自觉的工具,顺应了云南历史发展的趋势,把云南视为统一多民族国家不可缺少的一部分,把治理云南作为巩固和发展统一多民族国家的重要环节。虽然云南与内地的差距仍然存在,但朱元璋清醒地认识到云南历史上的地方割据政权,经常叛服无常,给中央王朝维护大一统局面留下了很大的隐患。故他强调要寸土不遗、完整地把云南纳入中央王朝。基于这种认识,朱元璋以"大一统"思想为指导,发动了统一云南之战,坚决取缔了云南各种地方割据势力,把云南完全纳入明王朝统一的政权统治形式之下,从真正意义上占有了云南。此外,他更多的是强调把云南作为一个政区来加强统治。他根据云南事态的发展以及对云南实际情况深入了解的基础上,因地制宜,制定和调整治理云南的政策和措施,尽可能地在治滇政策、措施上保证云南与中原内地统一整体发展。同时,也注意到云南地理、民族、社会与内地的差异,制定和采取了适合当地情况的特别政策、措施,目的是边固民安,创造条件一体发展,很好地处理了云南与中国历史发展的整体性与不平衡性之间的关系。在这一思想的指导下,荡平滇云后,朱元璋在云南设置了与全国其他地区相同的三司,建立了完整的行政机构、军事指挥系统、刑狱体制,保证了政权形式的统一,与其他内地行省一致。在云南布政司下先是设置与内地相同的、整齐划一的府州县行政区划,后来则因地制宜调整为三类统治区(流官统治区、土司统治区、土流并治区)[27]。适应了云南民族众多、发展不平衡的社会状况,根本目的仍在于确保国家的统一,为云南与中原内地的整体发展、一体发展创造条件。在明王朝对云南的基本统治制度确立后,为巩固已取得的统一成果,朱元璋进一步采取了一些特别的具有深意的政策措施。如派沐英镇守,稳定了边疆,使朱元璋"无西南之忧"[28];镇戍与屯田并举,促进了云南经济的迅速发展,改变了云南民族人口的构成,汉族人口成为云南的主体民族,进一步带来了云南社会的深刻变化;兴办学校,进行儒学教化,使大一统的中华整体观念深入人心,彻底消除了云南易为分裂的隐患,改变了云南诸夷叛服不定的局面。朱元璋的后代基本继承他的治滇政策、治滇方略不改,促进了云南在明代两百年中的大发展。经过明代的治理,云南虽仍有一定的特殊情况和措施,但在大体上已与其他地区相一致,慢慢地纳入到中央王朝统一的政治、经济、文化发展模式之中。"造成了云南历史的划时代变化,密切了云南各族人民同中原的联系和交往,促进了云南边疆与祖国内地在政治、经济、文化方面的整体发展,使之进一步成为我们统一多民族国家不可分割的一部分,最终推动了中国多民族统一国家一体化的历史进程。"[29]

清朝对云南的统治是在明代基础上的继续和深入。清朝统治者认识到云南"东接东川,西连猛缅,北拒蒙番,南达安南"[30]这一重要的战略位置,对云南十分重视。统一中国后,在政区设置方面,仍沿袭元、明时期的旧制,恢复了元代行省的称呼,分天下为十八行省,在统治范围上基本沿袭明代布政使司的范围。有所变化的是,增加总督、巡抚之权力,位在布政、按察二使之上,并成为定制。顺治十五年(1658年),吴三桂等率领清军入滇,改云南的布政使司为云南省,设巡抚,同时设云贵总督在云南、贵州两省互驻。行政建置与内地各省趋于一致。在军事方面,为巩固统治,同样建立与内地一致的经营兵制,设镇、协、营分布云南各地,驻防汛、塘、关、哨,发挥着与明代卫所制度相同的作用。招募来服兵役的流离失所的穷苦民众,逐渐在防区定居下来,他们各自开垦荒地,修复农田,兴修水利,发展生产,开辟道路,开发了云南的山区和边远地区,使清王朝的统治范围大大拓展,统治势力大大深入,并促进了云南整体社会经济的恢复与发展,甚至改变了云南的经济结构,使云南大部地区已有了和内地相同的经济制度,为改土归流创造了良好的经济条件,提供了坚实的社会基础。

　　明代中后期及清代的"改土归流",对云南的腹地化产生了重大的影响。"元、明、清三代,从土司制到改土归流,原来的'西南夷'被列入'内地'(十八省),其'边疆'的属性也大为弱化"。[31]明代对土司的职责、义务作出了严格的规定,使得土司制度"踵元故事,大为恢拓,分别司郡州县,额以赋役,听我驱调,而法始备矣"[32]。设置土官的地区,只是权宜之计。一旦具备条件,明中央王朝就派流官直接统治,所以,"朝廷建立土司制度,不是目的,而是一种过渡手段,其最终目的是改土归流"。[33]从正统年间任命流官为鹤庆军民府知府开始,拉开了云南改土归流的序幕。之后,成化、弘治、正德、嘉庆、万历各朝都相继进行了改流。清代康熙平定"三藩"以后,也开始在云南各地实行"改土归流"。雍正时候,更是不惜使用武力将这一活动大规模展开,废除了云南大部分土司,实现了对云南边区的直接管辖,改革了许多落后的剥削方式和陋规恶习,开辟了若干交通要道,内地先进的经济文化不断输入这些地区,从而加强了清王朝对云南的统治,促进了云南社会的发展与进步,客观上具有历史进步意义。

通过明清时期的治理,云南与中央王朝的整体性、统一性得到空前加强,与中原内地政治、经济、文化的一体化过程基本完成,腹地化趋势随之得到空前发展。这一时期,中央王朝政治上的强制、军事上的威慑、经济上的影响、文化上的感召,对云南地方社会产生了强大的吸引力,云南各族人民对中央王朝国家政权产生了强大的认同感,进一步融入到中国统一多民族国家的整体当中,有利于统一多民族国家的稳固,成为腹地的云南不再对国家的统一构成严重的威胁,云南历史上没有再出现类似于唐、宋、元时期的独立政权、自主政权。云南的政治、经济、文化、社会生活等方面与内地各省更趋一致,发展步伐逐渐跟上了全国。

前沿时期:鸦片战争至今

鸦片战争之后,西方列强的一系列入侵,引发中国近代严重的边疆危机问题,地处边疆的云南被纳入英、法等国的势力范围,一下被推到与外国接触的前沿,历史的车轮把云南推入了前沿时期。在近现代几次影响中国历史进程的大事件中,云南都走在前列。

"1875 年的马嘉理事件和 1883—1885 年的中法战争,以及随后签订的《中英烟台条约》、《中法天津条约》,云南门户大开,一方面使清政府陷入了深重的边疆危机,另一方面也标志着云南过去的边缘化历史彻底为之改变,使云南从中国地缘政治的边缘地带一跃而成为中央王朝关注的焦点,从西南内陆的边陲小省跃升为扼守西南门户的边疆重地"。[34]云南从此时开始了"五口"通商,后来,又开通了滇越铁路,这些虽然都是被迫的行为,客观上却使云南日益成为中国对外联系的前沿。

辛亥革命在全中国风起云涌之时,云南爆发规模宏大的"重九起义"响应;1915年,当袁世凯企图复辟帝制时,云南率先发动武装讨袁的护国运动,从而形成以"一隅而为天下先"的声势。

"到了民国后期,政府在西南地区领导'国族大同运动',无视本土族群的文化传承,硬性推行语言统一、服装统一和习俗一致。其认识基础,正在于把西南族群当成了与'华夏'同源、无异的支系"。[35]也在于民国政府把西南当作了与内地无异的地区,推行同样的统治方式,以维护行政的统一。

抗日战争期间,随着国内国际战局的变化,云南被推到"以一隅而荷全国之重任"的位置上。2005年,云南省中国近代史研究会会长吴宝璋在接受《云南日报》记者专访时,就明确指出:"云南在抗日战争中的地位极其突出,既是大后方又是大前方,是中国抗日战场的主战场,更是世界反法西斯东方战场的接合部。"[36]云南在抗战期间,自始至终都是中国惟一的国际交通大动脉,出现了四条影响深远的国际生命线——滇越铁路、滇缅公路、驼峰航线、中印公路(史迪威公路),它们是抗战期间中国获得外援和开展外贸的主要国际通道,为反击日本帝国主义发挥了巨大的作用。云南藉此成为中国与反法西斯盟国联系的主要门户。徐康明教授也说:"云南既是中国抗日正面战场的战略后方,又是与侵越日军直接对峙的前沿阵地。"[37]抗日战争期间,云南成为大后方,内地沿海大批工厂迁入,发展成为战时中国重要的工业区,许多"中国第一"在这里诞生。文化教育也获得突飞猛进的发展,由北大、清华、南开三大学联合组成的西南联合大学落户昆明,带来了云南文化教育事业的繁荣和民主思想的广泛传播。同时，云南人民积极配合和支持全国人民的抗日斗争，数十万滇军健儿出省抗战，在著名的台儿庄和中条山两大战役中打出了威名。1942年5月日寇侵入滇西，云南直接成为前线。经过两年的滇西保卫战，收复失地，云南又成为全国最早将日本帝国主义逐出国土的省份。

抗战胜利后，在国民党妄图发动内战的情况下，中国面临着"光明与黑暗"两种前途命运的重大历史选择。这时，又是云南昆明的学生率先在全国反对，吹响了"反内战、要和平、争民主"的号角，发动了震惊中外的"一二·一"爱国民主运动，在中国青年运动史上树起了第三个里程碑。"云南是解放战争的起点和终点"，扮演着"开启和终结的角色"。[38]中华人民共和国成立后，蒋介石企图以西南作为反共的最后基地，他说："此时云南问题实为国家存亡，革命成败之最后关键。"[39]云南又成为生死攸关的重要地方。在历史的紧要关头，1949年12月9日，云南省主席卢汉举行起义，云南和平解放。1950年3月，云南省人民政府成立。从此云南历史翻开新的篇章。总观这一时期，云南紧随历史前进的步伐，以"领头羊"的姿态引领历史潮流，创造了辉煌的历史奇迹，完成了光荣的历史使命，仰首阔步地走在"前沿"阵地上。

进入到崭新的21世纪，云南特殊的地理位置使其优势更加凸显。现实上，从地理位置上来说，云南的确处于中国西南的边缘地带。但转换角度，云南却在全国发展区域布局中占有突出位置，是我国通向东南亚和南亚的前沿，是我国向西南开放的重要门户。2009年7月，胡锦涛总书记在云南考察工作时指出："要充分发挥云南作为我国通往东南亚、南亚重要陆上通道的优势，深化同东南亚、南亚和大湄公河次区域的交流合作，不断提升沿边开放质量和水平，使云南成为我国向西南开放的重要桥头堡。"2011年5月6

日,国务院正式下发实施《国务院关于支持云南省加快建设面向西南开放重要桥头堡的意见》,指出云南省是我国通往东南亚和南亚的重要陆上通道,具有向西南开放的独特优势,战略地位十分重要,并提出要把云南建设成为我国向西南开放的重要门户,我国沿边开放的试验区和西部地区实施"走出去"战略的先行区,西部地区重要的外向型特色优势产业基地,我国重要的生物多样性宝库和西南生态安全屏障,我国民族团结进步、边疆繁荣稳定的示范区。这就是"桥头堡战略",它的提出和实施,充分体现了党中央、国务院对云南各族人民的深切关怀,饱含着党中央、国务院的深情厚望与重托,表明了云南的特殊地位,体现出云南的前沿地位得到国家的全面认可,意味着云南发挥其前沿价值重要历史时刻的到来,云岭大地迎来了更加广阔的舞台。桥头堡建设是云南历史上具有里程碑意义的大事,它使云南的发展上升到全国发展区域布局中的一个突出位置,必将使云南得到国内外各方面更多的关注,能够更好地争取到各方面的支持,有效吸引各方面的资源落地云南,拓展云南的知名度、美誉度和关注度,对云南树立良好的对外形象,扩大对外影响力,加快经济社会发展步伐,实现科学发展、和谐发展、跨越发展都将具有重要意义和深远影响。对此,时任云南省省长的秦光荣在 2011 年接受《人民日报》记者专访时也表示:"桥头堡战略的实施,对云南具有划时代的意义,云南已经站在一个新的历史起点上。"[40]

结　语

　　不管是边沿时期,还是腹地时期、前沿时期,云南都是中国多民族国家不可分割的一部分,它与中华民族的发展潮流一直紧密相连、休戚相关。

　　秦楚争霸，楚王为扩展势力，包抄秦国，乃派庄蹻入滇。秦要统一中国，受楚威胁，必须采取措施取缔楚在云南的势力，这是秦经营云南的根本原因。在经营南越和西域的过程中，汉武帝看到了西南夷地区的重要战略位置，认为对它的经营是涉及整个王朝巩固和统一的全局性问题，因而加大统治力度，将西南夷地区纳入汉朝版图，同时也平定了西南边疆南越的叛乱，解除了北部边疆匈奴的威胁，促进了统一多民族国家的巩固和发展。三国时期，诸葛亮对南中的经营也是意义重大。东吴在云南活动，要断蜀汉后路；而蜀汉要北定中原，以荆州、益州为基地，也必须平定南中，积蓄力量，扩大势力。魏晋南北朝时期虽中原混乱，仍未完全放弃对云南的经营。唐朝为抗拒吐蕃势力的南下，稳定西南，保持唐王朝的大一统局面，改变在处理边疆民族关系中的不利状况，乃积极经营云南，扶持南诏，统一洱海地区，以断吐蕃"右臂"，结果形成"尾大不掉"之势，引发了"天宝战争"，南诏反而投靠吐蕃，一度割据于西南，威胁到中国之大一统。"苍洱之盟"，唐朝与南诏又重新恢复关系，南诏仍是"云南安抚司"管辖下的地方民族政权[41]。宋太祖时，错误地认为"唐亡于黄巢，而祸基于桂林"[42]，乃"取蜀舆地图观之，画大渡为境"[43]，放弃了对云南的直接统治。忽必烈却看到了云南的重要位置，看到南宋在云南的势力微弱，乃选择从云南入手，包抄南宋后院，平大理国，建云南行省，统一中国，实现了千余年来中央王朝经营云南所不曾达到的目标。宋未有云南导致最终未有中原，元占有云南而最终占有中原，进一步促进了中国历史发展的整体性，推动了明清时期云南"腹地化"的发展趋势。明清时期，云南政治形式上已与中原内地基本一致，经济发展上与内地的差距逐步缩小，文化发展上已日益接近于内地各省，大量汉族移民与云南当地民户的交错杂居、融合,汉族成为云南人口最多、分布最广的主体民族。尤其是云南各族人民对汉文化的主动接受与推崇,使云南很自然地走到向中原内地靠近的道路上来。如云南府"皆尚诗书,习礼节,渐与中州齿";澂江府"渐被文教,有以科第跻阮仕而封及其亲者";临安府"家有诗书,吾伊之声相闻,而科贡后先不乏";楚雄府白罗罗"更慕诗书,多遣子入学,今亦有中科第者";大理"民之俊秀者颇能书,而有晋人笔意"。[44]又如石屏,"按石屏之盛,由沐英之留屯江南大族,辟新天地,始有今日,而其后之移至者,亦屡见之,故能大启文明,使土著之人同化于我华族语言文字、风俗习惯、政令条款、典礼诗书,彬彬郁郁,比于中州"。[45]

纵观云南的各个历史发展时期,云南各族人民同中原的汉族及其他民族在共同的历史发展过程中,在政治、经济、文化等各方面保持着密切的联系和交往而结成一个整体,从而成为我们伟大祖国不可分割的一部分。在这一整体中,有着浓厚的一致性;有着发展经济文化的共同利益和愿望;中原内地先进的生产力、生产方式和发达的文化对云南各族人民有着强大的吸引力。藉此,云南对我们的统一多民族国家产生了一种牢固的向心力,在思想上、心理上、行动上更易对整个多民族国家产生趋同性、归属感,双方之间结成了一股强有力的纽带。所以,在云南的历史发展过程中,虽然有时受中央王朝的直接统治,有时受中央王朝的间接统治,甚至出现过地方性割据政权,但云南始终在中国历史发展整体中的历史实际却从未改变过,云南始终为统一多民族国家之不可分割的一部分,这使得历代中央王朝不得不重视和经营它,从而直接导致了云南腹地地位和前沿地位的形成。

伴随着历代王朝的治理和经营,云南也一直在发展前进之中。政治上的稳定,经济上的发展,文化上的繁荣,民族人口构成的变化,为云南从地理位置上的边缘走向政治经济文化生活的趋同(腹地化)和对外开放的前沿奠定了坚实的基础。到了今天,站到"桥头堡"位置的云南,只要牢牢抓住和利用好这一千载难逢的历史机遇,解放思想,改革创新,团结一心,真抓实干,就一定能完成历史赋予的重大责任和光荣使命,在这种动态的发展变迁中谱写建设开放富裕文明幸福新云南的宏伟篇章。

注释:

1   参见林文勋:《从历史发展看云南国际大市场的构建》,《云南社会科学》2001 年第1 期。

2   参见徐新建:《从边疆到腹地:中国多元民族的不同类型——兼论"多元一体"格局》,《广西民族学院学报》2001 年第 6 期;杜文忠:《边疆的概念与边疆的法律》,《中国边疆史地研究》2003 年第 4 期;周玲、罗锋:《从边缘到前沿——云南辛亥革命精神的起源与传承》,《学术探索》2011 年第 8 期。

3   5   7   9   《史记》卷 116《西南夷列传》。

4   《华阳国志·南中志》。

6   8   《史记》卷 117《司马相如列传》。

10 《三国志》卷 35《蜀书·诸葛亮传》(注)引《汉晋春秋》。

11 《华阳国志·南中志》。

12 《三国志》卷 35《蜀书·诸葛亮传》。

13 参见林超民:《云南郡县两千年》,云南广播电视大学 1983 年,第 38 页。

14 (宋)杨佐:《云南买马记》,转引自方国瑜:《云南史料丛刊》第二卷,云南大学出版社 1998 年版,第 245 页。

15 《宋史》卷 488《外国传四·大理列传》。

16 (元)郭松年:《大理行记》,转引自方国瑜:《云南史料丛刊》第三卷,云南大学出版社 1998 年版,第 136 页。

17 《元史》卷 157《郝经传》。

18 《元史》卷 121《速不台传》附《兀良合台传》。

19 24 《元史》卷 125《赛典赤赡思丁传》。

20　《元史》卷 61《地理志四》。

21　(元)虞集：《云南志略·序》,转引自方国瑜：《云南史料丛刊》第三卷,云南大学出版社 1998 年版,第 123 页。

22　(元)郭松年：《创建中庆路大成庙碑记》,转引自方国瑜：《云南史料丛刊》第三卷,云南大学出版社 1998 年版,第 275 页。

23　(元)李京：《云南志略·诸夷风俗》,转引自方国瑜：《云南史料丛刊》第三卷,云南大学出版社 1998 年版,第 128 页。

25　参见徐新建：《从边疆到腹地：中国多元民族的不同类型——兼论"多元一体"格局》,《广西民族学院学报》2001 年第 6 期。

26　参见杜文忠：《边疆的概念与边疆的法律》,《中国边疆史地研究》2003 年第 4 期。

27　参见陆韧：《变迁与交融——明代云南汉族移民研究》,云南教育出版社 2001 年版,第 14 页。

28　《明太祖实录》卷 197。

29　参见拙作：《论朱元璋治滇的意义》,《中国边疆史地研究》2008 年第 1 期。

30　(雍正)《云南通志》卷 31《艺文志》。

31　参见杜文忠：《边疆的概念与边疆的法律》,《中国边疆史地研究》2003 年第 4 期。

32　《明史》卷 310《土司传·序》。

33　江应樑：《略论云南土司制度》,载《江应樑民族研究文集》,民族出版社 1992 年版,第 323 页。

34　参见周玲、罗锋：《从边缘到前沿——云南辛亥革命精神的起源与传承》,《学术探索》2011 年第 8 期。

35　参见徐新建：《从边疆到腹地：中国多元民族的不同类型——兼论"多元一体"格局》,《广西民族大学学报》2001 年第 6 期。

36　参见张勇：《云南抗战地位显著》,载《云南日报》2005 年 8 月 15 日。

37　参见徐康明：《云南在世界反法西斯战争东方战线的战略地位和作用》,《云南日报》2005 年 8 月 8 日。

38　参见左永平、孟端星：《云南在中国革命史中的历史地位》,载《思茅师范高等专科学校学报》2004 第 2 期。

39　中共云南省委党史资料征集委员会编：《昆明起义》,云南人民出版社 1989 年版,第 399 页。

40　马铱潞:《桥头堡战略对云南具有划时代意义》,《人民日报》(海外版)2011 年 6 月 20 日。

41　林超民:《从云南与祖国的历史联系看中国历史发展的整体性》,载《西南民族历史研究集刊》第一集,云南大学西南边疆民族历史研究所 1980 年编印。

42　《新唐书》卷 222《南蛮传中·南诏下》。

43　《宋史》卷 353《宇文常传》。

44　(景泰)《云南图经志书》卷 1、2、3、4、5。

45　(民国)《石屏县志》卷 3《沿革志》。

秦汉至民国时期云南交通条件
对华侨出国的影响

陈　俊（云南大学人文学院历史系副教授）

　　交通条件是影响华侨华人出国的重要因素。云南与缅甸、越南、老挝接壤，与泰国相近，便利的地理区位，相近的生产生活条件，使云南人自西汉起开始移居上述诸国，逐渐形成众多的"跨陆华侨"。云南华侨的外出历史与云南向域外国家交通的拓展历程是分不开的。下面，权就历史上云南人"走夷方"的外出通道略作考察。

一、秦汉云南对外通道开启滇商开始移居国外

　　约在公元前4世纪的战国时期，我国先民就开通了一条到达域外的商旅要道——蜀身毒道，也有人称之为西南"丝绸之路"。它是云南最早的对外通道，以蜀（成都）为起点，西南出邛（今四川西昌）、僰（今宜宾）至滇池（今昆明）、大理，再向西到嶲唐（今保山），经腾越（今腾冲）出缅甸后有两种走法，其一是过缅甸北部、印度阿萨姆邦西部往西，即宋代所说的"西至身毒国"道；其二是入缅甸达杰沙（江头城），再沿伊洛瓦底江南达江口，宋代称为"南至海上"道。蜀身毒道的开通，对于沟通我国古代内地和西南地

区与域外各国的文化交流和贸易关系起了重要作用,在交往过程中,我国西南各族先民就开始移居国外,正如陈烈甫在所著《东南亚洲的华侨.华人与华裔》中说:"中缅关系起源于汉代。古代,中缅边界来往自由,既无关卡的检查,亦无护照的规定,故商旅来往自由。由于缅甸平地较滇西为多,出产亦较丰富,华人商贾到了缅甸之后,亦有留在当地定居的。"建武十九年(43 年),东汉伏波将军马援率军镇压安南二征起义。遂全线开通由云南至今河内称为"交州道"的水陆通道[1],其路线为滇中南下今蒙自,沿红河经屏边达河内。西汉时开通的自滇中达今缅甸与越南的上述道路,成为了汉晋时期云南与域外交流的主要通道。在交流过程中,当有少量的云南商人逐渐寓居上述诸国。

二、唐宋云南对外交通扩展域外华侨有所增加

唐宋时期,在南诏的积极经营下,"南至海上"道成为云南联系中南半岛的交通动脉。在"南至海上"道的上段,南诏还开通一条称"青木香山路"的支道,其走向是自今临沧地区至伊洛瓦底江中游,顺江南下达中南半岛南部。此外,南诏还开拓由今云南景东南下西双版纳达中南半岛南部的道路,走向是自今大理或楚雄经景东、镇沅、普洱与思茅达景洪,即明代方志所说的"贡象下路"。如(明)(万历)《云南通志》卷 16《贡象道路》记载,由车里西南可至八百媳妇宣慰司(治今泰国北部清迈)与老挝宣慰司(治今老挝北部良勃拉邦)。"西行十五六日至西洋海岸,乃摆古(今缅甸南部勃固)莽酋之地"。至于"交州道",唐代称为"安南通天竺道"。《新唐书·地理七下》说:"安南通天竺道"有若干支线可通邻国,如环王国都城(在今越南中部)、陆真腊(今老挝)、昆仑国(今柬埔

寨）。南诏时，"通天竺道"是最繁荣的对外商道，"河赕（西洱河地区）贾"四海为家，活跃于这条交通线上为"客"经商，常常往返于高黎贡山、寻传及骠国、天竺间。樊绰《云南志》卷 2 如是记载："高黎贡山在永昌西，下临怒江。左有平川，谓之穹赕，汤浪加萌所居也。草木不枯，有瘴气。自永昌之越赕（今腾冲），途经此山，一驿在山之半，一驿在山之巅。朝济怒江登山，暮方到山顶。冬中山上积雪苦寒，夏秋又苦穹赕、汤浪毒暑酷热。河赕贾客在寻传羁离未还者为之谣曰：'冬时欲归来，高黎共上雪。秋夏欲归来，无那穹赕（今怒江坝）热。春时欲归来，囊中络赂绝。'""河赕贾客"就是当年翻山越岭到骠国、天竺去经商贸易的南诏商人；寻传的中心即缅甸伊洛瓦底江东岸之打罗，南诏强盛时，"阁罗凤西开寻传，南通骠国"，[2]并在这里"刊木通道，造舟为梁"。[3]这首歌谣生动地再现了当年沿这古商道从事长途国际贩运贸易的商人艰辛及其侨居域外，苦苦思乡，不得而归的沉重心情。大理国继承了南诏至中南半岛南部的通道。李焘《续资治通鉴长编》卷 267 引杨佐入大理国《买马记》说：云南驿（在今云南祥云县）"驿前有里堠，题东至戎州，西至身毒，东南至交趾，东北至成都，北至大雪山，南至海上，悉著其道里之详"。大理国时期就立有指路碑，上面把到身毒、交趾和海山各国的路线、里程都写得清清楚楚，可见当时的对外商业贸易交往频繁，长途贩运正兴起，在这些长途贩运的商人中，当不乏侨居在东南亚诸国经商的。

三、元明清时期交通发展商贸兴盛外出华侨骤增

元朝建立后，十分注意广开交通，在全国普遍设置驿站，以便"通达边情，布宣号令"。[4]在西南诸省中，云南行省驿传设置最多，

效用和影响也很大。除有若干驿道通往邻省，若干驿路进入行省边陲地区外，还有一些驿道通往邻邦，主要是：由中庆经大理至腾冲过金齿（今德宏）出缅国达江头城一线。这条道路在至元七年（1270 年）设驿，[5] 至元十六年（1279 年），在金齿入缅路段初置驿传，[6] 二十年前后，又把驿传设至江头城，到大德四年（1300 年），"增云南至缅国十五驿"，[7] 开通和完善了滇缅大道。滇南方面，随着至元十一年（1274 年），平章政事赛典赤在云南建立行省，云南的政治中心由大理迁至鄯阐（今昆明），云南的交通随即也以中庆为中心，云南至安南的道路也由大理至安南改变为由中庆至安南。中庆经蒙自达安南（即大罗城，今河内）道在至元十二年（1275年）正式设站，[8] 使得鄯阐至大罗城的驿道成为了元朝与安南往来的通衢。此外，自鄯阐经车里（今西双版纳）至八百媳妇国的道路已开通。据《元史·文宗纪》，至顺二年（1331 年），元朝于今泰国北部置八百等处宣慰司都元帅府（治今清迈），八百媳妇国与元朝建立政治联系之后，双方往来不绝。看来，元朝沿车里经今缅甸景栋至今泰国北部昌盛和清迈的道路设置驿站，是有可能的。元代与域外诸国的道路畅通后，极大方便了双方的政治及经贸联系，此时兴起的马帮贸易活跃在云南至东南亚各国，云南回族成为了各族马帮中的佼佼者，据姚继德在《泰国北部的云南穆斯林——秦和人》[9] 一文中的考述，他们中有的就旅居于泰国北部，被泰族人称为"秦和人"。明清时期，云南联系中南半岛地区的交通，并未修建新的陆路干线，仅新通一些支线，经过明清两代的修治，上述地区旧道通行不畅的情形得到很大改善。此时的云南，同中央王朝关系不断密切，在统一多民族国家中的地位日益重要，它在西南边疆，守护着祖国的西南大门，成为历代王朝设防治边的重点。云南边疆的安危，牵系着国家的统一和领土完整。明清时期，在云南社会经济发展和边防巩固方面,交通发展起着举足轻重的作用。顾祖禹《读史方舆纪要》卷 113 论云南裔地边防形势说:云南"东接黔、蜀,南控交趾,西拥诸甸,北距土番。其名山则有点苍山、高黎贡山、玉龙山;其大川则有金沙江、澜沧江、潞江、滇池、西洱河;其重险则有石门。说者曰:云南山川形势,东以曲靖为关,以沾益为蔽;南以元江为关,以车里为蔽;西以永昌为关,以麓川为蔽;北以鹤庆为关,以丽江为蔽;故曰:云南要害之处有三:东南八百、老挝、交趾诸夷,以元江、临安为锁钥;西南诸夷,以腾冲、永昌、顺宁为咽喉。识此三要,足以筹云南。"顾氏此说固然论述了明清时期云南地理区位、交通形势和边防重点在统一多民族国家中的重要性,从华侨史的角度看,正是由于云南经滇西、滇南、滇东南通往域外诸国道路的开辟和完善,为云南同这些国家的政治、经济、文化交流和联系创造了条件,特别是促进了相互商业贸易的发展,使沿线城镇尤其是邻边重镇变成了商品、货物的集散地,成为了繁荣、兴盛的商业都会,而荟萃于商业都会的商人们为经商便利,往往侨居域外诸国,如《永昌府文征》文录卷 30 中的《腾永关行记》称:"我国西南边防重镇腾越,古越赕地,与永路隔龙潞两江,北通片马,南控七司,为出缅之门户。民善贸迁,多侨缅,四乡殷实,瓦屋鳞比,为滇中各县所罕见。"另一方面,这些既是边防重镇又属商业都会的要冲之地,也成为了有名的侨乡。如滇西的腾冲、龙陵、保山,滇南的蒙自、红河、元阳等。

四、近代铁路公路及马帮运输并举华侨外出达到高潮

　　近代以来,云南对外交通的特点是马帮长途运输线的基本确立,向近代交通运输过度。马帮的活动范围十分宽广,除涵盖云南

全省和与云南有经济交往的中国内地各省区外,与云南有外贸联系的周边国家,都进入了马帮的运输网络之中。其运输干线是由元明清时的驿道和近代各海关出国境商道发展起来的,主要包括迤东线、迤西线和迤南线三大干线。迤东线主要是云南与贵州、四川的联系干线;迤西线的昆明至八莫和昆明至车里连通境外;昆明至八莫是元明清以来云南与缅甸贸易的主干线,行程1172公里,约需日程31天,"昆明八莫间驿路,仍乃滇缅交通之主要路线,自八莫有铁路通曼德勒及仰光,或泛伊洛瓦底江至仰光"。[10]昆明至车里干道,行程891.6公里,约需日程25天,此路直接深入普洱茶产地,由是通往缅、泰、老、越的重要出境之路,"昆明车里间驿路,为本省西南驿路干线,由车里西南行至缅掸部之康东,西行至曼德勒而迄仰光,南行至暹罗之景迈而达曼谷,又由车里南行如安南之老挝而抵东京"。[11]迤南线上,除有"昆明至百色"干线外,尚有昆明经蒙自至蛮耗马帮干道,续接红河水路至海防国际贸易港。沿着迤西和迤南大道,近代云南的主要大商行,积极经营跨国贸易。如永昌祥、庆正裕、永茂和、茂恒等经营滇缅贸易。迤南线上的玉溪帮、河西帮、通海帮、蒙自帮、建水帮、开化帮等马帮积极从事国际马帮运输贸易。这些从事马帮贸易的滇商滇民通过上述交通线,分别进入缅甸等国经商贸易、垦殖定居,使滇侨在东南亚国家初具规模。以缅甸为例,到民国初年,在阿瓦地区,"缅之华商十余万,滇居多数,闽粤次之,阿瓦约七八万,滇商三万"。[12]在仰光,滇商虽不及闽粤之商的人数多,但也颇具规模,仰光城内设有云南会馆,而会馆每年的活动费用在10余万卢比。特别在滇缅交界地区的上缅甸,云南人不仅在这里经商、设商号,而且还从事开矿、植棉等经济活动。民国初年,云南曾向中央政府要求在阿瓦设立领事馆,以便协调管理滇缅贸易,同时也为了保护在缅滇人合法权益,在一份《复议设阿瓦领事》的电文中,概括了当年沿着迤西线经商谋生的滇人在阿瓦的分布和生产经营情况:"部电祇悉,树苽任即密调查阿瓦城外姐旧、汉人二街,闽粤滇各有会馆,华人约万余,曲巷不与焉。阿瓦东之蜡戌、锡卜二处,平时约共二万,冬季可达三万。阿瓦南之缅降,闽人侨者千余,各村寨种棉之滇人五千余;又南抵别缪至仰光二面华人侨者约万余;阿瓦之西,由瑞波至孟拱各处,平时约万余人,冬则集玉石厂者可二万余;阿瓦之北红宝石厂及八幕汉人街,华人商者工者约二三千,前电所称七八万非凿空也。比询之丝花行人数,大略相同。仰光市面诚只万余人,然山寨亦复数万,惟偏峙海隅。洋货表面虽来自仰光华商,内容实汇于阿瓦,易地以观,仰光犹蛮允,阿瓦犹腾城。约章视贸易为定,不云海口;即以人数为定,况扼中枢。"[13]可见,近代以来,经迤西线进入缅甸的滇侨规模不小。1910年通车的滇越铁路,在成为法国在云南进行商品倾销、资源掠夺和榨取利润的工具同时,也改变了此前云南境内运输全靠骡马驮运的状况,改善了运输,同时密切了云南同东南亚各国及欧美等发达资本主义国家的联系,一定程度上促进了云南经济、文化发展和教育交流。如自1910年后,云南每年都有一批学生经滇越铁路出海,转往日本或欧美留学,成为"侨生",云南早期的留学生熊庆来等人就是通过滇越铁路出洋留学的。修建于抗战期间的滇缅公路和中印公路,不仅解决了抗战非常时期战略物资运输的燃眉之急,也大大便利了滇人的外出。随着1941年日军进占越南,截断了滇越铁路,1942年占领缅甸,滇缅公路阻断后,由云南经西藏拉萨至印度葛伦堡的马帮运输再度兴起,滇藏印贸易的交通线成为了战时唯一可通行的国际交通线。滇藏爱国商人纷纷以"国家存亡,匹夫有责"为己任,在重新打通滇藏印马帮驮运国际交通线后,进口后方急需的各种商品。原来主要经营滇缅贸易的各大商号，如茂恒、永昌祥、恒盛公、洪盛祥、永茂和等，以及丽江的恒和号、仁和昌、达记、裕春和、长兴昌，北京的兴记，山东的王云宝等商号纷纷在印度葛伦堡、加尔各答等地投入资金，设立分号，甚至侨居印度，经营滇藏印贸易，为充实后方经济，稳定人民生活，支援持久抗战，作出了积极的贡献。

　　从上述云南交通的发展历史看，云南与周边国家的经济文化交流是随着云南与境外国家交通路线的开辟与拓展而密切的，商业活动的兴盛又带动了边境城市的繁荣，促进了滇商侨居国外的增加，换言之，交通条件的改善便利了滇侨的外出。需要指出的是，在封建社会里，国内封建统治阶级大部分时间里都实行闭关锁国，禁止华侨外出的政策，如乾隆四十年（1775 年），清廷"严饬沿边各员，禁止民人等出口，以使奸商无处藉词偷越。并饬安南国王一体留心，如有内地商民潜赴彼国者，即令其缉拿呈送该督"[14]，但由于边贸交往的存在，商品经济的刺激，统治阶级的禁令效果是有限的，如在云南边境，尽管"各口隘俱严行查禁，不许商人偷越……而沿边各隘袤长辽远，僻险小径处处可通"。[15]滇商仍设法循陆路外出，有的就侨居国外。近代以降，随着国内社会性质发生的深刻变化，外出经商、务工人员渐成滚滚之势，侨居人数达到了高潮。

注释：

1　（汉）班固撰：《汉书》卷 28 上《地理志第八上》，中华书局 1962 年点校本。

2　樊绰：《云南志・六诏》卷 3，云南大学图书馆 1985 年复印本。

3　《南诏德化碑》。

4　（明）宋濂等：《元史》卷 63《地理志》，中华书局 1976 年版。

5　《永乐大典・站赤二》，中华书局 1986 年版。

6　（明）宋濂等：《元史》卷 10《世祖纪》，中华书局 1976 年版。

7　（明）宋濂等:《元史·成宗本纪》,中华书局1976年版。

8　（明）宋濂等:《元史》卷8《世祖纪》,中华书局1976年版。

9　姚继德:《泰国北部的云南穆斯林——秦和人》,《思想战线》,2002年第3期。

10　11　《新纂云南通志》卷56《交通考一》。

12　13　李根源辑:《永昌府文征》文录卷21,云南美术出版社2001年版。

14　《清高宗实录》卷997。

15　《清高宗实录》卷811。

试论印度在"西藏问题"上的双轨政策

杨晓慧(云南大学人文学院历史系讲师)

"西藏问题"是中印关系中不可回避的一个"问题",是印度国家安全战略的重要组成部分,是印度政府对华政策的重要内容。正如印度经济学家、资深中国问题专家、前内阁部长苏布拉马尼亚姆·斯瓦密博士所指出的,"西藏的地位以及印度对西藏地位的看法,一直是中印关系中不稳定的因素"。[1] 因此,对印度的西藏政策进行回顾和分析,有助于正确理解、把握中印关系,也有助于促进正在改善中的中印关系。

印度从独立开始就全面继承了英国的对藏政策,即:使西藏成为非军事区和中印的缓冲区,乃至推动西藏独立。从几十年来印度政府在"西藏问题"上的态度和行为来看,印度政府一直在不遗余力地推行这一政策,但随着印度对自身地缘战略构想及国家安全战略的考量以及国内外因素的变化,印度对藏政策在不同时期有不同的侧重点。从印度对"西藏问题"的态度和行为来看,印度的对藏政策大体经历了四个时期的变化,即:1.1947 年印度独立至 1959 年拉萨叛乱;2.1959 年收留达赖喇嘛及外流藏人到 1976年中印两国恢复大使级外交关系;3.1976 年到 1998 年印度进行核试验;4.21 世纪初至今。下面我们来具体回顾一下印度在"西藏问题"上所采取的态度、行为以及由此衍生出的印度对藏政策。

一、1947 年印度独立至 1959 年拉萨叛乱

根据印度对西藏干涉程度的不同,这一时期又可分为两个阶段,前一阶段是 1947 年印度独立至 1951 年西藏和平解放,为印度积极干涉阶段;后一阶段是西藏和平解放至 1959 年西藏叛乱,为印度消极干涉"西藏问题"阶段。

1947 年印度独立后,在外交政策上它全面继承了英国对中国西藏的政策,同时也继承了英国在西藏的特殊利益,企图在承认"西藏事实上独立"的基础上和西藏往来。印度政府认为"英国发明的'宗主权'(suzerainty)比主权(sovereignty)更能说明中国和西藏之间的关系",[2] 力图控制西藏,于是采取了一系列的行为,具体体现在几个方面:第一,支持"藏独势力",怂恿西藏独立。如 1947 年在新德里召开的"泛亚洲会议"上发生的"地图交涉"事件,1947 年底至 1948 年初包括尼赫鲁在内的众多印度官员同西藏噶厦秘书长兼财务处长夏格巴・旺秋德丹率领的贸易考察团举行的公开的或秘密的会谈、1949 年 7 月发生的"驱汉"事件,以及印度政府绕过中国中央政府,直接与西藏地方当局建立经济和外交关系,英国驻拉萨的代表机构直接变成印度的代表机构,"所有人员全部保留下来,唯一明显的变化就是更换了国旗"[3]。以上种种,都是刚获独立的印度企图分裂中国支持藏独的明证。第二,积极干涉中国解放西藏。1950 年针对中国人民解放军解放西藏,印度政府连续三次提出照会,要求中国政府调整对西藏提出的在中国宗主权范围内自治的"合法要求"。1950 年 8 月,印度又要求中国对西藏提出的自治要求"予以和谐的调整",印度在西藏的"从惯例和协

定中产生的权利"应当继续下去,印度和西藏的边界也"应当继续不受侵犯"。[4] 与此同时,印度政府还向藏军提供军火,帮助藏军往昌都调动以阻止解放军进藏,派人到前线设立电台,收集情报,阻止西藏代表前往北京会谈等行为。印度的报纸也连续发表文章,强调西藏为"独立国家",污蔑中国解放西藏的行为是"侵略"。[5] 第三,蚕食中国西藏的领土。从 1948 年至 1954 年印度军队不断侵占西藏领土,进军达旺,逐步占领了非法的"麦克马洪"线以南的一直属于西藏管辖的领土。这一系列事件都暴露了印度当局追随英国分裂中国的图谋。

　　然而,面对 1950 年中国实现西藏和平解放的既成事实,印度政府只能在以下两者间做出选择:要么支持毫无希望实现的西藏独立事业,要么执行对中国友好的政策。尼赫鲁政府采取了理性的现实主义政策,他在议会中表示,"世界上发生许多我们不喜欢或与我们的愿望不同的事情,但是我们不能像手持长矛的唐诘诃德一样去反对任何不喜欢的事情,因为这不仅于事无补,反而会引起麻烦"。"我们正在放弃我们实际上无法掌握而事实上已经失去的东西"。[6]1950 年 11 月 18 日,贾瓦哈拉尔·尼赫鲁总理在写给他的同事萨达尔·帕特尔的信中说:"我们不能拯救西藏,虽然我们希望这么做,我们救它所做的努力越大,给它带来的麻烦也越大。我们不但没有能力有效地帮助它,反而给它带来麻烦,这对西藏来说是不公平的。然而,我们有可能帮助西藏维持最大限度的自治。"[7] 因此印度采取了主动,于 1954 年同中国签订了《中华人民共和国、印度共和国关于中国西藏地方和印度之间的通商和交通协定》,取消了印度在西藏地方的所有特权并承认中国对西藏的主权。"协定"还确立了指导两国关系的基本原则,使得中印关系在 20 世纪 50 年代中期达到最佳状态。正如一位历史学家所说:"尼赫鲁在1954年决定与北京发展关系,不是出于他的罗曼蒂克,而是因为他认识到印度的安全需要这样做。"[8]

协定的签署虽然意味着印度放弃了其在西藏地方的旧有特权,但是印度政府并没有抛弃英国殖民者干涉中国西藏事务的传统做法,试图利用西藏问题保持对中国的某种外交压力,以便讨价还价,在边界问题上谋取利益。同时印度政府继续利用它与西藏的宗教、文化和经济联系以及总领馆的合法地位,利用西藏上层不满民主改革,暗中策划和支持其叛乱活动;帮助挑选骨干,送往美国训练后,派回西藏指挥叛乱;向叛乱者提供我党我军的情报,给美国和台湾国民党当局援助西藏叛乱活动以过境方便;[9] 听任叛乱者在印度噶伦堡建立"藏独"活动基地。

总的来说,这一时期印度在西藏问题上,不论是前期的积极干涉,还是后期的消极干涉,其立场是两面的:一方面干涉中国解放西藏,鼓动西藏地方当局向联合国呼吁干涉,企图将西藏问题国际化;另一方面在联合国讨论西藏问题时,又投弃权票,担心联合国的过多干涉反而促使中国加快解放西藏的步伐,扫除印度在西藏的特权,试图将西藏问题控制在一定范围内,由印度充当中国和西藏地方之间的调停人,使西藏问题成为一个中国有求于印度的因素。这实际上就是印度对藏政策的两面性,也可以称之为印度对西藏的双轨政策。这一时期西藏问题基本上顺应中印关系发展的大局,印度将对藏政策控制在不严重影响中印关系的范围内。

然而,随着1959年西藏叛乱,印度的西藏政策出现了惊天逆转,最终走向公开对抗。

二、印度对西藏政策的逆转(1959—1976)

1959 年后为使西藏真正成为印中两国间的缓冲区，印度积极采取反华政策，一方面支持西藏上层社会的分裂活动，并在叛乱平息后主动收容达赖喇嘛及其跟随者；另一方面，在中印边界地区大肆推进前进政策，挑起中印边境冲突。其具体表现有：

收留逃印藏人。1959 年 3 月 3 日，当达赖一行跨越非法的"麦克马洪线"进入印占区后，印度政府立即派高级官员率武装部队前往迎接并提供保护，甚至还受到当时印度总理尼赫鲁的接见。尼赫鲁表示"印度政府给予达赖喇嘛政治避难"，"达赖喇嘛在印度期间将受到尊敬"。同时印度政府专门成立了"中央救济西藏委员会"，下设"藏民安置办公室"，并由外交秘书阿南德具体逃印藏人的安置工作。随后印度政府帮助达赖组建了"流亡政府"，并划拨经费、物资和土地，为外逃藏人建立了"难民营"，即藏人居住区。从此，印度喜马偕尔邦的达兰萨拉就成了分裂势力的中枢。西藏平叛后，大批藏人涌入印度，印度政府划出大片土地，共建 50 多个定居点，收留藏人。[10]1960 年，"西藏流亡政府"在印度达兰萨拉成立，印度虽未公开承认其政府，却允许藏人公开举行集会、游行等分裂活动。

组织反华藏人武装。之前，印度虽然对美国情报局在西藏的活动有所耳闻，但对印美合作援藏计划并不热衷，但在 1959 年西藏叛乱后，与尼赫鲁关系亲密的印度情报局负责人穆立克为获取和搜集西藏内部的中国情报，在中印边境建立了 67 个据点，在西藏和中国训练了 1334 人。[11]1960 年，穆立克在夏威夷国际刑警会议上同中情局负责人理查德·汉姆斯谈话时表示认同中情局的行动,并希望继续下去。但总体来说,这个时期印度对印美在西藏的合作仍有所保留。1962年边境冲突后,印度政府更加积极地支持和援助西藏叛乱分子的活动,边境冲突后印度的态度有了很大的转变,开始与美国勾结,在奥里萨建立了秘密的援藏据点,双轨政策发生了偏转。1962年11月,美国海尔曼使团一行到印度后,双方一边谈军事援助印度的计划,一边也谈了合作援藏的行动。中情局远东事务负责人格里奇菲尔德回忆说:"我们开始想各种对抗中国的方案,大多数都是围绕西藏。"[12]中情局负责人大卫·布里说:"印度人由于西藏的情报收集价值,对针对西藏的准军事行动很感兴趣,并要求我们对他们的行动永远保密。"[13]在调查使团离开印度前,中情局和印度情报局已达成分工协议:印度人在中情局的支持下负责5,000名西藏游击队员事宜,中情局负责培训官员;中情局远东部分单方面在西藏内支持抵抗活动;木斯塘藏军由中情局单方面控制。当中印战争对印度不利时,印度国防部长梅农和印度总参谋长考尔想建立一支游击队直插入中共防线后方。因中国是从西藏出兵,因此游击队的队员应找藏人。为了取得帮助,印度和达赖的哥哥嘉乐顿珠取得联系,嘉乐顿珠答应组织5,000名西藏自愿者组成游击队。1962年11月14日,印度情报机构在一个叫察克拉塔(Chakrata)的小村庄开始对这些西藏游击队员进行体能、智能的培训,包括游击战术、突击战术、破坏及爆破技术的学习。中情局于1962年4月中旬派8名美国顾问到达印度,帮印度人进行训练。[14]1963年10月,美国希尔营地受训的一部分人被指派到察克拉塔,成为该计划的骨干力量。尼赫鲁对该计划予以了大力支持,1963年11月14日,尼赫鲁来到Agra22号空军基地,讲了一些热情洋溢的讲话,并断言西藏人有一天会回到他们独立的祖国。[15]木斯塘(Mustang)位于尼泊尔北部边界,占地1943平方公里，周围是峡谷和悬崖，被西藏三面包围，人口和文化接近西藏且保持自治，这极大地便利了西藏分裂势力在此进行活动。木斯塘藏军的前身是 1957 年 5 月由叛乱分子恩珠仓公领导的"四水六岗"叛乱组织。该组织得到美国中央情报局的支持，在 1959 年叛乱中起到了极大的作用，后被人民解放军镇压。1960 年在美国的支持下，达赖集团在木斯塘重建了该组织。木斯塘藏军经常袭击西藏境内的交通沿线，截取情报。木斯塘计划是由美国单方面负责并背着印度的，但在海尔曼使团访印期间，穆立克对木斯塘有了简要的了解，并就双方联合训练进行了讨论。1964 年初冬，美印合作的新时代的象征"联合行动中心"在新德里成立了。该中心负责指挥在希尔营训练的 133 名藏人和木斯塘游击武装。1965年，穆立克建议给予木斯塘游击队两次空投装备无武装的自愿者，然后将其送入西藏。5 月，中情局与印度合作向木斯塘空投物资，其中包括 50 支步枪，1000 枚手榴弹，6 门迫击炮，36 支左轮枪，42支斯特恩轻机枪，6 门 57 毫米无座力炮，75 支手枪，72000 发弹药。物资全部由美国运送，印方提供查尔巴迪亚空军基地。[16]

　　同时，印度企图将西藏独立的活动扩展到国际社会。1965年，印度便在第 26 届联大讨论"西藏问题"上，攻击中国"侵略西藏"。在中印边境冲突期间，印度封锁中国西藏，并坚持以麦克马洪线为印度和中国西藏的分界线，开始公开大规模地侵占中国的领土，企图通过外部包围控制中国西藏。

　　印度当局的这些反华活动不可避免地加剧了两国关系的恶化，从此两国关系进入了漫长的"冷战"时期。20 世纪 70 年代，两国虽有缓和的意向，但进展不大。这一时期西藏问题在中印关系上占据相当重要的地位，一定程度上主导着中印关系的发展态势。很显然，这一时期印度在"西藏问题"上的双轨政策出现了大幅度的偏转。

三、80 年代以来的双轨政策

经过中印两国政府的努力,1976 年中印双方恢复大使级外交关系,中印关系真正开始走向解冻。1979 年,印度外长瓦杰帕伊访华,这也是中印关系恶化后近 20 年印度外长首次访华。1981 年,中国外长黄华访问新德里,并与印度总理拉吉夫·甘地举行了会谈。中印之间开始就边界问题进行建设性的谈判和接触。出于政治上的考虑,印度在"西藏问题"上的政策也发生了某些微妙的变化,即从过去的公开支持流亡的西藏分裂集团向执行两面双轨计划转变:一方面公开声明西藏是中国的自治区,另一方面,印度暗地里实际上仍然通过各种方式支持或纵容达赖集团。

1988 年 12 月,印度总理拉吉夫·甘地访华,曾公开表示:"西藏是中国的一个自治区,印度政府不允许任何政治势力在印度进行有害于中国和被视为干涉中国内政的政治活动。"访问期间,拉吉夫·甘地同邓小平、杨尚昆、李鹏等领导人坦诚地会谈,并取得了丰硕的成果。中印双方就解决边界纠纷以及发展双方其他方面关系等议题达成了共识。拉吉夫·甘地的访问是中印关系的一个重要转折点,为中印双方建立和平稳定与合作的关系奠定了基础。

中印双边关系的改善和发展并没有改变印度西藏政策的本质。印度实际上仍然奉行纵容西藏分裂集团的政策,成为藏独分子反华的大本营。在 1986 年 7 月 18 日流亡藏人在中国驻印度大使馆门前举行示威、1987 年 10 月拉萨骚乱后达赖团伙再次在使馆门前示威并举行大规模反华示威游行、1989 年 4 月 1 日拉萨集团攻击中国驻印度使馆、1991 年 3 月 10 日在所谓的西藏起义周年日举行反华示威游行、1991 年 10 月 21 日四川歌舞团访问新德里期间遭西藏暴徒冲击以及 1992 年 3 月 11 日西藏分裂分子燃烧弹袭击中国使馆等事件中，印度政府一直采取纵容的态度。此外，1989 年 8 月在印度新德里召开的所谓"西藏与南亚和平"问题国际会议便是干涉中国内政的丑陋行径，印度政府却没有加以有效制止。印度政府的所有这些作为，严重影响了中印关系，更加助长了达赖分裂集团的嚣张气焰。

四、新时期的政策

进入 21 世纪以来，随着中印关系的进一步改善与发展，印度在"西藏问题"上的政策作出了一定程度的调整。2003 年 6 月，印度总理瓦杰帕伊访华期间，在对"西藏问题"的立场表述上发生了重要的调整。在中印两国签署的《中印关系原则和全面合作的宣言》有关"西藏问题"的条款中，印度首次明确承认西藏是中国不可分割的一部分，使得印度这一立场有了法律意义，实质上大大缩小了印度政府打"西藏"牌的空间，削弱了"西藏问题"对两国关系的影响。2005 年中国总理温家宝访印的时候，印度政府重申，承认西藏自治区是中华人民共和国领土的一部分，不允许西藏人在印度从事反对中国的政治活动。这是国大党从人民党政府手中接权后对其前任对华关系中西藏政策的肯定，说明政党轮执不会改变印度政府"西藏问题"的态度。但在实际运作中印方并未放弃流亡分子这张牌，因为"一旦中国像夺走了班禅一样而获得达赖的机制，对印度就等于三个师兵力的损失。"[17]有时印度人甚至怂恿西藏流亡者出来打头阵闹事，政府再出面收拾残局以向中国示"诚意"。控制并利用西藏流亡者的做法或许是尼赫鲁时代"大印度联邦计划"的隔代遗传。

　　总体而言,"西藏问题"在两国关系发展中不再是最为关注的问题,也不是两国关系发展的主要障碍。尽管如此,这并不意味着印度政府彻底放弃其在"西藏问题"上的传统政策,"西藏问题"仍然是摆在中印关系中的一个重要障碍。

　　纵观印度西藏政策的变化,可以看出印度在"西藏问题"上的策略调整完全取决于其国内外形势的发展变化,但其西藏政策基本保持了连续性,即一方面,公开声明不承认西藏流亡政府,不允许达赖及其追随者在印度境内从事反对中国的政治活动;另一方面,或公开或不公开地追求西藏的缓冲地位,通过各种方式支持和纵容达赖集团,例如,前印度人民党副主席马尔甘尼声称"凡是有头脑的印度人都不能(在理性和感性上)接受西藏属于中国",并表示"在思想、感情上很难承认西藏是中国的一部分"。可以看出,印度统治集团内部,出于战略需要,始终把西藏问题作为牵制中国的一张王牌,其手法和表现形式,仅仅取决于印国内外形势的需要而定。[18]

　　目前,印度在西藏问题上的态度并没有完全转变,不过也出现了一些转机。印度国内不少有识人士意识到了西藏问题对中印关系的消极影响,并主动去营造一些化解两国矛盾的氛围。如苏布拉马尼亚姆·斯瓦密博士就曾说到,"有的国际问题上,中国和印度都没有解决不了的根本利益冲突,对立也不能成为中印不和的原因。因此,正是'一些其他的原因'不时地影响中印之间的关系。这其他原因是印度在处理中国西藏问题上所表现出来的印度政府的模棱两可和缺乏透明度。""印度人必须抛弃英国人在西藏问题上的两面派政策","消除帝国主义背信弃义的做法是印度政府的责任,这事不能由印度社会中其他机构来完成"。[19]

注释：

1　7　19　[印]苏布拉马尼亚姆·斯瓦密:《从西藏问题看中印关系》,译自印度《前线》杂志第 17 期,2000 年 9 月 2 日—15 日。

2　赵伯乐:《当代南亚国际关系》,中国社会科学出版社 2003 年版,第 321 页。

3　[澳]内维尔·马克斯维尔:《印度对华战争》,陆仁译,世界知识出版社 1981 年版,第 66 页。

4　王宏伟:《喜马拉雅山情结:中印关系研究》,中国藏学出版社 1998 年版,第 29 页。

5　张敏秋:《中印关系研究(1947—2003)》,北京大学出版社 2004 年版,第 167 页。

6　张植荣:《国际关系与西藏问题》,旅游教育出版社 1994 年版,第 105 页。

8　Durga Das: India:from Curzon to Nehru and after, Rupa ,New Delhi, 1981.

9　Steven A. Hoffmann, "Rethinking the Linkage between Tibet and the China – India Border Conflict: A Realist Approach", Journal of Cold War Studies, Vol. 8, No. 3, Summer 2006.

10　Gyatso Tenzin, Beyond Dogma, Freedom in Exile: The Autobiography of the Dalai Lama, Hodder and Stoughton Ltd. , 1990.

11　Mullik, The Chinese Betrayal, My Years with Nehru, Bombay, India:Allies Publishers, 1971. pp178—181.

12　Kenneth Conbyand & Jame Morrison,The CIA's Secret War in Tibet, the University Press of Kansus, 2000, p174.

13　15　16　Kenneth Conbyand & Jame Morrison,The CIA's Secret War in Tibet,p174、187、215.

14　Kenneth Conbyand & Jame Morrison,The CIA's Secret War in Tibet,p185. 由于是在印度的 Agra22 号空军基地训练藏人跳伞,因此这个计划又称为 22 号基地计划。

17　《印度鹰派对小活佛欲迎还拒》,载[新加坡]《联合早报》2000 年 1 月 20 日。

18　杨学平:《浅析制约中印关系发展的几个主要因素》,《南亚研究季刊》,2002 年第 1 期。

构建边疆学科的一次尝试

——私立五华文理学院边疆文化学系述略

沙文涛(云南大学人文学院历史系讲师)

近年来,随着边疆研究的深入和发展,边疆学的学科建设也受到越来越多的关注,[1] 中国近代史上构建边疆学学科的探索历程也由此进入学者们的视野。边疆学作为一门学科的设想,早在民国时期就已提出,中山大学杨成志教授于 1939 年拟定的《国立中山大学文学院边疆学系组织计划纲要》中,建议在文学院设立边疆学系,希望把边疆学作为一个学科来建设,这是在中国高校建设边疆学学科的最早倡议。[2] 在现有的学术视野中,学者们已经关注到了顾颉刚、杨成志等人构筑边疆学的尝试[3],也梳理了边政学的兴起、发展历程及其与边疆学科构筑的关系。[4] 鲜为人知的是,20世纪 40 年代末 50 年代初,地处西南边疆的一些学者曾经进行过一次建立边疆学系的努力,即私立五华文理学院创办边疆文化学系的尝试。这样一次尝试虽然经历的时间比较短,但作为前人构建边疆学学科的一次努力,其中有许多值得我们记取之处。

一、私立五华文理学院的创办与边疆文化学系的缘起

抗战胜利后,战时迁到云南的众多文化教育机构陆续返迁,云

南文化教育事业顿显空虚，尤其是高等院校，仅存云南大学、昆明师范学院和省立英语专科学校三所。战后百废待举、急需人才，而云南地方文化教育尤其是高等教育却空虚落后，这种状况使一些文化、教育界人士深为忧虑，深感必须创办一所地方大学，以充实云南高等教育、培养地方建设人才，同时也可以满足云南青年进一步深造求学的需要。在这样的背景下，私立五华文理学院（以下简称"五华学院"）应运而生。

　　1946 年 8 月，五华学院正式发起成立。学院以"发展西南文化，推进科学研究"为办学宗旨，得到社会各界的广泛支持。发起人有李根源、于右任、周钟岳、陈果夫、翁文灏、卢汉、梅贻琦、熊庆来、陈寅恪、钱穆、罗庸、秦光玉、由云龙、姜亮夫、于乃仁、于乃义等全国政治、教育、学术各界人士和云南地方名流，成为云南教育文化界的一件盛事。五华学院属于私立性质，其创办经费主要来自于乃仁[5]、于乃义[6]兄弟的捐献，常年办学经费则主要靠于氏兄弟捐献的办学基金的利息、于氏祖产租息以及所持股权企业收益，部分经费来自社会各界捐助、学生缴纳的学杂费等。

　　由于办学条件的限制和申报程序方面的问题，学院成立后未直接招生，而是先开办文史研究会和植物研究所，依托以上机构开展学术活动，组织学术演讲。不久，在文史研究会的基础上成立文科研究所，聘请钱穆为文科研究所所长兼人文科学研究班导师。1947 年 9 月，人文科学研究班首次招生，录取新生 30 名、旁听生 38 名，这也是五华学院首次招生。1948 年正式成立私立五华文理学院，开始招收中国文学系、外国语文学系、物理学系等文理科各系学生。1949 年度招收中国文学系、历史学系、外国语文学系、物理系、地质系、先修班学生，加上原有的人文科学研究班，专业设置日趋完备，达到全盛时期。

五华学院是为了满足云南地方人才培养的需要而设立的,其学科设置、办学目标具有明显的地方特色。如,人文科学研究班和历史系结合云南特点,设有"云南边疆问题"、"方志研究"、"东南亚研究"、"史料学"、"云南文化史"、"云南地方文学"、"云南民族志"等课程,还有一些学科在当时的全国高校中也尚不多见,如"人种地理民族学"等。实际上,根据云南边疆情况而进行学科设置的设想,在五华学院创办前,著名学者姜亮夫就曾提出过。1942年姜亮夫出长云南大学文学院时,就向当时的云南大学校长提出了一个宏伟的建院计划,其主旨"大体在指明云南历史与地理之特点,而大学文法两院应配合此特点而发展之,不宜与一般大学相等",具体设想有:调整设科分系,"文史分系而社会系与史学系合并为历史社会系,系中分为民族组与社会组,组织增设东方语文系、经济系……。又于全院附设民族专修科与西南文化研究室,专修科设招收边疆子弟研究室,纯以搜集资料为事"。[7] 由于得不到学校当局的积极回应和支持,姜亮夫的学科调整设想付之东流,但他配合云南历史与地理特点而设置学科专业的想法被五华学院继承和实践了。

中华人民共和国成立后,尤其是云南和平解放后,五华学院一方面迎接新生的人民政权,另一方面也不得不逐渐改变办学方针以适应时代的要求。1950 年初,五华学院按照中央人民政府教育部《实施高等学校课程改革决定》,对学院法规、学则及课程教材教法作全面修改。1950 年 1 月 31 日,董事会召开第八次会议,决议将学院办学宗旨改为"发扬民族文化,推进科学研究"。[8] 在院系建设上,为加强对边疆文化和边区民族等问题的专门研究,将原有的"人文科学研究班"改为"云南边疆文化学系"。五华学院同仁认为:"在依照新民主主义文教政策为民族的、科学的、大众的文化教育,对于发展边疆文化和边区民族等问题的专门研究是必要的。本院原设有人文科学研究班,范围似属广泛,原来设置的意义,本来以研究本省史地和自然、民族、社会、语言等等问题为对象,现在决定使它名实相符,拟改为云南边疆文化学系……"[9]五华学院这种以边疆文化学系冠名的学科部门,在新中国建立初期的中国各高校中,可以说绝无仅有。

边疆文化学系在五华学院的出现,其实并不意外,因为云南具有边疆研究的传统和深厚的学术基础。边疆问题很早就受到以方国瑜为代表的云南本地学者的重视,对于边疆学的建设也早有一些构想。早在 1938 年 10 月,方国瑜联合内迁来滇的学者凌纯声等创办《西南边疆》杂志,有力地推动了西南边疆研究;1942 年 7 月,国立云南大学创建西南文化研究室,方国瑜任主任,先后出版《西南研究丛书》10 种,极大地推进了中国西南边疆研究家的发展,对于中国边疆学科的建设也进行了有益的探索。[10]在五华学院建校后,方国瑜、李埏等许多云南大学的文史教授兼任五华学院的教师,而边疆文化学系的主任张凤岐,便是云南大学兼任教授,同时也是方国瑜主持的云南大学"西南文化研究室"的特约编辑员[11]。可以说五华学院创建边疆文化学系是顺理成章的事,它根植于云南地方边疆研究的深厚传统基础之上,是对云南边疆研究传统的继承和发展。

二、边疆文化学系的办学构想

1950 年初,五华学院先后出台了《私立五华文理学院议拟修订课程教材教学法草案》、《私立五华文理学院 1950 年秋季起各学系课程改革草案》等文件,这些文件中对边疆文化学系的办学目的、办学思路、培养任务等进行了阐述,形成了初步的构想。

办学目的。《云南边疆文化学系课程和教学法的议拟意见》中明确提出:"我们要下决心为边疆人民服务,而不是做边官,我们了解边疆,期望和边胞共同改造边区社会,而不是另有所图。……这是一个尝试为实事求是作开发边疆的准备工作,将来在事实的经验上再逐步修改。"[12]在云南和平解放后,各项事业亟待开展,包括边疆开发与建设。但了解边疆和建设边疆的人才却颇为缺乏,身处云南的学者对此都深有体会。在一次座谈会上,五华学院教授张翔生(张凤岐)曾提到一件事,他说:"我有一学生,几次来找我,他要做一张少数民族区域图,因为西南民族事务委员会需要,我到高教会出席时,重庆好几位也表示过,现在少数民族的研究材料很缺乏,因此,在本省边疆文化的发展,是很切合需要的。"[13]可以说,边疆文化学系就是为了满足开发边疆、建设边疆的时代要求而设立的。

培养任务。边疆文化学系的主要任务,便是围绕培养研究边疆、建设边疆和服务边疆的人才展开的。按五华同仁的说法,就是:"本系的任务在培养学生充分掌握人文科学研究与对边疆或民族了解的能力,在民族平等的原则下为人民服务的思想,使成为边疆工作干部扶殖(植)少数民族及开发处女地等工作的人员。"另外,还"受政府及国内学术文化团体的委托,研究并调查与西南边疆有关的专门问题或搜集文物资料"。[14]

课程设置。边疆文化学系开设课程较多元,但侧重云南地方史地和民族文化两个方向,同时兼顾东南亚地区的语言、文化和民族研究。按照规划,其拟开课程如下:

拟议中的边疆文化学系课程设置[15]

科目	学分	必选修	学年	学期	备注
中国通史	6	必	一	上下	
中国地理	4	必	一或二	上下	
社会学	6	必	一	上下	
工具书使用法	2	选	一	上	
东南亚诸国研究	6	必	一或二	上下	
世界通史	6	必	二或三	上下	
云南自然志	4	必	二或三	上下	
民族学	6	必	三或四	上下	
第二外国语	8	选	二至四	上下	
社会调查	3	必	二	下	
人种地理	6	必	三	上下	
云南边疆问题	6	必	一或二	上下	
人种学	4	选	四	下	
云南文化史	6	必	一至三	上下	
云南民族志	6	必	一至三	上下	
边疆教育	3	选	四	下	
专题研究	6	必	三	上下	如土司制度、农场经济等,每种专题均选修
边区考察	6	必	四	上下	这是真实考察的真实报告
地方语言文字	6	选	四	上下	如民家语或彝文、僰文等任选一种

科目	学分	必选修	学年	学期	备注
方志研究	3	选	二至四	上	
云南地方文学	3	选	二至四	下	
地方调查	4	选	三	上	如某县某村镇
东南亚诸民族语言文字	3	必	三或四	上	如缅语缅文、越语越文、暹语暹文、印语印文等任选一种
云南地理	3	必	一至三	下	
东方弱小民族革命史	3	选	三或四	上	
苏联史	3	选	三或四	上	
专书选读	6	选	二或三	上下	如历史或思想史思想批判与云南史地等类专书

　　由上表可知,边疆文化学系的课程涉及历史学、社会学、民族学、人类学、语言学、地理学等各学科领域,可以说是一个跨学科门类的综合专业。当然,以上的课程表只是一个设想,由于师资条件的限制,实际开设的课程有限。

　　办学规划。边疆文化学系提出了一个包括学科分组、资料建设、实地调查、毕业分配、国际国内合作研究、社会服务等在内的详细而庞大的学科规划。关于学科分组:分设云南边疆与云南民族两个教学研究组。关于资料建设:设资料室,由师生会同搜集有关云南史地的图书和实物以及中国西南部与东南亚各民族的资料图

表,作有系统的整理保存,再和省内外、国内外边疆研究的学者或
机关交换资料,密切联系。关于实地调查:规定四年级学生深入农
村及边疆区域,进行实际调查工作。关于毕业分配:毕业生分发到
边疆去或到东南亚、印度作调查工作或奉政府派遣到这些邻国作
文化交流或民族联络工作。关于国际国内合作研究:计划与印度
及东南亚诸国的大学交换教授及学生,筹组云南边疆文物博物展
览室,筹组东南亚印度文物博物展览室;吸收东南亚印度的知识青
年到本院来,为亚洲的新民主主义的新文化发展而共同努力;联系
本院文史、物理、地质诸系师生(或更扩大本省其他大学有关院系
及师生)合编云南边疆诸志(例如边疆文化引得、东南亚诸国的历
史或地理、语文丛书……)增聘边疆专家学者到本系来。关于社
会服务:计划吸收云南边疆少数民族的青年和农工大众到本系来;
受政府及国内学术文化团体的委托,研究并调查与西南边疆有关
的专门问题或搜集文物资料。[16]

　　由于经费困难、学生风潮以及其私立学校的性质等原因,五华
学院在 1950 年底陷于停顿,而边疆文化学系也随之星散。因此,
边疆文化学系开展的教学科研活动并不多,其当初建系的构想并
没有完全实现。

三、边疆文化学系的运作情况

　　边疆文化学系于 1950 年 8 月实现了首次招生,计录取新生
50 名(内 21 名为试读生),同期五华学院录取的中文系新生 58 名
(含试读生 19 名)、历史系新生 48 名(含试读生 20 名)。[17]可见边
疆文化学系的新生录取情况与其他系相较并不少。由于报名手续
方面的一些问题,1950 年 9 月还有第三批补录的新生,其中边疆

文化学系录取正式生 3 名, 试读生 2 名。[18]这次招生实际上也是五华学院结束前的最后一次招生。也就是说, 边疆文化学系仅招新生一次! 但从 1950 年 12 月制定的《私立五华文理学院学生人数调查表》来看, 边疆文化学系实际有学生 46 人, 分属三个年级, 其中一年级 28 人, 二年级 0 人, 三年级 5 人, 四年级 13 人。[19]笔者估计, 其中的三、四年级学生应是从边疆文化学系的前身——人文科学研究班的学生转化而来。

师资方面, 五华学院聘请著名的"滇籍外交专家"张凤岐为边疆文化学系教授兼系主任,[20]有专任教师 2 人, 兼任教师 6 人。其中专任教授 1 人, 兼任教授 3 人; 专任副教授 1 人, 兼任 2 人; 兼任讲师 1 人。[21]主要师资情况见下表:

私立五华文理学院边疆文化学系 1950 年度教师及职员登记表[22]

部门	职别	姓名	性别	年龄	籍贯	略历	担任课程	薪给	在院年数	备注
云南边疆文化学系	教授兼主任	张凤岐	男	41	云南昆明	北京大学研究院毕业, 云南大学兼任教授	东南亚法国研究(各系)、世界通史	940800 元	1 年	
	教授	方树梅					方志研究			见前
	兼任教授	王锺山					人种地理民族学	未支薪	1 年	
		余百川	男	37	云南镇南	曾任国立大理师范校长、大学教授	云南边疆问题(各系)、大一国文	840000 元	4 年	

续表

部门	职别	姓名	性别	年龄	籍贯	略历	担任课程	薪给	在院年数	备注
云南边疆文化学系		于乃义					云南地方文学、云南民族志			见前
	兼任副教授	夏光南	男	56	云南会泽	北京师范大学毕业，曾任云南法政学校、省立中学教职员	云南文化史	未支薪		新聘
		王武科			云南禄丰	云南大学毕业，曾任中学教员	社会调查	154000元	1年	
	兼任讲师	王立本	男	30	江苏句容	西南联大毕业，曾任昆明师院讲师	地理学	154000元	3年	

以上教师中，张凤岐为著名的外交问题专家，方树梅为著名文献学家、藏书家，王锺山为地理气象学专家(曾任西南联大地理系教授)，余百川为云南地方史、云南边疆问题专家，于乃义为五华学院教务长兼边疆文化学系教授，其他如夏光南、王武科、王立本等均接受过国内著名大学的本科教育，可以说师资水平较高。当然，师资方面存在的问题也很明显：第一，师资严重不足，总共8名教师，远不足以支撑一个系；第二，在总共8人的教师队伍中，竟然有6名教师为兼任，师资窘迫可见一斑。

资料建设方面。五华学院对边疆文化学系的资料建设工作颇为重视,在董事会上多次议及,如 1950 年 11 月,董事会第十九次会议决议"云南边疆文化学系本学期先设资料室,并与省民族事务委员会合作";[23]1950 年 12 月;董事会第二十二次会议决议"拟先设 4 个资料室",[24]其中就包括边疆文化学系的资料室。1950 年 12 月,五华学院出台了《私立五华文理学院改进计划草案》,提出"遵照新政协《共同纲领》文教政策和高教会议决议案,……决定先行举办资料室和学习研究工作",资料室规划中排在第一位的便是边疆文化学系的资料室建设。《草案》提到:"我院原设云南边疆文化学系,已搜集有一部分关于云南边疆史地的书刊,但为数较少。现在以一部分资料作基础,和本省民族事务委员会合作,辟专室,设云南边疆文化资料室。"[25]可知边疆文化学系确已具备了一定的资料基础。值得注意到是,边疆文化学系曾经为云南军政委员会提供过有关少数民族及边地问题的图书资料。1950 年 7月 21 日,五华学院接到"昆明市军管会文教接管部"转"云南军政委员会秘书处"函,要求提供有关少数民族问题及边地问题的图书表册,还要求就"政治、经济、文教、社会、民族、种类、土司等 6项性质分别初步整理"送交。7 月 25 日,五华学院复电称:"昨逞奉军政委员会通知,已经按期检借了多种,除通知本院边疆文化学系再准备资料外,特复请查鉴。"[26]

未来规划。1950 年 9 月,由于五华学院院长于乃仁有事无法抽身,边疆文化学系教授兼系主任张凤岐代表学院出席西南高等教育会议并代院长送交提案一份。提案第四项是对于加强边疆学科建设的意见和建议,现摘录如下:

> (四)为了联系实际,在西南各大学应该加入地方性的和边疆与民族研究的学科案。

（理由）不论就学术研究或增强工作能力来讲,我们过去学习的东西,多半遥远的、古代的头头是道,但是眼前的、四周围的东西,倒反懵然。尤其在西南,最丰富的学术研究资料,正待开发的处女地,关于自然研究、边疆和少数民族与各地特殊的社会情况,我们认为在大学中,应该在高年级提出研究的科目。除开课堂讲授外,尽量使学生自己去广泛的探取活的资料,并且多使他们有考查与接触实际观察社会的机会。

（办法）我们建议下列几项:

1. 为了与边区少数民族携手,共同前进,应该普遍设置专为少数民族学习的中小学。它的课程教学等项和少数民族教育与文化等等问题当然与其他中小学不同。同时为了研究边疆应该在现有大学中设边疆文化学系或民族学系,或专设大规模的民族大学研究所等,使我们各族之间的文化交流与对新民主主义的认识,齐头并进。

2. 现有文学院,应专开地方性的文艺学习,尤其语文系,加强少数民族语文的研究。至如社会经济等系,更能结合实况(如抗战期间清华在滇的国情普查所,南开的经济研究所,中法的边疆文化研究,都有成绩)。就是理、工、医、农方面,结合实际更为重要。在云南的生物学与地质学研究,可算是最好的环境了。

3. 各校各院系加入地方性研究科目,不必有画一的规定,应该由各校自己斟酌实际需要,拟订作为必修科,报政府备案。[27]

这份提案交代了边疆学科设置的必要性、紧迫性、可行性,阐述了边疆学科建设的基本原则、办学方案等,可以说是一份简略而又完整的边疆学科建设的方案,代表了五华学院同仁对于发展边疆学科的心声,可能也是五华学院同仁为了保留学院和边疆文化学系而作的最后努力。可惜的是,随着五华学院的停顿、解散,一块根植于深厚的边疆研究传统、很有发展基础的边疆学科建设的试验田就此荒芜、消失了。

1950 年 8 月,因五华学院为私立学校,其学生未能享受政府发放的"人民助学金",使部分五华学院学生请求转到公立院校,由此形成五华学院学生要求转学的风潮。11 月 16 日,五华学院院政委员会第九次会议会同学生代表协商,一致赞同全体同学转入其他学习环境较好的大学学习。除中文系和外语系并入昆明师范学院外,包括边疆文化学系在内的大部分学生并入云南大学。1951 年初,学院已无学生上课。

结　语

五华学院吸收了云南本地的边疆研究力量,继承和发展了云南本地学者重视边疆史地、文化和民族问题研究的传统,在新时期结合国家及社会需要,顺应时代的呼唤而创建边疆文化学系,可以说是与时俱进之举。边疆文化学系虽然存在时间短,实际建系还不到一年,甚至没有一届学生毕业,但不论在云南教育史上,还是在边疆学科的发展史上,都具有独特的意义。首先,边疆文化学系汇聚了一批边疆研究的专家学者,是继云南大学"西南文化研究室"之后,云南边疆研究群体的又一次大聚合,有利于边疆研究与教学的系统开展和有序推进。第二,边疆文化学系的建立构成了云南边疆研究传统链条中的一环,是云南本地边疆研究传统的延续、继承和发扬;其对边疆文化学系这一学科的一些设想和探索,也有很多值得借鉴之处。第三,边疆文化学系的建立开创了设立专门的学科单位以培养边疆学人才的传统，有利于形成培养边疆人才的风气。

　　当然，五华学院同仁在边疆文化学系的构想和建设过程中，也有不足和局限，如在学科体系上，未能从理论的高度系统阐述边疆文化学系的研究对象、内容和研究方法等学科必备的诸要素；在研究领域上，侧重云南或西南边疆史地、文化和民族的研究；在师资即人才体系上，仍然以传统史地学者偏多，其他学科如社会学、人类学、民族学、考古学、人口学、宗教学等学者稀缺。尽管存在诸多局限，五华学院同仁为创办边疆文化学系付出的努力，做出的探索，值得我们记取。

注释：

1　参见马大正：《深化边疆理论研究与推动中国边疆学的构筑》，《中国边疆史地研究》2007 年第 1 期；方铁：《论中国边疆学学科建设的若干问题》，《中国边疆史地研究》2007 年第 2 期；马大正：《边疆研究者的历史责任：构筑中国边疆学》，《云南师范大学学报》（哲学社会科学版）2008 年第 5 期；李国强：《中国边疆学学科构筑的透视》，《云南师范大学学报》（哲学社会科学版）2008 年第 5 期。

2　参见娄贵品：《"西南研究"与中国边疆学构筑：以〈国立中山大学文学院边疆学系组织计划纲要〉为中心的考察》，《思想战线》2011 年第 2 期。

3　娄贵品：《近代时期"边疆学"概念提出与传播的历史考察》，《学术探索》2012 年第 8 期。

4　汪洪亮：《中国边疆研究的近代转型：20 世纪 30—40 年代边政学的兴起》，《四川师范大学学报（社会科学版）》2010 年第 5 期；段金生《试论中国边政学的研究内容及其学科建设》，《楚雄师范学院学报》2009 年第 5 期。

5　于乃仁（1913—1975 年），字伯安，昆明人，出身书香门第，毕业于云南法政专门学校，曾供职于云南省禁毒局，后以办实业积累了丰厚资产，与其胞弟于乃义捐资创办五华学院，任院长。

6　于乃义（1915—1980 年），字仲值，昆明人，出身书香门第，毕业于云南法政专门学校,先后供职于云南省立昆华图书馆、云南省政府参事、昆华中学等机构,1946 年与其胞兄于乃仁捐资创办五华学院,任学院教务长。

7　姜亮夫:《姜亮夫全集》24《回忆录》,云南人民出版社 2002 年版,第 416—417 页。

8　云南省档案馆编:《私立五华文理学院档案资料汇编》,云南大学出版社 2009 年版,第 425 页。

9　12　《云南边疆文化学系课程和教学法的议拟意见》,见云南省档案馆:《私立五华文理学院档案资料汇编》,云南大学出版社 2009 年版,第 373、374—375 页。

10　参见娄贵品:《方国瑜与西南边疆研究——基于〈西南边疆〉及"西南文化研究室"的考察》,云南大学中国边疆学博士论文,2011 年 5 月。

11　《西南文化研究室名誉职位聘请名单》,云南省档案馆藏,1036 全宗 13 目第 1251 卷。

13　《私立五华文理学院董事会欢迎西南文教部陈处长、文教界先进座谈会纪录》,云南省档案馆编:《私立五华文理学院档案资料汇编》,云南大学出版社 2009 年版,第 443 页。

14　15　16　《私立五华文理学院 1950 年秋季起各学系课程改革草案》,见云南省档案馆编:《私立五华文理学院档案资料汇编》,云南大学出版社 2009 年版,第 392、390—392、392 页。

17　《昆明高等学校 1950 年度联合招考新生录取名单》,《正义报》1950 年 8 月 31 日第二版。

18　19　23　24　25　26　27　云南省档案馆编:《私立五华文理学院档案资料汇编》,云南大学出版社 2009 年版,第 556、440、448—449、518、504、507—508 页。

20　张凤岐,1909 年生,云南昆明人,北京大学研究院毕业,曾任云南大学教授。1934 年参加云南地理考察团,赴西双版纳考察。著有《云南外交问题》(商务印书馆 1937 年),撰写《新纂云南通志》之《外交考》。

21　《私立五华文理学院教员人数调查表》,云南省档案馆编:《私立五华文理学院档案资料汇编》,云南大学出版社 2009 年版,第 567 页。

22　根据《私立五华文理学院 1950 年度教师及职员登记表》整理而得,见云南省档案馆编:《私立五华文理学院档案资料汇编》,云南大学出版社 2009 年版,第 574—575 页。

"西南学"考论

娄贵品(云南大学人文学院历史系讲师)

据黄泽教授研究,20 世纪 40 年代由国立云南大学西南文化研究室出版发行的《西南研究丛书》10 种,"是我国'西南学'或称西南研究之开山之作,开创了区域性民族、历史、地理、文化综合研究之先河"。"90 年代以来,西南诸省区的区域文化、族别文化日趋活跃,壮学、泰学、纳西学、彝学、哈尼学等领域成为国内外民族研究者的关注热点。而作为整体性的区域文化比较及综合研究的'西南研究'或'西南学',也产生不少颇具实力与影响的成果"。[1]"西南学"既然不仅历史悠久,而且成果卓著,似乎表明学术界对这一学术概念已有相当了解。然而,几年前,美国人类学学者那培思在接受梁永佳等人的采访中表达了她对这一概念的困惑:"我困惑的是,为什么会有一个'西南学'?这是否是更多地参与进了一种边界划定中?因为可以有'西南学'、'西北学'、'东北学'等等。我也只是刚开始考虑这个问题,为什么会有'西南学'呢?"[2]这一困惑显然不只是那培思这个外国学者的困惑,因为这一访谈实际上已经暴露了我国学者对"西南学"概念缺乏了解和研究。鉴于这一概念在中国现代学术史上的重要性,本文拟对之作一考论。

一、"西南学"概念的提出

1948 年 11 月 20 日和 12 月 4 日,江应樑先后在昆明《中央日报·社会研究(副刊)》第 12 期和第 13 期发表《西南社会与"西南学"》和《西南社会与"西南学"(续)》,这是目前所见在学术意义上使用"西南学"的最早文字表述。文中说:"中国社会学会西南分会,最近在广州开年会,有人在会中提出了一个新发生的名词'西南学'。"[3] 中国社会学会即中国社会学社,初名东南社会学会,1928 年 9 月 6 日成立于上海,1929 年冬与北方各大学社会学教授商议合组为中国社会学社,1930 年 2 月 1 日在上海开成立大会,议决社址设于首都南京[4]。该社主要工作之一为举行常年大会[5]。至于"中国社会学西南分会"的说法,有必要略作说明。因为中国社会学会编辑的《社会学刊》、《社会建设》、《中国社会学讯》、广东分社编辑的《社会学讯》中的相关报道,都没有这种说法。广东分社召开年会始于 1947 年 10 月 26 日在中山大学召开第八届年会,江先生参加了是次会议,其搞错学会名称的可能性不大。或许,"西南分会"是会员对"广东分社"的口头称呼。那么,这次在广州开的年会是哪一次呢? 其实,就是中国社会学社广东分社召开的第九届年会。先是中国社会学社理事会决定于 1948 年 10 月 1、2 日分别在南京、北平、广州、成都四地同时举行中国社会学社第九届年会暨成立二十周年纪念会,以"二十年来之社会学"为年会总题[6],但广东分社未能按时举行。这样说的依据是,《中国社会学讯》登载的《中国社会学社第九届年会二十周年纪念日程》只有南京总社和北平区的日程安排[7],《社会学讯》第八期《中国社会学社广州区第九届年会特刊》、《社会建设》[8] 等也都只报道了南京总

社及北平分社召开年会的情况,对广东分社则未及一词。关于广
东分社第九届年会的召开情况,据与会者黄文山叙述,会议在岭南
大学举行,岑家梧教授以朱谦之、陈序经及黄文山都是研究文化的
人,因此主张由他们三位提出报告,再集中讨论[9]。《社会学讯》第
八期《中国社会学社广州区第九届年会特刊》载文包括:孙本文
《二十年来之中国社会学社》、陈序经《社会学与西南文化之研
究》、朱谦之《文化社会学纲要》、黄文山《文化学在创建中的理论
之归趋及其展望》和陈跃云《社会生活的连带关系》。孙本文是中
国社会学理事长,没有参加广东分社的会议,《二十年来之中国社
会学社》是其在南京总会上的报告[10]。陈跃云是珠海大学总务长、
社会学系主任,曾出席广东分社第八届年会[11],且被选为广州区候
补理事[12],第九届年会他可能也参加了。据此推测,广东分社九届
年会是按岑先生的建议召开的,提交论文的应只有陈序经、朱谦
之、黄文山和陈跃云。岑先生虽就会议如何召开提过建议,但未提
交论文。不过,岑先生在广东分社八届年会上被推举为广州区理
事之一,应该也出席了会议。

　　以上材料都没有提到这次会议召开的时间。更令人遗憾的
是,江先生没有说明,是谁提出了"西南学"概念。但是,"有人在
会中提出"表明,提出者必为参会者。

二、"西南学"概念的提出者

　　根据所提交论文的内容推测,提出者应是陈序经。陈先生长
期从事西南文化研究,对西南文化的系统研究如何开展有深入思
考。早在广东分社第九届年会召开之前,陈先生就在《研究西南
文化的意义》一文中提出了系统研究西南文化的设想和重视西南

文化研究的原因。他说:"二十年来,我无时不注意西南文化的研究。……以我个人有关的力量,欲对它作系统的全面的研究,殊不可能,所以我时常打算集合若干同志,专门从事这种工作。""西南文化为什么值得我们这样深切的注意? 我常常认为,西南是西方文化输入最早的地方,是新文化的策源地;西南又是中国传统文化传播最迟的地方,是固有文化的保留所。再从另一方面看,西南的民族极为复杂,若干文化还保存着原始文化的特征,西南又可说是原始文化的博览会。因为有了这几方面的特色,西南在中国文化史而至一般文化学的研究上,就有极重大的意义"。[13]在提交广东分社九届年会的《社会学与西南文化之研究》一文中,陈先生再次阐述了西南文化值得深切注意的理由:"就西南中国而论:我常常说过,它是西方文化输入最早的地方,是新文化的策源地;它又是中国传统文化传播最迟的地方,是固有文化的保留所。另一方面,因为西南的民族繁复,若干文化还保存着原始的特征,它又可说是原始文化的博览会,在社会学的研究上,尤值得我们特别的注意。"陈先生还就此做了详细阐述:

第一:南方在唐宋间已经与外洋接触,南洋一带货物,最先输入了广州。到了近代,葡萄牙人,英国人,继续来到澳门、广州,南方乃成为国际贸易的要地。中国与西洋的接触,自南方开始,而西洋文化的输入,也以南方为最早。无论是新式的经济设施,新的政治运动,新的宗教思想,都先发源于南方的。如果我们欲明瞭近百年来中国社会的变迁历程,南方可以找到无限的具体的资料。

第二:南方接受中国固有的文化,为时较晚,直到现在,西南各地,还可以到处发现固有文化的真面目,如氏族制度,宗法制度,在南方保存得最为完整,广东的祠堂,宗产,以至大家族中的宗法制度,在北方都不容易看到。又如南方人的衣食住行及各种风俗习惯,多少与古代的情形相同。我们若能把中国古代的社会文化与西南的文化,作比较的研究,相信必有重大的成就。

第三:南方与外国交通较早,又因为闽粤二省的地少人稠,所以南方人到南洋或欧美经营工商业的特别多。华侨旅居海外,把他们劳力的所得,接济祖国,繁荣了南方的社会,假使我们把华侨做中心,详细的分析南方社会的新的经济、政治、教育及种种制度的发展,一定发现了它与华侨有着最密切的关系。可是华侨今日到处受了排斥,在国外差不多已濒于绝境,回到国内,又因为年来战争频繁,社会不安,也几无立足之地了。华侨问题,究应如何解决,这是我们社会学者的责任。

第四:西南民族,种类极多,社会文化,多保留着原始的状态。不少民族,还从事于狩猎生产,凉山罗罗,还行奴隶制度,桂省徭族,还有交表婚制及图腾崇拜。凡此种种,更是我们研究初民文化的好资料。

综上,西南文化,在社会学的研究上极为重要。[14]

简言之,西南文化之所以值得研究,是因为西南既是新文化的策源地,又是中国固有文化的保留所,还是原始文化的博览会。上引第一点对应"新文化的策源地",第二点对应"固有文化的保留所",第四点对应"原始文化的博览会"。鉴于西南文化在社会学研究上的重要价值,陈先生遂在中国社会学社广东分社九届年会上提出,希望同仁因地制宜,分工合作。

而江先生在文中所述,多是对陈先生观点的发挥。江先生对陈先生"西南文化为什么值得我们这样深切的注意"所给出的理

由作了征引,并做了更为具体的阐述。其所谓我国西南边区诸省
“不论从文化,社会,民族,历史,地理任何方面说,都有其独特的
异于其他省区的实像”,与前引陈先生所述的西南文化值得深切
注意的理由及其详细阐述的四点基本相符;“西南学中最值得研
究的部门应当是西南社会”,与陈先生看重西南社会文化在社会
学研究上的价值一致;“现代国家中已经没有了的社会制度或社
会形态只留下了一个历史上的名词,我们却能在西南边区中看到
现实的例证”,与前引第四点同意;江先生所谓的中国自秦统一六
国以来,“除偶然的动乱时代外,政治体系和社会都是在统一划一
的完整方式下演进着的,……但社会组织,家族制度,和维持人与
人相互关系的礼俗,都是各地一律相同而很少有着纷歧的,如果要
寻求有所纷歧的话,那便只能在西南社会中得到,因为在西南边区
里,有着始终未曾与中国这一与主流文化混合的若干小支流文化,
由此种未经混合一统的支流文化中,于是发生了不同的政治体系,
社会制度,以至生活礼俗”,更是西南“是固有文化的保留所”的详
细说明;“如果说,广东是一个由中国本位形态转向于现代资本主
义社会形态的地域,那末,四川可以说是最能保有中国固有形态的
省区”及相关细述,是南方是“新文化的策源地”和“固有文化的保
留所”的具体化;“在学术上最具价值足可视为珍宝的还应当数到
西南边疆中许多不同形态的原始社会,在滇黔川康藏尤其是云南
境内的若干边疆地带,因为民族的复杂,与内地的长期隔绝,于是
使他们的社会组织,经济制度,文化体系,以至生活习俗,都各成一
个典型,从空间上言,摩尔根根据以写成其震惊世界的名著《古代
社会》的非洲澳洲土人原始社会诸种事象,在西南边疆中几全有
之;从时间上言,人类历史上所记载的各时期的原始制度,在西南
边疆中,也几乎大多数有现实实例可以寻取”,是对南方“是原始

文化的博览会"及前引第四点的深度描述；"西南这一个区域内，新至时代化的资本主义社会，可以在这里看到，……旧至原始的氏族部落制度，我们也可以在这里发现"，则是"新文化的策源地"、"固有文化的保留所"、"原始文化的博览会"的细化。相似的表述还有，但以上所举，已足以说明二者之间的关系。

然而，陈先生虽然关心西南文化的研究，却并未在其提交大会的论文中使用"西南学"概念。因此，如果这一概念真是陈先生所提出，那也是在讨论中口头提出的。

1985 年，江应樑在一篇回忆岑家梧的文章中提到"西南学"概念的提出问题。据述，1947 年到广州后，江先生经常和学友王兴瑞、岑家梧等聚谈，"谈到我们今后有一个共同的目标，研究西南及南方的少数民族，家梧在几年前曾写过一篇文章，题目是《西南种族研究之回顾与前瞻》，发表在《青年中国》杂志上，我们便把我们的研究取了一个名称，叫做'西南学'，……大家推我写了一篇文章，题目就叫《西南学》，在报上发表。"[15] 岑文载《青年中国季刊》(第一卷第四期，1940 年 7 月 1 日出版)固然无误，但其余则多不可靠。首先，江先生撰写《西南社会与"西南学"》时并不在广东，不存在与王兴瑞、岑家梧等"聚谈"提出"西南学"的可能。1948 年 8 月，云南大学去函聘请江先生任社会系教授，江先生接受了聘书，回到昆明[16]，至《西南社会与"西南学"》发表时，江先生都在云南，并未参加会议。其次，将对西南及南方少数民族的研究定名为"西南学"，与陈先生及江先生当时所述均不甚相符。第三，文章标题为《西南学》也不准确。江先生既未参加会议，所谓"有人在会中提出了一个新发生的名词'西南学'"，也必定是听来的。这也说明，江先生自称受推荐撰写《西南社会与"西南学"》一文，确系事实。至于听谁说的，据上述江先生的回忆，应是听岑家梧说的。因为江先生回忆中提到的学友,只有岑先生可能出席了会议。或许是岑先生在会后向江先生通告了会议召开的情况,并建议江先生撰写文章。

《西南社会与"西南学"》在昆明《中央日报》发表后,江先生"以其对广东历史社会均有关系,而该日报销路又不出外省",所以将稿子寄给珠海大学出版的《社会学报》,"着再刊一次"[17]。杨堃在《〈边疆文物展览特刊〉发刊词》[18]中曾提到此文。但《江应樑民族研究文集》[19]未收录。

三、江应樑被推荐阐述"西南学"的原因

江先生之所以被推荐阐述"西南学",与其学术渊源及学术专长与成就等大有关系。江先生原籍广西贺县,1909年2月出生于昆明,1927年考入上海暨南大学预科,大学二年级升入本科。在本科时期,读过一年中文系,一年社会学系,两年历史系。1932年毕业,留在暨大附中教书,兼任暨大南洋文化事业部编辑干事,做了三年。从大四开始写文章投稿,但这一时期研究方向很乱。1936年夏,用《研究西南民族计划》一文报考中山大学研究生,被录取在人类学组,师从朱谦之和杨成志。1936年冬,随杨成志到粤北瑶山调查瑶族。1937年春,参加中山大学研究院和岭南大学社会经济研究所合组的海南岛黎苗考察团。1937年夏,受中山大学派遣,赴云南腾龙边区考察摆夷,1938年5月返回,完成《云南摆夷研究》,获得硕士学位。毕业后任中山大学历史系讲师,讲授中国民族史和西南民族研究。抗战爆发后,写过《抗战中的西南民族问题》一书。接着得到中英庚款资助,赴云南德宏调查。不久中山大学迁滇,自1938年至1940年,迁居澄江,几度带学生调

查澄江、昆明、路南、武定等地的民族。1941 年春节过后,入凉山调查,7 月回到昆明。后又出任云南省边疆行政设计委员会主任,在 1943 年至 1945 年完成《腾龙沿边开发方案》和《思普沿边开发方案》。1945 年 8 月到西双版纳调查,1946 年 4 月回昆明办完原配夫人的丧事后,应广州师友的邀请,于 1947 年 8 月回到广州,接受中山大学、珠海大学的教授聘书,并兼任珠海大学文史系主任。回昆明前完成《西南边疆民族论丛》、《凉山夷族的奴隶制度》、《摆夷的生活文化》三书。[20]

　　由上所述可知,在读大学之前,江先生的生活和学习均在昆明,而昆明附近就有少数民族,江先生对其当有所见闻。不过,江先生对西南民族发生兴趣是在读大学期间。在 1936 年 10 月 28 日完成的《昆明民俗志导论》一文中,江先生写道:

　　　　云南是中国西南极边远的省区,被包围在万山丛中,为着历史上直接归属中国的时期较后,今日政府又未能以交通政策使她与中区各地打成一片,所以直到现时,说起云南,许多人尚自把她看作一个神秘的迷;"云南人也像我们一样的面目吗"?"云南人吃的穿的是什么"?"云南人有尾巴吗"? 这种带着神秘的踬近侮辱的探问,恐怕每一个自云南到江南或北方的人常受到的。遇到被人这样询问时,固不难简洁地回答他:"云南的一切都和这儿一样啦!"可是倘再问:"为什么都和这儿一样呢?"这我想能给以清楚不错误的解答的,那就不见得多了。因为要无错误的解答这个问题,得先知道云南种族的状况,云南开辟的历史,云南文化演进实情,云南现有汉人移民史,以至云南现时地理的,经济的,社会的实际情况;这实在不是容易的,原因我们根本便找不到一本书能够系统地给我们这种知识。我对于西南民族及西南历史,有着特殊的兴趣,我曾想研究云南开化史,我曾想研究云南移民史,我曾想对现时云南全省汉人及苗人地理的分布作详细实际的考察,进而研究汉人对苗民政策的实迹;

又说:

> 云南移民史料,几年来随时留心搜集,结果仍贫无所得,……[21]

显然,从云南来到江南的江先生,受到了几近侮辱的探问,为了正确回答问者的问题,江先生对西南民族和西南历史产生了特殊的兴趣,几个"曾想"及"几年来"表明,江先生的兴趣产生于在暨大读书时期。江先生以《研究西南民族计划》报考中山大学研究生,明显是为了实现其学术抱负。中山大学"对西南边疆问题之研究,素具注意,……前后继续曾刊行不少专门学术之报告"。[22]该校"语史所同仁利用其所倡导的田野调查实践和多学科交叉融合等方法对西南民族的调查研究,不仅开启了中国现代西南民族研究之先声,还直接催生了历史学与人类学、民俗学、民族学等诸多交叉学科的形成和新的学术流派的诞生"。1948 年,时任人类学组主任的杨成志,正是以该校文科研究所关于"西南民族的调查和研究"的丰硕成果,作为向教育部申请开设人类学系的重要依据,并得到了教育部的批准,从而成为国内较早开设人类学系的高等学校之一[23]。所以,江先生选择中山大学人类学,真是选对了地方。经过中山大学人类学的系统训练,江先生奠定了中国西南民族研究的基础和方向,掌握了将"人类学和民族史相结合","把民族调查资料、体质测量数据、考古学论证、民族语言记录,和历史文献结合起来进行研究"[24]的研究方法,并精耕细作,收获了累累硕果。以上应是江先生能够胜任且愿意阐述"西南学"的原因。

四、"西南学"的学科适用范围及意义

"西南学"这一专有名词虽然是在社会学年会中被提出来的，但是，它的适用范围并不仅限于社会学，即使仅从"西南学中最值得研究的部门应当是西南社会"而言，这一概念在人类学、民族学等学科或领域也是完全适用的。这可以从当时这几个学科之间的密切关系得到说明。美国学者顾定国认为，1937年之前，人类学和民族学这两个姊妹学科在中国的分工情况和西方一样。社会学研究汉族，而让民族学或社会人类学研究"落后地区"或边疆的少数民族。全面抗战爆发后，所有的社会学家、民族学家和其他社会科学家到了中国的西北、西南地区，人人都投身民族志研究，打破了30、40年代遵循的学科界限[25]。然而，学科界限在这一时期得以打破虽系事实，不过似有顾先生未注意到的国际国内学术背景。据吴文藻1942年的说法，"人类学社会学实在是二而一的东西，尤其在中国是应该如此，在西方人类学与社会学向来视作两种学术训练，分多合少，……最近两种学术日益接近，不久定将混合为一；因为二者所研究的目的，题材，观点，及方法，越来越趋一致，几乎无分彼此。所谓'文化社会学'与'文化人类学'，不过是异名同义的词儿，目前大家都在讲求科学方法，尊重实地考察：一方面社会学家去简单社会考察初民土人，一方面人类学家回到现代社会考察农民工人，一个社区，不论其类型之为部落，为乡村，或为都市，都已成为共同考察的对象。即如吾国，抗战以还，考察边疆社会最为热心的人，就是社会学者，这决不是一件偶然的事情"！[26]就提出者的初衷来说，范围还不仅限于社会学、人类学和民族学诸领域，因为关于西南诸省的文化、社会、民族、历史、地理诸方面的研究，

就非这几个学科所能完成,何况整个西南研究。因此,"西南学"需要多个学科学者的参与。

不过,西南虽是一个区域概念,提出者也明确说包括粤、桂、滇、黔、川、康,以至西藏、台湾,但是,"西南学"是在中国史及中外交流史的视野下提出来的,绝不只是区域研究或地方研究,也绝不只具有区域意义和地方意义。前述西南文化的研究既包括新文化,又包括固有文化,还包括原始文化,可以使我们"明瞭近百年来中国社会的变迁历程"和初民的文化,还可以帮助我们深入认识"中国古代的社会文化"和南方社会与华侨的密切关系。因而,西南文化研究在中国文化史、一般文化学、社会学的研究上均"有极重大的意义"。西南文化研究的意义既然是超越西南的,那么,整个西南研究的意义自然也不仅限于西南。

综上所述,"西南学"的提出不是居于区域的考虑,而是由于西南所具有的特点。这一概念的提出,表明西南研究者经过长期的探索,认识到了西南的特点,意识到要将西南作为一个整体,从中国史及中外交流史的角度展开研究。这本是西南研究进入新阶段的标志,但不幸其时社会动荡,不久政权更迭,社会学、民族学、人类学在大陆被视为资产阶级学科遭到取消,这几个学科的学者也被迫与过去从事的事业一刀两断,江先生的文章遂"被遗忘"。几十年后,当这些学科恢复重建时,这篇重要文献已不为人知,就连江先生自己也记忆模糊。江先生当时说:"这虽是一个尚未经学者们公认的学术名词,但却新颖可爱,而其造意也很深刻,相信这一个名词,将来必被普遍应用而成为一学术上的专词的。"可惜,由于学术史的断裂,这一概念是否"新颖可爱"、"造意深刻"、值得"普遍应用",至今仍然没有答案。不过,既然1941年吴文藻撰写的《边政学发凡》，在时隔近 70 年，边政学在大陆被取消也有近 60 年时，依然被专家称为"所阐论的有关边政学学科建设的构想，仍不失其学术生命力"[27]，那么，在社会学、民族学、人类学已恢复重建几十年，并且发展势头良好，各学科参与的西南研究正蓬勃发展的今天，《西南社会与"西南学"》一文的学术价值，无论如何都是值得认真评估的。

注释：

1　黄泽：《半个世纪以来三套"西南民族文化研究"丛书评介》，《广西民族研究》1999年第 1 期，第 115 页。

2　《被中国西南所吸引的人类学者——那培思（Beth Notar）博士专访》，《西南民族大学学报》（人文社科版）2008 年第 7 期，第 29 页。

3　江应樑：《西南社会与"西南学"》，昆明《中央日报·社会研究（副刊）》第 12 期，1948 年 11 月 20 日第 8 版。下文凡引自此文及其《续》者，不再一一注明。

4　12　《中国社会学社纪事》，《社会学刊》1948 年第 6 卷合刊。

5　《中国社会学社南京总社举行九届年会》，《社会学讯》1948 年第 8 期第 2 版。

6　10　《中国社会学社南京总社举行九届年会》，《社会学讯·中国社会学社广州区第九届年会特刊》1948 年第 8 期第 2 版。

7　《中国社会学讯（中国社会学社廿周年纪念暨第九届年会特刊）》1948 年第 8 期。

8　《中国社会学社京平两区理监事选出》，《社会建设》1948 年第 1 卷第 8 期。

9　黄文山：《文化学在创建中的理论之归趋及其展望》，《社会学讯》1948 年第 8 期第 9 版。

11　《社会学讯·中国社会学社广东分社三十六年年会论文提要专号》1947 年第 6 期。

13　陈序经：《研究西南文化的意义》，《社会学讯》1947 年第 7 期第 1 版。

14　陈序经：《社会学与西南文化之研究》，《社会学讯》1947 年第 8 期第 3 版。

15　江应樑：《忆家梧》，《中南民族学院学报》1985 年第 1 期，第 24 页。

16　江应樑：《摆夷的经济生活·序》，岭南大学西南社会经济研究所 1950 年版，第 158 页。

17　江应樑：《西南社会与"西南学"》，《社会学报》1949 年第 2 卷。

18 杨堃:《〈边疆文物展览特刊〉发刊词》,《正义报》1949年4月20日第6版。

19 民族出版社1992年版。

20 《江应梁自述》,见高增德、丁东编:《世纪学人自述》第3卷,北京十月文艺出版社2000年版。按:1937年6月版的《国立中山大学研究院年报》所刊江先生的《西南民族研究计划》一文(参见王传《中大语言历史学研究所与现代中国西南民族研究》,载《史学史研究》2010年第2期,第74页),不知是《研究西南民族计划》的修订稿,还是《研究西南民族计划》并不准确。江先生自述中说以《云南西部的"摆夷研究"》取得硕士学位,有失准确,应为《云南摆夷研究》(参见杨成志《国立中山大学设立人类学系计划书》,收入刘昭瑞编《杨成志文集》,中山大学出版社2004年版,第263页)。

21 江应樑:《昆明民俗志导论》,《民俗》专刊1936年第1卷第2期。

22 杨成志:《西南边疆文化建设之三个建议》,《青年中国季刊》创刊号,1939年。

23 王传:《中大语言历史学研究所与现代中国西南民族研究》,《史学史研究》2010年第2期,第67、75页。

24 《江应梁自述》,见高增德、丁东编:《世纪学人自述》第3卷,北京十月文艺出版社2000年版,第318页。

25 (美)顾定国:《中国人类学逸史——从马林诺斯基到莫斯科到毛泽东》,胡鸿保、周燕译,社会科学文献出版社2001年版,第78—79页。

26 吴文藻:《边政学发凡》,《边政公论》1942年第1卷第5、6期合刊。

27 2009年马大正"中国边疆研究系列讲座"第1讲"中国边疆研究大趋势(上)"。

民国学人研究西南边疆问题兴盛的缘起

王振刚（云南大学人文学院历史系讲师）

　　近代以降，强邻环伺，边疆危机四伏，内忧外患的时代背景，激发起国人对边疆问题的关注与研究，推动了边疆考察与著述风气的兴盛。中国的边疆研究在百余年的时间内相继出现过两次高潮：一次是在鸦片战争前后，其标志是西北边疆史地研究的繁荣；另一次是在民国时期尤其是抗战前后的 20 余年里（20 世纪 20—40 年代间），其标志是"边政学"的提出与展开。其中民国时期，学人对西南边疆问题的研究，在中国边疆问题的研究中占有突出的地位，是第二次边疆研究高潮的重要组成部分。本文正是针对民国学人研究西南边疆[1]问题兴盛的缘起所作的考察与分析。

一、社会背景

　　民国时期，中国（西南）边疆问题研究呈现高潮的原因有诸多方面，但就其社会背景来看，主要体现为列强对边疆地区的觊觎、蚕食鲸吞的加剧；民族主义的兴起与近代民族国家意识的觉醒；中央和地方政府的支持与推动；中国学人"学术济世"精神的高涨等方面。

（一）列强侵逼、外患内忧的叠加

"本来无所谓边疆问题。不幸帝国主义者压迫我国是先从边疆下手的,在这一二百年之内,他们使尽了威胁利诱的手段,以求达到土崩瓦解的目的,实已形成了极度严重的局势"。[2]史学界一般认为,中国历史疆域渊源于先秦早期国家出现之际,确立于18世纪清王朝时期,"2000多年间,中国历史疆域的管辖范围、治理方式等是不断变化的,但至18世纪中期《乾隆内府舆图》形成,中国的历史疆域最终确立,此时疆域面积约1270万平方公里。在继承前朝的基础上,清对边疆地区的治理仍实行因地制宜和因俗而治的多种体制"。[3]然而,19世纪中叶鸦片战争的爆发,以及随后一系列丧权辱国条约的签订,使得大清王朝门户洞开、海陆告急,边疆危机日趋深重,尤为显著的是沙俄通过一系列不平等条约,将中国西北、东北及北部的大块领土掠为己有。19世纪70至90年代,随着世界范围内自由资本主义逐步向垄断资本主义的过渡,列强对中国及其周边国家的争夺变得愈为激烈,致使晚清王朝"藩篱尽撤",造成了中国边疆的普遍危机。辛亥革命后,国基未稳,列强借机对中国边疆掀起了新一轮的阴谋蚕食、策划肢解的热潮:沙俄策动外蒙"独立",英国策划西藏"独立"等等。伴着国际风云的变化,1931年日寇阴谋发动了"九·一八"事变,占据东北、进窥关内,以"民族自决"相号召建立了"伪满洲国",向着征服世界的路途上迈出了重要的一步。据时人魏新《一九三四年的中国边疆》一文记述1934年中国边疆危机情形时所言:"底确中国现在是千疮百疾,已经到了病入膏肓的时候了,无论我们从哪一方面或是那一部分来看,到处都可以见到危机的增厚与加深,尤其是整个的边疆问题,从东北到西南的云南止,只要你约略的翻开地图一看，便真个会使你坐卧不安，而感觉到中华民族的前途茫茫，东北已经完了，而蒙古、新疆、康藏、云南等省，又究竟怎样呢？那真是有天知道，谁也不能担保，西南或是西北将来不致成为东北第二，蒙古是不用说了，自从九一八事变以来，已经被日本人视为禁脔了，新疆方面，南路的疏勒已经宣称脱离中国而独立，西藏则自达赖死后已到了重要关头，英人的东进政策，无论在什么时候，我们是不会忘记的，其次是班洪问题是已经揭幕了，滇越铁路的重要地点，法人也正在那里加紧的建筑新机场，简直没有一处不是带着'山雨欲来，风满楼'的现象。"[4] 我们可以清晰地感触到中国边疆问题的严重。果不其然，日本为了实施蓄谋已久"如欲征服世界，必先征服中国"的狂妄计划，便急不可待地于 1937 年策划了"七·七"事变，发动全面侵华战争，中国边疆危机与民族危机至此达到了近代以来的最高峰，国民政府西迁重庆，西南地区历史性的成为了抗战建国与民族复兴的基地。1941 年，日军南进政策实施，很快占领了越南、泰国、缅甸等东南亚诸国，于 1942 年 5 月实现了进占滇西边地，对中国形成了合围之势，顿时，西南边疆地区由抗战的后方变为了国防的前哨，其稳定与否关系到了中华民族的生死存亡。

另一方面，民国时期的内忧问题也十分严重，自从辛亥革命推翻清王朝、结束君主专制政体，建立中华民国民主共和政体后，令人始料不及的是，中国并没有因此走上民主共和的康庄大道，而是日趋陷入了党争、政争、军阀混战、割据自雄的局面，其中 1916 年至 1928 年北洋政府时期尤为明显。[5] 北伐完成，国府定都南京，1928 年"东北易帜"，国民政府形式上统一中国，才开始渐趋重视对边疆控制与内政的治理，无奈，由于中外势力的掣肘制约，中央与边疆地方政府的貌合神离、纠纷不断，中央对边疆地区的控制与开发远远没有达到预期的成效。据民国学人分析（西南）边疆问题纷呈乱象时,认为军阀势力"逐鹿中原"、"陷于内争"无暇兼顾边地是其重要原因,其中四川军阀的长期混战、西康政要走马灯似的变换不定,是制约康藏纠纷、康藏边疆危机难以解决的重要内因。[6]

近代以来,外患内忧相互叠加,晚清政府在边疆、民族、统治三重危机中覆亡;民国政府成立伊始,也无法摆脱"内忧日深,外侮日急"的危局。正如《边疆半月刊》发刊词所言:"时代变迁而至清末,边疆领土,已非昔比。良以国势衰落,内政不修,外交失利,军事败绩,属土因而丧失,边境日削,边防日危,试观今日我国之东北与西北,已成为东西邻之角逐场,以中国之大好河山,而为他人支配设施之军事地,喧宾夺主,鹊巢鸠占,再以事实证之,英之于康藏、法之于滇黔、俄之于外蒙新疆,盖以公认为势力范围,而含有不许主人过问之态度,虽日言亲善,究其实,不过利用政治外交方式,便其经济文化侵略之野心,且门户久已洞开,命脉悉为人据,而我国内地人士,对于边圉问题,以鞭长莫及,漠不关心,置全民族安危于不顾,惟个人只私利之是图,国步既因而愈艰,犹复泄沓偷安,举世蒙蒙,不知大难将至。要之边区与内部关系之密切,已若唇齿相依,如边境日渐削弱,外侮日形恶化,则内地各省,亦将濒于危机,不复有安居乐业之望矣"。[7]然而,历史发展总是多面的,19世纪中叶,时局的危险,特别是边疆危机的深化,"使爱国学者和人士深受触动,时局危艰的社会现实唤起了一些士人的经世观念和忧患意识"[8],促使了以"研究边疆史地,以谋筹边;研究域外史地,以谋御侮;研究当代史,以谋振兴"为使命的中国边疆史地研究思潮的兴起。[9]同样,民国时期,随着中国边疆危机的再度严重,学人以崭新的精神面貌和鲜明的时代责任感投入到了"救亡图存"的边疆问题研究之中。

（二）民族主义的兴起与民族国家意识的觉醒

近代民族和民族主义的概念起源于西方，具有很强的政治含义。建立民族国家是民族主义最基本的政治诉求，民族主义是促进社会政治变革的重要力量，作为一种世界潮流，在近世传入中国，并很快成为了中国近代史上的主导力量之一。余英时认为："近代中国出现过的各式各样的现代化思想和政治运动，其能掀动人心于一时大抵皆以民族主义为出发点，并基本上假借着民族主义的动力。"[10]而罗志田在分析晚清以来中国社会出现的各种思潮时指出："将晚清以来各种激进与保守、改良与革命的思潮条分缕析，都可以发现其所包含的民族主义关怀，故都可以视为民族主义的不同表现形式。"[11]随着外患内忧的不断深化，以谋自救而觉醒的民族意识和民族主义已成为近代中国最为有效的社会动员资源。

自1840年鸦片战争始，西方列强依仗其坚船利炮对中国屡屡发动侵略战争，通过武力、欺诈、威逼利诱等各种方式强迫中国政府签订了《中英南京条约》、《中俄瑗珲条约》、《天津条约》、《北京条约》、《中日马关条约》、《中英烟台条约》、《中法和约》、《辛丑条约》等一系列的丧权辱国条约。由此，中国社会进入到了一个悲惨的境地：中国经济逐步卷入到世界资本主义市场，中国领土、司法、关税、贸易、领海等主权遭到破坏。列强的入侵把中国带入到了一个半殖民地半封建社会的深渊，加剧了中国社会的沉沦与变革。进入中华民国后，外国势力掀起了新一轮侵吞与瓜分中国的狂潮，中国边疆危机和民族危机益加深刻。

作为对社会现实状况的一种学术反映，鸦片战争前后，"一些史地学者的版图、疆域观念逐渐增强，对国家统一的珍视皆反映了时代发展的要求。在他们看来，此时的疆域版图已不仅指历史上皇朝的领土四至,而是开始作为中华民族之整体的疆土所至。反对殖民侵略,要求民族独立和国家领土主权完整成为鸦片战争前后国家一统观念发展的新趋向"[12]。随着殖民入侵的深入以及西学东渐的强化,特别是深受甲午海战失败的刺激,西方近代启蒙思想不遗余力地被引介,19世纪末20世纪初中国出现了一个吸收西学的高潮,中国知识界不同程度受到西学的影响,其中民族主义的广为传播与现代民族国家理念的建构成为了一个时尚话语。正如时人所云,20世纪者,实乃"民族主义之时代也"。[13]孙中山说:"民族主义这个东西,是国家图发达和种族图生存的宝贝。"[14]"九·一八"事变后,面对日趋深化的民族危机,顾颉刚等一批爱国知识分子继承中国史学经世致用的优良传统,高举民族主义旗帜,组织"禹贡学会","创办刊物,编辑丛书,整理旧籍,致力于边疆史地的调查研究,形成了一个独具特色的学派,在学术界以至整个社会都造成了广泛的影响"[15]。民国时期,民族主义一词在学术界被广为流传,由此可见,"学术研究有很多动机和背景,以现代民族国家建构为核心、体现国家意志的民族主义学术话语大背景,是现代学术的一般中国特色的背景"。[16]

民族主义由西方传入中国,在充分吸收了中国传统民族思想的基础上,旨归于孙中山的"三民主义",是历史发展的必然选择,[17]表现了中国民族主义的特质,是以反抗殖民侵略、要求民族独立、建立现代民族国家、争取国际平等、扶助弱小民族、以期最终实现世界大同为己任的。[18]因而,可以说,近代中华民族的觉醒,首先要归功于孙中山包含着民主革命精神的民族主义。[19]19世纪末20世纪初中国人已经认识到,中国民族主义是与帝国主义相对立的新型民族主义,其最终目的是为了反抗帝国主义侵略,在中国建立起最能满足资本主义要求的民族国家,是救亡图存的利器。正如梁启超所言，"知他人以帝国主义来侵之可畏，而速养成我所固有之民族主义以抵制之"。[20]20 世纪上半叶，随着西方列强的侵略和扩张的日益加剧，中国各种权益遭受到了严重损害，特别是边疆危机对国家的安全构成了重大威胁，边疆问题重要性尤为彰显。因之，"中国社会各阶层普遍关注起边疆民族问题，边疆研究高涨，近代民族主义继续发展，国家主权观念逐渐普及，现代边政思想逐步形成"[21]，全国上下形成了普遍关心边疆问题的风潮。正如时人所云："抗战之顷，各科人士皆谈边疆，无论社会学家、历史学家、语言学家，其所学学科与边疆有密切之关系，其谈也固无不宜。然一般不相干的人士，或劳驾远征，或闭门坐谈，亦往往以边事边情为集注之点。"[22]

总而言之，民国时期，民族主义发展与现代民族国家主权意识普及的一个重要表现，就是无论社会政要、知识分子还是平民百姓都表达了维护国家统一、主权独立、领土完整、抵制外国势力侵略和民族分离活动的强烈愿望，无疑这对于学人研究边疆问题高潮的来临具有十分积极的意义。

（三）中央和地方政府的支持与推动

民国时期，尽管内政纷扰、乱象不断，但鉴于外侮日急、边疆形势逼人，中央和地方政府对边疆问题还是给予了不同程度的支持与推动。譬如，民国伊始，很快就筹建了蒙藏事务局（1914 年改为蒙藏院，1928 年改为蒙藏委员会），1920 年 1 月，受北京政府的委托，甘肃都督张广建派出李仲莲、朱绣等一行代表团入藏，联络感情，取得了一定成效。特别是北伐完成，南京政府建立，为了巩固统治、加强对地方势力控制的需要，对边疆地区的政治建设、经济开发以及科学研究事业给予了较多的关注与支持。在边疆问题研究方面,官方、半官方或由政府支持资助的边疆民族机构、学校、学会及相关学术团体相继成立,抗战时期尤为显著。例如:中央研究院社会科学研究所民族学组、边疆政教制度研究会、中央政治学校蒙藏学校、边事研究会、教育部边疆教育委员会、中国边疆学会、中国边政学会等等。另外,为了加强中央与西藏地方的关系、沟通汉藏感情,国民政府曾于 1929 年至 1932 年间两度派国府女官刘曼卿入藏(后一次因康藏发生战事未能入藏),加强联络。[23]因 1926 年英人入侵江心坡,引起了国人的激愤以及对滇缅界务的重视,国民政府外交部遂于 1929 年夏成立滇缅界务研究会,滇西腾冲人士尹明德被推荐参加研究会,同年 11 月被委派为滇缅界务调查专员。[24]1934 年,国民政府外交部特派调查专员周光倬到滇西、滇南边境地区调查天然环境及民生状况。[25]抗战爆发,国民政府西迁后,纠正了先前"重北轻南"的策略,将西南少数民族地区与蒙、藏地区等量齐观,承认其特殊性。为了让更多的人了解边疆,在政府的支持下组建了诸多边疆考察团或视察团进入西南边疆进行考察,可谓是风起云涌、络绎不绝。[26]国民党中央五届八次全会在边疆施政纲要中还曾明确提出"设置边政研究机关,敦聘专家,搜集资料,研究、计划边疆建设问题,以贡献政府参考"。[27]等等。

地方和中央之间尽管政争不断,很大程度上影响了边疆的稳定与开发,但边疆地方政府处于扩充自身实力与发扬民族大义的需要,有时也较为开明的重视各项事业的建设,对于学人、专家考察边疆、参与边疆建设表示了一定的欢迎和支持。譬如,自 1927 年以还,四川二十四军军长刘文辉以川康边防总指挥名义,兼辖西康,首先罗致多数边务人才,"规划治康步骤与方案,兼定种种设施条例,开办边政训练所于成都,以养成多数服务边地人才,设西康政务委员会于康定,以总理各特区各项行政,……复以最少限度之经费,举办西康师范讲习所,西康农事试验场及西康通俗图书馆,藉期普及教育,促进民智,改善边民生活"。[28]另外,他还曾任命学者任乃强为"边区视察员"前往"西康视察,以供将来西康建省之采择"。又如抗战期间,刘文辉曾诚邀各科专家入康考察,"至二十七年春,我中央政府坐镇武汉,竭力谋开发后方各省,已为长期抗战之准备。各边远省区,如宁夏、青海、西康、新疆诸省,亦各感觉其地位对于抗战建国之重要,纷遣代表,向中央接洽,而尤以西康建省委员会委员长刘文辉氏最为热心,亲来武汉,表示愿邀各专家入康考察,根据其考察结果,以为将来施政之方针,于是于二十七年夏季,遂有第一次西康科学调查团之组织,分社会科学与自然科学两队"[29]。广西省政府也曾邀请文人、学者到广西参与调查研究"特种民族",以俟实现资政育民之效,如1935年暑期,应广西省政府之邀,费孝通与新婚妻子王同惠赴大瑶山进行瑶族调查。[30]云南方面则更为突出,抗战期间,云南省民政厅成立了专门研究开发建设边疆的机构"边疆行政设计委员会","网罗专门人才,根据边地实况,拟定具体方案,作为推行边地行政之张本。并培养边疆工作干部,以供政府开疆殖边之助"[31]。其中贡献突出的莫过于民族学家江应樑,在主持边疆行政设计委员会期间,做了许多富有成效的工作。等等。

(四)中国学人学术自强与济世精神的高涨

随着世界地理大发现和新航路的开辟,西方资本主义势力迅速崛起,并走上了海外扩张的道路。其中大批的传教士、探险家、自然科学家等率先深入异域,充当了西方势力殖民的急先锋。为了更好地辅助统治者对殖民地行政的需要,在西方一大批新兴的应用性人文社会科学自觉或不自觉的被殖民者所借用。比如,民族学与人类学就是近世以来随着西方国家的海外发展而兴起的学科,其初是行政官吏藉其工作上的便利,或是传教士在行政官员的保护下,所搜集的一些奇风异俗的记载,并不具备系统的科学体系,只是后来由于其他科学的进步以及人类学者的工作成绩对于殖民地统治的贡献,才为政治家、野心家作为侵略与统治的利器广为传诵,最早由法国倡导,继之英、美、德、俄、奥诸国莫不锐意沿求,勇猛精进。[32]

我国现代性意义上的边疆民族研究,可以说肇始于外国传教士、商人、领事、军事家、自然科学家等。[33]近世以来,中国屡遭蹂躏,国门洞开,国外大批民族学与人类学学者、地理学家、探险家、传教士、军事官员、汉学家等纷纷涌向中国,他们打着游历、考古、科学考察、献身慈善事业、传教、经商的光鲜旗号,多数秘密担负着搜集情报、编绘地图、调查一切文化风土和地利出产以及掠夺文物的多重任务,特别是对中国边疆地区的探寻与研究,取得了丰硕成果。譬如,"日之于东北四省,俄之于蒙古、新疆,英之于新疆、西藏,法之于云南,民族调查之报告,无虑数千百种,详悉远胜吾人,是固帝国主义侵略野心所使然"[34]。19 世纪末 20 世纪初,外国人对于中国西南边疆民族地区进行调查研究的突出代表主要有:英人亅格尔(Dingle)著《丁格尔步行中国记》[35],英国商人立德(A. J. Little)著《穿过云南》[36],英国殖民官员戴维斯(H. R. Davies)著《云南:联结印度和扬子江的锁链》[37],英人克拉克(S. R. Clake)著《在中国西南诸部落中》[38],英国殖民官员查尔斯·贝尔(Charles Bell)著《西藏人民的生活》、《西藏之过去与现在》,[39]法人亨利·奥尔良王子著《云南游记——从东京湾到印度》[40],日本人类学的创始人鸟居龙藏撰有《中国西南部人类学问题》、《苗族调查报告》[41]等等。西方和日本的学者对中国边疆地区进行的考察和调查研究,出版的一系列考察记录与研究成果，为西方和日本深入了解中国发挥了重要作用，同时也在一定程度上成为了列强制定侵略或控制中国政策的指针。外国人对我们边疆民族的研究，一方面向落后的中国传播了民族学与人类学等西方现代科学知识，提供了学术研究的范式；另一方面一些成果却又成为了服务列强侵略中国的帮凶，使中国学人大受刺激，激发了一些民族主义意识较强的中国学者，立志要以实际行动来改变对边疆问题研究的困局。

学术是民族灵魂的具体展现，同时也是领导民族的明证，最能表征民族的兴衰。[42]外国学人对中国各边疆民族地区进行的调查研究与出版的大部头著作，深深的刺痛着每一个中国学人的心，正如时人所云："日俄之于东北，俄之于蒙古新疆，英之于新疆西藏，法之于云南贵州，各就其势力范围相开拓。文献方面之材料不足，则努力于实地之考察。迄于今日，吾人苟欲认识自己之边疆问题，已不得借材于外国，是岂非大可耻之事乎？"[43]1935 年 10 月，顾颉刚在读到一位好友介绍日本收藏有关中国边疆史籍情况的来信后，曾痛切的写道："要研究我们自己的边疆问题，非得走到别国里看材料不可，那还成什么国家？号称智识分子的，还有什么脸见人？"[44]又如时人对云南所言："所谓云南民族问题者，我尚视为无足轻重，置之不议不论之列，而外国之专门学家、探险家、宣教师等则视为东方学术之宝库，殖民之乐土，翩联来游者踵相接项相望，对于此类学问研究出版之书籍，已有七十余部之多，于滇省山川、民物、政教、风化、调查之详，考核之精，历历如数家珍，使一旦有事，彼将按图索骥，郡县我地，有如缅越。"[45]针对如此情景，中国早期民族学家杨成志就曾发出呐喊，呼吁国内学人，应从梦中惊醒，明了西南民族的学问，应该跑着脚步向前去从新探讨，"与其让外国人的代庖，不如让我们自己来干一干"。[46]对于国外学人在我边疆地区不怀好意的调查研究以及列强企图蚕食我国疆域的罪恶行径,使得一批爱国学者痛心疾首,表示了普遍的愤懑与不满,激发起了他们那颗埋藏在文化深处的民族"自尊自强"与"学术济世"的爱国之心。

　　学术济世的"经世致用"思想在中国学术界具有久远的深厚文化传统。在中国千百多年的历史长河中,每当中央王朝出现内忧外患之际,总会涌现出数不尽的学人志士,倡导学术济世的民族情怀。鸦片战争前后出现的边疆史地研究高潮,特别是西北史地的研究,是近代以来中国学人"经世致用、匡世救国"精神的高度展现,"在中国学术史上写下了光辉的一页,为后人留下了宝贵的精神财富"[47]。历史进入民国时期,边疆危机层出不穷,"九·一八"事变后,全国抗日救亡运动高涨,史学界的风气逐渐转向。以傅斯年、顾颉刚等为代表的实证派史家在爱国心的驱使下,逐渐改变治史旨趣和研究方向,倡导起了经世致用的史学。[48]燕京大学边疆问题研究会成立宣言中也曾大力提倡学术致用的重要性,认为"当承平时代,学术不急于求用,无妨采取'为学问而学问'的态度,效果如何,可以不问。到了国势低落,踽天踏地的时候,所学必求致用,不但用来供应当前的急需,更当顾到宏大的后效。由于我国今日所处地位的危险,学术上更不容有所浪费,所以学术研究价值的高下,必须以需用与否来作衡量的标准"[49]。同样,中国边疆学会的同仁们也表达他们对于边疆问题研究的旨趣:"我们决不愿使道咸间的先进专美于前,也必不肯让帝国主义的御用文人怀着恶意在我们的旁边越分包办,我们要挺起脊梁,鼓起勇气,用了自己的一点一滴的血汗来尽瘁于这方面的工作,为后来人开辟出一条大道。我们知道,学术工作不动则已,只要动了,总是会前进的,后人是一定胜过前人的,我们酷望后起的人们把他们的血汗造成万分光华灿烂的研究和著作，由他们的精神感召而把现在号为荒寒的边疆建设得美丽辉煌。但我们处在这时代也不该妄自菲薄，我们要尽力抓住了这时代的公同的靳，向前完成一个启蒙运动，不亏负时代，把我们工作的成就贡献国人，作他们认识边疆的必要的初步的参考资料。"[50]等等。

民国时期，伴随着中国边疆危机的深入，外国御用文人对中国边疆不怀好意的科学研究，尤其日寇的全面侵华，使得中华民族再次陷入生死存亡的危险境地。中国学人的民族主义意识与自强精神得到了高度激发，他们怀着"学术济世"的神圣使命感投入到了"救亡图存"的洪流之中。抗战爆发后，"我国大部分的学者均能以国家民族的立场或国家民族的需要来研究学术，这真是中国学术一大转机。这种转机非同小可，一方面民族文化将由此而建立，他方面我们的有个性的文化将弘扬于世界。需要为学术之母，只要我们能时时刻刻站在国家民族的需要上来研讨学理，来应付实际问题，民族文化不成问题当由此而光大"。[51]

二、学术基础

民国时期，随着大批留学人员的归国，"西学东输"进程的加快，现代性学术体系的建构获得初步发展，一批新兴的学科相继确立，以启迪民智、普及科学、促进学术交流为宗旨的报刊杂志的兴办也形成了一股潮流，这些都为我国现代学术的发展奠定了根基。抗战时期，随着政治、经济、文化重心的西移，一大批受现代文明熏陶的高等学府和最具忧患意识与时代使命感的知识群体来到西南，结合自身学术背景及专业所长，因时就势展开了对西南边疆问题的调查与研究。

（一）现代性西学东输及初步发展

西学东输在我国明末清初时期就曾有之，但那只是传教士们来华任务的附带品，没有引起足够的重视，基于中国传统社会文化的强大自信力与排异性，传教士们的传教活动便不得不草草收场，打道回府。鸦片战争后，殖民主义者的坚船利炮极大地震动了中国社会，随着"天朝体制"的松动和"夜郎自大"意识的反醒，一些地主阶级的少数先进分子开始迈出思想封闭的牢笼，主动的向"泰西"学习，译介西书，以期实现"师夷长技以制夷"的宏愿。然而，尽管向西方学习的道路充满了曲折与漫长，但徐继畬的《瀛环志略》与林则徐、魏源的《四洲志》、《海国图志》一样，却开启了中国人走向认识世界道路的最初缩影。其后，从1872年清政府正式选派留美幼童开始至1949年以前，难以数计的中国青年，远涉重洋、负笈留学，去吸取现代西学的智慧，感受欧风美雨的浸润，希冀能够掌握科学的利器，以资实现救亡图存、民族振兴的鹄的。近代以来，历经几代海外学人[52]的不懈努力，尽管"科学救国"的目的难以如愿，但却成功的扮演了西学东输的重要载体，引领中国走向了最初的现代科学之路。"五四"新文化运动高潮的来临便是最好的明证。

1895年，"甲午海战"的失败宣告了"中体西用"洋务运动的破产，由此，政治精英与知识精英们便开始了从更为深远的角都思考中国社会未来变革的方向。他们摆脱了已往"师夷长技以制夷"器物层面的局限，注重以向西方学习政治制度、社会科学为主，积极引介西方的社会思想与学术思想，以资作为进行未来社会变革的重要武器。特别是1905年清政府科举制的废除，新学制的推广，"使得学习西学成为当时青年求学者的普遍追求，许多年轻人渴望进入新式学校，甚至连较为保守的一些学者也开始读一些关于西学的书籍。由此，使西方社会科学知识在中国有了更快的传播。经过不断的宣传，一些西方现代社会科学学科开始在中国逐渐有了范围不大但尚可立足的土壤，梁启超、严复、章太炎等利用社会学、民族学的理论和观点，探讨中国历史和现实社会问题，这正是清代后期文化反思与抉择的必然结果"[53]。

民国时期，西学东输的成就主要体现为现代大学体制、研究机制的创建，新学科、新学术范式的确立。与边疆问题相关的一些学科尤其得到规范化、建制性的发展，如民族学与人类学、社会学、地理学、历史学、语言学等，相继走进大学课堂与研究院所并独立建制招生。其中表现较为突出的有以下几点：

其一，民族学与人类学的传播与发展表现较为突出，主要体现在西方民族学、社会学理论著作的译介以及学术流派的引入，民族学研究机构的相继建立，20世纪20年代末民族学与人类学田野调查工作逐步展开是中国民族学学科发展中关键性的飞跃，也是其建立的一个重要标志；30年代初中国民族学会及其相关学术团体的成立；抗战时期，大批民族学与人类学家荟萃西南，对西南边疆问题的研究作出了重要贡献。

其二，地理学、史地学的发展成就也很显著，特别是晚清民国时期1909年以张相文为首的中国地学会的成立及其《地学杂志》刊物的出版，1934年以顾颉刚为首的禹贡学会的成立及其《禹贡》半月刊的出版，地学与史地学两大学术团体的出现，为普及地学与史地学知识，译介西方地理学著述理论，推动中国地学从古代舆地学向近代地学转型起到了不可替代的作用。此外，由翁文灏、竺可桢等人发起的中国地理学会及其《地理学报》的出版，国立北平师范学院地理系、国立中山大学地理系、中国地理研究所等学术机构的建立及其相关刊物的出版,都与地理学西学东渐的影响密不可分,同时这些学术机构团体的建立也进一步促进了地理学的发展,并为民国时期边疆问题的研究贡献了力量。其中现代地理学或史地学先驱张相文、丁文江、翁文灏、竺可桢、张其昀、顾颉刚、白眉初、黄国璋、蒋君章等人的宗师之功尤为彰显。

其三,受西学东输学科建制的影响,20世纪二三十年代专业史学期刊渐渐兴起,史学制度现代化建设取得重要成就,新兴的学术发表行为更是改变了民国史学研究的整体形态。正是这种改变使得史学研究逐步走向了学院化、专业化的道路。[54]20世纪20年代大学史学系与专业史学研究机构纷纷设立:北京高等师范学校史地学会于1920年宣告成立,北京大学史学会成立于1922年,1929年燕京大学历史学会成立等。随之,学术性的史学期刊也相伴而起,如《史地丛刊》(1920年)、《史地学报》(1921年)、《史学与地学》(1926年),史学与地学常常合为一刊,是初期源于史学与地学之间的重要关联使然。但在20年代中后期,历史学与语言学常常合称在一起,如1928年傅斯年负责筹办的中山大学语言历史研究所与中央研究院历史语言研究所,两个机构的学术刊物《国立第一中山大学语言历史研究所周刊》、《中央研究院历史语言研究所集刊》有前后相继之处。随着史学研究团体与专业化研究及现代学术期刊的兴盛,中国专门化、专业化的史学人才得到培养和锻造。[55]这些都为20世纪30年代民族危机严重后,经世致用史学的发展与边疆问题的研究准备了条件。

显然,在一批留学归国与学贯中西的民族学家、语言学家、史地学家的辛勤耕耘下,再加以现代学术体制建立后培养出的一批批国内优秀学人的崭露头角,可以预见,边疆问题研究高潮来临的学术条件已经初步具备。

（二）中国政治中心与学术中心的西移

20 世纪三四十年代对中国来说是一个灾难尤为深重的岁月，而这一灾难的策源地主要是来自东洋日本帝国主义的持续侵华。"九·一八"事变之后，东北沦亡，华北危急。为了转移国际视线，迫使南京国民政府屈服，日寇便于 1932 年初发动了"一·二八"事变，19 路军奋起抵抗，拉开了淞沪抗战的序幕。日军的来势汹汹，鉴于首都南京距上海近在咫尺，国民政府不得不另寻安全要枢，宣布迁都洛阳，并决定以西安为陪都进行筹备建设。1932 年冬日军又进攻热河，矛头直指华北，显然位于华北大平原上的洛阳已不再是安全之地。而这时西南各省正处于军阀割据、激烈混战之时，尤以四川为烈。所以，国民政府不得不决定努力经营西北地区以作将来对日作战的后方根基。通过几年经营，西安陪都建设已大有改观，且以西安为中心的交通建设也规模初具。但是，西北地区的经济落后，物产不丰，人力不足，这些都是战时陪都所在后方基地的不利条件。为了选择条件较好的抗战后方，蒋介石遂于1935 年趁追剿红军之际，借机两次入川，其中既有督剿红军、镇压革命的图谋，亦有控制军阀、统一四川、考察西南、选定抗战基地的深意。[56] 鉴于四川从来就是水陆两关的天险，素有四川"以战为守，守必固，以守为战，战必强"的绝优地势。[57] 蒋介石虽决定将来若中日全面战争爆发，四川应作为民族复兴之最佳根据地，为此他在诸多场合多次表达了对四川的溢美之词。譬如，他提示四川在全国的地位时说："四川在天时地利人文各方面，实在不愧为我们中国的首省，天然是复兴民族最好的根据地"[58]；"四川则远处西陲，形势天成，估计当时敌人的实力不能深入到四川省来。……因此本人认为四川为抗战惟一的根据地"[59]；我们"18 省哪怕失去了 15

省,只要川滇黔三省能够巩而无恙,一定可以战胜任何强敌,恢复一切的失地"[60];等等。果不其然,1937 年"七·七"事变爆发,日寇发动全面侵华,抗战初期,中国军队严重失利,国府南京受到威胁,随之,1937 年 10 月 30 日,国府召开国防最高会议,决定迁都重庆,蒋介石作了题为《国府迁渝与抗战前途》的讲话,他说:"到了二十四年(1935 年)进入四川,这才找到了真正的可以持久抗战的后方。从二十四年开始,将四川建成后方根据地以后,就预先想定以四川作为国民政府的基地。现在中央已经决议国民政府迁到重庆。国府迁渝并非此时才决定的,而是三年以前奠定四川根据地时早已预定,不过今天实现而已。"[61]于此可见,蒋介石选择四川作为抗战大后方,是经过一番曲折历程的,是对中国国防战略历经深思熟虑的结果。

　　全面抗战爆发以前,尽管中国的边疆问题研究就已悄然展开,但却只是集中在北平、南京、广州等东部及沿海文教相对发达为数不多的几个地区而已。抗战全面爆发后,国府西迁重庆,西南成为了大后方,国民政府基于持久抗战、保持中华民族教育文化的战略,对全国学术文化重心实施了保护性转移,原来集中在东部地区的学术机构和高等学府纷纷向西部地区迁移。据相关研究人员统计,八年抗战期间,内迁至西部的高校近百所,而西南则是接待内迁院校最多的地区,其中高校集中的地区尤以重庆、成都、昆明为多。[62]在内迁云南的 10 余所高校中,由北京大学、清华大学、南开大学三校组成的西南联合大学最负盛名。随着战时一大批高等院校及科研院所西移,数不尽的文化精英、学术精英、科技精英也相继而至,骤然之间,西南地区由"蛮荒"之区变成了"高校云集、人才荟萃"之地。其中,民族学相关研究机构和人员的转移尤为突出,"抗战期间,中国的大部分民族学研究机构迁至西南地区。研究机构分布格局的变化必然对中国民族学的发展产生重大的影响。民族学家们较为集中的城市依次是昆明、重庆、成都、贵阳等"。[63]中国大部分的民族学研究机构自东部迁至西南地区，"昆明更是民族研究机构和研究人员最为集中的城市。而学术界各领域的专家学者来到云南之后，因为民族资源的丰富和自然条件的便利，所进行的研究工作都直接或间接地与云南各少数民族或其聚居区密切相关，因此这时期的云南民族研究，触及的领域、牵涉的范围以及研究的学科门类、理论方法，都非常广阔而繁杂"。[64]有如，1938年中央研究院大部分迁往昆明，并乘便从事边疆研究工作；中央博物院同时亦迁往昆明，进行大理考古与维西民族的考察；云南大学改国立后成立社会学系，由集聚昆明的该系专家学者分头进行禄村调查、卡瓦山调查及其麼些文字的研究，等等。[65]显然，战前以北平和南京为中心的中国边疆研究格局发生了突变。[66]

　　抗战时期，随着文教重心的大转移，一大批受现代文明熏陶的高等学府和最具忧患意识和时代使命感的知识群体来到西南，直接参与了西南地区的政治、经济、文化教育等方面的建设工作，以"西学东渐"中转站的角色促进了西南人民观念的近代化，为西南地区的人才培养、经济发展、国防建设、科学研究等各方面的现代化作出了历史性贡献，[67]同时也为西南边疆问题研究高潮的来临汇聚了厚重的文化学术泉源。

结　语

　　纵观中国近代以来百余年的历史，我们似乎可以作出这样一种阐释："中国近代史，既是一部西方列强的入侵不断加深，使中国由封建社会逐步沦为半殖民地半封建社会的历史；又是一部中国人民的苦难、屈辱与反抗不断增强进而越来越广泛地投入到救亡图存运动中去的历史；当然也是中国民族主义形成的历史。中国是中华民族的国家，中国民族主义即中华民族的民族主义。"[68]不管这一结论是否恰当与贴切，但却基本上反映了近代以来中国社会沉沦与变革、屈辱与反抗、苦难与机遇多重矛盾相互交织的历史画卷，其中近代以来两次边疆问题研究高潮的相继兴起便是对这一历程所作的较好注释。一种学术思潮的涌现往往是对一个社会矛盾运动的真实反映或思想折射，深深的映衬着时代的背景，民国时期中国（西南）边疆问题研究发展的学术理路当然也不例外，有其兴盛的诸多动因与时代元素：中国边疆民族危机的深化，中国人民（包括学术界）为改变这种状况而不懈的探索与奋斗；中国国家民族主义的兴起与学术济世精神的高涨，"爱国是基础，救国是目的，而科学救国、学术救国、舆论宣传救国则是爱国知识界实现自身抱负和价值的主要途径"[69]；西学东输的深入，由早期传教士不成体系简略的技术输入，至甲午海战后，为适应社会制度变革的需要，知识界大力对西方各主要社会政治思想及学术体系的引入，对晚清民国时期中国社会结构的变革与学术进步产生了深远影响；继承中国史学经世致用传统和清季西北史地学派的余韵，中国传统学术研究注入新的时代元素后得以继续发展；现代教育体制的渐趋确立及学术期刊的兴起，促进了学术信息的传播与新型人才的培养，奠定了民国时期边疆问题研究的学术泉源。显然，中国（西南）边疆问题研究的兴起与高涨是与时代脉搏丝丝相扣、息息相关的，有其特殊的社会背景与学术渊源。

　　本文是云南省哲学社会科学规划项目《民国学人西南边疆问题研究评述》（QN2013035）的阶段性成果。

注释：

1　文中民国时期西南边疆范围是指具有整个陆地边境线的西南省区——西藏、西康、云南和广西四省区。其中西康建省始于 1906 年清政府筹划的川滇边区，1925 年北京政府设立为西康特别行政区，1939 年 1 月，重庆国民政府批准，西康省政府正式成立，新中国成立后，1955 年被裁撤。根据民国时期官方地图所示，尽管西康地方势力实际控制线没有达到与其广泛主张的范围（达到与英属印、缅的交界处），但官方政府始终主张西康是有边境线的省区，只是因诸多原因，暂时没有能够实现控制与印缅相接的地区而已。

2　《中国边疆学会丛书总序》转引黄奋生《边疆政教之研究》，商务印书馆 1947 年版。

3　厉声：《近代中国边界变迁与边疆问题》，《百年潮》2007 年第 9 期，第 59 页。

4　魏新：《一九三四年的中国边疆》，《进展月刊》1934 年 3 卷第 7—8 期合刊，第 31—32 页。

5　翁有为：《北洋时期的军阀纷争与时代主题论略》，《吉林大学社会科学学报》2010 年第 2 期，第 73 页。

6　文斗：《筹设中央政治学校附设蒙藏学校西康分校之刍议》，《康藏前锋》1933 年 1 卷第 1 期，第 20—21 页；黄举安：《西康前途之展望》，《康藏前锋》1935 年 3 卷第 2 期，第 22—26 页；刘文辉：《西康现状》，《康藏前锋》1935 年 3 卷第 2 期，第 12—21 页；华崇俊：《论康藏问题》，《康藏前锋》1933 年 1 卷第 1 期，第 54 页；刘家驹：《康藏》，亚细亚月刊社 1932 年版。

7　《边疆半月刊·发刊词》，1936 年 1 卷第 1 期（创刊号），第 1 页。

8　9　12　章永俊：《鸦片战争前后中国边疆史地学思潮研究》，黄山书社 2009 年版，第 99、106、117 页。

10　余英时：《中国现代的民族主义和知识分子》，《联合报·副刊》1975 年 5 月 1 日。

11　罗志田：《乱世潜流民族主义与民国政治》（自序），上海古籍出版社 2001 年版，第 1 页。

13　《论社会改革》，丙午年（1906 年）六月十七日《时报》，第 14 页。

14　《孙中山选集》下卷，人民出版社 1957 年版，第 615 页。

15　田亮：《禹贡学会和〈禹贡〉半月刊》，《史学史研究》1999 年第 3 期，第 56 页。

16　李列：《彝族研究现代学术的建立（1928—1949）》，博士学位论文，北京师范大学中文系，2005 年，第 12 页。

17 郝保权、秦燕:《略论近代中国民族意识的觉醒与嬗变》,《广西民族研究》2008 年第 4 期,第 11 页。

18 万民一:《中国民族主义之特质》,《建设研究》1940 年 3 卷第 3 期,第 1—9 页;苏国夫:《民族主义认识论》,《建设研究》1941 年 5 卷第 6 期,第 72—73 页。

19 张正明、张乃华:《论孙中山的民族主义》,《民族研究》1981 年第 6 期,第 1 页。

20 梁启超:《国家思想变迁异同论》,见张枏、王忍之编:《辛亥革命前十年间时论选集》第 1 卷上册,三联书店 1960 年版,第 26—34 页。

21 方素梅:《中华民国时期的边疆观念和治边思想》,《中南民族大学学报》2008 年第 2 期,第 31 页。

22 马长寿:《十年来边疆研究的回顾与展望》,《边疆通讯》1947 年 4 卷第 4 期,第 1 页。

23 马大正主编:《国民政府女密使赴藏纪实》,民族出版社 1998 年版。

24 董晓京:《尹明德与民国时期的滇西边区》,硕士学位论文,云南大学人文学院,2002 年,第 20—21 页。

25 曹明煌:《二十世纪三、四十年代的云南民族研究》,硕士学位论文,云南大学,2003 年,第 24 页。

26 27 29 33 徐益棠:《十年来边疆民族研究之回顾与前瞻》,《边政公论》1942 年 1 卷第 5—6 合期,第 57、60、57、51 页。

28 龙守贤:《西康过往经营之概况及将来开发实施步骤》,《边事研究》1935 年 1 卷第 4 期,第 29—30 页。

30 王同惠:《广西省象县东南乡花篮傜社会组织·导言》,《广西省政府特约研究专刊》1936 年。

31 《云南省民政厅边字第 2308 号呈文》,1943 年 9 月 27 日,云南省档案馆藏:1106 全宗 646 卷,第 81—82 页。

32 古公佐:《介绍一种研究边民文化的刊物民族学研究集刊第一期》,《边疆半月刊》1936 年 1 卷第 6 期,第 63—64 页;杨希枚:《边疆行政与应用人类学》,《边政公论》1948 年 7 卷第 3 期,第 57 页。

34 古公佐:《介绍一种研究边民文化的刊物民族学研究集刊第一期》,《边疆半月刊》1936 年 1 卷第 6 期,第 63—64 页。

35 [英]丁格尔(Dingle):《丁格尔步行中国记》,商务印书馆 1915 年版。

36　王建民:《中国民族学史》上卷,云南教育出版社 1997 年版,第 69—70 页。

37　[英]戴维斯(H. R. Davies)、李安泰等译:《云南:联结印度和扬子江的锁链·19 世纪一个英国人眼中的云南社会状况及民族风情》,云南教育出版社 2000 年版。

38　41　53　63　王建民:《中国民族学史》上卷,云南教育出版社 1997 年版,第 70、62、59、216 页。

39　[英]查里士比耳(CharlesBell,今译查尔斯·贝尔):《西藏人民的生活》,上海民智书局 1929 年版;《西藏之过去与现在》,上海商务印书馆 1930 年版。

40　[法]亨利·奥尔良:《云南游记——从东京湾到印度》,云南人民出版社 2001 年版。

42　孙本文等:《中国战时学术》,正中书局印行 1946 年版,第 122 页。

43　《〈禹贡〉学会研究边疆计划书》,《史学史研究》1981 年第 1 期,第 67 页。

44　《禹贡半月刊》1935 年 4 卷第 6 期,第 84 页。

45　王洁卿:《云南民族之研究》,《中山文化教育馆季刊》1936 年 3 卷第 4 期,第 1198—1199 页。

46　杨成志:《云南民族调查报告》,《国立中山大学语言历史研究所周刊》1930 年第 1—4 页。

47　马汝珩、张世明:《嘉道咸时期边疆史地学的繁荣与经世致用思潮的复兴》,《中国边疆史地研究》1992 年第 1 期,第 28 页。

48　杜学霞:《论 20 世纪 30 年代中国史学界风起的转变与抗战史学的兴起》,《重庆社会科学》2007 年第 4 期,第 72 页。

49　《燕京大学边疆问题研究会汇报》,1937 年 1 月,第 1—2 页。

50　赵守钰、顾颉刚、马鹤天、黄奋生同序:《中国边疆学会丛书总序》,引自黄奋生《边疆政教之研究》,商务印书馆 1947 年版。

51　《欣闻中国战时学术进步》,《文化先锋》1946 年 5 卷第 7 期,第 2 页。

52　指代留学海外的中国人。

53　王建民:《中国民族学史》上卷,云南教育出版社 1997 年版,第 59 页。

54　55　王建伟:《专业期刊与民国新史学——以 20 世纪二三十年代学术的发表行为为中心》,《福建论坛·人文社会科学版》2007 年第 10 期,第 76、76、81 页。

56　周勇主编:《西南抗战史》,重庆出版社 2006 年版,第 64—65 页。

57　王燕浪:《西南与西北》,国民出版社 1943 年版,第 8 页。

58　周开庆:《民国川事纪要》上,四川文献研究社1974年版,第604页。

59　60　周开庆:《四川与对日抗战》,商务印书馆1971年版,第14、10、12页。

61　蒋纬国总编著:《抗日御侮》第2卷,黎明文化事业公司1979年版,第28页。

62　刘韦:《抗日战争时期我国高校内迁研究》,硕士学位论文,安徽师范大学,2006年,第24页;夏绍先:《抗战时期云南的教育——内迁院校与云南教育的发展》,《云南师范大学学报》2002年第6期,第209页;张成洁:《抗战时期高校内迁对西南地区现代化的影响》,《贵州社会科学》2006年第3期,第153页。

64　曹明煌:《二十世纪三、四十年代的云南民族研究》,硕士学位论文,云南大学,2003年,第26页。

65　马长寿:《十年来边疆研究的回顾与展望》,《边疆通讯》1947年4卷第4期,第2页。

66　69　马大正、刘逖著:《二十世纪的中国边疆研究——一门发展中的边缘学科的演进历程》,黑龙江教育出版社1997年版,第274、66页。

67　张成洁、莫宏伟:《论抗战时期高校内迁对西南地区观念近代化的影响》,《贵州文史丛刊》2002年第3期,第77页;张成洁:《抗战时期高校内迁对西南地区现代化的影响》,《贵州社会科学》2006年第3期,第153页;杨立德:《西南联合大学对抗战建国的贡献》,《云南师范大学学报》1995年第4期,第32页。

68　宋新伟:《民族主义在中国的嬗变》,社会科学文献出版社2010年版,第22页。

试论明代云南巡抚的职责及其作用

辛亦武(云南大学人文学院历史系讲师)

　　明代中期,随着社会矛盾的激化,明王朝向各地派出巡抚"抚按军民",巡抚开始为临时性差遣,随后,巡抚逐渐改变临时性差遣的性质,成为地方的最高行政长官。巡抚成为省一级的最高官后,其职责也基本固定下来。巡抚的设立对明代地方社会产生了巨大的影响,同时,巡抚制度也对后世产生了积极影响,被清朝所继承。对于内地巡抚的职责与作用,学术界多有研究,但是,对于边疆巡抚,特别是西南边疆巡抚的职责与作用,研究成果并不多,本文拟对明代西南边疆云南巡抚的职责与作用进行初步探讨。

　　云南地处边疆,民族众多,且有沐氏世镇云南。在众多巡抚当中,云南巡抚是惟一设在既有勋王世代镇守、又是边疆少数民族的地区。另外,一般情况下,明王朝在各地设巡抚的同时,也设置总督,巡抚以民政为主,总督负责军事。虽然云南在正统年间三征麓川时,曾任命王骥为总督,但是,三征麓川之后,云南总督即被撤消,此后,整个明代云南未再设总督。因其特殊性,云南巡抚除具有其他巡抚治民、治吏、治军的职责外,还有治理边疆,处理少数民族事务,监督镇守勋王及镇守中官的职能,即治边、治夷、督镇。

一、抚循地方，处理地方事务

抚循地方，处理地方事务是云南巡抚的一项基本的职能。宣德八年（1433年），宣宗在给各地巡抚的敕谕中指出："兹命尔等巡抚郡县，务宣德意，抚民人，扶植良善。一切税粮，从尔设法区外，必使人不劳困，输不后期；卫所屯种，从尔比较，水田圩岸，亦从提督，使耕耘有时，水旱无患。应有便民之事，悉具奏闻。"[1] 另外，明廷在嘉靖十一年（1532年）重申："凡徭役、里甲、驿传、仓廪、城池堡隘、兵马军饷，及审编大户精长、民壮快手等项地方之事，俱听巡抚处置。"[2] 这两条敕谕大体包括了巡抚在处理地方事务之中的基本职责。显然，凡地方与此相关的大小事务或由此派生出来的水利的兴修、仓储的修建、城堡的修筑、矿场的开闭、灾情的勘报、劝课农桑、征缴税粮、招抚流民、均平赋役、减免捐税、镇压叛乱、化解民变等，都是巡抚的基本职责。云南虽地处边疆，但管理民政，处理地方事务，云南巡抚与其他巡抚亦别无二致。云南巡抚到云南赴任后，兴利除弊，致力于云南的屯田、减免赋役、兴修水利等地方事务。

明王朝在平定云南之后，就开始利用卫所进行屯田，以后又开展民屯和商屯。明初，云南屯田取得了明显成效，并发挥了重要作用。明朝中期，云南屯田开始遭到破坏，巡抚进入之后，积极恢复屯田，巩固明王朝在云南的统治。嘉靖七年（1528年）十月，巡抚云南都御使欧阳重奏："寻甸府先年草创土墙，故为叛贼所陷。近询之居民，金谓凤梧山下，地形颇便，及此兵燹之后，未有屋庐，宜即迁立府治于其地，仍设守备千户所，则文武并用，可以久安。窃见嵩明州等处，有云南左、中、右、前四卫，马步土军三千九百余人，设有本管土官指挥千、百户,且多没官田地,可以建屯。若准令设所,分拨官军,令其三分操守,七分屯种,岁入租赋,以供军饷,人不告忧而乐从矣。得旨,俱如所议行。"[3] 弘治五年(1492年)二月,巡抚云南都御使张诰奏:"清查各衙门司所屯田盗报有司田二万八千余亩,仍给还各衙门屯种,以复原额;其民田册内照数开豁,仍请令二年一次委管屯管屯官员清理盗报者罪,以盗卖官田过者、收者仍各罚米一百石入官。户部覆奏,从之。"[4]

弘治十三年(1500年)十一月,云南巡抚李士实奏:"云南银场有九,近年矿脉甚微,各卫俱以矿夫口粮陪纳,岁折银三万四百三十四两……今判山、窝村、广运、宝象四场,矿脉久绝,陪纳无已。乞自十二年为始,将四场银课暂免,军丁退还各卫,操备口粮,移文有司收责,以备军饷,则减者少而增者多矣。户部覆奏,从之。"[5]万历十五年(1587年),户部覆云南巡抚刘世增题称:"罗雄州两遭兵燹,民罹荼毒,要将十四、十五两年税粮豁免以苏民困。罗雄为滇省遐荒,先遭屠戮,复值逃匿再叛之秧。始为内应,以脱州官,既为向寻,以杀逆贼。悉数效死之民,尤当嘉惠。该州每年额征税粮五百三十余石,两年共一千有奇,悉行蠲免。"[6]

天启《滇志》卷3《地理志第一之三·堤闸》云南府条记:"南坝闸,在府城南,盘龙江所经,亦赛典赤修。总兵沐璘、巡抚郑颙甃石为闸,添设守者,因水盈缩,时其启闭,民甚便之。"临安府条载:"石堰,在州南。有小河,巡抚邹应龙为石堰,至今赖之。"弘治十四年(1501年),巡抚陈金组织各族军民对滇池海口河进行疏浚,"遇石则焚而凿之,于是,池水顿落数丈,得池旁腴田数千顷,夷、汉利之。"[7]在巡抚的监督或主持下进行的水利建设,对促进云南社会经济的发展起了重要作用。

二、提督军务

处理地方军务是云南巡抚的另一项重要职责。明朝建官之制坚持文武相制，以文制武的原则。"国初，兵事专任武臣，后常以文臣监督。文臣，重者曰总督，次曰巡抚。"[8]明朝在立国之前，沿用元制，设置枢密院作为最高军事机关。至正二十一年(1361年)，改行枢密院为大都督府，其职责为："节制中外诸军事"。[9]洪武十三年，明廷改大都督府为五军都督府，负责全国的军事，在地方则设置都指挥使司，隶属于五军都督府，负责地方军务。另外，在建国之初的洪武元年(1368年)，明朝廷设置兵部，隶属中书省。洪武十三年(1380年)，罢设中书省，兵部地位上升，遂成为全国最高军事行政机关，五军都督府的权力逐渐被兵部取代。

明代以文臣参预军务，始于永乐四年(1406年)征讨安南。当时以朱能为征夷将军总兵官，兵部尚书刘儁参赞军务。洪熙元年(1425年)，明朝廷以武官不谙习文墨为由，"选方面、部属等官，在各总兵处总理文墨，商榷机密，仅称参赞军务"。[10]正统年间，明王朝内外交困，北方军事冲突加剧，而南方地区则叛乱此起彼伏，于是，许多文臣镇守被派往各地负责军政事务。正统以后，文臣参赞军务者多兼巡抚，或以原有巡抚和镇守提督参赞军务。"巡抚兼军务者，加提督，有总兵地方，加赞理军务"。[11]明代中期之后，随着社会矛盾的激化，巡抚提督军务的军事职能逐渐得到加强。举凡卫所官军之屯田、军事城堡之修筑、军饷之供给、将官之任免、军队之调度、布防、军伍之整饬等皆由巡抚主持或参与决策。嘉靖初年，随着各地镇守中官的陆续撤回，以及镇守总兵官的地位日益下降，巡抚成为实际的地方最高军事长官，总兵以下，悉听其调遣、指挥。

　　明军在平定云南后,设都指挥使司统兵。"洪武十五年二月,置云南都指挥使司,命前军都督佥事谢熊戈预左军都督佥事,冯诚署司事"。[12]同时,洪武十六年留沐英镇守云南,洪武二十五年,沐英被封为西平侯。沐英之后,沐氏世镇云南。永乐四年,沐英之子沐晟充任总兵官,因征讨安南有功,被朝廷封为黔国公,命子孙世袭,沐氏的权力达到鼎盛。作为朱明王朝在云南的代理人,沐氏的统兵权被世代承袭下来。沐晟之后,沐氏一直袭黔国公之职,并挂总兵官之印,充任总兵官之职。并且,为了维护沐氏的权威,明朝廷一再下诏重申沐氏的统兵权,如洪武三十五年(建文四年1402年),沐英之子沐晟袭西平侯之职,敕令"云南都司卫所听其节制"。[13]永乐六年(1408年),"命黔国公沐晟仍镇守云南,节制都司属卫官军"。[14]嘉靖三十五年,当黔国公沐朝弼被朝臣参劾,建议朝廷削夺其事权时,明廷再次重申沐氏的统兵权:"赐黔国公沐朝弼敕,令其节制土汉诸军,抚按官不得擅调,诸事白事及移文谒见之礼仪,俱先镇守而后抚按,违者以名闻。"[15]终明之世,沐氏一直享有云南的统兵权

　　云南巡抚因麓川之事而设,提督军务,处理地方军务为云南巡抚的重要职责。正统五年(1440年)六月,明廷任命丁璿为督察院右佥都御使巡抚云南。并敕谕:"今命尔往云南,同左布政使戴新,及按察司廉干堂上官一员,自云南至金齿一路,预备粮料。尔等同志协力,从长设法,务使官有储蓄,人不疲困。大抵云南频岁供给烦劳,人情厌苦,朕其念之,故兹遣尔。必推抚恤之诚,奖劝之道。金齿除官军准俸职田外,或有空闲田地,即勘附近卫所屯田如例,征收子粒;但有豪强占据,治之如例;其余官民诉讼,悉付巡按御使理之;军机边务,尔有所见,便于事者,宜与总兵官及三司官议

协而行;凡事关大体及厉害之当建革者,悉奏来处置。用副朕委任
之意。"[16]十二月,再次敕谕丁璿:"昨命尔提督云南各卫所官军操
练,今以尔所理粮储事重,特命监察御使严恭专督选军操练,仍总
兵事。"[17]从以上史料来分析,云南巡抚设立之初,其主要职责为:
一、转运粮饷,储备粮料;第二、勘察卫所的屯田,征收卫所田赋;第
三、协助总兵官及三司处理地方军务。正统七年(1442年),麓川
地区再次发生叛乱,明朝廷又派王骥率大军征讨思氏,并任命礼部
右侍郎侯琎往云南参赞军务。[18]对于这次参赞云南军务的行动,作
为当事人的侯琎曾经在《新筑腾冲司城记》中道明原因:"云南遐
荒,去京万里,百蛮杂处,叛服无常。自昔虽有武臣镇临,特乏文臣
以佐尔,乃敕兵部佐侍郎侯琎、刑部右侍郎杨宁迭更参赞戎务,用
靖边夷。"[19]在这条史料中,侯琎指明了明王朝的统兵之道"文武相
制"的原则,也说明了其到云南的职责是参赞军务。随后的继任
者杨宁、郑颙到云南赴任,明朝廷在敕谕中都明确指出,他们的职
责是参赞军务,负责协助总督王骥及总兵、镇守处理地方军务。如
正统九年,杨宁代侯琎为云南巡抚,明廷敕谕曰:"今命尔往云南,
代侍郎侯琎总督军务,并提督云南各卫所,操练军马及预备粮储、
屯田等事。凡军机事务,须与总兵镇守官商榷处置。"[20]另外,据明
朝焦竑撰写的《国朝献徵录》载:"甲子(杨宁)奉命参赞云南军务,
至则练兵伍,督屯耕,兴利去害。"可见,杨宁到云南任巡抚,其主
要职责是提督各卫所军务,操练军马,督查卫所屯田。再如正统十
四年,云南按察司副使郑颙被任命为云南巡抚,参赞军务,英宗也
曾敕谕:"云南远在万里,蛮夷杂处,控制惟难。已命都督沐璘充
总兵官镇守,尔颙参赞军务,凡一切事机须会计区处,务在至公,使
一方军民有所倚赖。其卫所官员之中,有不遵法度,肆为贪虐及旗
军人等豪猾奸诈不服差操者,就行逮问,轻则量情发落,重则监候

奏请,务在宽猛适宜,奸贪知惧,兵备修举,边境肃清,以副朕委任。"[21]虽然,丁璿、侯琎、杨宁等到云南任巡抚属于临时性差遣,但其提督军务,拥有掌兵权是不争的事实,尽管三征麓川之后,总督、巡抚随即撤回,兵权又被沐氏所掌控,但随着云南社会矛盾的激化,设立巡抚以解决社会矛盾成为明廷内外的共识。云南巡抚在成化十六年(1480 年)成为定设后,明廷明确规定了其掌兵之权。《明会典》卷 128"督抚兵备"条记载了云南巡抚及其部属的构成以及管辖情况:"巡抚云南兼建昌、毕节等处地方赞理军务,兼督川贵粮饷一员。临安兵备一员,整饬临安等处地方。腾冲兵备一员,整饬腾冲等处。澜沧兵备一员,整饬澜沧、姚安等处。曲靖兵备一员,整饬曲靖、寻甸、马龙、木密、沾益等处。"[22]从《明会典》的记载来看,云南巡抚具有很大的军事权力,不但拥有参与云南军务的权力,而且云南巡抚还拥有兼治四川建昌军民府、贵州毕节卫军务的权力以及负责督查四川、贵州粮饷的职责。又因三征麓川之后,云南未设总督,所以,与一般的内地巡抚比较起来,云南巡抚的军权远远超越了内地巡抚所拥有的军权。当然,云南巡抚的军权并不是在设立之初就拥有的,而是在处理边疆事务中不断获得,并不断得到加强。据严清在《迁巡抚都察院记》中说:"云南僻在裔土,去王圻远甚,弹压之寄,唯在重臣。高皇帝以世勋居守,意深矣。睿皇帝、景皇帝时,洊有巡抚暨设赞理军务,然不常置。……肃皇帝中年,欲兴交南问罪之师,云南巡抚始兼赞理军务,于时首易玺书者,崇阳汪公文盛也。后历二十四年,十二公,朝廷假借事权,为西南之虑远矣。岁庚申,因事报罢。至新昌吕公光洵奏复之,又请兼制蜀之南鄙,今陈公(陈大宾)又请兼制贵之西鄙。于是,幅员益广,事权益重,称军门矣。"[23]分析严清为迁建云南巡抚衙门所写的碑文,我们可以理清隆庆之前云南巡抚掌兵权变化的脉络。洪武平定云南之后,沐氏世镇云南,挂总兵官印,掌云南兵权。正统年间,因征讨麓川,云南添设巡抚,并参赞军务,到景泰年间,巡抚的这项职权一直存在。天顺年间,云南罢设巡抚,兵权重归沐氏统掌。嘉靖年间,因安南侵扰云南边境,嘉靖皇帝派大军征讨安南,同时赐予云南巡抚汪文盛赞理军务之权,并颁赐印信。嘉靖庚申(嘉靖三十九年,即 1560 年),明朝廷收回云南巡抚的掌兵权。嘉靖四十二年(1563 年),吕光洵被任命为云南巡抚,并且取得了兼制四川建昌军民府的统兵权,继任之巡抚陈大宾又取得了兼制贵州毕节卫的兵权。由于云南巡抚被明王朝屡加兵权,因此,巡抚被属僚称为军门。另据《明实录》记载,万历十一年(1583年),吏科给事中杨文举因莽应里侵略云南之西部边境,奏请朝廷给予云南巡抚兼督川、贵兵饷之权力。杨文举的建议得到了明朝廷的批准,云南巡抚又取得了兼督川、贵兵饷的权力,事权进一步扩大。[24]具体来说,云南巡抚统临安兵备、腾冲兵备、澜沧兵备、曲靖兵备四道,云南布政司之云南十一府,曲靖军民宣慰司、芒市等二长官司,云南都司之云南左右等二十卫,安宁等二十所,潞江等四安抚司,茶山等三长官司,兼制四川建昌兵备,贵州毕节兵备。

云南巡抚成为常设之后,与沐氏同操权柄,共掌军务。虽然终明之世,沐氏一直享有掌兵权,但是,沐氏的统兵权随着其子孙才能的下降,或贪污腐化不能服众,或因承袭者年幼不能统兵,或因与三司之间的矛盾而导致他们之间相互争斗等等原因,统兵权被大大削弱,尤其是云南巡抚设立之后,其统兵权被分割,有时甚至完全被巡抚掌控。如弘治十年(1497 年),兵部上奏说:云南险远,黔国公沐崑年幼袭总兵官职,恐其少不更事,为群下所诱惑,不能拊循其众,请敕镇守、巡抚等官同心协赞,以济边务。凡有公事,须请原设总府厅事会议处置;其平蛮将军印,除调兵外,不得轻用,用时亦须就会议之日，用毕封之，以革盗用之弊。朝廷允许了兵部的请求。[25]因沐氏年少，兵权被巡抚等官染指。嘉靖二十六年，沐朝辅卒，其子沐融袭职，又因其年幼，朝廷敕谕："以朝辅弟朝弼为都督金事，暂挂印充总兵官，代镇云南，一应重大事务，仍命巡抚官协同处分。"[26]隆庆二年，因为黔国公沐朝弼残暴不法，不经抚按官会商，擅用调兵火牌，被兵科给事中欧阳一敬等参劾，沐氏被剥夺了调兵火牌，巡抚取得了调兵权。[27]天启年间，黔国公、镇守总兵官沐启元狂悖不法，骄奢淫逸，不谙事体，并与其祖父沐昌祚争权，不但被抚按官参劾，而且被其祖父上奏称"不堪任用"，于是朝廷降旨："沐启元既不谙事体，不许管兵，仍听抚、按官节制。"[28]沐氏世镇云南，曾经权倾一时，及其衰败，统兵之权逐步散失，最后，兵权被巡抚所操纵。造成如此之原因，一方面固然与沐氏子孙自沐春之后，多无真才实学，且依仗世袭之勋爵地位，在云南为非作歹，屡屡给边疆人民带来危害，遭到朝廷内外的怨愤，不断有官员参劾，削夺其兵权有很大的关系；另一方面，也与云南地处边疆，诸夷环处的形势大有干系。沐氏兵权一点点散失，被巡抚一步步掌控在手中。正如郭斗在《都察院续题名记》中所说："云南远在万里，诸夷环处，而赞理军务，厥任匪轻。兵虽责之总镇，然政令之弛张，军机之缓急，巡抚实维掌握，事无纤巨，动关戎马，毫厘一失，千里遂谬，鲜有不偾事者矣。"[29]云南巡抚掌控兵权，统领诸兵备道，对边疆的稳定与巩固起了重要作用。

三、考察属吏，整饬吏治

考察属吏，整饬吏治，是巡抚的又一项基本职责。巡抚的这项职责表现为：对所管辖下的文武地方官吏进行考核，对为官清廉、有功者给予举荐,对贪污腐败、不作为者根据刑律进行惩处。需要指出的是:巡抚的这一项职能,并非一人独专,而是会同巡按御使共同进行。在宣德七年(1433年)八月,宣宗曾经敕谕:命各处巡抚侍郎会同巡按御使共同考察地方官吏。[30]另外,弘治元年(1488年),左都督马文升、兵部尚书余子俊上疏朝廷,准许巡抚、巡按岁劾镇守总兵、中官及分巡、守备等官政绩,行保举、论劾,得到朝廷的批准。[31]从以上史料可以看出,作为地方最高行政长官对下属的管理与考核是巡抚的一项基本职责。

云南巡抚作为地方最高行政长官,管理和考核其下属官吏是他作为地方最高长官职能的体现,也是保证地方行政机构能够正常运转的必要措施。正德十三年(1519年),何孟春被任命为云南巡抚,临行前,武宗皇帝敕谕曰:"文武大小衙门管事官员,有才不胜任,妨废政务者,有肆为贪酷,虐害军民者,听尔体察得实。轻则量情黜罚,重则拿问如律,应奏者,参奏处治。钦此,钦遵。"[32]从武宗皇帝给云南巡抚何孟春的敕谕可以看出:第一、巡抚管理和考核的对象为其下属各个衙门的大小文职和武职官吏;第二、考核内容为官员的胜任与否、贪虐情况等等;第三、对文武官吏考核之后的处置:如果官吏违法情节不太严重的,酌情给予处罚;若果情节严重要按照律令进行惩处;如果地方无法解决的,要呈报朝廷,由朝廷来定夺。这要做的目的,正如郭斗在《都察院续题名记》所说,"文武百僚之贤不肖赖以体察",最终"地方利可兴,害可除,贤才可举用,奸宄可慑服"[33]。

巡抚到云南任职之后,会同巡按御使纠察百僚,举荐贤才,整饬地方吏治。如成化十二年(1476年),王恕被任命为云南巡抚,针对镇守太监钱能及其随从在云南为非作歹,扰乱边疆社会治安,上《驾帖不可无印信疏》、《参镇守官跟随人员扰害夷方奏状》,参劾钱能及其随从人员,要求朝廷给予严惩。王鸿绪《明史稿·王恕传》说:"恕居云南仅九月,威行徼外,黔国以下,咸惕息奉令,疏凡二十上,直声动天下。"[34] 又如正德十三年,何孟春被任命为云南巡抚,在担任云南巡抚的三年期间,何孟春计上《贪官科害疏》、《贪官害民疏》、《贪官违法疏》、《申戒边官疏》、《禁科扰疏》、《治贪疏》、《裁革冗员疏》、《陈革内官疏》等八疏,据实呈报云南官员情况,奏请严惩贪官,陈汰冗员,革除内官。据云南省社科院研究员刘景毛统计,何孟春任云南巡抚期间,上奏仅处罚卫所屯田官吏计有指挥二人,千户六人,百户三人,典使一人。并且认为,未上奏就处罚的也许更多。[35] 又如万历十七年(1589 年),云南抚镇萧彦等参劾副总兵邓子龙,约束无术,酿成兵变。旨革子龙。[36] 万历三十八年(1610 年),云南巡抚周嘉谟、巡按御使邓渼参劾临元中军游击叶定远"受贿匿谋,擅调侬应祖兵,欲为土舍白麟报土酋张德胜等占据教化山城之仇。"[37] 最后,举贤纳才,对有才能、有功劳的官员进行考核、举荐,使他们能够得到朝廷的认可,并得到升迁。如成化十八年(1482 年),巡抚吴诚举荐金醽;弘治三年(1490 年),巡抚王诏举荐贺勋;万历元年(1572 年),巡抚邹应龙举荐金都御使严清、参政万文彩、行太仆卿邵惟中、副使张文凡四人。总之,对下属官吏的政绩进行考核,贤者举荐,贪污不法者纠劾是巡抚的一项基本职责,也是实现中央王朝加强对地方管理,巩固中央王朝统治的一项重要措施之一。

四、监督沐氏及镇守中官

沐氏为明王朝敕封之世代勋臣,掌云南总兵官之职,镇守中官则为皇帝派出之亲信,代表皇帝到地方监军、采买及协同处理地方事务。沐氏与镇守中官,一个是地方实力派,另一个则是来自中央,皇帝之亲信,代表皇帝。从理论上来说,三者同为地方最高官,不存在巡抚监督作为世代勋臣的沐氏和来自中央,代表皇帝的镇守中官之理。但是,明朝奉行建官之制"文武相制,以文制武"的原则,以保证中央集权的需要;因此,当沐氏、镇守中官贪暴时,一方面,朝廷会严厉申饬沐氏和镇守中官;另一方面,又赋予巡抚一定的权力,准许巡抚奏报他们的不法行为。

洪武平定云南之后,一项重要措施之一就是留沐英镇守云南,并节制诸都司卫所。其后,沐氏家族作为朱明王朝在云南的政治代理人世镇云南。沐氏家族从沐英到沐天波,曾经出了二王、一侯、一伯、九国公、四都督,镇摄一方,位比亲王,与明朝相始终。沐氏自沐英留镇云南,以功进秩,爵位不断攀升,沐晟时达到顶峰。永乐六年(1408 年)沐晟因征安南之功,"特进荣禄大夫右柱国黔国公,食禄三千石,子孙世世承袭,"并"节制都司属卫官军"。[38]永乐二十二年(1424 年)加镇守云南黔国公沐晟太傅。[39]至此,沐氏由侯封公,子孙世袭,世镇云南,权力达于极致。沐晟之后,沐氏开始走向衰落。林超民教授认为,沐晟之后,沐氏家族的子孙没有完全能继承先辈事业,为镇守云南,抚慰夷民,稳定边疆,巩固统一作出贡献,有负先贤。[40]沐英镇守云南时,明王朝"无西南之忧",及沐春出镇云南:"条数事咸区处有方,上顾谓群臣曰:西南得人,朕无忧矣。"[41]到沐晟时,沐晟的所作所为已让明王朝统治者大为不满,明成祖下诏切责曰:"昔尔父黔宁王承我皇考太祖高皇帝命,镇守云南,抚按怀柔,克尽其道,故能使远夷慕义,军民乐业,朝廷无西南之忧。尔兄亦能继述,边境以宁。此皆尔所知之也。今乃不能恪守先训,致兵不得休息,民不得力作,政事烦扰,号令纷更,远近嗟怨。可谓有忝父兄者矣。"[42]驸马都尉沐昕,贵为皇亲国戚却为所欲为,肆无忌惮,被太子宾客刘观所参劾:"驸马都尉沐昕,先帝临御之日,命掌后军都督府事,稍畀重权,辄营非分,擅取官木,窃造私居。甚者,胁人女子为妾。既已置诸法司,久乃曲蒙原赦。皇上嗣登大宝,俯念至亲,略其前过,命掌南京后军都督府事,所宜改过效职。乃更嗣欲为非,擅拓官衔,毁军士营房,撤都府仓廪以营其私第,砖瓦材木,窃取于公家,工匠人力,横索于军伍。又占据官地,役民耕种,贪婪无厌,法不可容。"[43]沐晟久镇,广占田土,贿赂权贵,臭名远扬。"(沐)晟久镇,置田园三百六十区,资财充牣善事朝贵,赂遗不绝,以故得中外声。"[44]方国瑜先生说:"明代经略云南,沐氏之功居多,及其衰替,作威作福,为害亦最大。"[45]

巡抚到云南任职之后,与沐氏共同处理云南军政事务,如果沐氏遵纪守法则相安无事,反之,则上奏参劾,请求朝廷对沐氏依法严厉惩处。如嘉靖八年(1529 年),巡抚欧阳重劾沐绍勋对庄户管束不严,恣纵为盗,任用庄户何经管庄,"诱引投献,混占民田"。万历十九年(1591 年),吴定参劾沐昌祚悖戾债事。万历三十九年(1611 年),云南抚按参劾沐昌祚:"田,自钦赐外,多至八千余顷,横征暴敛,以致庄户劫掠公行,该镇庇之,滇民如在水火。"[46]天启三年(1623 年),巡抚闵洪学与巡按御使罗汝元奏沐启元"狂悖不法"。朝廷对沐氏的做法,根据巡抚的奏疏,或下诏切责,或进行相应的处罚。分析巡抚的奏疏,巡抚参劾沐氏主要集中在几个方面:一是沐氏居功自傲,难寄大任;第二,贿赂权贵,祸乱地方;第三兼并土地,横征暴敛。这几个方面是沐氏危害最大的方面,也是巡抚参劾最多的方面。巡抚对沐氏的渎职与不法进行参劾,打击了沐氏及其爪牙狂悖不法的嚣张气焰,部分限制了沐氏的权力,客观上起到了监督沐氏的作用。

应该说,巡抚对沐氏的监督是相对而言,巡抚与沐氏在行政上并不是隶属关系。明王朝所颁布的法令,以及在给云南地方官吏的敕谕当中,没有明确规定巡抚具有监督沐氏的特权。云南巡抚与沐氏的关系是相互制约的,权力此消彼长。明王朝统治者始终把握"建官之制,文武相颉颃"的原则,一方面,避免沐氏权力膨胀,形成尾大不掉的局面,因此,成化十年(1474年)当沐琮上疏请求节制三司时,朝廷亦未答应。并且,一旦沐氏狂暴不法时,朝廷则派重臣弹压之。如隆庆时,"镇守云南黔国公沐朝弼骄恣,廷议遣大臣有威望者镇之,乃改(邹)应龙兵部侍郎兼右佥都御使,巡抚云南。至则发朝弼罪,朝弼竟被逮"。[47]另一方面,避免沐氏权力削弱,巡抚权力过大。所以,当沐氏衰弱时,明王朝又给予扶持。如嘉靖年间,曾均为云南副使,改变了诸司到任要到沐府拜谒的旧礼。沐朝辅诉于朝,即谕:"凡职务体统,抚按官循旧规遵前旨,无为更变侵越。"[48]因此,巡抚对沐氏的监督是相对而言的,因为沐氏与巡抚在行政上不是隶属关系,巡抚只有上奏权,而无处置权。并且,作为朱明王朝在云南的代理人的沐氏总是受到朝廷的优待,百般庇护。所以,巡抚对沐氏的监督是有限权力之内的监督,只是这种监督在明王朝走向衰落,沐氏贪暴纵横时,显得尤为突出。

除对世镇云南的沐氏进行监督外,云南巡抚还对皇帝派到云南的镇守中官起到监督的作用。洪熙元年(1425年),宣宗任命中官云仙镇守云南。此后,镇守中官陆续被派遣到云南,后来还曾增设金腾分镇守,一直到嘉靖九年(1530年)年才革除。在云仙被任命为云南镇守太监时,宣宗敕谕曰:"朕初即位,虑远方军民或有未安。尔内臣朝夕侍左右者,当副委托,务令军民安生乐业。凡所行事,必与总兵官黔国公及三司计议施行,仍具奏闻。遇有警备则相机调遣,毋擅权自用及贪虐。盖尔辈出外,鲜有不恃宠骄傲者,若稍违朕言,治以重法,必不贷尔。"[49]镇守中官的职责主要是代表皇帝监军和为皇帝采办皇宫之物,兼及地方事务。这些到云南的镇守中官,一部分能够谨遵圣谕,与沐氏、巡抚一起处理云南地方事务,为云南社会做出贡献,但也有部分镇守太监及其随从扰乱边疆,"以采买之虚名,贾边疆之实祸"。[50]镇守中官在各地的贪暴行为,曾引起朝臣和地方官吏的不满,因此,弘治元年(1488 年),左都督马文升、兵部尚书余子俊奏请:命巡抚、巡按岁劾镇守总兵、中官及分巡、守备等官政绩,行保举、论劾。这项奏请得到朝廷批准。云南巡抚对镇守太监的不法行为,多有奏疏参劾。如成化十三年(1477 年),云南巡抚王恕参劾镇守中官钱能及其随从指挥卢安等。[51]因镇守太监在云南滋事妄为,扰乱社会,因此,要求革除镇守中官的奏疏不断,如正德十一年(1515 年),巡抚王懋中请革金腾镇守太监;正德十六年(1621 年),巡抚何孟春上《陈革内官疏》;弘治十六年(1530 年),巡抚陈金请革镇守金腾太监等。这些奏疏,对镇守中官的不法行为给予参劾,客观上起到了监督镇守中官的作用。在云南地方抚按等官的一再奏请下,嘉靖九年(1530 年),朝廷革除云南镇守中官。[52]

五、抚绥夷民,处理少数民族事务

云南地处边疆,少数民族众多,因此,作为云南地方最高行政长官,处理少数民族事务是云南巡抚的重要职责之一。

云南自古为多民族聚居区,边疆"诸夷环绕",境内"诸夷杂处",且叛复无常。洪武平定云南之后,面对云南民族众多,且"叛服不常"的现实,曾经制定了治理少数民族的原则和措施。归纳起来主要有以下几个方面:第一、实行剿抚兼用,恩威并施,宽猛适宜的原则,达到"非惟制其无叛,重在使其不叛"的目的。第二、留大军镇守,并实行卫所屯田。即朱元璋所说:"屯田以守要害,此驭夷之长策。"第三、推行土司制度。明王朝通过这些原则及措施,对少数民族实行有效的控制。

巡抚来到云南之后,继续执行明王朝在云南的统治原则:恩威并施,剿抚兼用。抚绥夷民,处理少数民族事务,巩固明王朝在云南的统治。巡抚处理少数民族事务主要有两个方面:一是扶绥夷民,解决土民之间的纠纷,遇有少数民族叛乱则督军或提兵镇压少数民族叛乱;二是监管土司,严格勘察土司的袭替,解决土司之间的纷争。对于少数民族之间的纷争,对少数民族的叛乱,巡抚利用掌兵权,对少数民族的叛乱进行镇压,以巩固明王朝在云南的统治。

明军平定云南之后,大量的军队、移民进入云南。他们的到来,一方面给云南带来了先进的思想文化和生产技术,促进了云南社会的发展;另一方面,他们的到来也引发了他们与少数民族之间的冲突,土民之间的纠纷时有发生。对于如何处理他们之间的关系,明王朝在平定云南前后就已经制定了指导思想和原则,云南巡抚设立之后,明王朝又对云南巡抚等官处置少数民族事务作出一些具体的规定。如云南嘉靖八年(1529 年),明王朝敕谕云南巡抚等官:在处理土民之间的构讼时,巡抚等官要亲自处理,不得委派属官代为处理;对于少数民族不懂汉语者,要提供翻译,且兼用数人,防止欺瞒;土军兼当民差,要提供一切供应,以保证土军能够顺利完成任务;对于奸猾之人窜入少数民族地区制造祸端者,要严格处理。[53]

至于少数民族叛乱,巡抚则采取先抚后剿的方针,在抚绥不成功的情况下或派将征讨,或亲自提兵进剿。如正德二年(1507 年),巡抚吴文度遣陈一经镇压师宗阿本叛乱;十六年,巡抚何孟春剿平弥勒州十八寨叛蛮;万历元年(1573 年)巡抚邹应龙剿平铁索箐叛夷;二年,邹应龙、沐昌祚剿灭继蒙等贼;天启三年(1623 年),巡抚闵洪学扑灭亦佐、罗平叛乱等。巡抚在镇压了少数民族的叛乱之后,趁机在这些地区实行改土设流。据《明实录》载,经巡抚上奏,进行改土设流的有:北胜、陆良、元谋、马龙、新化、宁州、蒙自、寻甸、武定、顺宁、云龙、嶍峨等。通过改土归流,明王朝加强了对这些地区的控制。

少数民族的叛乱有多种原因,但其主要还是因为土司。"夷方之变每起于土司,土司之争每始于继立"。[54] "云南一省,环处者皆夷,其冠带而临夷之人者皆土官。土官良,则夷民之福,而我亦无事;其不良,则夷民之灾,而我亦多事"。土司的相背关系到少数民族地区的安定与否,因此,加强对少数民族地区土司的监管是治理少数民族地区的关键。鉴于此,明王朝在平定云南之初就曾制定了处理少数民族的原则,在设立云南巡抚之后,根据云南地方官的建议,敕谕巡抚等官要严格土司袭替,以加强对土司的管理。如嘉靖二年(1523 年),巡抚王启奏处置土官事宜,吏部覆:"请令今后土官应袭替者,该管府州县并守巡官,即为勘明具呈抚按,批送三司,比册相同,免其参驳,除杂职及妇人代为具奏处;其品官衙门,设在腹里地方宁靖者,照旧赴部袭替,具免纳谷;其设在边远,兼有争竞仇杀者,抚按等官勘实,代为奏请,就彼袭替,仍依原例纳谷备赈;其六品以下,有贫乏者,听该管审实量减;若应袭土舍有罪未结,或争袭未明者,各官速为勘处;若延至一年之上,不为勘结,或本部转行覆勘,一年以上,不行回报者,听其抚按及本部查参治罪,或土舍恃顽,延至十年之上,方告袭者,不准承袭,或因为事及查勘迟延至限外者,不在此例;若土官举宗朋恶相应,改设流官,抚按酌处具奏。议上报允,仍著为令。"[55]另外,为了加强对土司子弟的教育,以达到"以夏变夷",进一步控制土司的目的,明王朝在土司区建立学校,推进儒学教育。成化十七年(1481年)春,巡抚吴诚奏:"乞令土官衙门各遣应袭子于附近府分儒学读书,使之忠孝礼仪,庶夷俗可变而争袭之弊可息。仍禁约学校师生,不许索其束脩馈送。礼部覆奏,以为有益风化,事在可行。……上曰:然。……如巡抚官及尔礼部所言,使蛮貊毕争之风潜消,而华夏礼仪之化远既,故不美欤。"[56]

巡抚在云南抚绥夷民,处理少数民族事务,宣达朝廷旨意,有利于边疆的稳定,民族之间的融合与交往,促进边疆与内地的整体发展,巩固明王朝的统治。

六、治理边疆,巩固边防

云南自秦汉以来就是中央王朝版图不可分割的一部分,历代中央王朝在把云南纳入统治范围之后,都十分重视对云南的治理与开发。作为云南的最高地方官,治理边疆,巩固明王朝在云南的统治是巡抚的一项重要职责。

虽然云南地处边疆,但是云南在明王朝的版图中占有十分重要的位置,云南的稳定与否直接影响到明王朝在西南边疆的统治,从而影响到整个明王朝的安定。唐龙在《处置地方贼情疏》中指出:"(云南)东接交趾,西连番夷,南辖木邦、缅甸,实四川、贵州之藩篱也。曲靖所辖六州县,由府西而趋沾益之中路,以达四川、山陕,曰西路;由府东而趋沾益及罗雄之旁径,以达贵州,抵湖广常德,分而南之江西、浙江、南直隶、山东,北之河南、北直隶,以总会于京师,曰东路,尤云南之嗓喉也。云南弗靖,则川贵摇动。曲靖阻塞,则云南受其困。殆未有藩篱坏而家室无事,嗓喉病而饮食下咽这也。"[57]唐龙对云南形势作了分析,第一、云南地处边疆,东部与交趾接壤,西部与西番相连,南部管辖木邦宣慰司与缅甸宣慰司,为明王朝的西南边疆之地;第二、云南虽然地处边疆,但它在明王朝的边疆防御体系中占有极其重要的地位,为帝国西南边疆的最后一道屏障,云南动荡,将影响川贵,川贵动摇,则整个明王朝也将受到影响,而曲靖则是沟通云南与内地的重要孔道,孔道阻塞必将影响全局。从唐龙的分析来看,其对云南形势的认识是一种带有整体性、全局性的观点,是符合历史事实的观点。鉴于云南地理位置的重要,明初,留大军镇戍,设置卫所,进行卫所屯田,并在元代的基础上在边境地区设立宣慰司、宣抚司、御夷府等统治机构。到永乐时计设十宣慰司、二御夷府和一州,即麓川宣慰司、木邦宣慰司、缅甸宣慰司、大古剌宣慰司、底撒马宣慰司、底兀剌宣慰司、老挝宣慰司、车里宣慰司、孟养宣抚司、孟艮御夷府、孟定御夷府,以及宁远州,一共十三个政区。

　　云南地处西南边疆,与安南、缅甸接壤,且安南与缅甸时常侵扰云南边境,"交趾屡犯云南边境","云南之有缅,犹西北之有虏,东南之有倭,其为中国患,旧矣。"[58]因此,为了防止交趾、缅甸的入侵,云南巡抚在一些重要的地方建关筑隘,修城筑堡,屯兵边疆,大兴屯田以拱卫边疆。如万历二十一年(1593 年),陈用宾在云南困厄时来到云南,为防备缅甸的入侵,积极加强边防建设。二十三年,陈用宾"设八关于腾冲,立蛮哈、拢把守备,拨兵戍守。募人至,约暹罗夹攻缅。筑堡于猛卯,名曰平麓城。开二十四屯,上《请罢开采宝井疏》,又为《还定六慰后说》。"[59]虽然陈用宾的这些措施是明末国势衰落、内外交困之下被迫采取的消极防御措施,但是,有效地暂时遏制了缅甸的进攻,"自是缅甸不敢深入"。[60]最后整饬兵备,清理赋役,以巩固边疆。如万历二十三年(1595 年),陈用宾针对云南兵饷亏空,战斗力弱的情况,上奏称:"清汰老弱之兵,岁可省饷五万三千二百八十两。"同时,对赋税进行清理,共清出新增矿盐庄粮等项银31000余两和旧额税粮等银,约支付官兵饷银129000余两。"自此,兵以渐清,饷以渐积。"[61]巡抚通过这些治理边疆的措施,使云南的边疆得以巩固,明王朝在云南的统治得以延续。

　　以上我们论述了巡抚在云南的主要职责,云南巡抚兼治民、治吏、治军、治边、治夷、督镇于一身,应该说巡抚的这些职责是一个相互联系着的整体,处理好地方事务、民族事务,治理好军队,管理好属吏关系到少数民族的向背,边疆的稳定;有利于边疆政治、经济、文化的发展;有利于促进民族之间的融合;而其最终的目的还是为了维护朱明王朝在云南的统治。巡抚的这些职责是其作为地方最高行政长官所拥有的权力,但是,巡抚所拥有的权力,一方面是朝廷所赋予的,另外一方面,又是根据形势的发展派生出来的,比如督镇的职能。因此,巡抚的权力不是无限的,而是有所限制的,并且巡抚的权力还受到来自于中央与地方的双重限制。从中央方面来说,巡抚要受到吏部、都察院以及各科道官的纠察,并且朝廷每隔一定时间派遣御史到各地巡查;从地方来说,巡抚的权力受到来自巡按御使、沐氏、镇守中官等的限制,他们对巡抚的所作所为都有上奏权。尽管云南巡抚相对于内地巡抚而言,权力很大,但是,由于巡抚的权力受到来自中央与地方的限制,避免了巡抚权力过大,形成尾大不掉的局面,所以,终明之世,云南未出现分裂割据的局面。

注释:

1　孙承泽:《天府广记》卷23,都察院。

2 《大明会典》卷211,都察院。

3 《世宗嘉靖实录》卷93,嘉靖七年十月丁卯。

4 《孝宗弘治实录》卷60,弘治五年正月壬戌。

5 《孝宗弘治实录》卷168,弘治十三年十一月壬戌。

6 《神宗万历实录》卷184,万历十五年三月壬子。

7 正德《云南志》卷2,《志二》,云南府。

8 《明会典》卷128,《镇戍三》,督抚兵备。

9 《明太祖洪武实录》卷9,辛丑三月丁丑。

10 沈德符:《万历野获编》(中册)卷22,督抚条,第554页。

11 龙文彬:《明会要》卷34,《职官六》,巡抚。

12 《太祖洪武实录》卷142,洪武十五年二月癸丑。

13 《太宗成祖实录》卷11,洪武三十五年八月甲子。

14 《太宗成祖实录》卷81,永乐六年七月癸丑。

15 《世宗嘉靖实录》卷431,嘉靖三十五年十月壬寅。

16 《英宗正统实录》卷68,正统五年六月壬申。

17 《英宗正统实录》卷74,正统五年十二月己巳朔。

18 《英宗正统实录》卷94,正统七年七月甲子。

19 天启《滇志》卷20,《艺文志·记类》。

20 《英宗正统实录》卷118,正统九年七月辛亥。

21 《英宗正统实录》卷220,景泰二年三月乙丑。

22 《明会典》卷128,《镇戍三》,督抚兵备。

23 天启《滇志》卷20,《艺文志》,严清:《迁巡抚都察院记》。

24 《神宗万历实录》卷144,万历十一年十二月乙丑。

25 《孝宗弘治实录》卷131,弘治十年十一月己酉。

26 《世宗嘉靖实录》卷328,嘉靖二十六年闰九月甲辰。

27 《穆宗隆庆实录》卷17,隆庆二年二月辛卯。

28 《熹宗天启实录》卷42,天启三年十二月己丑。

29 天启《滇志》卷20,《艺文志》,郭斗:《都察院续题名记》。

30 《宣宗宣德实录》卷94,宣德七年八月庚子。

31 《英宗正统实录》卷75,正统六年正月壬子。

32 何孟春:《治贪疏》,《何文简疏议》卷6。

33 天启《滇志》卷20,《艺文志·记类》。

34 王鸿绪:《明史稿》列传第六十《王恕》,见方国瑜主编:《云南史料丛刊》第3卷,云南大学出版社1998年版,第574页。

35 刘景毛:《何孟春及其抚滇〈疏议〉》,《云南教育学院学报》1997年第6期。

36 《神宗万历实录》卷212,万历十七年丙子朔。

37 《神宗万历实录》卷473,万历三十八年七月壬申。

38 《太宗永乐实录》卷81,永乐六年七月癸丑。

39 《仁宗宣德实录》卷1,永乐二十二年八月戊戌。

40 林超民:《统一的必要性—明王朝统一云南的经验与教训》,《林超民文集》第2卷,云南人民出版社2008年版。

41 (清)张履程撰:《明黔宁王沐氏世袭事略》,见方国瑜主编:《云南史料丛刊》第3卷,云南大学出版社1998年版,第691页。

42 《太宗永乐实录》卷19,永乐元年夏四月丙寅。

43 《仁宗宣德实录》卷7,永乐二十二年十一月壬申。

44 45 方国瑜:《明镇守云南沐氏事迹概说》,《云南史料丛刊》第3卷,云南大学出版社1998年版,第687、685页。

46 《神宗万历实录》卷480,万历三十九年二月戊寅。

47 《明史》卷210《邹应龙传》。

48 《明史》卷230《普均传》。

49 《仁宗洪熙实录》卷2,洪熙元年秋七月庚午。

50 天启《滇志》卷22,《艺文志》,陈用宾《罢采宝井疏》。

51 《宪宗成化实录》卷168,成化十三年秋七月乙亥。

52 《世宗嘉靖实录》卷117,嘉靖九年九月壬辰。

53 《世宗嘉靖实录》卷98,嘉靖八年二月乙亥。

54 萧彦:《敷陈未议以备采择疏》,天启《滇志》卷22,《艺文志》

55 《世宗嘉靖实录》卷31,嘉靖二年五月癸丑。

56 《宪宗成化实录》卷212,成化十七年二月癸酉。

57 唐龙:《处置地方贼情疏》,天启《滇志》卷22,《艺文志》。

58 陈用宾:《罢采宝井疏》,天启《滇志》卷22,《艺文志》。

59　包见捷:《缅事交涉始末》,天启《滇志》卷30。

60　谈迁:《国榷》卷76。

61　《神宗万历实录》卷286,万历二十三年六月丁未。

清代云南的水权运作与纠纷调解

董雁伟(云南大学人文学院历史系讲师)
祁志浩(云南大学人文学院历史系
2013 级博士研究生)

云南僻处西南,水资源丰富。在技术力量欠缺和薄弱的传统时代,云南虽有丰富的水资源,但由于水势落差大、水流湍急,利用难度较大,无法产生最大化的经济和社会效益,再加上水资源量的时空分布不均,水力资源在云南部分地区仍属于稀缺资源。乾隆时期,在云南履任的云贵总督张允随就指出:"滇省山多坡大,田号'雷鸣',形如梯磴,即在平原,亦鲜近水之区。"[1] 特别是清代以来,随着云南地区"内地化"进程的深入,农业开垦、灌溉用水的矛盾日益凸显。

所谓水权,一般是指对水的所有、占有、使用、收益及让渡的权利。有清一代,滇省民众为充分利用既有水利资源,在水资源分配、让渡、管理以及用水纠纷等问题中形成了一套富有地域特色的运作机制。本文拟对此问题进行初步探讨。

一、水权的分配

分水制度是对天然水源、公共库塘等共有水源使用权的分配与协调。云南历史上,在用水分配方面多有"计亩分流"、"按亩分水"的记载,或以"排"、"份"、"号"、"昼夜"、"时晨"等为序,依次放水或用水平石、木刻分流放水。[2] 清代云南的分水制度已经较为普遍和完备。

清代云南地区的重要水利设施,均有严格的分水、放水制度。六河和松华坝是昆明地区重要的水利设施,清代在松华坝以下的盘龙江灌区都定有分水、放水之例。清粮储存道黄士杰记载,金汁河从松华坝往下至燕尾闸"放水次第分为五排",从五排轮起,"五排放水五日,四排放水四日,三排三日,二排二日,头排一日,半月一周,周而复始"。银汁河则从黑龙潭"开沟灌溉分为三排"。[3] 保山诸葛堰是清代滇西有名的水利设施,在具体的用水管理上,采取班次轮放之法,"每值冬末春头,河水消缩。轮放纂泄余沥,其班次悉照开纂水规",[4] "管理四沟半之水路,共有水头五人,专司其事。依成例,北沟水为八班,轮流分放。后所沟、中沟与南沟各为七班轮流。半沟水则为六班半,每班轮流者,以一村之田为单位。清明开小纂之时,每班可放一昼夜之水,灌入其全村之田中……小满开大纂之时,且又有昼夜班之分,即每十二小时换一班也",在此制度下,堰区"墨守水规成例,从无争水纠纷"。[5]

清代云南一般的小型水利设施也有分水制度。道光二十一年,宜良县议定文公河放水章程,"各该村放水章程,先满桥头营堰塘,次满下墩子营堰塘,次满中所堰塘,轮流分放,以免争执",余水再由上墩子村接放,"俟五日后,仍归桥头营等村依次灌放,不得紊乱"。[6]

玉溪宣统年间修筑金汁沟,"沿沟区段凡三:曰上、中、下,放水以股计,以上昼夜为一股。冬春沟水,上段浸润豆麦外,悉数尽中、下两段轮流注蓄;立夏以后,及遇浑水,仍以习惯,上满下流,先上段放足,以第及于中、下两段,岁修三段同力合作"。[7]即使是村寨内部的小塘,也有放水规定。乾隆年间,大理鹤庆沙登村打通水源,实行按沟分水,"每沟又分为七份,一沟上又碎分为一昼夜,自内而出外,以卯时替换水班,作七天一轮,周而复始"。[8]道光十年,宜良县桥头营设季节性灌溉的永济塘,"冬日积水,小满后撤水",规定"塘水撤出之日,必须照塘规轮溉;倘有紊乱者,公议每工罚银三钱入公。"[9]道光十四年,楚雄紫溪镇重修龙箐水利,规定,"立夏日起头,各照古规,周而复始,轮流灌放,不得以强凌弱,以长挟幼,错乱古规","首轮、二轮丁有成,三轮四轮丁养志,四轮徐永旺,五轮、六轮丁友忠,半轮王国亮"。[10]道光二十九年,牟定县庄子村订立水规,规定"受益田户用水日程,自头轮至第九轮交接水权,通照日落交水,日出接放,周而复始"。[11]

少数民族地区也有分水、放水制度,一些还采用木刻分水或竹筒放水。道光九年,祥云县大哨村彝族村民议定清水河古沟水规,"每年至立夏后十日,各田户于石条水口按户均匀分放二十五日;届夏至前十日,总水放土堡干田栽秧,其前栽之苗已长发青葱,可稍缓其灌溉,义当让后栽者均放十夜保栽苗"。[12]道光二十二年,盈江县拉丙寨村民修建拉丙沟,按面积分配用水,分水口埋设竹木管道,入口孔径按"挡"、"名"、"芒"的大小固定,修沟和缴纳水费由水口分摊,并制定管理规约。[13]光绪十八年,祥云县东山恩多摩乍村的彝族村民订立水约,"分为四牌。定昼夜为一牌,于每年立夏日起,轮流管照,周而复始",各人户则按具体日期分水,"第一牌,用亥、卯、未日期,卖菜乍于姓照管于有文。第二牌,用申、子、辰日期,恩哼奔于姓照管于开成。第三牌,用巳、酉、丑日期,龙潭魁姓照管魁文富。第四牌,用寅、午、戌日期,分头上自姓照管魁占春。"[14]

　　大体而言,清代云南地区的分水方式主要有两种,即时人总结的"或秉公公放,自远而近;或照水分数分放"。[15]这两种分配方式体现出云南地区的水权分配中的公平原则。

　　第一种分放方式——"自远而近公放",即采取上满下流或轮流分放的办法放水,这种水权分配形式一方面能够防止"强者无水而有水,弱者有水而无水",[16]实现无论强弱,各得其所;另一方面,又能与云南山区水源渺远、田亩分散的实际相结合,正如云南大理府十二关长官司加四级李为所言:"地方水源沟道甚远,悉系山坡梯田,兼以人烟渐集而田亩零星,非轮流均放,则强横者盈车立致,柔弱者一勺无沾,不唯田亩以灌周,即食水亦难望其有余,争端之起由此日臻。"[17]可见,公放之法可以起到保证用水公平,防止纠纷的作用。

　　第二种分水方式——"照水分数分放",即先核定用水水额、水期,再照分分放。[18]这种分水方式也具有公平性,如腾冲中和区实行"照种立砰分放","强不能多,弱不能少,数百年来并无紊乱"。[19]水分的核定方法,主要有以下几种:

　　1. 照田分水。即按照田亩多寡分水。雍正时期,祥云禾甸五村实行照田分水,"水例原照田亩,有此一份田即有比(此)一份灌溉之水。"[20]宜良县明清以来就有"计田分水,按田之多寡分洞口之大小"的古规。[21]嘉庆三年,官府处理水利纠纷,裁定分水原则为按照"田亩之多寡,均匀分放","五日一周,化夷村田多,断令放水三昼夜;骆家营田少,放水二昼夜。周而复始,轮流分放"。[22]

2. 计粮分水。在水源不足的地区为保证国家正额税粮的缴纳,通常使用计粮分水的方式。嘉庆年间,保山一带鉴于涝情,为保证税粮缴纳,行计粮分水之制。《论水碑记》载:"昔年风调雨顺,国泰民安。至今雨水纷亡,难理农事,不得以钱粮为重。按粮分班,可服人心"。采取具体的分水规则是:"一石一班,到班接水。以酉、卯二时为规,如有胡乱班规者,罚银一两;有盗水放者,亦罚银一两。"[23]

3. 按照地势高下。康熙年间,禄丰县令审理了中屯、路溪等村"互争水利"一案。处置原则是"查两屯水利,务令上下均沾",令两村按照地势高低实行"三七分水","路溪、弓兵等村,田近龙泉,而地势颇高,断令十日之内,轮放七昼夜。中屯、蒋家山等五村,田远龙泉,而地势稍卑,断令十日之内,轮放三昼夜。"[24]

4. 按照作物。大理鹤庆下桥村属两熟田,在分水时考虑到"其田概属两熟,又穿插于沙登、黄花坪、甸头禾等处,亦俟秋田栽完,然后用水,非独下桥村,为地居下流,又尽是春苗,不必用水",因此"开洞时议定,有两熟田者,故无水班,盖为水有缓急之别,秋田用水时,水期必急,自立夏起轮水班,灌两熟时,水期已缓,就可以上满下流。"[25]

5. 按照出资多寡。大理鹤庆沙登村的在水源兴建之初,除绅耆捐资外,"其余费用,不论田亩,依照水班分配,一班伍百文",因此,在分水时"不依照田亩,而依照水班捐钱。水到箐中以七大份分水,坡头沟一份半、山坡沟一份半、南甸沟一份半"。[26]这种方式有助于解决水利工程资金短少的问题。

在强调公平性的同时,各地在水源分配中也注重责权的对等性。前引大理鹤庆沙登村按照捐钱多寡来确定水额多少,使得责任与权力相统一。此外,在用水过程中,分水各方均对水利设施负有修筑的责任。如前述宜良永济塘,"塘外放着水之田,照田收租,为岁修塘梗之资",还需"修补塘梗照户派夫,不得违拗"。响水沟,"灌溉路南、陆凉、宜良三属田亩,源流约有三十余里",恐将来沟道坍塌,"按照得济田亩多寡,共同出夫修筑,勿得观望延挨,彼此推诿",有恃强不遵者,"许该管沟首、水利查勘具禀"。[27]

二、水权的转移

清代云南地区普遍存在个人或村寨之间的水权交易。在用水过程中,当一方没有水源或水额不敷使用,则必须通过买卖的方式获得他人对水权的让渡,在这一过程中水权发生了转移。这种水权的转移主要有水源交易和水分交易两种类型。

(一)水源交易

水源交易,主要是水源及其坐落地的买卖,包含了水源的使用权和沟道的开凿权。在交易过程中,买卖双方明确买方在用水、开凿等方面的权利和义务,开明水源的具体坐落、交易价格并立契为证。如清乾隆十六年,红河三村乡村民买水源契约[28]:

卖　契

立卖水源地界立约人周者得、宗枝甫、李三隆,系猛里娘铺二村居住,为因打洞村人尾得娘铺水源二箐,打洞荒山无能开成田亩,二寨公同商议,情愿立约卖到打洞村。罗相文、杨运初、罗仲德名下买,得价纹银肆佰两整,入手应用。自卖之后,任随打洞村众人开放随挖,并无威逼等情。日后别寨不得异言,倘有异言,二寨一力承当。此系二比情愿,恐后无凭,立此卖契文约为据。

代字人　张亮功

过付人　陈牙常

凭中人　陈阿受

乾隆十六年八月十二日 立卖水源契约人　周者得　宗枝甫　李三隆

在这一交易中,打洞村民罗相文等九个自然村落的村民筹银四百两,向娘浦村伙头周者得买下水源使用及水沟开凿权,双方立下卖契以作凭证。买下水源之后,由打洞坡开沟引水,以资垦田。

(二)水分交易

水分交易是与分水制度相对应的一种水权转移形式,即由交易的一方购买另一方所分得的水额,具体又有两种情况:

1. 在水源缺乏的情况下,交易的一方通过缴纳"水租",获得与其他方分沾水源的权利。乾隆年间,蒙自布依透龙潭因"小东山之人依路为沟,取是沟之水",引发布依透与小东山两寨之间的纠纷,后经官方调解,令"东山薄出谷若干或银若干,向布衣透之人年买斯水,其银俱存公处,以作修沟之用,则水归有用,田不芜然,亦上满下流,方无争闹"。[29]道光八年,禄劝县掌鸠河灌溉江头村、六角屯、者老革和旧县村四村,未"越界以流通南村"。后南村因灌溉需要而又"无掌鸠沟分",与四村议定分水,"将掌鸠和沟水一道每年轮班之外,苗水任放,田水任车,余水永远流通南村",南村按每亩四十千文的价格出资给四村,以资修理沟坝。双方合同规定:"南村仅放余水,永不致与者老革和旧县村紊乱水班,即或四村田水盈流出,南村不得借事生端,四村亦不得阻扰决水下河。"[30]宣统年间,牟定迤西冲水坝订立水规,其中言明"下村本无面分,府判由上村缴银百两与上村,以办上村公益,今后下村始有水分"。[31]在一些地区，只修沟而不纳银同样能获得分享水源的权利。如宜良文公河，没有水分的村寨，若"情愿帮同岁修，分沾水利等情"亦能获得分放余水之便。[32]

2. 在水分不敷使用的情况下，由交易的一方直接买断他人的水额，以增加自己的用水量。光绪十二年，腾冲龙王潭中沟坝水规的"放水轮流先后次序、班数"中就有买卖水分的记录，现据《龙王塘中沟水碑》移录于下：

> 小马官屯古水一班，买得瓦罐村丁水头水半班。
>
> 下村南排接连开放古水六班半。内有买得白延水头水一班；买得杨石匠水一班。
>
> 下村北排接连开放古水八班半。内有破土牲礼水一班；买得冯朝弼水头水一班；买得木连科水头水一班；买得丁□年水头水一班。
>
> 竹官屯杜买得上太平水半班。
>
> 小村子接连开放，买得冯乡绅水一班。
>
> 上吴姓一般（班）今杜卖与上村南排。[33]

可见，出价的一方并非购买水源，而是多买水分；导致水分买卖的原因不是缺乏水源，而是水分不足。这种水分的买卖行为在保山地区较为普遍，民国时期对诸葛堰的调查仍称："但因需水或已足之关系，甲村可向乙村买水灌田，每班水约值数元至数十元不等。此则均由水头经管其事。"[34]在上述水分买卖中，出现了"买"、"杜卖"等用语，反映出水分交易的多样性。

值得注意的是，水权的交易往往与土地问题相掺杂，使得水权交易的问题复杂化。例如，咸丰时期"安宁陈姓族人处理吐退归备荒地放水事宜合同"[35]：

安宁立合同文约人合族人等系和尚庄住人，为因吐退归备得本族陈美荒地壹块，坐落四至俱载明退书，不复重出故。当日言明无论谁人，其塘未归备之先原系已业之田地者，无论多寡，随到随放。一自归备之后，无论典当归备得之田地者无有水分，若要一体同放水者，须照历来所费之资照日□□捐纳，其塘须要公同协力开凿，无论田之多寡不致异言阻挠。倘有此情者罚银十两□□□□庙以作香资，至于水到某处，随到随过，不得阻滞，倘有此情此□，罚银拾两，入□照前。此系众皆情愿。恐后无凭立此合同文约存照。

咸丰六年十月廿八日立　合同文约人（略）

可见，土地在典当归备前后对水源的使用权是不一样的。此外，水源的交易必然涉及到水源附近以及沟渠的土地问题。在一些地区，水权的买卖与土地买卖相分离，"有卖田而不卖水者，有买田而不得水放者，卖主则无田而卖水，买主则有田而无水"，[36] 使得这一问题更加纷繁复杂。这也成为导致民间水事纠纷的一个原因。

三、水权的管理

清代云南在水资源利用上已有较为明确的水权观念。为管理和保障水权，官方和民间在对既修水利基础设施进行严格管护的基础上，根据现实需要建立规约，排定相应用水次序、明确水权之归属。

（一）水利规约

中国传统社会的控制体系分为"公"和"私"两个部分，[37] 与此相对,在对水利、水权的管理中,也存在基层政权订立和颁布的官方规约以及村舍、宗族共同遵守的民间规约。

民间制定的水规、水约是民间管理和保障水权的依据,在水权运作的过程中发挥习惯法的作用。乾隆十五年,弥渡永泉乡绅就指出,建立水规的意义在于"恐时势之迁移,人心之变态,强者无水而有水,弱者有水而无水,思患预防而人为其患,以定规制"。[38]可见,民间设立水利规约的作用在于保障用水公平、预防水利纠纷。从形式上看,民间规约大体有水规、合同、契约等形式。

水规是村舍或宗族与用水者议定的共同规范。道光时期牟定庄子村水规规定:"有约分放水,无论男人妇人,不着自己面分之水而横行乱放,皆理所不容;尤有未至挖水而遂截断水尾亦所不容;倘若不遵古规,以寨子山下沟阙子未至挖水时而截断水尾,以及横行乱放等弊,一经查出,定罚银十两入公。"[39]宣统二年,牟定县迤西冲水坝订立水规四条,对水权分配、开闸日期、水沟界限情形和封坝日期作了详细规定。[40]

除了公开议定的水规之外,民众之间还通过私人的合同、契约等方式规定各方的在用水中的义务和权利。如光绪时期金平马鹿塘水沟的沟约合同:[41]

具立沟单人户合同

　　　　光绪二十七年苦竹林、马鹿塘、新寨、河头、保山寨众沟户议定开沟。座落地为平河三家寨子脚大沟水一股,修□□□□□□□,议定每个工三豪。偷水犯拿提花银一元,众议罚米一斗,猪肉十六斤,酒三十碗,盐一斤,又如倘有天番(翻)田崩,众沟户议定水口能可以下,倘有田不崩不许可能上能下,拟各照前处罚。

　　　　赵进朝水半口,李德受水二口,

盘金恩水半口,李成保水一口,

李玉德水一口,朱一苗水半口,

陈木腮水二口,李折壹水半口,

陈扯戛水二口,高折彩水一口,

李平才水二口,高朵梅水一口,

朱一告水二口,赵承明水一口,

盘有明水二口,曹一戛水二口,

赵才理水一口,邓进印水一口,

盘永县水一口,李陡折水一口,

赵金安水一口,李取扯水三口,

朱舍水一口半,李取壹水半口。

民间规约以外,由官方主持修造的大型水利设施均立有官方制定的规约。雍正四年,云南县正堂张汉督修禾甸五村龙泉,制定水例条款,刻碑勒石遵行。这些水例条款,几乎涵盖了民间用水各个方面,兹引录如下:[42]

水例照县前碑记,溯灯二村二昼一夜,下检村二昼一夜,阿狮邑二昼一夜,新生邑左所二昼一夜,上检村许长二昼一夜,勿得增减。

水例照古会轮流,由溯灯而左所,新生邑而上检,许长由上检而下检而阿狮邑而复溯灯,周而复始,勿得挽越。

水例轮流须依时刻,寅时交、寅时接收,戌时交割戌时接收。交割迟一时者以侵窃水例论,决不姑贷。

水例田亩照县前碑记,上溯灯三十双,下溯灯三十双,下检四十双,两季二十双,新生邑三十双,左所三十双,许长三十双,阿狮邑六十双,勿得诡混。

　　水例照县前碑记，无洪水须依水例，倘上流有侵窃一份者，须执水例村人禀究。

　　水例原照田亩，有此一份田即有比一份灌溉之水。今有卖田而不卖水者，有买田而不得水放者，卖主则无田而卖水，买主则有田而无水，何以灌溉。如有此等，须卖主禀究。

　　水例须照放水，有村人恶俗，仅有一份之田，霸两份之水者，诉村人禀究。

　　水例原照亩照夫，今有值冬秋兴夫时缄田亩，值春夏放水时则争水分，似此狡诈诡混，何以服众，诉村人禀究。

　　水例自今年夫役为定规，他年即有修筑，未有如今一沟三坝夫役浩繁者。今年不行，更待何年，再不行，即将本人田亩水份革去，不与以上数款。言出必践，法在必行，永为定规。

　　这一水规对各村的放水时间、水的轮流顺序、水权的交割以及违制用水的处理都作了具体规定。又如乾隆年间，昭通地区新修的大龙洞也由官方制定有严格的规约，规定：凡每年用水之时，由各乡头人赴县城禀请放水，经同意后，始执令旗命闸夫放水；平时只能放外闸之水，若遇旱年，水不够用，方可开内闸之水，使农民得以及时栽插，起到循环接继的作用；不准农民为一己之私放水和闸夫徇私放水，如有违反，则重责不贷。"条规颁布后，各乡人民无不遵守"。[43]

　　在水利规约中，有两个问题是值得注意的：第一，民间制定的水规通常需要经过官府的酌定而具有更强的法律约束。如前引红河县三村区打洞村人罗相文承头从周围村寨筹银向该乡猛里村伙头周者得买下水源及水沟开凿、土地开垦权，双方立约后，又于嘉庆七年禀报元江直隶州署，获准颁发执照一份。[44]宣统二年，牟定县上村等民众订立的水规也呈递县、府两级酌定，"县正堂刘批：

此水规经本县酌定,上下村均依此规勿违。府正堂批:此水规经定远县酌定,上下两村均依遵守,准盖印,永远收执为据,此批"。[45]这说明,民间在管理水利时,已经开始积极接纳官方力量的介入。第二,无论官方规约还是民间规约,多被刻成石碑,供民众遵行。道光二十九年牟定县所立《庄子村水规记》中记载,将水规勒石成碑是因为"创业不易,守成也难,恐防后来日久年远,惟不知先人之苦,根据失传,故水规细则垂碑,以志不朽云尔"。[46]石碑具有难以移动、不可改易和可传之永久的特征,将水利规约刻成石碑,有利于体现水利规约的公开、透明并显示其权威性。

(二)水长制度

水利规约的作用主要在于照会和告知,而在具体的水权管理中,民间又形成了一套以水长为核心的水利管理制度——水长制度。

水长,又称坝长、沟长、河长等,是各地对水资源和水利设施进行管理,具体承担水权管理、分配等事务的公益性职务。清代,云南各地均有水长的设立。如施甸县黑龙硐设有坝头,"每坝设坝头一人,八坝头协同巡河修理。每年更换、新旧坝头按年交代岁收同众开销"。[47]腾冲县樊家营为保证大沟水的分配,"设立石平,造具水册,立承头人,各余水一寸,着修沟看水,颁有告示",承头人可多分水一寸,并设有"规箱"。[48]弥渡县永泉海塘"设坝长二人。放水一分只得将各沟应通近者方开水口,几寻沟分水平,不容恃强者截挖。如若询情不公责在坝长,若推诿疏忽,更听赔罚勿怨言"。[49]宜良县设有沟首、水利二职,督促水源分配和坝堤修筑,由县官"赏给沟首、水利匾二,以示鼓励等情",如有违反水规者,由沟首"禀官究治"或水利"指名赴官"。[50]保山有沟头、水头,专司放水之事,"轮流充当,不拘年发润月不润月,总是按节令清明头三天卯时开班,以卯酉为例,昼夜为一班。给票钱三百文"。[51]放水之时"各沟水头守入海内,照班分放,……如有沟头违误,罚银□两"。[52]玉溪金汁沟,"设置坝长一,专司轮放事,各视力给其资。唯上段沟源所在,坝长事繁,年由中下两段共摊银币三十元以为补助"。[53]道光年间,安宁和尚庄设立水长,以下为"立水长文约":[54]

> 立承揽水长文约人陈兴系和尚庄住人,为因合村有水沟壹条、石坝一座,自揽到道光贰拾贰年到贰拾叁年止一年一焕(换)。起自独(读)书铺,到和尚庄止。自揽之后,有新塘聚水一座,小心照管,不得违误塘水。合村议定:每田工上捐谷肆合,按门户捐收。水长若至小满、芒种、夏至,小心应办,不得在家私自偷安,不得违误栽种。水浆自灰坝秋水、大沟秋水,小心照应,将灰坝秋水沟倒踏,不得播(扳)扭(扯)众人,壹嘅字内,不得违误。若有违误众人水浆,情愿将水长谷扣除伍斗入公。当众言明,水长田众人任贰拾工,水长典的罗村水长谷壹斗五升不得播(扳)扯众人。若有沟坝洞内之事用着银,伍两内水长借,五两上公家任借。此系二比情愿并非逼迫等情,恐后无凭立此承揽约存照。

> 实计新塘大坝漏倒者重修用去工一千,水长任二百,如用一百者亦任二十,猛水重(冲)倒坝埂不与水长相干。

> 又第贰拾叁年正月初十日至来年正月初十日交众再照

> 道光贰拾贰年正月初十日立承揽水长文约人陈兴

> 　　　　　　　　　　　　保人陈永太

> 　　　　　　　　　　　　代字陈连元

> 　　　　　　　亲　笔　存　照

可见,水长由村内人户轮充,并有"水长银"、"水长谷"、"水头水"等作为其任内的报酬和补助。其主要的职责是水利设施的管护以及水源分配,水长在其管理范围内具有禀官和科罚的权力。

在水长制度中,水长依靠"水册"进行水利、水权的管理。水册中记载用水各方的土地面积、受水份额、受水时刻、灌溉面积等内容。水册由水长保管,是水资源分配的主要依据。如祥云禾甸五村龙泉在"公计田亩多寡之数,分析用水多寡之份,悉无偏私。又恐利在而起争端,宝花水册,开载姓名,各注水份于下",又请当地官员"铃印,并取一言,刻于册首"。[55]腾冲县樊家营也大沟水"造具水册","开下各立小水平折分尺寸原在水册",由承头人照册官水。[56]

需要说明的是,水长只负责具体的水利管理,由各户轮充。各地水利事务的决定权主要在乡绅、里老。宜良文公河由当地乡绅管理水权,有分水要求的其他村舍需向拥有水权的"桥头营、下墩子营、中所等处绅耆公同酌议,分放余水,以从民便"。[57]各地乡绅对违反水规之人也拥有禀官和处理的权力,地方官员也规定村民不遵水规者,"许中里老指名具报以凭详道解究,决不姑贷"。[58]

四、水权的纠纷及调解

清代以来,随着云南社会经济的发展,人口迅速增加,地方社会对水资源的争夺也日益激烈,围绕水权问题的利益纠纷不断。由于水权问题而引致的民事纠纷与诉讼,在清代云南是一个较为普遍的社会现象。清代云南的水权纠纷主要有如下三类:

(一)争水。所谓争水,依照清代云南官方的定义,"凡彼此共放之水,或前后不齐而争,或以多寡不均而争,然后谓之争水"。[59]

也就是说,争水是由于水权分配问题而产生的纠纷。如咸丰五年,祥云县梁王山龙泉水发生争水案,"有华严村棍特强,由山沟截放,其四沟之水稀少,中坝田亩每被荒芜,士民等苦赔钱粮,难于上纳,今于本年二月内与华严村互控争论",最后"蒙县主张协同学师汛厅土司亲临山沟勘明,断令四大沟之水肆拾分,其山沟之水一分定平"。[60]宣统年间,宜良县下伍营与玉龙村之间因上下游分水多寡不均引发争控水槽案,最后判定"两村同放龙口之水,仍旧分放,其石槽深宽照旧,不准凿动","上伍营之余水断令从今永远与士民等村同其灌溉,不收水租。上满下流,下伍营不得擅放入河,士民等村亦不得阻淹田苗"。[61]

(二)盗水。侵犯他人的专属水权即为盗水。康熙四十五年,宜良县发生惊动云贵总督贝和诺的盗水案。宜良玉龙村上伍营与下伍营本来各有水源,但下伍营因古沟渗漏而另掘新沟,在渗水流入下伍营水源的情况下,上伍营"恶其补罅塞漏也,遂掘开其沟渠",因此引发严重纷争。后经总督、护道处理,令"修复古沟,补塞渗漏,拆去新沟,各放各水,毋许擅越"。[62]嘉庆时期,腾冲县左所、公坡两村发生也发生由于专属水权而引发的纠纷。两村本来"各有各源",但因左所村以引水不便,利用靠近公坡水源的优势,将公坡专有水源截取,最后演变成聚众揭埂、截流逞凶的争斗事件。事情经过官府调解,要求两村各用各源,公坡之水"非左所得以其点滴",而左所仍旧自行架梘槽引专属之水,"如逢旱而梘槽引水艰难,亦应作望天雷响田也"。[63]

(三)水权不清。主要是因上下游双方各自的权利和义务划分不清,导致水利纠纷。其中最具典型性如乾嘉时期开始的"昭鲁之争"。昭鲁大河源于鲁甸境内,然后流入昭通。"昭鲁之争"源起下游昭通筑堤以约束水势。雍正十三年,昭通县于昭鲁大河得胜塘上筑大堤和石桥闸以调控上游来水和作行人通道。乾隆二十三年,"鲁甸人以水涨漫为由,纠众毁堤,拆去桥梁。昭通人恐以'邻国为壑'出而阻之"。后来,纠纷导致昭通廪生李周被鲁甸王安太杀死,双方由此相抗不下,并一直诉讼至嘉庆二十一年。以至于,"省宪檄府同恩安鲁甸两属长官、绅粮会勘,饬令修复堤埂、石桥,流配王安太于广西",并使"上下河道昭鲁人民分段岁修"。在经过多年的暂休之后,双方又因河道多年未修,矛盾再次燃起,"至宣统二年鲁甸人欲毁堤"。为此,"昭通知县姚佐清率同西南乡绅民前往据案力争,始获保全"。[64]

水权纠纷往往引起村寨、宗族和民族之间的械斗,轻则毁人田坝,重则欧人致死,不仅造成人员和财产损失,而且致使纠纷双方留下长期难以弥合的矛盾。如"昭鲁之争"就因械斗发生命案,致使双方长时间诉讼,直到1923年,双方还为此争执不休。又如前述红河三村乡跨界购买水源后,到同治和光绪年间,曾多次发生水利纠纷。新中国成立后纠纷又起,双方多次大规模持枪械斗,逐渐演变成"黑树林民族问题"。[65]

围绕水权纷争,地方政府与民间社会都积极参与纠纷调解和裁决。民间的水利纠纷调解,多由地方绅耆主持。咸丰时期,安宁火龙村发生水利纠纷,经乡耆调解,双方达成和解合同:[66]

合　同

　　立合同人谢登起、谢登佐、谢登贵系东界火龙村住人,为因放水口角相争斗欧之事今报至本城乡耆公断。俟后自容理讲,不容逞强动手。如若先动手者,罚钱拾千文入合州充公。至于水浆,照古例均放,一人一分,十人十分。其有聚水塘者,须要水浆有余之时,方容进塘;若无余水之时,不容进塘。二比田地相连,不得借事生端,倘有借事生端者,亦罚钱十千文。

此系二比情愿,并非逼迫等情恐后无凭立此合同存照。

咸丰三年十一月二十日

立合同人谢登　谢登佐　谢登贵

凭乡耆　李凤章

代字　杨登仕

在这一纠纷中,地方乡耆在调解中发挥了重要作用,双方订立合同的也重新明确了水源的分放原则和违约责任。光绪年间,鹤庆羊龙潭发生松树曲三村与象眠三村的水利纠纷,地方官员多次审理,象眠三村或"抗傲支吾"或将判决"视为具文",最后致使双方发生械斗,后"复蒙委大绅舒老太爷、杨山长、赵老太爷及绅耆查勘处理,劝令二比和息,以杜争端",在当地乡绅的调解下,"二比遵大绅相劝,永息争端,以敦和好"。[67]可见,民间调解在解决基层水权纠纷中发挥着重要的作用。

官府裁决也是水流纠纷解决的重要途径。咸丰年间,祥云梁王山龙泉水发生水利纠纷,在地方官员裁决之后,村民将裁决方案勒石成碑:[68]

特授云南大理府云南县正堂加三级,随带加二级,记录八次,大功三次张为请示勒石,以垂永久,而免争端事。

照得县属梁王山有龙泉水一道,自古定有程规,灌溉县属田亩,相安数百余年之久,士民等毫无争放等弊。今接年以来,有华严村棍特强,由山沟截放,其四沟之水稀少,中坝田亩每被荒芜,士民等苦赔钱粮,难于上纳,今于本年二月内与华严村互控争论,蒙县主张协同学师汛厅土司亲临山沟勘明,断令四大沟之水肆拾分,其山沟之水一分定平,照此灌放至西门外智光寺止,以免争论。士民等允服,禀请给示勒石,以垂永等情。据此,除给示外,合行给示,勒石为此示。仰县属士庶军民人等知悉,其有水规勒石坚立各村,以昭平允。尔等自此之后遵照四大沟肆拾分,山沟一分灌放,勿得再行恃强紊规霸放,再攘争端,各宜照示凛遵,如敢故违,定行重究,决不姑宽。各宜凛遵勿违,特示。

咸丰五年三月十三日
合县绅耆士庶等同立

从这一碑文中可推断,州县官员在解决水利纠纷大致有三个主要程序:(一)亲临踏勘,以了解纠纷实际情况。康熙年间,禄丰县令审理中屯、路溪等村水利纠纷,"躬亲踏勘";[69]乾隆时期宜良小龙洞水利纠纷中,由"屯田水利道罗道尊,督同本县正堂沈,亲临小龙洞踏勘";[70]蒙自布衣透与小东山之间的水利纠纷也由该县"亲临踏勘"、"逐细确勘"。[71](二)裁定。州县在裁决和调解多以均平用水为原则,并参照民间古例和旧制进行判案。康熙年间宜良小龙洞水利纠纷,地方官员裁决"遵照旧制,毋得再起争端"[72]。乾隆时期,大理名庄发生互控水例案,地方官员也裁定"再立合同,公私均有据实","遵奉开呈乾隆四十五年以前放水古例"。[73]这种裁决原则体现了官方在纠纷调解中对民间习惯法、乡规民约的认可。(三)发给新合同,民间照此勒石遵守。鹤庆羊龙潭历来"照例分水,立有石闸",光绪年间有村民"凿挖水道,屡坏古规",以致演变为村间械斗,后经当地官绅调解,"断讫,俾两造书立合同,盖印存照,再取结存案,以息讼端。为此事由,批仰两造,即便照合同立碑,以永久各宜遵守"。[74]从云南各地现存的大量水利诉讼碑来看,勒石记录纠纷经过和调解方案是当时的一个普遍习惯。

值得一提的是,对于基层官府的调解或裁定,如果当事人不服,可以逐级上诉。因此,清代云南水利纠纷当事方往往不满基层官府判定而自行上诉,造成多起"构讼不已"的水利诉讼案,形成了水利纠纷中健讼、好讼的风气。如嘉庆三年宜良骆家营与化夷村之间的争水纠纷,在县官审毕之后,又"赴藩宪、宪台辕门翻控",经审理调解后不久,两村又再度于道光八年"赴藩、粮宪衙门控争水分"。[75] 咸丰时期,四沟士民与屈家寨人控争水沟,该案由地方官员两次审结,但当事一方又两次上控,[76] 健讼之风可见一斑。

结　语

清代云南围绕水权问题,在水权分配、水权转移、水权管理以及水权纠纷调解上形成了一套富有地域的特色的运作机制。在对这些问题的研究中,我们既可以看到清代云南民间围绕水资源所产生的权利和契约关系,与内地一样出现了现代"水权登记制度的雏形"[77];也能够清楚地看到围绕水利纠纷的调解,出现了民间和官方都参与其中的"第三领域"。[78] 应该说,对云南水权运作以及纠纷调解的研究,不仅有助于加深对当前民间水权以及水资源分配问题的理解和认识,以史为鉴;而且也有助于转变研究视角和研究方式,促进云南水利史研究向社会史的积极转向,进一步推进云南水利社会史的研究。因此,本文的论述也仅仅是一个开始。

本文是教育部人文社会科学研究青年基金项目《契约文书与明清云南乡村社会研究》(BYJC770010)的阶段性研究成果。

注释:

1　《张允随奏稿》,乾隆二年闰九月十九日。

2　云南省地方志编纂委员会总编,云南省水利水电厅编:《云南省志》卷38《水利志》,

云南人民出版社 1998 年版,第 475 页。

3　黄士杰:《六河总分图说》。

4　《轮放大海水规碑记》(乾隆四十三年),《保山碑刻》,云南美术出版社 2007 年版。

5　方国瑜主编,保山市隆阳区史志委点校:《保山县志稿》卷 11《舆地二》,云南民族出版社 2003 年版,第 263 页。

6　32　《文公河岁修水规章程碑》(同治十一年),《宜良碑刻》,云南民族出版社 2006 年版。

7　53　《重开金汁沟碑记》(1916 年),《玉溪地区水利志》,黄河文化出版社 1992 年版。

8　《沙登村水源章程古记序》(乾隆五年),《大理白族自治州水利志》,云南民族出版社 1995 年版。

9　《永济塘碑》,道光十年,《宜良碑刻》,云南民族出版社 2006 年版。

10　《重修龙箐水利碑记》(道光十四年),《楚雄历代碑刻》,云南民族出版社 2005 年版。

11　《庄子村水规记》(道光二十九年),《牟定县水利志》,牟定县水电局 1987 年版。

12　17　《十二长官司碑》(道光九年),《祥云县志》,中华书局 1996 年版。

13　云南省地方志编纂委员会总纂,云南省水利水电厅编:《云南省志》卷 38《水利志》,云南人民出版社 1998 年版,第 475 页。

14　《东山彝族乡恩多摩乍村水利碑记》(光绪十八年),《祥云县水利志》,云南民族出版社 1999 年版。

15　16　38　49　《永泉海塘碑记》(乾隆五十五年),《弥渡县水利志》,成都科技大学出版社 1993 年版。

18　《义安桥水分碑》(嘉庆三年),《宜良碑刻》,云南民族出版社 2006 年版。

19　《四沟遵案碑》(咸丰三年),《腾冲县水利志》,腾冲县水利电力局 1988 年版。

20　36　42　55　58　《禾甸五村龙泉水例碑序》(雍正四年),《祥云县水利志》,云南民族出版社 1999 年版。

21　70　72　《小龙洞水永远碑记》(康熙十八年),《宜良碑刻》,云南民族出版社 2006 年版。

22　75　《义安桥水分碑》(一、二)(嘉庆三年、道光八年),《宜良碑刻》,云南民族出版社 2006 年版。

23　《论水碑记》(嘉庆十年)，《隆阳碑铭石刻》，云南美术出版社 2005 年版。

24　69　《路溪屯分水碑记》(康熙二十九年)，康熙《禄丰县志》卷 3，《楚雄彝族自治州旧方志全书》，云南人民出版社 2005 年版。

25　26　《沙登村水源章程古记序》(乾隆五年)，《大理白族自治州水利志》，云南民族出版社 1995 年版。

27　50　《响水沟碑》(乾隆四十七年)，《宜良碑刻》，云南民族出版社 2006 年版。

28　云南省红河县志编纂委员会：《红河县志》，云南人民出版社 1991 年版。

29　《布衣透龙潭左山沟水碑记》(乾隆三十七年)，转引自清水享：《云南南部的生态环境碑刻·资料篇》，见杨伟兵主编：《明清以来云贵高原的环境与社会》，东方出版中心 2010 年版。

30　《掌鸠河合同碑记》(道光八年)，《禄劝彝族苗族自治县水利电力志》，云南民族出版社 1993 年版。

31　40　45　《迤西冲坝水规》(宣统三年)，《牟定县水利志》，牟定县水电局 1987 年版。

33　51　《光绪十二年中沟坝二十八村绅耆同议请示将古规放水轮流先后次序班数》，《保山市水利志》，保山市水利电力局 1993 年版。

34　严德：《论永昌诸葛堰水利》，《保山县志稿》卷 11《舆地二》，云南民族出版社 2003 年版

35　云南省博物馆馆藏契约，社土 639(7)。

37　傅衣凌：《中国传统社会：多元的结构》，《休休室治史文稿补编》，中华书局 2008 年版。

39　《庄子村水规记》(道光二十九年)，《牟定县水利志》，牟定县水电局 1987 年版。

41　《云南少数民族社会历史调查资料汇编(二)》，民族出版社 2009 年版，第 109 页。

43　昭通地区地方志编纂委员会：《昭通地区志》下卷，云南人民出版社 1999 年版，第 353 页。

44　云南省红河县志编纂委员会：《红河县志》，云南人民出版社 1991 年版，第 205 页。

46　《庄子村水规记》(道光二十九年)，《牟定县水利志》，牟定县水电局 1987 年版。

47　《再重修黑龙硐碑记》(咸丰四年)，《施甸县水利志》。

48　56　《大沟水寸碑记》(乾隆五十四年)，《腾冲县水利志》，腾冲县电力水利局 1988 年版。

52 《轮放大海水规碑记》(乾隆四十三年),《保山碑刻》,云南美术出版社2007年版。

54 云南省博物馆馆藏契约,社土640。

57 《文公河岁修水规章程碑》(同治十一年),《宜良碑刻》,云南民族出版社2006年版。

59 62 《重镌雨龙村下伍营分放小龙洞水碑记》(康熙四十五年),《宜良碑刻》,云南民族出版社2006年版。

60 69 《均平水例碑》(咸丰五年),《祥云县志》,中华书局1996年版,第833页。

61 《小龙洞口放水石槽碑》(宣统元年),《宜良碑刻》,云南民族出版社2006年版。

63 《水利官司碑》(嘉庆六年),《腾冲县水利志》,腾冲县电力水利局1988年版。

64 符廷铨 蒋应澍总纂,刘宗伯点校:(民国)《昭通志稿·水利》,《昭通旧志汇编》,云南人民出版社2006年版,第145页

65 郭家骥:《云南民族关系调查研究》,中国社会科学出版社2010年版,第352—356页。

66 云南省博物馆馆藏契约,社土639(3)。

67 《羊龙潭水利碑》(光绪二十七年),《白族社会历史调查(四)》,民族出版社2009年版。

70 《布衣透龙潭左山沟水碑记》(乾隆三十七年)、《详准布衣透沟水碑记》(乾隆三十九年),转引自清水享:《云南南部的生态环境碑刻. 资料篇》,见杨伟兵主编:《明清以来云贵高原的环境与社会》,东方出版中心2010年版。

73 《名庄玉龙两村水例碑记》(乾隆四十六年),《大理海东风物志续编》,云南民族出版社2008年版。

74 《羊龙潭水利碑》(光绪二十七年),《白族社会历史调查(四)》,民族出版社2009年版。

76 《四沟遵案碑》(咸丰三年),《腾冲县水利志》,腾冲县水利电力局1988年版。

77 王亚华:《水权解释》,上海人民出版社2005年版,第186页。

78 黄宗智:《经验与理论:中国社会、经济与法律的实践历史研究》,中国人民大学出版社2007年版。

清末云南司法审判制度的变迁

谢　蔚(云南大学人文学院历史系讲师)

　　明清以来,云南各基层行政机构中,土司和流官在各自管辖范围内实施各类案件的初审乃至终审。直至清末预备立宪,在中央统一规划下,云南省实施了举办法官考试、改设提法使司、开办首批审判检察厅等一系列司法改革措施,使得云南地方行政权和司法审判权开始分立,改变了以往一切诉讼皆由行政官兼掌的局面,云南的司法审判制度为之一变,开启了云南司法现代化的历程。马雁《转型中的中央与地方关系——以清末民初云南边疆法律变迁为例》简要述及清末新式司法审判机构开办,并集中讨论了法律的变化。[1] 但是,就清末云南的司法改革及其推进的司法现代化进程,尚未引起学术研究的重视。本文拟就清末云南各项司法改革措施及其后形成的过渡审判模式等内容进行深入探讨,希望助于这段历史研究的深入。

一、清末云南的司法改革

　　光绪三十二年七月十三日(1906 年 9 月 1 日),清政府颁布"仿行宪政"上谕,预备从官制改革入手实施预备立宪。[2] 八月初一日(9月18日),厘定官制王大臣奕劻上奏确定官制改革从行政权和司法权的分开开始,即建立各级审判厅专掌司法审判,为建立君主立宪国家体制奠定基础。[3] 光绪三十四年八月一日(1908年8月27日),宪政编查馆与资政院奏定《逐年筹备事宜清单》,规划了各省依限实施开办审判厅及其他司法改革。[4] 在此后的改革中,这些规划被一步步完善。据此,云南推行提法使司设立、举行法官考试和开办各级审判厅等改革措施。

(一)改设提法使司

依据官制改革立意,除了将行政权和司法权分开之外,司法审判和司法行政分开亦是势在必然。司法行政是行政机关的一个部分,管理司法官培训、监狱管理等内容。这使得各省的提刑按察使的职能发生重大变化,其改设成为地方司法改革的重要内容。

光绪三十三年四月十一日(1907年5月22日),东三省总督徐世昌拟定东三省职司官制,决定"于三省各设提法使一员,秩正三品,专管司法行政兼理裁判事务,别为一署暂受督抚考核节制"。[5] 八月二十六日(10月3日),东三省拟定的奉天省提法司衙门官制规定:"提法司掌全省司法上之行政事务,监督本省各级审判厅、检察厅,提法司总理全司事务,监督佥事以下各员,为一司之长"。提法司下设总务、刑事、民事、典狱四科,每科设佥事、一二三等各科员,并设正副司书等官,分掌省内各项司法事务。光绪三十三年十二月二十四日(1908年1月27日),法部参考东三省的规则起草《提法使章程》,规定提法司下设总务、刑事、民事、典狱四科,每科设佥事等员。宣统元年十月十四日(1909年11月26日),宪政编查馆覆核了法部的提法使官制,合并了民事科和刑事科,将署内改设成科长科员制。[6]

宣统二年(1910年)七月,依据中央统一规划,云南改按察使司为提法使司,以提刑按察使秦树声为提法使,改称按察使司署为提法司署。改革裁去原来按察使司署内各房。提法使司应有的总务、刑民、典狱三课,云南省则将总务和刑民两科并成司法科,保留了典狱科,各科由科长率领科员,分科治事。司法科,以王槐荣为科长,掌管提法司印信、文件来往、秘密函电、解释刑民事法律、登记各项法规规章以及其他各项司内的杂务。典狱科,以张其銮为科长,处理司内的监狱建造、人员管理等事务。[7]

(二)举行法官考试[8]

开办审判厅离不开专门的司法审判人才。从袁世凯在天津试办审判厅到法部主持开办的京师各级审判厅,都采用的是奏调法律人才进入审判厅方式。对于审判厅的法官的资格并没有明确的要求。宣统元年十二月二十八日(1910年2月7日),宪政编查馆奏定的《法院编制法》规定:"推事及检察官应照法官考试任用章程经二次考试合格才始准任用"。[9]自此,各级审判厅司法官必须经过统一的法官考试方可得到任命。

云南提法司建立起来之后,开始筹办法官考试。宣统二年八月十一日(1910年9月14日)至九月初四日(10月6日),经过笔试和面试两轮测试,116名考生中有26人通过了法官考试。26人中有最优等8名,优等12名,中等6名。[10]

(三)筹办云南六厅

《逐年筹备事宜清单》规定宣统二年年底,各省省城商埠的各级审判厅必须一律开厅。宣统元年三月一日(1909年4月13日),护理云贵总督云南布政使沈秉堃,在省城建立审判厅筹办处,委任兼署交涉使的云南提刑按察使世增担任筹办处总办,法政学堂监督京师内城地方审判厅推事王枲兼任筹办处总参事,[11] 法政学堂教员郑文易担任筹办处书记官,[12] 负责云南审判、检察厅筹备工作。十月十七日(11 月 29 日)起,秦树声升任云南提刑按察使,负责审判厅开办。[13]

宣统二年十一月二十一日(1909 年 12 月 22 日),法部制定各省城、商埠审判检察厅厅数、员额的详细规划,计划在云南建立云南高等审判厅和检察厅各 1、云南府地方审判厅和检察厅各 1、昆明县初级审判厅和检察厅各 1,同一级别的审判检察厅合署办公,即云南六厅。[14] 同日,法部奏请简放现任云南法政学堂监督王枲试署云南高等审判厅厅丞,现任京师地方检察厅检察长张一鹏试署高等检察厅检察长,均得到清政府批准。[15]

宣统二年十二月一日(1911 年 1 月 1 日),在审判厅筹办处的精心筹备下,云南省城高、地、初三级审判、检察厅同时成立。云南高等审判、检察厅开办在西华街,云南府地方审判、检察厅和昆明县初级审判、检察厅分别在卖线街和楚姚镇巷开办。[16]

经过两年多的司法改革,云南省提刑按察使司改设成专掌司法行政事务的提法使司,云南省第一批现代意义的司法审判机构设立,司法权和行政权的分立形式就此开启。

二、接收现审和提高审判能力

云南省城各级审判、检察厅开办以后,面临的首要问题就是受理诉讼、接收各行政衙门旧管的现审工作,其次是建立司法官内部的业务学习机制,提高司法官群体的法学基本功和审判实践的能力。

审判、检察厅运作之初就是接收现审和受理诉讼。宣统元年十二月二十八日（1910 年 2 月 7 日），宪政编查馆奏准《法院编制法》、《司法区域分划暂行章程》和《初级暨地方审判厅管辖案件暂行章程》，确定了大理院及全国高等、地方、初级审判厅的地域管辖权限，以及初级、地方审判厅受理刑、民事案件的级别管辖。[17]

　　"各省高等审判厅以各该省辖境为管辖区域"，即云南高等审判厅管辖云南省境内的初审、二审和三审案件，以往归提法使和发审局审理的案件一律由其负责接收审理。高等厅受理的一审案件只是"不属于大理院之宗室、觉罗第一审案件"，即宗室、觉罗与旗民民事诉讼案件和宗室徒罪以下、觉罗所犯的刑事案件等等。高等厅第二审受理的是不服云南省各地方审判厅决定、命令和一审判决的控诉、抗告案件。高等厅受理的三审案件是不服云南省各地方审判厅二审判决的上告案件。另外，未设地方审判厅的府厅州县而依法递控到省一级案件，皆由高等厅受理，由该厅按照管辖权区别对待。若是以高等审判厅为二审的案件，判决后允许当事人到大理院上诉，若是以高等审判厅为终审，则在宣判时做出终审宣告。

　　"直省府、直隶州地方审判厅以各该府、直隶州辖境为其管辖区域"，即云南府地方审判厅负责管辖云南府下辖的 7 个县和 4 个散州[18]初审、二审案件，以往归云南府知府拟罪的府辖区内的徒以上的案件由其负责接收审理。地方厅管辖的一审民事案件包含涉讼物品价额在二百两以上的钱债、田宅、器物、买卖案件，亲族承继及分产案件，婚姻案件，以及其他不属于初级审判厅管辖和高等厅、大理院特别管辖的案件。它受理的一审刑事案件则是"依现行刑律罪该徒流刑以上"和"依其他法令罪该罚金二百圆以上或监禁一年以上"的案件。地方厅受理的二审案件则可分为三类：一是不服初级审判厅判决而控诉的案件；二是不服初级审判厅之决定或其命令，按照法令而抗告的案件；三是对管辖境内未设初级审判厅的县、散州地方官审理案件判决不服的案件。

初级审判厅"以各该厅州县辖境为其管辖区域",即昆明县初级审判厅负责管辖昆明县的初审案件,负责接收原昆明县知县办理的各项案件,包括徒以个案件的审结和初审徒及其以上的初审。初级厅受理的民事案件包括涉讼物品价额在二百两以上的钱债、田宅、器物、买卖案件,旅居宿膳费用案件,寄送或运送物品案件,三年以下的雇佣契约案件,以及其他诉讼物价额不满二百两的民事案件。它受理的刑事案件则是:"依现行刑律罪该罚金以下"和"依其他法令罪该罚金二百圆以下或监禁一年以下或拘留"的案件。因为是第一批审判厅,法部对初级审判厅的管辖做出特别规定,即省城、商埠初级审判厅辖地不必以城垣、商场为限,应当考虑具体形势和户口分部,若附近地方的确是审判厅力所能及并且形势上也比较适宜该厅兼管的地界,都划定为该厅管辖。凡界内诉讼事件(原被告有一方为界内的人,或是诉讼事件发生在界内),地方官都不得受理。其界外案件仍暂归府厅州县官照常收受审理。[19]

云南新开办的六厅基本依据同级别的行政机关的管辖范围受理各式诉讼,同时接收了相应级别的行政机关办理的审判案件,开始正式处理诉讼。

学习改革中的新法令是一回事,但是在审判程序和判决中纯熟的运用这些新法令又是另外一回事。这不仅需要对新法律法规文本的熟练掌握,还需要在实践中不断体会法令与复杂多变的现实纠纷之间的关系,在清末还包括大量新法令与现实社会法理念的冲突,在最短的时间内保障新法令的实施和推广,保证司法独立和公正在纠纷解决中的实现。对于绝大多数新成立的云南六厅的司法人员来说,遵照新的诉讼程序、依据新法令审判案件,都是头一遭。如何快速地培养司法人员熟练运用新的审判程序,按时保质保量的办理接收来的和新受理的诉讼案件,是整个新式审判机构面临的首要问题。针对这一问题,王耒和张一鹏决定成立云南司法研究会。云南司法研究会的宗旨是,"研究司法事业之改良进步"。研究会研讨的主要内容则是法律法规、司法内部事务的管理、各审判厅所遇的疑难案件。研讨的目的则是提高司法人员对法律的理解,法律适用的实践技能,培养司法人员的独立主持审判厅事务的能力,即提高司法人员队伍的自身素质,为下一步的审判厅开办培养人才。

司法研究会的会址设在云南高等审判厅内,会员包括云南高、地、初审判、检察厅的厅丞、检察长、厅长、推事、检察官、典主簿、监督、录事、所官等司法人员。研究会公举会长、副会长各1人,以一年为任期,书记4人,以半年为一期,均可以连续担任。会长、副会长经理研究会的一切事宜,开会时以会长为议长,会长有事不能在会时,副会长代理之。书记主要执掌开会时的记录事宜,每次须有2人出席。研讨会以每月某个星期日为常会,由会长指定日期,于七日前通知各会员。会员接到开会通知后.于次日各自提出议案,送会长核定次序,于开会前4日印送各会员。若有特别重要事件需召开研讨会的,由会长召集,或会员三分之一以上请求时,可以召开特别会议。特别会议时间不限于星期日,但必须在开会2日前将议案印送给各会员。开会应遵照议案次序,逐案议决,当天来不及议决的,留作下次议案。议案有应付表决者,由会长声明同意或是反对的标准,用红色和白色筹码表示之支持和反对,尊重多数的意见,若是表决票数相同,则由议长决定议案是否通过。议决案由会长汇齐,记录编定于开会后7日内颁布实行,并刊登在法院月录。云南司法研究会建立以后,召开过多次会议。会议的议案大多是关于诉讼程序、诉讼文书和司法管理的问题。譬如第4、5次会议讨论的检验争议、查传讯覆、征收讼费、刑事起诉书、诉讼费用宣示、任用承发吏等问题。[20]

云南司法研究会是云南各级审判、检察厅全体司法人员共同参加的法律问题、司法实践的学术讨论、经验交流会,也是解决实践中司法问题的集体议决会。它有效地促进了司法人员的迅速成长,迅速、高效地以集议方式解决了司法实践中的诸多问题,为推动清末云南各级审判厅的良性运作起到了积极作用。

云南各级审判、检察厅开始办理诉讼,加上云南司法研究会的有力推动,标志着一套专门从事纠纷解决的专职司法审判机构的建立和良性运作,云南省完全的行政兼理司法时代的结束。

三、过渡形态的司法审判

云南六厅建立,不仅从机构设置上实现了行政权和司法权的分立,亦从实际上使得云南的司法审判进入过渡形态,推进着边疆地区的司法现代化。

云南六厅的司法官队伍的专业化和打破了传统审判官幕吏模式两个方面来分析。传统中国,行政和司法不分,司法审判事务由地方官办理。地方官员多系科举出身,大多数并不精通《大清律例》。加上清代的律和例逐年不断增加,地方官又事务繁多,要随时掌握最新的律例非常困难。因此,从体制上来说,地方官处理诉讼多依靠衙署内雇佣的书吏。书吏,并不是王朝的官员,只是政府雇佣的从事文书工作的吏员。书吏仅享受政府按月发放的工食银,俸禄非常少。他们大多自幼专门修习《大清律例》、各部则例等知识,而后在衙署辅助地方官办理诉讼。书吏许多是当地人士,或是被一批修习律例的知识人所把持。地方官均来自外省,对本县、本府的风俗习惯多不熟悉,加上对律法的不熟悉,易于被书吏所左右。为了应对来自书吏专业知识的挑战,地方官都会聘请精通律例的幕友(或称为师爷)帮助自己处理诉讼。专门办理诉讼的称为刑名师爷,或刑幕。刑幕绝大多数是参加过科举考试,有些拥有生员的功名,有些则没能获得功名。他们专门学习律例,受雇于各级地方官,辅助主官处理诉讼、钱谷、书启等事务,接受雇主给予的佣金。传统官制中,地方官只有左右副手,没有办理各项事务的国家官员,只能依靠书吏和刑幕处理诉讼事务。各地的司法审判均由地方官坐堂,而实际上的法律文书的撰写大多依靠大量的书吏和刑幕,形成官吏幕模式。

而新式审判厅的所有司法官均需经过司法考试,具备现代司法审判的专业知识。据统计,云南六厅24名司法官,总计有22人(92%)有法学背景。[21]另据光绪三十三年六月十二日(1907年7月21日),法部制定新规章,审判厅中除司法警察和从事法律文书收发的承发吏,其余人员均为政府官员。[22]这就意味着受审判厅管辖案件,均由专业的司法官员听讼。

云南高等审判厅接管了地方督抚的司法审判权,并负责全省的二审或三审案件。云南六厅的建立,立刻已设和未审判厅区域不同类型案件的管辖问题。光绪三十三年十二月(1908年1月),奉天省开办审判厅,东三省总督徐世昌提出:"已设审判厅之处自应照章定级,未设审判厅之处,则凡上控各案已经该地方官讯结及应提审者,概归高等审理"。[23]宣统元年七月初十日(1909年8月25日),法部将奉天办法推广全国。[24]十二月二十八日(1910年2月7日),宪政编查馆奏准所有从前省城行政各衙门掌管的审勘等事宜一律划归高等审判厅办理。[25]宣统二年(1910年)九月,法部在咨行山东巡抚孙宝琦、吉林提法使吴焘文称:"未设审判厅地方已结案件如果查有情节可疑，罪名未协者，应由（臬）司行令该管检察厅，分别提起非常上告或再审，均归高等审判厅审理"。[26] 这样一来，云南省所有省一级的审判均由云南省高等审判厅受理和审判，督抚和提法使不再参与；各府州县的控案或应当提审的案件亦均由其管辖。云南省司法审判的新旧混合模式逐步建立。

云南六厅的开办打破了传统的官、幕、吏模式，从制度上实现了司法审判的专门化和职业化。云南高等审判厅接管了云南省一级司法审判权，使得地方督抚渐渐淡出地方司法审判，形成了过渡形态的司法审判。

四、结　论

清末云南的司法改革是在中央统一的安排下进行的，是全国司法改革的重要组成部分。依据中央规划，云南实施了改设提法使司、举办法官考试和开办云南六厅等改革。云南六厅接收了相应级别行政机关办理的案件，依据法定的管辖范围受理各式诉讼，办理案件。云南司法研究会促进了现职司法人员的成长，推动六厅的良性运作。云南六厅的开办和良性运作，打破了传统司法审判的官吏幕模式。云南高等审判厅的司法审判职能，使得督抚从制度上退出司法审判，知府、道台的拟罪开始取消。云南的司法审判进入司法官和行政官共同参与的混合过渡形态。这种中间形态有力地促进了云南的司法现代化。

本文是云南省教育厅科学研究基金项目《清末云南司法机构改革研究》（2010Y25）的阶段性成果。论文的写作受到云南大学人文学院历史系博士后流动站经费资助。

注释：

1　马雁：《转型中的中央与地方关系——以清末民初云南边疆法律变迁为例》，中央编译出版社 2010 年版。

2　《宣示预备立宪先行厘定官制谕》（光绪三十二年七月十三日），故宫博物院明清档案部编：《清末筹备立宪档案史料》上册，中华书局 1979 年版，第 43—44 页

3　奕劻等：《奏谨拟厘定官制宗旨大略折》（光绪三十二年八月初一日），中国第一历史档案馆编：《光绪朝硃批奏折》，第 33 辑，中华书局 1995 年版，第 33—36 页。

4　故宫博物院明清档案部编：《清末筹备立宪档案史料》上册，中华书局 1979 年版，第 54—61 页。

5　万福麟、张伯英：《黑龙江志稿》（卷四十五职官志）第 6 册，（李毓澍主编：《中国边疆丛书第一辑》第 3 种），台北文海出版社 1965 年版，第 3921 页。

6　宪政编查馆：《考核提法使官制折》（宣统元年十月十四日），《华制存考》（宣统元年十月）第 6 册，政务，第 91a—96b 页。

7　16　民国通志馆编修：《续云南通志长编》下册，云南省志编纂委员会办公室印 1986 年版，第 1 页。

8　参考谢蔚：《清末云南法官考试》，罗群主编：《边疆与中国现代社会研究》下册，人民出版社 2013 年版，第 220—237 页。

9　《大清新法律汇编》，麐章书局 1910 年版，第 234 页。

10　云贵总督李经羲：《为法官考试事竣事折》（宣统二年十一月二十五日），中国第一历史档案馆藏：军机处录副奏折 03—7447—162。

11　云南宪政调查局编辑：《云南政治官报》（宣统元年三月初二日）总第 363 号，辕门抄，第 1b 页。

12　云南宪政调查局编辑：《云南政治官报》（宣统元年六月初八日）总第 453 号，辕门抄，第 2a 页。

13　魏秀梅编：《清季职官表（附人物录）》，台北中央研究院近代史研究所 2002 年版，第 899 页。

14　法部：《酌定直省省城商埠审判检察厅厅数员额分别列表折》（宣统二年十一月二十一日），《华制存考》（宣统二年十二月）第 5 册，政务，第 91a—92b 页。

15　中国第一历史档案馆编：《光绪宣统两朝上谕档》第 36 册，广西师范大学出版社 1996 年版，第 482—483 页。

17 宪政编查馆:《奏为遵旨核订法院编制法另拟各项暂行章程折》(宣统二年十二月二十八日),《华制存考》(宣统二年一月)第5册,政务,第193—196页。

18 7个县分别是昆明县、富民县、宜良县、呈贡县、罗次县、禄丰县、易门县,4个散州分别是嵩明州、晋宁州、安宁州、昆阳州。

19 24 法部:《筹办外省省城商埠各级审判厅补订章程办法》(宣统元年七月十日),《华制存考》(宣统元年七月)第5册,政务,第163—171a、163a—171a页。

20 汪庆祺编:《各省审判厅判牍》,北京大学出版社2007年版,第335—336页。

21 拥有法官背景是指有审判经历、担任过刑幕或通过法官考试。参见:内阁印铸局编:《宣统三年冬季职官录》,沈云龙主编:《近代中国史料丛刊一编》第29辑,台北文海出版社1968年版,第1328—1331页。《云南第一次考试法官闱文》,宣统二年九月排印本,云南省图书馆藏。

22 法部:《酌拟京内外各级审判厅职掌事宜及员司名缺折》(光绪三十三年六月十二日),《司法奏底》(稿本)第9册,北京大学图书馆藏。

23 东三省总督徐世昌:《奏开办各级审判厅情形折》(光绪三十三年十二月二十四日),《政治官报》,光绪三十三年十二月二十七日,总第97号,第11—14页。

25 宪政编查馆:《奏为遵旨核订法院编制法另拟各项暂行章程折》(宣统元年十二月二十八日),《华制存考》(宣统二年正月)第5册,政务,第165—172页。

26 商务印书馆编译所编:《大清宣统新法令》第29册,商务印书馆1911年版,第49页。

"走夷方"与近代云南边疆
民族地区社会变迁

黎志刚(云南大学人文学院历史系讲师)

作为中国西南的边疆和民族聚居区,明清以来,云南的一些地区长期存在着"走夷方"的民间传统。这种"走夷方"与北方地区的"走西口"、"闯关东"等相呼应,成为明清以来中国历史上最重要的人口流动和经济活动之一。但到目前为止,对"走夷方"的专门研究并不多见。近代以来,云南的"走夷方"发展进入了一个高峰期,这既是边疆民族地区经济社会变迁的产物,又进一步促进了边疆民族地区社会变迁的进程。

一、"走夷方"的历史源流与发展概况

"走夷方",有时又被称作"下夷方"。但对于"夷方"的具体位置,目前的说法并非完全统一。有的学者认为:"走夷方"是"指到傣族人住的地方。过去当地人称傣族为'摆夷',故有'夷方'之称。"[1] 也有人认为:"夷方有大夷方和小夷方之分,小夷方指的是今天的云南边境思茅、德宏、版纳一带,大夷方指的是缅甸。"[2] 其实,所谓的"走夷方",最初主要就是贫苦农民到中缅边境的少数民族地区从事小工商等经济活动的概称,后来有时也把云南边民

到东南亚泰国、越南等国的经济活动统一归入"走夷方"的范畴。

　　从词源的角度来看，所谓的"走夷方"，其实是典型的中原文化语境下的产物。在传统汉文化的解释下，"夷"主要是对于华夏民族之外的少数民族或异域民族的称呼，而"方"意为"地区"。从"夷方"这个带有强烈汉文化色彩的称呼来推断，"走夷方"作为普通贫民到边境少数民族地区谋生活的一种指代，可能主要是伴随着明清以来云南汉族移民的大量增加而出现的。在这之前，这种经济行为虽然可能已存在，但应该并未形成规模。这一推论可以从文献上得到某种验证：从现有的文献来看，元代中缅之间的交通和商业虽然早已存在，但马可波罗从云南游历进入缅甸时，还用这样的语句来描述后来作为"走夷方"主要目的地的金齿州[3]："其地处蛮野之区，入境不易，遍布高山大林，颇难通行；空气不洁，外人之入境者，必有丧命之忧。"[4]而明清时被"走夷方"人们所熟知的德宏"夷方坝"，在元代也还被称为是"干岩坝"。[5]说明当时"走夷方"的说法可能还没有出现。到了明代，随着汉移民大量入滇，"走夷方"开始逐渐见于记载。明人何孟春任云南巡抚时，就曾"禁约客商人等，不许私下夷方，引惹边衅"。[6]这是笔者目前见到的关于"走夷方"最早的明确记载。当时的滇中名儒李元阳也提到大理地区"居室无赖，则弃其本业，远走夷方，此其大弊也"。[7]可见当时"走夷方"已经开始出现，并遭到了批评和禁止。但是，这种封禁并不能阻挡"走夷方"的发展趋势，到了徐霞客行走滇西时，当时的大理洱源地区，就出现了"其村氓惯走缅甸，皆多夷货"[8]的情形，可见"走夷方"的行为已经较为普遍。清代，"走夷方"进一步发展，据民国《大理县志稿》的记载："清雍、乾、嘉、道间，人口繁重，生计日艰。士人惟以教授课文为业。至于农产物则菽、麦、稻、粱，不能敷食，多数仰给外邑……穷则思变，于是合群结对,旅行四方。近则赵、云、宾、邓,远则永、腾、顺、云。又或走矿厂、走夷方,无不各挟一技一能,暨些须赀金,以工商事业随地经营焉。追及岁暮,联翩归来,春酒炰羹,宴乐亲旧,正月既交,联翩复出,若是者岁以为常。"[9] 在这种情况下,"走夷方"逐渐发展形成一种民间传统。当时"走夷方"最为兴盛的地区,主要是滇西的楚雄、大理和腾冲、保山一带。而目的地,则主要是傣族聚居的德宏等地以及境外的缅甸。根据史料的记载,楚雄一带的"走夷方"者"性警捷,善屈积,多为行商,熟于厂务",[10] 而"腾越商人,向以走缅为多,岁去数百人"。[11]

　　"夷方"之地一般都是瘴疠之乡,而且沿途遥远凶险,因此云南民间流传着"要走夷方坝,先把婆娘嫁"的说法,就是因为走夷方"就那时讲,是一种辛苦而冒险的营生,据说走夷方的人每年有百分之一二十死在边疆"。[12] "男走夷方,女多居孀。生还发疫,死弃道旁",在滇西民间流传甚广的这句民谣,充分体现了"走夷方"的危险性。因此,在有"走夷方"传统的腾冲和顺乡,人们互相传说着这样的话:"有女莫嫁和顺乡,才做新娘就成孀。异国黄土埋骨肉,家中巷口立牌坊。"[13] 可以说,"走夷方"一般都是家庭贫困的农民为了谋生活才不得已做出的选择,这就是"穷走夷方"的由来。云南学者夏光南就说,在"走夷方"的初期,"大约计之,十人出关,必死者过半,故边民谣曰:'穷走夷方饿走厂',言其苦也"。[14] 以贫民为主体,正是"走夷方"作为一种民间经济行为区别于一般商贸活动的显著特征。而这些贫民到达"夷方"之地后的经济活动,一般也主要是两种:一种是肩挑手提,经营小工商业,另一种则是到玉石厂、银矿等工矿业出卖苦力。当然,到了后期,随着在"走夷方"的过程中积累了丰厚资本,一些边民也采取了开矿办厂、组织马帮进行商贸等方式,甚至形成了专门的商帮。但从总体上看,"走夷方"依然保持着以贫民为主体这种民间性。

　　以乾嘉为界,大致可以将解放前"走夷方"的历史分为两个部分:从明代以来汉移民大量入滇到乾嘉以前,主要是"走夷方"这一民间传统的形成时期。在这一时期汉族虽然开始较多地进入云南,但主要是分布在自然条件相对较好的坝区,人地矛盾也并不突出,因而"走夷方"虽然在这一时期就有发生,但相对于乾嘉之后仍处在相对缓慢的发展之中;乾嘉以后,"走夷方"的发展逐渐进入了一个高峰期:这一时期,中国国内的人口迎来了迅猛地增长,这使得人地矛盾空前增加,不仅在内地由于容纳不了迅速增长的人口而加快了向边地移民的步伐,在边疆民族地区的云南,"人多地少"的矛盾也开始逐渐涌现。同时,随着工业革命后西方国家向外扩张进程的发展,19世纪下半叶以后,云南周边的缅甸、老挝、越南、柬埔寨等相继被英、法等国占领,被卷入资本主义国际市场体系之中,这同样影响到与东南亚毗邻的位于中国西南边疆的云南。鸦片战争的爆发标志着中国历史正式进入近代,也使得"走夷方"的发展进入了一个高峰期。20世纪以后,随着滇越铁路的修通和云南进一步被卷入世界市场中,这种趋势进一步加强。清宣统元年,闽人黄大琮就有诗称当时的楚雄南华地区百姓"缅甸茶山远学商,夏归冬出习为常"。[15]可见,"走夷方"已经成为一种普遍的现象。两次世界大战间,"走夷方"虽然有过短暂的衰弱,但战后又迅速恢复,一直持续到解放后。

二、近代"走夷方"发展的历史原因

　　近代,云南边疆民族地区"走夷方"的发展进入了一个高峰期,这表明云南乡村社会中的贫困农民,已经广泛参与到边疆民族地区跨境的经济活动中，成为了云南边境贸易与人口流动的重要主体。这既是历史发展的产物，也是这一时期云南社会变迁的结果：

首先，"走夷方"的发展，是中国和东南亚各国长期经济文化交流的产物。早在明清以前，以蜀身毒道为基础发展起来的"西南丝绸之路"或者称"茶马古道"，就已经成为云南边疆少数民族地区与东南亚、南亚进行经济文化交流的国际性贸易通道。到了明清时期，这种交流更加频繁，最终在这一基础上，"走夷方"逐渐发展起来。清朝乾隆年间，云贵总督张允随就奏称："滇南各土司及檄外诸夷，一切食用货物，或由内地贩往，或自外地贩来，彼此相需，出入贸易，由来已久。"当时在滇西地区，"人民往来夷方，络绎不绝，其贸易获利者，皆即还故土"。[16]这种"人民往来夷方，络绎不绝"情形的出现，正是中缅两国贸易长期发展的产物。

其次，"走夷方"的发展，也是这一时期边疆民族地区社会变迁的结果。这种社会的变迁可以从内部和外部环境两个方面来看。

一是，从内部环境来看，近代以来，由于整个中国社会的大变迁，云南这一边疆民族地区社会内部交织着各种矛盾。这种社会矛盾的加剧，成为"走夷方"的发展进入高峰的历史背景。近代以来，云南社会的矛盾主要表现为两种，一是人地矛盾，二是民族矛盾。从人地矛盾来看，明清时期，我国人口获得了迅速地增长，"走西口"、"闯关东"等现象的发生，都是在这一历史大背景下产生的必然能结果。到了鸦片战争的前夕，中国的人口已经首次超过了4亿。伴随着不断庞大的人口走入近代的中国，不仅在内地人地矛盾日益显著，而且随着内地居民不断向边地移民，作为边疆民族地区的云南，人地矛盾也早在鸦片战争以前就已经十分突出。

根据民国《大理县志稿》的记载,大理在"嘉、道之间极为繁庶,民族发达,一日千里。其时户口增益倍蓰",在这种情况下,"人口繁重,生计日艰。士人惟以教授课文为业。至于农产物则菽、麦、稻、粱,不能敷食,多数仰给外邑",[17]这一趋势在之后继续发展。到了20世纪40年代,当时对云南每一农户所经营的土地面积进行了一个统计,统计的结果是云南农户经营的土地面积很小,"有百分之七十多都在十亩以下,每一农户以四丁口计,每一农业劳动力所耕种的农田,还不够二亩五分"。[18]在这种人多地少而又食不饱腹的情况下,去缅甸做工就成为劳动力转移和谋生的一个重要方式。当时流传的一首《赶马调》中就说:"爹妈养我子女多,儿多母苦受奔波。人多地少无事做,搭下伙计赶马骡。"[19]足见"人多地少"的矛盾已经成为当时"走夷方"的一个重要原因;同时,随着汉族外来移民的增加,云南各民族之间的碰撞和矛盾也成为一个现实的问题。如果中央政府的处置失当,这种矛盾就会爆发出来,从而影响到普通百姓的生活。近代云南民族矛盾的爆发,最突出地表现为19世纪50年代杜文秀起义的发生,这正是长期以来回汉矛盾激化的结果。这一起义与其他的民族起义如李文学起义等一起,给云南社会带来了巨大的动荡,社会经济遭受了极大破坏,许多人不得不通过"出走夷方"来谋生。根据当时的记载,许多百姓在起义中死亡,幸存者回到村中,不少人也是房屋被毁,田产散失,无田无地,只好出走"夷方"。洱源县回民聚居的仕庞村《马良臣墓志》就记载:"清丙辰之际,地方变乱,兵戈骚扰,所有老祖遗产荡没罄尽,乱后承平,兄弟七人仅二人归里,彼时居无所住,食无所耕……后来经商,尝出国谋生,仅岁一归,历暹罗、曼谷、仰光所属,足迹踏遍省内、迤南、迤西各地,无处不往,数年间家道勃发,人口繁殖,创置田亩,启建屋宇。"当时有清军纵兵"降回,并及汉民":"鹤

(庆)、丽(江)、剑(川)、邓(川)、浪(穹)等处,各军官假占逆产为名,而汉族之被夺者居大多数,得归复业者仅数百户耳。"[20]从这种情况的发生,可推知咸、同之乱后,云南各地群众离乡"走夷方"谋生的可能不在少数。很多"走夷方"的回族商人,就是在这次起义被镇压后到东南亚经商或定居的,这也使得回族同胞成为"走夷方"最主要的民族群体之一。

　　此外,进入近代以后,云南灾害的发生极为频繁,当时在被称为"小云南"的大理祥云一带,就流传着这样的关于"走夷方"的歌谣:"小云南,三年两季荒,穷走夷方饿奔厂,只有奶奶墓,没有老爹坟。"[21]其他灾害也不断发生,如咸丰、同治回民起义期间断断续续爆发的鼠疫,就席卷云南大部地区,仅云南、澄江、武定、楚雄、蒙化、大理、普洱7府、厅,死于鼠疫的人口即达150万。[22]进入民国以后,几乎无年不灾,而且经常是呈现出并发的状态。据夏明方统计,民国期间,云南光是发生的死亡人数在10000人以上的特大灾害就有6次,平均6年一次。[23]这种灾害的频发,也构成了这一时期"走夷方"的发展进入高峰期的一个原因。

　　二是,近代云南"走夷方"的发展,与这一时期云南外部环境的变迁也是分不开的。工业革命之后,西方各国走上了侵略扩张的道路,落后国家逐渐被卷入资本主义国际市场体系中。特别是作为"夷方之地"主要所指的缅甸等国,这一时期由于殖民化的影响而被卷入了资本主义全球化的进程。而云南作为与东南亚毗邻的边疆民族地区,自然也受到了这一世界大趋势的影响。从19世纪20年代开始,英国就逐渐实施了对缅甸的侵略,经过三次侵缅战争,最终于1886年代使整个缅甸成为其殖民地。英国控制缅甸之后,开始大肆掠夺矿产资源。在缅甸边境开挖了众多矿厂,而面对劳动力不足的问题,也开始注意大力招揽廉价的中国劳工。当地的人们就说:英国"在缅甸开发矿产,如新老银厂等。又利用我滇人的廉价劳动力,大量招收各县劳动人民为苦工。每年霜降后,九、十月间秋收过后,弥渡、祥云、普朋、镇南、姚安、大姚等县的劳动人民,成群结队前往做工,因人数过多,沿途宿站不能容纳,到来年二、三月间归国"。[24]同时,在交通方面也大修从仰光到曼德勒、密支那等地的铁路。这些铁路的修建,都大量招徕了云南"走夷方"的劳工参与:"缅甸全境由英国殖民统治到独立时的1948年,共有铁路4300多公里,公路25000多公里,这些铁路和公路的建成,无不凝聚着楚州(即楚雄)'走夷方'农民的血汗。"[25]近代云南的"走夷方"的迅速发展,正与这种趋势有着密不可分的联系。进入20世纪以后,随着滇越铁路的开通等,云南被进一步卷入资本主义国际市场体系中,沦为西方国家的原料产地和产品倾销地,而这在更大程度上冲击了原有的农村经济,加剧了百姓的贫困,"走夷方"也就沿着原有的趋势继续发展。

三、"走夷方"的历史特点

与"走西口"、"闯关东"等人口流动一样,近代云南边疆民族地区的"走夷方",其主体都是小农经济下的贫苦农民。但作为边疆民族地区的一种经济社会活动,云南边民的"走夷方"又带有鲜明的自身特点:

首先,云南的"走夷方"行为主要是一种跨境性的活动。作为中国的西南边疆,云南与缅甸、越南等国山水相接,并在长期的历史发展中建立了紧密的经济联系。而云南边民的"走夷方",事实上进一步加强了这种联系。如果单纯从政治疆界的角度来看,这种"走夷方"的行为可能会被界定为一种走私活动。但是从经济的角度来看,这种边民之间的"走夷方",作为一种跨越国境和文化体系的直接性人口流动和经济活动,实际上促进了跨境市场网络的发展,使得云南边疆与东南亚诸国形成一个共同的市场体系。有学者早就指出,自很早以来,云南社会经济发展就"与东南亚、南亚有着紧密的联系,具有社会经济发展的一体化特征"。[26]而明清以来边民的"走夷方"活动,进一步加剧了云南与东南亚各国的经济联系。对于"走夷方"的人们来说,"(夷方)这个区域在太平时期提供他们长程贸易活动的机会,而在家乡动乱之际,更成为他们的避难处所。因缘于他们的流动性,云南人在高地东南亚几个世纪以来已建立许多的移民社群与跨境网络,因此从长程的历史观来看,当代泰缅两地云南移民的经济活动,实为过去历史上的延续"。[27]从这个意义上来说,近代云南边民"走夷方"发展的高峰,作为一种跨境性的民间经济活动,具有鲜明的特点与重要的意义。

其次,"走夷方"的主体表现出参与民族的多元性。前面已经提到过,"走夷方"这个名词,其实是带有鲜明汉文化色彩的。但"走夷方"的参与者,却不仅仅是汉族,而是包含了众多的少数民族,如回族、白族、彝族、甚至哈尼族、景颇族等,这其实是一个很值得关注的现象。从历史上"走夷方"这一概念的发展来看,"夷方"并不是一个固定的概念,而是一个相对的概念。不仅"夷方"的含义在不同的时期不同,不同地域的人们对于"夷方"的界定也大不一样。对于腾冲和顺乡"走夷方"的人们来说,"夷方"主要指的就是境外的缅甸等地。但对于处在云南更中心地带的楚雄、大理人来看,最初的"夷方"甚至就包括了腾冲地区:"历史上的诸邓人把走向腾越土司地带的行程称为'走夷方'。"[28]因此,民国学者陶云逵早就指出:"夷方的方向与界线是流动而相对的。"[29]这主要是由于汉文化中对"华夷之辨"的认识而决定的。在中国传统的文化价值上,华夷的区别并不是民族,而是文化。也就是说,在这种视角下,华夷的概念其实是一种开放的体系,只要接受了汉文化,就可以实现从"夷"到"华"的转变。而没有接受汉文化的,才是属于化外之民的"夷"。在这种开放体系下,原来被界定为"夷"的少数民族或"夷方"的少数民族地区,都可以因为对汉文化的接受而成为华夏之民,并根据自身的认识重新对"夷方"做出界定。从整个近代云南的"走夷方"的历史发展来看,这种开放体系下的"夷方"范围其实在不断缩小,而参与到"走夷方"的民族群体却在逐渐增加,最终使得云南的"走夷方"成为一个多民族参与的跨境人口流动和经济活动。在这一过程中,汉化程度最高的白族、回族等,最先成为"走夷方"的重要少数民族群体,同时带动了其他各民族如彝族、景颇等民族的对"走夷方"的参与。

再次,云南的"走夷方"还表现出鲜明的季节性。这主要是由于"走夷方"的主体与云南的自然环境决定的。前文已经说过,贫苦的农民在人地矛盾尖锐,衣食不足等情况下,成为"穷走夷方"的主体。因此,这种"走夷方"的行为,也就保留下浓厚的农业色彩。当时的贫民,一般是在农闲的冬月出门,而到了农忙播种的时间又赶回来继续从事农业生产。因此人们就说:"早年干冬季节,云南境内皆有千百农民成群结队入缅做工,翌春清明瘴发,再行返滇从事农耕。季节性之迁徙者,为数颇有可观。"[30]认为这种"走夷方"的行为是一种"季节性之迁徙"。清初,楚雄、南华、牟定一些贫苦者,"因水旱灾害,为租债所逼,秋后三三五五结伴而走夷方去谋生。多数人为秋走(夷方)春归(耕田)"。[31]在缅甸工矿企业工作的劳工也是如此。根据史料的记载:"劳工一般是年头秋天去,次年春天归。赴缅甸者不下四、五万人。"[32]同时,这一行为也与云南的自然环境有关。在当时,夷方之地主要是一些瘴疠多发的地区。而在干湿季节分明的云南,瘴疠尤其在湿热的雨季更为肆虐。在这种情况下,"走夷方"的人们也是主要采取干季出门,并赶在雨季到来之前回家的办法来逃避瘴疠的伤害。江应樑先生就说:"每当霜降以后,清明以前,在这一段气候凉爽瘴病不发的季节里,邻边各系的商贩们,肩挑背负,走到夷地中去轮回赶街,做小买卖,这样商贩俗称为'走夷方者'。"[33]一般来说,这种季节性主要表现为"秋出春归"。当时在夷方地,贫苦的百姓皆"每年霜降以后,便成群结队进来,次年清明前,又回到内地,用血汗或性命来换取较为丰厚的报酬"。[34]但也有"冬出夏归"的,如黄大琮所看到的当时楚雄南华地区风俗就是"缅甸茶山远学商,夏归冬出习为常"。[35]到了后来,虽然随着经贸活动的日益发展,也有了留在夷方之地"打雨水"[36]甚至定居、的情形,但总体上来说,由于参与主体主要是贫民百姓的这一状况没有发生根本性转变,季节性作为"走夷方"的总体特征仍然较为明显。

云南边民"走夷方"活动中所表现出来的鲜明的自身特点,与其处于边疆民族地区的这一社会现实是分不开的。而正是因为这些特点,又使得其对于近代云南边疆民族地区的社会变迁产生了巨大的影响。

四、"走夷方"与近代云南社会变迁

作为一种带有鲜明地域和民族色彩的经济活动,近代云南"走夷方"的发展是边疆民族地区社会变迁的产物,又反过来进一步影响了近代云南的社会变迁进程。大体看来,"走夷方"对近代云南边疆民族地区的社会变迁主要产生了以下三个方面的影响:

首先,"走夷方"促进了近代云南乡村社会的转型。"走夷方"

的主体和先行者是乡村社会中的贫困农民,他们以从事小工商业或工矿业的方式参与到这种长距离、跨国境的人口流动中,不仅会带来自身经济地位的转变,也必然会带来其所生活的乡村地区的社会变迁。以农业为例,根据楚雄州百姓的回忆:“我州的‘洋瓜’(即丰收瓜)、洋辣子(即番茄),还是我徐家湾村的一位三外公光绪年间从缅甸带回的。”[37]可见,这些“走夷方”的贫苦农民将一些外来作物带回故乡,实际上带动了当地农业生产的发展。但是,近代云南“走夷方”的发展,更大的意义在于促进了云南乡村社会的转型。在中国传统社会,乡村主要是一个相对封闭的农业社会。而近代云南贫困农民大规模“走夷方”的出现,实际上打破了这种乡村的封闭,大大增加了乡村社会的开放性和流动性。在“走夷方”的过程中,农民们年复一年,秋出春归,把本地出产的农副土特产品等运到夷方之地,又从夷方运回本地需要的土特产和洋货等,从而使以农业经济为主体的乡村社会,建立起了与商品经济的紧密联系。当然,由于“走夷方”的主体主要是贫苦小农,这并没有动摇乡村中的农业基础,而只是使工商业的发展与农业生产结合起来,达到“工商辅农”的目的。然而,在看到这种工商业活动所能带来的巨大利润之后,乡村百姓的观念也会逐渐发生变化,从而跳出中国传统的“重农轻商”思想的束缚,积极从事工商业活动,从而使一些乡村由原来单纯的“农本社会”逐渐转变成一个“农商(工)并重”的社会。一些以“走夷方”闻名的乡村,甚至逐渐将其赖以“走夷方”的工商技能发扬光大,成为人们所熟知的乡村名片。如以制银手工艺著称的鹤庆新华村,以商业著称的腾冲和顺乡等,从而带动了一些边疆民族地区乡村社会的转型。

其次,“走夷方”促进了边疆民族地区的沟通与交流,加强了民族团结和少数民族的国家认同,维护了近代中国的统一。作为一个流动和开放的相对概念,"走夷方"的演变过程,其实就是民族融合和交流的过程。在这一过程中,随着"夷方"这一范围的逐渐缩小,云南边疆少数民族日益被纳入华夏文化的范畴,民族团结和国家认同得到加强,从而为维护中国的疆域奠定了坚定的基础。对于"走夷方"的人们来说,每一次走向"夷方"之地,都意味着与其他民族的沟通和交流。在这种沟通和交流中,随着边疆少数民族与汉民族、少数民族文化与汉文化的相互接纳和影响,实际上增强了边疆少数民族对中央王朝及汉文化的认同感和向心力,从而为促进边疆的稳定和民族的团结、维护近代中国的疆域打下了良好的基础。据民国"走夷方"的人们回忆,当时他们每次路过少数民族寨子时,为首者都"预先要找一个附近村寨的人做'通司'",拿一点茶叶、红糖、盐巴,去需要路过的寨子求见'火头'。火头就布置他手下的百姓说:"到这里来的汉人来求见主人了。做了我们的百姓,不会伤害大家,大家也不要伤害他们。"[38]通过类似这样的交流之后,少数民族首领开始将"走夷方"的贫民视为"做了我们的百姓"。而当这些少数民族接受了汉文化之后,中原王朝也不再将他们归入"化外之民"的行列。在这种情况下,汉族与少数民族不再相互对立排挤,甚至出现杂处聚居的局面,为进一步加强民族团结创造了条件。如元阳县太和乡牛角寨,就聚居着汉傣等四个民族。其中,"汉族居民祖先,一般都是所谓'走夷方'来做生意落籍的。"[39]可见,正是通过"走夷方"的方式,打破了民族之间的隔阂,从而加强了民族之间的交流和融合。以佤族为例,早在清乾隆年间,汉人就与沧源的佤族有了较多的交流,当时因"家贫走夷方"的石屏汉人吴尚贤,在佤族地区"与酋长蜂筑立约开厂,集众至万人,产银最丰,曾大利于中国"[40],促进了佤族地区的发展,也进一步加强了汉佤民族的交流与团结。吴尚贤从而在佤族中拥有了很高的威望,佤族民间把他尊称为"吴老爷"、"吴财仙"。有一首民谣表达了他们对吴尚贤的怀念和对汉佤友谊的珍惜之情:"金银宝藏阿佤山,腊家有眼不知晓;来了汉人吴尚贤,炉房银子用不完;十堆银子不如一堆金子,十堆金子不如一堆宝石;十堆宝石哟,不如佤汉人的情意。"[41]在这一过程中,国家认同也开始得到进一步发展。因此当1934年,英国试图占领佤族居住的班洪地区时,遭到了佤族人民的坚决抵抗。佤族首领发布《告祖国同胞书》说,阿佤地区"自昔远祖,世受中国抚绥。固定边疆,迄今数百年,世及弗替,不但载诸史册,即现存历朝颁给印信,可资凭证"。[42]并表示:"敝王等以佧佤山地为中国边土,佧佤山民为中华民族之一部分","我佧佤山民虽万一见弃于中华,必不甘心亡于英帝国,犹不失为中华之藩篱"。[43]这一表态引起了周边汉族、傣族及佤族、拉祜族、彝族、布朗族等众多民族的声援与支持。景谷县傣族爱国志士李占贤为首组织了各少数民族参与的"西南边防民众义勇军",最终与佤族人民一起将英军赶出了班洪地区。[44]在这一过程中,各少数民族对中国领土的共同保护,无疑表明了其国家认同和向心力的加强。而包括"走夷方"在内的各民族之间的交流活动,无疑在其中是发挥了重要作用的。

最后,"走夷方"也使得近代云南边疆民族地区进一步与国际市场接轨,卷入了全球化的大潮。作为一种民间自发的跨境性经济活动,"走夷方"在一定程度上促进云南与东南亚各国之间形成一个跨境经济体系或者说区域市场,并使之与世界市场相联系,从而进一步加强了云南在区域经济中的地位。林文勋教授早就指出:"云南从来不是中国对外交流和合作的末梢,而是中国与东南亚、南亚交往的前沿阵地。特别是在近代,起到了前沿与枢纽的作用。"[45]而近代发展进入高峰的"走夷方",在这一过程中的作用是不可忽视的。台湾学者张雯勤通过对"走夷方"的研究就指出："虽然就地理位置来说，这些云南人是位于缅甸与泰国边区。但就经济意义来说，他们已将这个边区转化为一个跨境贸易中心，让走私商品从这里在发送到其他地区。他们的移动与商贸，一方面逾越了国家疆界（包括中国、缅甸和泰国），另一方面也将他们连结到外界更大的市场经济。"[46]在这种全球化的浪潮中，云南的区域地位日益凸显。正如英国学者 D. W. 福布斯所说："云南作为中国西南边陲之省份，在长达数世纪的历史时期之中，扮演了中国与东南亚诸国之间经济文化交流聚散中心角色。"[47]这正是近代云南边疆民族地区与国际市场接轨的重要结果。

在传统政治疆域的视野下，边疆往往认为是边缘与荒凉的象征。然而，当通过"走夷方"这种民间传统来对历史进行考察时。我们可以发现，位于中国西南边陲的云南，在近代历史上实际是一个充满活力与变迁的区域。作为一种跨越疆界、民族与文化体系的人口流动与经济活动，云南的"走夷方"带有鲜明的边疆民族特点，也深刻影响了云南边疆民族地区社会变迁的整体进程。

注释：

1　中国民间文学集成云南卷编委会：《中国谚语集成·云南卷》，中国 ISBN 中心出版社 2002 年版，第 707 页。

2　唐楚臣：《论彝族叙事诗〈五兵哥〉》，《彝族哈尼族文学评论集》，云南人民出版社 2001 年版，第 306 页。

3　"金齿"因傣族对牙齿的装饰而得名，金齿州为傣族聚居区，主体分布在今保山、德宏一带，领柔远、茫施、镇康、镇西、平缅、麓川六路及干额赕。

4　马可波罗、冯承钧译：《马可波罗行纪》，上海书店出版社 2001 年版，第 295 页。

5　艾芜：《走夷方》，《漂泊杂记》，云南人民出版社 1982 年版，第 69 页。

6　(明)何孟春：《何文简疏议》卷 4《地方疏》。

7　(明)李元阳:《嘉靖大理府志·地理志》,大理州文化局翻印1983年版,第70页。

8　朱惠荣点校:《徐霞客游记》下,云南人民出版社1993年版,第974页。

9　民国《大理县志稿》卷6《社交部·社会》。

10　嘉庆《楚雄县志》。

11　光绪《腾越乡土志·商务篇》。

12　34　江应樑、江晓林:《滇西土司区诸族图说》,德宏民族出版社2003年版,第142页。

13　杨大禹、李正:《环境和顺》,云南大学出版社2006年版,第20页。

14　夏光南:《中印缅道交通史》,中华书局1948年版,第76页。

15　35　黄大琼:《镇南杂咏》,见楚雄彝族自治州旧方志整理出版委员会编:《楚雄历代诗文选》,云南人民出版社2006年版,第245页。

16　《张允随奏稿》,见方国瑜主编:《云南史料丛刊》第56辑,云南大学出版社2001年版,第77页。

17　《大理县志稿》卷6《社交部·社会》。

18　郭恒:《云南省经济问题》,正中书局1940年版,第32页。

19　杨玉莲:《宾川赶马调》,《大理文化》2012年第3期。

20　杨兆钧主编:《云南回族史》(修订本),云南民族出版社1994年版,第354页。

21　张家宽搜集整理:《赶马调》,《祥云文史资料》(第2辑),中国人民政治协商会议祥云县委员会1992年版,第172页。

22　李玉尚、曹树基:《咸同年间的鼠疫流行与云南人口的死亡》,《清史研究》2001年第2期。

23　夏明方:《民国时期自然灾害与乡村社会》,中华书局2000年版,第397页。

24　32　杨卓然:《滇人赴缅做工及经商情况简述》,《云南文史资料选辑》(第9辑),中国人民政治协商会议云南省委员会文史资料研究委员会1989年版,第158页。

25　37　何开智:《楚州农民"走夷方"对缅甸建设的贡献》,《南华县文史资料选辑》(第7辑),中国人民政治协商会议云南省南华县委员会1990年版,第224页。

26　45　林文勋:《再论云南国际大市场的构建》,《思想战线》2010年第4期。

27　张雯勤:《"走夷方":从1960到1980年代泰缅边区云南移民的跨境马帮贸易》(Venturing into "Barbarous" Regions: Transborder Trade among Migrant Yunnanese between Thailand and Burma, 1960s—1980s), The Journal of Asian Studies, 68 (2009),

PP. 543—572.

28 舒瑜：《微盐大义——云南诺邓盐业的历史人类学考察》，世界图书北京出版公司 2010 年版，第 170 页。

29 陶云逵：《云南土著民族研究之回顾与前瞻》，《边政公论》1948 年第 1 卷第 5、6 期。

30 严德一：《云南边疆地理》，商务印书馆 1946 年版，第 15 页。

31 袁又楠：《楚雄回族历史上的"走夷方"》，《楚雄州文史资料选辑》（第 7 辑），楚雄州政协文史资料委员会 1990 年版。

33 江应樑：《摆夷的经济文化生活》，云南人民出版社 2009 年版，第 174 页。

36 指不返乡而留在夷方之地度过瘴气严重的湿热雨季。

38 刘家钦口述、唐启原整理：《牟定铁匠走"夷方"》，《云南省楚雄彝族自治州文史资料选辑》第 1 辑，1984 年版，第 76 页。

39 《元阳县太和乡牛角寨调查》，《中国民族问题资料·档案集成》第 5 辑《中国少数民族社会历史调查资料丛刊》第 104 卷，中央民族大学出版社 2005 年版，第 547 页。

40 方国瑜：《滇西边区考察记》，云南人民出版社 2008 年版，第 37 页。

41 《班洪抗英斗争实》，《沧源文史资料选辑》（第 1 辑），沧源佤族自治县政协会 1986 年版，第 1 页。

42 《告祖国同胞书》，《班洪抗英纪实》，云南民族出版社 1998 年版，第 12 页。

43 佤族简史编写组：《佤族简史》，民族出版社 2008 年版，第 37 页。

44 谢本书：《从片马事件到班洪事件》，《云南社会科学》2000 年第 4 期。

46 *Venturing into "Barbarous" Regions: Transborder Trade among Migrant Yunnanese between Thailand and Burma*, 1960s—1980s, The Journal of Asian Studies, 68 (2009), PP. 543—572.

47 D. W. 福布斯：《泰国北部的滇籍穆斯林——秦霍人》，《云南民族学院学报》1991 年第 2 期。

聚焦云南：在抗战"大后方"与大前沿之间

——全球视野下的云南边疆角色与地位

田晓忠(云南大学人文学院历史系讲师)

中国边疆研究经历千年积累、百年探索、三十年实践,时至今日,仍不断持续吸引着越来越多的学者对之加以关注探讨,从不同层面开展的中国边疆研究成果在日积月累中,更为丰富,这为从中国边疆史地研究到中国边疆研究,再到中国边疆学的构筑发展提供了坚实的学术积淀与学科基础。中国边疆学学科建设的重要呼吁者和推动者之一马大正先生在其多篇论文中提出,全面深化中国边疆研究是推动中国边疆学构筑的原动力,其中提到在中国边疆研究中要有中国视野和世界视野,即要注意到"中国边疆是统一多民族中国的不可分割的组成部分,又是多元一体中华民族中众多少数民族主要栖息地,……中国边疆既是当代中国的国防前线,也是当代中国的改革开放前沿,还是当代中国可持续发展的重要组成部分";"所谓世界视野:中国边疆的地理和人文的特殊性,与周边国家和地区具有千丝万缕的关系,因此要自觉地把中国边疆的历史和现状放到世界的背景中观察评议和研究,即要纵向分析,也要横向比较"。[1] 笔者认为马大正先生所言的上述意见对于我们全面深入开展中国边疆研究具有很强的现实指导性意义。近代中国边疆史地研究的兴起,起源于鸦片战争打开国门后引发的边疆危机，一些爱国学者为抵御外侮，巩固边防，纷纷潜心边疆史地研究，开启了近代边疆研究的先声；续韧于20世纪20至40年代，中国边疆面临被瓜分的危险处境，一大批学者痛心于深重民族危机，埋首边疆问题研究，借以抒发爱国热忱，带动了边疆研究第二次高潮的兴起；繁荣于20世纪80年代以来至今，中国面临的边疆国际形势仍然极为复杂，沟通历史与现实联系，提倡学术为现实服务的理念更加促进了边疆研究的勃兴发展，中国边疆学学科构建也呼之欲出。可以看出，近代中国边疆研究从其兴起之时开始，直至当下，一直都处在中国与他国、中国与世界的变动关系之中，它的研究必然需要具有中国视野与世界视野。

云南从地理位置来说，处于东亚大陆与中南半岛和南亚次大陆的结合部，对内北通巴蜀，东连黔桂，对外在南面和西面分别与越南、老挝、缅甸三国交界。从历史因素来说，云南自汉代首次被纳入中央王朝统治版图范围，唐宋时期云南地方少数民族建立了南诏、大理政权，元代时再次重归中央统治，并成为地方一级行政组织机构，明清时期直到民国，都为统一中央王朝版图之重要组成部分。在南诏大理除外的其他历史时期，云南均为中央王朝在西南地区统治的"边地"、"边界"，一出云南就是中华之外的蛮邦、外域。云南作为中国西南"边疆"的重要组成部分从无疑议。近代中国边疆危机的爆发是西方殖民势力不断入侵中国的重要体现，在应对边疆危机挑战的同时，边疆是国家主权重要组成部分的现代民族国家观念也深入人心。因此，笔者在此也欲从中国边疆与国家、中国边疆与世界的角度出发，重新诠释抗战这一特殊历史时期云南的边疆角色、社会地位与主要贡献，以期从中揭示并丰富我们对不同历史时期"边疆"角色地位与功能的认识，为中国边疆学的构筑提供有益养分。

一、云南与中国抗战"大后方"

（一）国民政府抗战"大后方"的建设与形成

1937 年"七七事变"后,中日战争全面爆发。8 月 13 日,日军开始进攻上海,中日淞沪会战爆发。作为国民政府的首都南京,面临着失陷危险。10 月下旬,淞沪战事急转直下,南京岌岌可危。10 月 29 日,国民政府作出以"四川为抗战的后方",并迁都重庆的决议。12 月,国民政府、国民中央党部、军事委员会相继迁抵重庆,完成迁都事宜。

据蒋介石在《国府迁渝与抗战前途》的讲话中说:"国府迁渝并非此时才决定的,而是三年以前奠定四川根据地时早已预定,不过今天实现而已。"[2] 早在 1931 年"九一八事变"之后,国民政府就曾有迁都西北的打算。[3] 1933 年的蒋介石日记记下:"大战未起之前,如何掩护准备,使敌不加注意,其惟经营西北与四川乎?"[4] 表明蒋介石考虑战时危机时开始注意到的西南。1935 年 3 月,借"围剿"中央红军之名,蒋介石两度入川,遍历西南诸省,多次发表讲话,提出"四川应作复兴民族的根据地","四川夙称天府之国,果能急起直追,其成功必尤为宏速",必可建设成为"国家民族复兴之基础"。[5] 同时他也提出,"云南蕴藏之丰富,土地之肥美、气候之温和、民性之勤俭等种种条件来看,云南真是一个最好发展工业的省区"!"相信不出三年,一定可以建设成工业化的云南,作民族复兴一个最重要的基础"。[6] "无论就天时、地利、人和和各方面来看,云南种种条件,都具备可以作为复兴民族一个最重要的基础"![7] 而在对中日战争形势分析时,蒋介石明确提出"对倭应以长江以南与平汉线以西地区为主要阵地，而以川黔陕三省为核心，甘滇为后方"[8]的战略主张。这就是说，从 1935 年开始，国民政府已经考虑以西南为抗战的主要根据地了。

1936 年 7 月，蒋介石对离任回国的国民政府首席财政顾问英人李滋罗斯说："对日抗战是绝对不能避免的。由于中国的力量尚不足击退日本的进攻，我将尽量使之拖延。但当战争来临时，我将在沿海地区做可能的最强烈的抵抗；然后逐步向内陆撤退，继续抵抗。最后，我们将在西部某省，可能是四川，维持一个自由中国，以等待英美参战，共同抵抗侵略者。"[9]蒋介石的这段谈话，不仅阐述了随后国民政府以空间换时间的对日作战战略雏形，而且表明了蒋介石国民政府已经将对日本侵略作战与四川及西南地区联系起来，这也为随后的迁都重庆和以西南作为抗战重要根据地埋下了重要基石。

1937 年及其之后的中国抗战形势基本就如蒋介石对李滋罗斯所言一样。由于国民政府在战前已有较为清晰的对日作战策略，淞沪会战为西迁重庆争取了有利时机，到 37 年年底国民政府完成迁都事宜。11 月 27 日，国民政府公开发布《国民政府移驻重庆宣言》，其内称："国民政府兹为适应战况，统筹全局，长期抗战起见，本日移驻重庆。此后，将以最广大之规模，从事更长久之战斗。以中华人民之众、土地之广，人人本必死之决心，以其热血与土地凝结为一，任何暴力不能使之分离，外得国际之同情，内有民众之团结，继续抗战，必能达到维护国家民族生存独立之目的。"[10]在迁都前后，国民政府一方面继续组织军事力量在徐州、武汉与日进行大规模军事会战，以阻挡日军进攻，一方面则迅速组织转移人力、物力、财力到大西南，从而构筑了一个以四川、重庆为中心的西南抗战"大后方"基地。虽然到 1938 年 10 月为止，中国大片国土丧失,军民损失惨重,但是"大后方"基地的形成并源源不断地为前线抗战提供各种支持,使国民政府组织的正面战场与中国共产党领导的敌后战场一起,将日本侵略者拖入了中国全民抗战的泥泽而不能自拔,为抗战的最后胜利作出了卓越贡献。

(二)云南:抗战"大后方"的重要物资通道

云南与四川毗邻,为国民政府抗战"大后方"战略体系的重要组成部分。蒋介石 1935 年在西南视察时就强调"云南蕴藏之丰富,土地之肥美、气候之温和、民性之勤俭等种种条件来看,云南真是一个最好发展工业的省区!""相信不出三年,一定可以建设成工业化的云南,作民族复兴一个最重要的基础。"[11]"无论就天时、地利、人和和各方面来看,云南种种条件,都具备可以作为复兴民族一个最重要的基础"![12]在蒋介石考虑应对大战爆发后的种种可能时,表示"对倭应以长江以南与平汉线以西地区为主要阵地,而以川黔陕三省为核心,甘滇为后方"[13],这表明在国民政府构筑战争"大后方"战略部署时,云南已确然成为其战略部署组成之一部分。但此时将云南视为战争"大后方"的看法,显然更多是出于云南与东部战场山隔水阻、战争很难波及至此的考虑。1937 年以后战争形势的变化却让云南的战略地位与角色发生巨大改变,真正成为中国抗战"大后方"战略的重要组成部分。

尽管国民政府在抗战前夕与抗战初期就已经逐步将一些重要国防工业转移到四川等地,加强对西南与西北的开发与建设,但由于中国近代工业落后,基础底子薄,更兼很多工矿企业、物资资源都已沦陷,中国自给性生产的抗战物资远远不能支持战争的继续进行。中国抗战需要的大量物资都只能依赖进口。这些进口的作战物资主要由东南沿海港口入境。1938 年 10 月,武汉、广州相继沦陷,中国抗战物资的运输通道只剩下处于内陆的云南和西北边境了。西北通道,从甘肃、新疆前往苏联,路途遥远,往返时间长,运量不大,保证运输困难重重,并且自 1939 年苏德战争爆发后,这条通道基本中断。因此,云南作为中国与国外沟通的重要抗战物资运输通道就显得尤为重要。1939 年以后至抗战胜利结束,云南成为中国与世界关注的重要焦点。因为这里有两条中国与世界联系的两条通道:滇越铁路和滇缅公路,正是这两条通道持续发挥作用让中国的抗日战争得以坚持下去。

作为边疆云南,它在近代深受法国、英国的殖民侵扰与渗透,是中国西南边疆危机爆发地之一。从 19 世纪中期开始,云南周边国家与地区相继成为英国、法国殖民地。这包括英国于 1852 年占领为殖民地的缅甸,1858 年占领的印度,法国于 1863 年控制的柬埔寨,1884 年占领为殖民地的越南,1893 年控制的老挝。云南成为中国西南被英国与法国势力包围并继续不断侵略扩张的下一个目标。到 1899 年,法国强租广州湾后,称两广、云南、贵州为其势力范围。中国西南边疆危机进一步加重。在法国宣布云南为其势力范围后,为加速扩张其殖民统治势力于云南两广,于 1911 年全面修通了从云南昆明通往越南海防的滇越铁路。这条由法国主持修筑的铁路,全长 855 公里,其修筑本意是以此加强对中国的侵略与掠夺,但 26 年后却成为了中国抗战中从国外获取抗战物资支持的重要交通运输通道。

滇缅公路,修筑于抗战爆发伊始。1937 年 8 月,时任云南省政府主席龙云到南京参加最高国防会议时向蒋介石提议说:"上海方面的战事恐难持久,如果一旦沦陷,南京即受威胁,也难固守。上海既失,即无国际港口,国际交通顿感困难了……日本既大举进攻上海,它的南进攻政策必付诸实施,南方战区可能扩大,到那时,香港和越南铁路都有问题了……我的意见,国际交通应当预作准备,即刻着手同时修筑滇缅铁路和滇缅公路,可以直通印度洋。公路由地方负担,中央补助;铁路由中央负责,云南地方政府可以协助修筑。"[14]意识到国际交通对中国抗战的重要性,蒋介石当即表示同意。龙云返回昆明后,即刻着手准备滇缅公路修筑事宜。1937年12月,滇缅公路开始动工,至次年8月,实现全线通车。该路由昆明经楚雄、下关、永平、保山、龙陵、潞西,在畹町出境到缅甸腊戍,全长1146公里。该路修通伊始,就成为国内抗战物资运输的重要通道。

这两条交通线,一条与法国殖民地越南相连,一条与英国殖民地印度相通,其汇集点为云南昆明,由昆明可通往贵州、重庆、四川,为两条真正意义上的国际通道。1938年10月以后,中国东南沿海主要城市都为日军占领,中国抗战所需要的武器、汽油、机器、通讯器材、医疗用品等战略物资从东南沿海口岸输入完全被阻断。此外,从国外获取抗战物资的通道还有由中国西北至苏联的西北线路,但是西北路线从甘肃、新疆前往苏联,路途遥远,往返时间长,运量不大,保证运输困难重重,并且自1939年苏德战争爆发后,这条通道基本中断。滇越铁路和滇缅公路就成为中国抗日战争尤其是抗日相持阶段中国获取国外援助和购买物资的主要通道。据法国《印度支那年鉴》记载,滇越铁路运入昆明转口物资,1937年为33000多吨;1938年为51000多吨。[15]1939年货运量达到40余万吨。据当时国民政府在越南负责兵工署物资转运的陈修和记载,这些货物物资"除苏联援华军火外,以生产资料的机器、材料占主要部分。数量最大的是飞机汽油和其他燃料油料;生活资料则比较居于次要地位"。[16]和滇越铁路运输相类似,滇缅公路自通车之后,将中国抗战急需的军火、汽油、汽车、无线电收发报机、机械器材和医疗用品等物品源源不断地从缅甸运回国内。1939 年初到 1941 年底,每天在滇缅公路上行驶的运输汽车由 300 多辆增加到 800 多辆,共运进各种物资 221567 吨。其中 1939 年运进 27980 吨,1940 年运进 61394 吨,1941 年运进 132193 吨。月运输量由最初的 2500 吨上升到 10000 吨以上。[17] 从 1938 年 8 月至 1942 年 5 月,共运进汽油 20 余万吨,这还不包括运输汽车自身消耗的汽油。[18] 因此,滇越铁路和滇缅公路被誉为是一条供应中国战争能源的"抗战输血管"。

如此众多的抗战物资通过云南转运进入中国,对中国抗日战场乃至之后世界反法西斯战场最终胜利产生了不可估量的作用。因此,日军对中国抗战物资运输通道的破坏从来不愧余力。1940 年 6 月,法国欧战败降,日本对法国政府施加压力,禁止滇越铁路输送军火。1940 年 10 月,英国政府忙于欧战,日本又对英国施加压力,迫使英国宣布封闭滇缅公路三个月。除此之外,日军还对滇越铁路、滇缅公路进行军事轰炸。日本自占领越南后,在河内建立了"滇缅路封锁委员会",调集了 100 多架飞机,对滇缅公路的主要桥梁——惠通桥、功果桥——进行狂轰滥炸。据统计,从 1940 年 10 月到 1941 年 2 月,日军出动飞机 400 架次,重点轰炸惠通桥、功果桥,功果桥遭到 16 次轰炸,惠通桥被炸 6 次。随后,云南军民护桥职工奋不顾身,随炸随修,不少人英勇献身,使这条交通大动脉始终保持通畅,成为被中外人士赞誉的"炸不断的滇缅公路"。滇越铁路与滇缅公路持续发挥的运输抗战物资作用,为中国坚持抗战带来了希望。但是随着战争形势的发展变化,继滇越铁路在 1940 年被中断后,滇缅公路也面临着被阻断的威胁。

1941 年 12 月,太平洋战争爆发,日军快速横扫东南亚地区,从越南、泰国又攻入缅甸。1942 年 5 月,随着中国远征军入缅作战以保障滇缅公路畅通失败,日军迅速占领了缅甸、滇西后,滇缅公路正式为日军所阻断。

1937 到 1942 年,在中国军民浴血奋战最为艰苦的年月里,地处中国西南边疆的云南,充分利用自己紧靠缅甸、越南而又远离战争前线的有利地理位置与环境,积极抢修完成连接国内外的滇缅公路,使之与滇越铁路一起在中国抗战的"大后方"中保持畅通,为中国抗战输入了数额巨大的外援战备物资,圆满地实现了以后方支援前线的战略合作一体关系。1942 年至 1945 年,围绕云南"大后方"建设以及中国与世界连为一体的反法西斯联盟对日作战需要,美国加大了对华援助,在滇越铁路和滇缅公路相继封闭后,又以云南为重要基地开辟了"驼峰"航线空中运输通道,修筑了云南至印度的中印公路,从而使云南在这次国难危急关头,因这几条国际"输血管"的存在,真正阐释了边疆云南与国家命运紧密相连,为中国抗战作出了不可磨灭的重大贡献。

二、由"大后方"到前沿战场的转变

日军为切断中国抗日通道,在狂轰滥炸和军事封锁手段未能凑效之下,进一步扩大战争,将战火燃烧至整个东南亚地区,试图占领与云南毗邻的周边国家,尤其是占据缅甸,"不仅(因为缅甸)具有必须确保的战略地位,而且还具有对中国来说切断援蒋公路,对印度方面来说促使其脱离英国的重大攻略意义"。因此,日军大本营毫不隐晦,"从开战伊始就迫切希望进行缅甸全域作战"。[19]随着日军南进战略的推进,战争进一步扩大化,以往从地缘角度认为云南为战火不易企及的"大后方",至此发生根本改变。云南角色在抗战中随之发生了由"大后方"向前沿战场的转变。

(一)中国远征军的缅甸之战与滇西失陷

在法国败降以后,日军力量就已经逐步进入东南亚地区的越南等地了。1940年9月,中国军队炸毁滇越铁路河口大桥,并在滇南地区严加布防,云南事实上已经处于战争前沿了。1941年12月,太平洋战争爆发,美国被卷入战争。随后,整个东南亚地区炮火弥漫,日军占领泰国后,又向英属缅甸进军。英缅殖民军接连败退,紧急请求中国军队入缅作战。战争距离云南越来越近。

在太平洋战争爆发后,中英在1941年12月23日签订了《中英共同防御滇缅路协定》,结成对日军事同盟。随后国民政府中央军陆续进入云南,并开始开往滇西和中缅边境,准备入缅援英。1942年3月,由国民政府第5军、第6军组成的中国远征军10万人出滇入缅援英,对日作战。

中国军队进入缅甸对日作战,本为保卫仰光港口,以维持国际援华物资的终端无恙。然而英缅当局对中国军队的入境多有分歧以致多有延误,又兼英缅军队的快速溃败,致使中国军队尚未完全进入缅甸境内,仰光已告沦陷。中国远征军在不利形势下,先后参与了同古保卫战、仁安羌之战,重创了入缅日军,掩护救援了英缅军。但正当中国远征军再次准备组织会战之际,由于英缅军的撤离和军事指挥的失误,4月29日,腊戌失守。中国远征军陷入被围歼之局。随后,远征军全线撤退转移,第一次入缅作战失败。

在中国远征军溃败之余,日军沿滇缅公路长驱直入。5月2日,日军由缅甸进入中国边境重镇畹町,5月4日进占龙陵,当晚进至惠通桥西岸。据美国志愿空军指挥官陈纳德5月4日给蒋介石的报告:"根据美空军的侦查报告,在滇缅路上的中国军队零零落落,溃不成军,对于日军的前进,完全没有抵抗,如果再不设法挽救，依照敌人几天来前进的速度计算，大约十天左右就可到达昆明了。"[20] 一旦日军占据昆明，中国抗战的西南大后方就面临瓦解，甚至可能导致重庆不保。从日军进入中国西南边境之始，昆明、重庆，举国震动！4日夜间，蒋介石急令宋希濂所部西进，以在怒江边狙击日军，宋命由川入滇行至祥云的三十六师火速西进。5月5日上午，中国工兵在危急时刻果断炸毁了惠通桥，急速赶得的三十六师一部马上在惠通桥畔与已渡江日军激战，在美航空队空中支援下，经过三日激战方全歼过江日军。至此将日军阻挡在怒江以西，阻止了日军沿滇缅公路向东突进的企图。10日，腾冲沦陷。中国滇西以怒江为界，全部失陷。而中国军队则沿怒江布防，形成中日间隔江对持局面。

中国远征军入缅作战失败进而到全面溃败，导致滇西全境沦陷，中国军队只能依恃怒江天险形成与日对持局面，表明边疆云南之地已正式成为中国抗战的战争前沿了。缅甸、滇西尽为日军所占领，也标志着通过云南获取抗战物资的最后一条国际通道滇缅公路完全阻断。中国的抗战陷入岌岌可危的境地。但从另一个方面来说，日本南进攻势中与美国在太平洋战场的激战，促使了美、英、苏、中为首的各国反法西斯国家结成联盟，中国不再是单独对日作战。相持阶段的中国在美国为首的帮助下，又以云南为重要基地开辟了新的空中运输通道，即"驼峰"航线，开始积极积蓄力量，寻求最终的对日反攻。

（二）滇西反攻

中国远征军入缅作战失败后，一部退回国内，一部则沿缅甸北上退入印度。退入印度的中国军队在在兰姆珈由美军进行整顿训练，组成了一支5万人的"中国驻印军"。而集结在云南大理、保山等地的中国军队则于 1943 年 4 月再次成立中国远征军司令部，下辖 11 集团军、20 集团军和直属第 8 军，共 16 万余人，一面负责巩固怒江边防，并派一部到怒江西岸沦陷区开展游击战，一面进行整顿训练，并得到美国提供的装备补充，准备渡江反攻，收复失地。

为配合盟军太平洋战场的攻势，改善中国战区军需物资的运输状况，增强中国抗日力量以牵制日军，减轻盟军方面的压力，中、美、英三国多次磋商反攻缅甸问题。1943 年开罗会议，决定于 1943 年冬在缅甸北部发动攻势。中国驻印军 1943 年底开始发动缅北战役。为策应缅北反攻，蒋介石也决定于 1944 年 5 月起发动滇西反攻战役。

滇西反攻首先从强渡怒江开始。1944 年 5 月 11 日，中国远征军强渡怒江，随即兵分二路，20 集团军沿高黎贡山一路攻击，先后攻占大尖山、北斋公房、南斋公房、江苴，进攻腾冲；11 集团军则负责攻腊勐、松山，以克龙陵、畹町。渡江之后的反攻战役中，进攻松山、腾冲、龙陵的战役，都极为惨烈。

松山，位于龙陵县腊勐乡，地处高黎贡山山脉，惠通桥西岸，扼滇缅公路咽喉，是保山至龙陵的必经之地，地势险要。日军自 1942 年占据滇西后，就在松山构筑了钢筋水泥地堡和汽油桶装沙保护层，构成堡垒 40 多个。整个松山阵地由滚龙坡、大垭口、长岭岗和松山顶峰 4 个可以独立作战，又互为犄角的坚固阵地组成，其间战壕交错，易守难攻。6 月 4 日，中国远征军第 71 军反攻松山，经过多次围攻冲锋，牺牲惨烈，却毫无进展。随后第 8 军也加入松山战役。在优势炮兵、空军配合和当地人民群众的支持下，经过几十次激励战斗，才攻克滚龙坡和大垭口。随后，工兵营在松山顶峰日军阵地下约 30 米处挖掘地道，装入 6 吨 TNT 黄色炸药，将顶峰炸翻，才最终占领松山。9 月 7 日，肃清残敌，松山战役才告结束。

是役共歼日军1250人,中国军队伤亡7763人,其中阵亡4000余人。

腾冲,位于高黎贡山西侧,是滇西边陲重镇,城外有来凤、飞凤、蜚凤、宝凤四山为自然屏障。日军自1942年占领腾冲后,在此修筑了坚固的防御工事及堡垒群,准备了充足的粮弹,是滇西最为坚固的城池。6月27日,20集团军开始向腾冲进逼,相继克复飞凤、蜚凤、宝凤山。7月26日,攻占来凤山,旋即肃清南城外制敌,对腾冲城形成四面包围之势。8月2日,攻破腾冲东门;4日,从西南城角攻入城内;14日,从南城突入市区,与敌展开激烈巷战。由于腾冲城内街巷稠密,房屋相连,顽敌利用民房家家设防,巷巷筑堡,战斗异常惨烈,每前进一尺,都要付出惨烈代价。直到9月14日,经过47日苦战,终于光复腾冲城。收复腾冲战役,从夏到秋,大小40余战,歼敌6000余人,中国军队伤亡官兵18000余人。

龙陵,位于怒江与龙川江间,滇缅公路穿境而过,是滇西战略重镇之一。自日军侵入滇西,龙陵县城就是日军重兵集结之地。在滇西反攻中,于松山战役、腾冲战役大体同时,11集团军中的第2军、71军一部于6月6日绕过松山侧翼分兵三路向驻守龙陵的日军发起猛烈进攻,切断了龙陵和腾冲至芒市间的公路联系,随后日军分别从腾冲、芒市、象滚塘等地增援,远征军功败垂成。7月至9月初,又发动第二次进攻。9月中旬后,随着松山、腾冲战役的结束,远征军相继汇聚龙陵,10月再次向龙陵城发动第三次总攻。11月3日,终于将据守龙陵的日军大部歼灭,夺回龙陵战略要塞。11日,龙陵全境日军阵地被肃清,光复龙陵。是役长达5个月,远征军先后投入兵力11.5万余人,经过三次拉锯争夺,经历大小战斗数百次,共歼灭日军13200多人,远征军伤亡29803人。

三大战役之后,远征军收复了滇西全部失地38000多平方公

里。1945 年 1 月 19 日，远征军收复云南境内最后一个战略要地
畹町。于此同时，中国驻印军攻克滇缅边境缅甸一侧的南坎。1
月 27 日，中国驻印军攻占芒友，中国远征军与驻印军在芒友及其
附近胜利会师。随后，驻印军为了确保中印公路安全畅通，继续出
征扫荡盘踞在缅北的残敌，中国远征军则返回国内，宣告滇西战事
彻底结束。

滇西反攻战役是中国抗日正面战场上最先开始战略反攻的战
役，不但粉碎了日军对滇缅公路长达两年的封锁，解除了日军对中
国抗日正面战场背后即"大后方"的威胁，而且创造了在国内首次
将日本侵略军干净、全部、彻底地驱逐出国境的伟大历史。远征军
以巨大的牺牲换来的胜利，是边疆云南在抗战的战争前沿所取得
的伟大胜利，是云南也是中国抗战的光荣事件。在滇西大战结束
之际，中印公路随之开通。从此以后，云南不再作为中国抗战的前
沿战线。随着中印公路的开通，盟军援华物资可以不受日军阻扰
源源不断地输入中国，为中国抗战、世界人民反法西斯战争的最终
胜利立下卓越功勋，云南又重新成为中国抗战"大后方"的坚实
后盾。

三、在"大后方"与大前沿之间：云南边疆在
抗战中的角色与地位认识

1937 至 1945 年的边疆云南，在中国抗战这一最紧要的关头，
充分发挥其地缘优势，在战争尚未扩大之际，作为远离抗战前线的
"大后方"重要组成部分，完成了修筑滇缅公路国际通道的重任，
进而利用自己境内的国际交通要道为战争前线输送急需的军火弹
药、医药物品、机械器材等，成功地体现了自己在"大后方"中对前线

战场的重要支持。随着日军侵略加剧与战争的扩大化，云南逐渐由战争"大后方"变为抗战的前沿战线，同时也是战争反攻的战略基地与前沿阵地，并最终完成了驱逐侵略者的重大任务，取得了伟大胜利。在云南抗战取得胜利以后，全国的抗战并未结束，云南大通道的作用得以持续发挥，其"大后方"的战略地位得到进一步巩固与发挥。这样，在抗战时期，云南的角色大致经历了一个由前期的"大后方"到后期的大前沿转变。但这种角色变化的划分只能粗略地地概况此时的云南现状。因为在 1942 年 5 月到 1945 年 1 月间，云南固然是抗战的作战前线，但同时它也是滇西反攻的后方战略基地；在滇缅公路阻断后新开辟的"驼峰"空中运输航线中，云南仍在发挥着抗战前期"大后方"为作战前线供应物资的基地作用。因此，对于抗战时期云南角色的定位，笔者倾向于其在二者之间，这既能彰显出云南在此期间的特殊地位，又不至于陷入非此即彼的争论模式，相反在这二者维度之间能够展现出云南作为"大后方"与大前沿的无限丰富内涵。

抗战时期的云南，处于大后方与大前沿之间，这既是以中国视角看待云南与中国抗战的结果，也是从全球视角看待云南与世界反法西斯战争的结果。云南作为中国与国际相连的重要通道，在战争期间成功地将各种战略物资输送至贵州、四川、重庆等地，进而扩散利用于战争前线，对于中国战场的持续作战发挥了非常重大的作用。在滇西失陷后，在美国盟军的帮助下，以云南为重要基地的空中运输航线即"驼峰"航线接替了之前的滇越铁路与滇缅公路运输重任，云南继续承担并发挥着中国与世界的联系的重要角色，为中国战场持续不断地发挥积极作用。以云南为中国远征军整训与滇西反击的基地，也是利用云南独特的地缘优势的结果，战争的胜利进一步肯定了云南的独特角色。正是因为云南处在抗战大后方与大前沿之间，云南才成为这个时期中国与世界各国重点关注的焦点地区之一。

对于抗战时期云南地位的认识，徐康明先生作了精彩的陈述，笔者对此深表认同。现摘录如下：

> "从日本全面侵华和中国全民抗战开始到抗日战争取得最后胜利，云南始终是中国抗日正面战场西南大后方最重要的战略基地之一；在抗日战争的全过程中，云南既是中国在战略防御、战略相持到战略反攻三个不同阶段里保持与美、英等反法西斯盟国的联系并获得外援的四条重要陆、空国际通道（滇越铁路、滇缅公路、"驼峰"航空线、中印公路和中印油管）的所在地，又是防御日军从中南半岛上的越南和缅甸北犯中国的屏障，昆明则是这四条陆、空国际通道的枢纽；太平洋战争爆发后，云南成为将世界反法西斯战争东部战线上的陆、海两大主战场——中国战场和太平洋战场联系起来的战略结合部；当中、美、英三大盟国在中缅印战场发动对日反攻时，云南又成为中国远征军实施缅北、滇西反攻战役的后方基地和重要作战地区，并在滇西首先将日本侵略军干净、全部、彻底地驱逐出中国国境；日本战败投降后，云南又是中国军队开赴越南接受日军投降的前进基地；云南还是抗战期间中国维持对外开放，开展对外贸易的主要门户和通道；全国各地的学者名流在抗战期间云集昆明，使昆明成为蜚声中外的教育、科技、文化中心和著名的民主堡垒。"[21]

这种深刻的认识，是基于一种全球视野的考察，云南抗战、中国抗战乃至世界反法西斯战争，本身就是无法割裂开来的一个整体。从战争角度来说，云南为战争作出了重大牺牲，也作出了重大贡献,取得了重大胜利。但是从云南是中国的重要构成部分来说,云南的边疆角色在这个阶段发生了重大改变,这主要体现在如下三个方面:

第一、云南边疆在这个时期完成了由封闭走向开放的转变。云南的边疆开发是一个持续过程。至少到民国抗战时期,云南的开发还处于一种较低的水平,云南仍是一个落后的封闭的边疆地区。但是抗战军起,出于战争供给的需要,云南逐渐由封闭走向开放。滇缅公路、中印公路的修筑与开通,将大量的国外军用物资、生活物资进入云南,再以云南为中转,输送于四川、贵州等地,使云南由于地理交通阻碍造成的封闭状态大为改变。随着交通的改进,云南在战争中及战后既加强了与内地的联系,也加强了与国外缅甸、越南等东南亚国家与地区的交往和联系。同时,地处大后方的云南也是全国各地的学者名流汇聚之地,他们带来的各种新思想、新观念、新知识、新文化进一步促进了云南开放程度。

第二、云南边疆在这个时期实现了由地方割据向国家认同的转变。云南虽然自元代重新进入统一中央王朝管辖版图内,但由于其远离中原,交通梗阻,又兼少数民族众多,与中央政权始终没有完全融为一体。辛亥革命以后,云南与中央政权仍有较大阻隔,一直呈现地方割据状态。抗战时期,云南地方政府在国难当头之际,勇于抛弃隔阂,服从大局,不仅出军参战,出粮支战,出民促战,为战争的胜利付出惨重代价,而且在抗战过程中,服从于中央政府部署,由以往排斥国民党、政、军力量进入云南到支持其入滇,地方割据思想让步于国家认同观念,为战争的最终胜利发挥了重要作用。

第三、云南边疆在战后极大地缓解了近代列强入侵造成的边疆危机。云南虽地处边陲,但由于地域广阔,富含资源,自近代以来就一直为英、法所垂涎，边疆问题不断。抗战的爆发及其胜利，重新改变了世界政治格局，中国由以往的弱国一跃而为世界大国，近代以来所签署的一些不平等条约在新的世界政治体系中被废除，中国边疆危机问题得到极大缓解。对云南边疆来说，中国收回了滇越铁路昆明至河口段的主权与经营权，法国、英国对云南的边疆渗透得到遏制，云南边疆问题得到较好地解决与处理。

　　综上所述，云南虽然地处边疆，但在抗日战争时期，其独特的地理位置与地缘优势为其带来了重要的角色转变，云南在抗战中的大后方与大前沿角色之间，为中国乃至世界的反法西斯战争提供了重要支持，作出了重要贡献。同时，云南抗战期间也完成了自身由封闭走向开放，由地方割据走向国家认同，并在很大程度上缓解了近代以来形成的边疆危机问题。

注释：

1　马大正：《关于构筑中国边疆学的构想》，《中国边疆史地研究》2003 年第 3 期；《边疆研究应该有一个大发展》，《东北史地》2008 年第 4 期；《关于中国边疆学构筑的几个问题》，《东北史地》2011 年第 6 期。

2　蒋介石：《国府迁渝与抗战前途》，见重庆市档案馆、重庆师范大学合编：《中华民国战时首都档案文献（第 1 卷）》，重庆出版社 2008 年版，第 4 页。

3　薛年文：《从"一二八"到"八一三"蒋介石"以战求和"抗战策略的转变》，《社会科学》2008 年第 10 期。

4　夏楚光：《西南在抗日战争中所处之地位》，《新西南》1933 年第 1 卷。

5　6　7　11　12　《蒋中正总统档案：事略稿本》第 30 卷，台北"国史馆"印行 2008 年版，第 33—34、56—59、65、56—59、65 页。

8　13　薛光前：《八年对日战争之国民政府》，台北商务印书馆 1978 年版，第 59 页。

9　台湾中央研究院近代史所编：《中华民国建国史讨论集》第 4 册，第 10 页。

10　《国民政府移驻重庆宣言》，《四川省政府公报》1937 年第 100 期。

14　龙云：《抗战前后我的几点回忆》，见全国政协《文史资料选辑》第 17 辑，第 55 页。

15　16　陈修和:《抗日战争中的中越国际交通线》,见全国政协《文史资料选辑》第 7 辑,第 5—6、7 页。

17　龚学遂:《中国战时交通史》,第 17—19 页、第 95 至 99 页。

18　胡文义:《中印油管》,见《抗战时期的西南交通》,云南人民出版社 1992 年版,第 413 页。

19　[日]服部卓四郎:《大东亚战争全史》第二册,张玉祥、赵宝库译校,商务印书馆 1984 年版,第 472 至 473 页。

20　宋希濂:《远征军在滇西的整饬和反攻》,《文史资料选辑》第 2 卷第 8 辑,第 42 页。

21　徐康明:《会师滇缅边境,打开国际通道》,见《论反法西斯盟国对日作战——第二次世界大战史论文选集》,云南大学出版社 2005 年版,第 148—149 页。

个旧锡业全球化:
基于产销关系的考察(1644—1911 年)

马 琦(云南大学人文学院历史系讲师)

在早期经济全球化过程中,云南个旧锡业的世界市场和外向型发展特征尤为显著,因而备受中国经济史和地质矿产学界的广泛关注。自上世纪 20 年代以来,研究成果丰硕[1],其内容包括矿业发展、生产关系、矿产分布与运销,以及矿业与城市、社会、文化等方面关系的研究。但是,迄今为止,几乎所有关于个旧锡业的研究均局限于蒙自开关以后至新中国建立之前的这 60 余年间。

云南个旧锡业早在汉代就已有开采,在其后两千余年的中国传统时代中,个旧锡矿的销售无疑是以国内市场为主,并不具备外向型的发展特征。那么,这种由内而外的转变究竟发生于何时? 以及因何而变? 就成为经济全球化过程中思考个旧锡业发展的重要问题。

要解答这一问题,必须系统考察个旧锡业的发展历程,尤其是在清代前中期的发展。但是,现有的研究很少涉及。这可能缘于资料方面的限制。蒙自开关之后,有丰富、系统的海关资料可供研究,而之前的史料零碎、分散,系统整理的难度较大,故学界几乎无一例外地将个旧锡业的全球化过程定位于蒙自开关之后。在没有系统研究之前,这样的定位值得怀疑。

　　在近年的研究中,笔者发现清代档案中有不少关于个旧锡业的相关记载,如《宫中档》、《内阁大库档》、《军机处档》等,而《朱批谕旨》、《清实录》、云南督抚奏折以及云南地方志中亦有类似记载,从中基本可以梳理出整个清代个旧锡业的发展情形。故笔者不揣浅陋,拟以产销关系演变为中心,系统考察清代个旧锡业的发展历程,阐释其由内而外的全球化进程,请教于各位方家。

一、清代前中期个旧锡业的发展

　　个旧锡矿的记载最早见于汉代[2],但此后很少见于史书。明正德《云南志》载:"锡,蒙自个旧村出。"[3]另据其后何孟春所言:"自景泰年太监到来,取用不訾,每岁于……,个旧锡场银二百五十两"[4]可见,迟至明代景泰年间,个旧锡矿已开始纳课。万历年间,个旧锡矿开采规模进一步扩大,锡课岁银增至 1680 两[5]。此时个旧锡已闻名全省,谢肇淛《滇略》中言:"锡则临安者最佳,上者为芭蕉叶,扣之,声如铜铁,其白如银,作器殊良。"而铜铅诸矿"展转四方,商贾辐辏",遂有"金临安"之称[6]。天启年间,临安府矿产仍以锡为最,但却没有锡课税的记载[7]。

　　清代平定三藩之乱后,康熙二十一年云贵总督蔡毓荣在《筹滇十疏》中奏请云南开矿铸钱得到中央批准,而《赋役全书》所载:"蒙自、楚雄、南安、新平之银、锡等厂,……仍应照额征课。"[8]可见,蒙自银锡矿在吴三桂统治云南时期仍在开采,照例纳课。稍后所编《云南通志》载临安府矿课:"铅、锡课银五百三十三两二钱六分,遇闰加银二十七两五钱八分,全征。此矿课内有新平县明直厂课银三百三十两九钱六分,因硐老山空,矿苗断绝,曾经两次题请豁免,未蒙除豁。"[9]除新平县明直银厂外,临安府年征铅、锡课银仅 202.3 两，而锡课应出自个旧锡矿。

康熙四十六年十月，户部议覆："云南贵州总督贝和诺等疏言，云南金银铜锡等矿厂，自康熙四十四年冬季起至四十五年秋季止，一年之内共收税额银八万一百五十二两零金八十四两零。应驳回，令该督据实严查加增。"[10]雍正《云南通志》载："个旧银锡厂坐落蒙自县地方。康熙四十六年总督贝和诺为题明事，每银一两抽课一钱五分，撒散三分，该课银三万三千六百一十三两七钱八分；每锡百斤抽课十斤，该课银四千两，二项共年该课银三万七千六百一十三两七钱八分，遇闰加银三十八两。"[11]可见，康熙四十四年冬至四十五年秋，个旧锡厂按 10% 抽课变价，共课银 4000 两，较康熙二十一年增长约 20 倍。自此以后，个旧锡矿每年定额矿税银 4000 两。

雍正三年正月，云贵总督高其倬奏称："会查盐铜一案，共查出盈余每年共八万五千七百两，又各府税一万二千两，又藩司解公锡票银每年二千七八百两三千两不等，……（铜斤）官本亦调剂节省，亦有盈余，锡斤亦较前积多，银矿亦稍好，凡此盈余统于奏销详悉册报。"[12]锡票银，即官府加收个旧锡的外销税。如雍正《云南通志》载："个旧锡厂锡票税银，雍正二年总督高其倬于《遵旨查奏铜觔利弊案》折内奏明：个旧锡厂锡税锡课外，各商贩锡出滇，九十斤为一块，二十四块为一合，每合例缴税银四两五钱，年收税银二千七八百、三千余两不等，原无定额。"[13]这项票税仅对滇锡出省销售而言，并不包括本省销售部分。

票税随锡产量和外销量的消长而变，故多寡无常。但据雍正四年云南布政使常德寿所奏："再查有个旧锡厂，除经收正课、锡票及羡余归公等项外，每年岁底核算，约赢余银二千余两。"[14]个旧锡票税已有定额。雍正六年，云贵总督鄂尔泰臣奏称："据布政使张允随开报,每年正杂钱粮、平头羡余银八千四百余两;又个旧锡厂抽收锡斤并锡票税银等项,除报部额课七千一十五两外,每年约余银五千余两。"[15]除去锡课银 4000 两外,每年锡票税银 3015 两。以此推算,雍正四年个旧锡课票税银为九千余两,雍正六年为一万二千余两。个旧锡产量猛增导致大量矿产无法及时销售。雍正九年,云南巡抚张允随奏:"前因屡年个旧锡厂所抽课锡堆积至一百三万余斤,未经售销,而又无商客到滇采买,必须自行发运于浙省销售,庶课项易于清楚。"[16]销路受阻严重制约着个旧锡业的发展,但是官府关心的仅是课锡如何变价完税,与同期官府开拓铜铅市场的行为形成明显的对照[17]。

供大于求的状况严重影着个旧锡业的发展。如乾隆元年,"个旧锡厂收获锡斤票税盈余银六千五百三十七两四钱零"[18],其产销规模已明显低于雍正时期。乾隆五年,清政府决定改铸青钱,锡成为铸钱的币材之一,虽然其比例很小,但毕竟扩展了锡的用途和市场[19]。同年,云南鼓铸开始采用个旧版锡[20]。

销路的扩展又一次激发了个旧锡业的发展。乾隆六年,个旧锡厂抽收锡斤、票税、盈余等项银 6781. 476 两,还有未变价课锡银1113. 614 两[21]。乾隆《蒙自县志》记载:"个旧为蒙自一乡,户结编甲,居结瓦舍,商贾贸易者十有八九,土著无几";"许龙树一带,旧系荒山,并无村落,初因方连硐兴旺,四方来采者不下数万人,楚居其七,江右居其三,山陕次之,别省又次之。"[22]其兴旺发达之象,应就这一时期而言。

但是,乾隆朝中期以后,由于铜产量下降,云南省被迫消减铸钱量,锡的销售再次面临困境。如乾隆三十五年,巡抚明德奏请将云南炉座从 116 座裁减至 45 座,"岁可省铜一百四十五万余斤"的同时,个旧锡厂于各局的销量也大为减少[23]。成书于乾隆五十一年的《蒙自县志》记载："乾隆三十八年抚宪李以（个旧厂）每年抽报逐渐短少，饬令照三十七年例抽报。今按年抽解银课银一千九百六十九两八钱五分二厘，每季解银四百九十二两四钱六分三厘，按季批解，高炉课十二两，解本府。"[24] 乾隆三十七年个旧锡厂课银数该书不载，所谓"今"按年抽课银 1969.852 两，应指乾隆五十一年左右。康熙四十六年所定年额课银已不足一半，表明乾隆朝后期个旧锡矿的生产逐渐萎缩。

乾隆五十九年，清政府停止鼓铸青钱，改为铜六铅四配铸，锡不再作为币材使用[25]。锡的用途减少，个旧锡业再次面临销路困境。嘉庆七年，云南巡抚孙玉庭奏请宽免嘉庆二三两年锡票税课缺额，被户部驳回[26]。这里所言缺额，应指嘉庆二、三两年所抽云南锡矿税银不敷乾隆三十七年所定额数。嘉庆朝《钦定大清会典》记载："云南征锡价银四千两，锡票税银三千一百八十六两。"[27] 该书所载数据为嘉庆十七年，锡课、锡票二税应为定额，并不能代表该年个旧锡矿产量。

道光时期的史书中沿用前朝的定额或定例[28]，无从得知当时个旧锡业的生产状况。光绪《云南通志》据案册言：个旧锡厂，"咸丰五年巡抚舒兴阿题销四年分尽收课税银五千六百四十九两零"[29] 此后，云南即陷入长达 20 余年的战乱之中。"军兴二十余年，人民凋敝，厂地荆榛，欲办（矿）而无资，遂生计之日窘，而滇民之疾苦愈不堪问矣。野无五谷之繁殖，市鲜百货之贸迁，村郭萧条，人烟零落，穷乡僻处几无生聚之欢，即都会要区，绝少中人之产，甚至资生无路"[30]。云南矿业全面停滞，个旧锡业亦当难于幸免。

通过以上考察，清代前中期的 400 余年中，个旧锡业历经了多次发展、高潮、低落、萎缩的过程，云南锡矿税课量的变化即是有力的证据。同时,上述过程也表明,锡的用途与销售是制约个旧锡业发展的关键问题。

二、清代个旧锡矿的产销问题

税课量变化在一定程度上反映矿业发展过程,但要考察个旧锡业的发展过程,还必须结合产销关系进行分析。但是,关于个旧锡矿产销量的直接记载很少,仅有两条:雍正九年,云南巡抚张允随奏报:"臣查自升任藩司李卫(雍正二年二月)起,历任正署各官共存(个旧)厂锡五十二万二十斤,每锡二千二百二十斤为一票,共存锡二百三十四票;又臣到布政司(雍正五年十二月)任起至八年年底,止共存厂锡五十一万二千四百三十三斤,计二百三十票。新旧共存锡一百三万二千余斤,计四百六十五票。"[31]雍正二年二月至八年年底共计六年十个月,个旧厂积存课锡103.2万斤,如以 10% 的税率计算,平均每年锡产量不下于 172 万斤,因部分课锡已经变价归款;乾隆元年,云南"给过各商锡票七百零八张"[32],合计外销锡157.2万斤。故必须以其他间接记载来推算其产销量。

前文考察的税课量变化是进一步分析个旧锡业产销关系的基础,根据矿税率、锡价来考察产销关系的演变。雍正四年,云南地方政府组织课锡外运销售,押运官巡检周国忠所领锡斤,"路过广西南宁府等处,见有微利,随时卖完",而按运官建水州吏目张元灿言所领锡九十七票,除路过广西被桂林府知府王沛闻"硬将官锡留下一万二千五百七斤零抵作土税银七百三十五两零"外,其余锡斤至杭州卖获银 14791 两[33]。按锡每票二十四块,每块重九十斤,合计 2160 斤,则广西桂林锡每百斤价银 5.8767 两,浙江杭州价银 7. 5076 两。另据嘉庆朝《钦定大清会典事例》记载："乾隆九年题准，贵州配铸白铅，于本省福集厂拨给，……应配点锡，就近在省城采买，每一百斤价银五两七钱八分。"[34]贵阳城中的锡斤应自云南贩运而来。贵州、广西紧邻云南，除运费外，其锡价应相差不大。

按周、张二人所运销锡斤自蒙自走广南，出剥隘达百色，然后沿水路抵达桂林。据笔者研究，这段路程正是此后各省采买滇铜的必经之路[35]，兹参照铜运运费作一分析。蒙自县城至剥隘十七站，加之个旧至蒙自县城六十里，共计十八站。云南境内铜斤陆运，乾隆九年之前为每百斤每站价银八分五厘，之后增至一钱二分九厘二毫[36]；而"自剥隘运至百色，每一百斤水脚银八分，自百色运至广西省城，每一百斤水脚银五钱九分七厘有奇，沿途杂费银九分七厘"[37]。自个旧厂至广西桂林，每铜百斤需运杂费银 2. 304 两，运锡亦应相差无几，则推算云南个旧厂锡价为每百斤 3. 696 两。

此外，乾隆《蒙自县志》载：个旧厂锡价，"每百斤详价四两三分六厘一毫"[38]。这应为乾隆末年个旧厂价格。道光《云南通志稿》载："（乾隆五年）定云南鼓铸青钱，配用版锡，……原案云南版锡每百斤加耗锡九斤，定厂价银一两九钱二分七厘。"[39]此为官府采购价格，远低于市场价格，但官锡变价则以市场价格为准。

如将清代雍正、乾隆两朝云南平均锡价每百斤值银 3. 866 两看作为清代云南锡价，则可根据 10% 的矿税率推算出不同时期的锡产量，同时，按照每票锡（计 2160 斤，乾隆初年为 2220 斤，平均 2190 斤）税银 4.5 两，可推算出清代雍正至道光时期云南锡的外销量。兹列表如下：

清代个旧锡矿产销量推算表　　（单位:两/万斤）

年代或时段	锡课银	票税银	锡课票税银	推算锡产量	推算锡外销量
清康熙二十九年	202.3			5	
清康熙四十五年	4000			104	
雍正二年		2850			139
雍正四年			9000		157
雍正六年			12000		209
乾隆元年			6537.4		114
乾隆六年			7895.1		138
乾隆二十五年		3186			155
乾隆五十一年	1970			51	
嘉庆十四年			8586.6		150
咸丰四年			5649		98

注:清代雍正二年之后,每产锡百斤课税10斤,其余90外销还需纳票税,共计纳税银0.5741两,对于锡课票税不分时期,即以此推算产量。

需要说明的是,清代雍正朝之前个旧所产的锡主要用于制造锡器和锡箔,用量有限,本省每年消费约在10万斤以下,雍正二年之后,除此10万斤之外,其余基本外销他省,均需交纳票税,故此后个旧锡矿产量当以外销量加上10万斤来自计算。

乾隆五年开始,鼓铸搭配个旧版锡,含量为2%。随着云南鼓铸量的增长,本省消费个旧版锡的数量亦随之增加。乾隆五年八月,云南省、临二局炉座由36座增至51座,此后东川旧局、大理局、广西局、顺宁局、东川新局相继开铸,共计铸炉116座。乾隆三十五年,因滇铜产额不敷,故云南巡抚明德奏请:"向于六府设炉一百十六座,岁用铜二百三十余万斤,实属过多,应将东川各设炉二十五座,大理、广西各设炉十五座,临安、顺宁各设炉八座,暂为裁减,岁可省铜一百四十五万余斤。"[40]按明德所言,每炉年需铜约2万斤,以其配铸比例,需用锡量为 800 斤,而每百斤另加耗锡 9 斤,计正耗 872 斤,则乾隆五年云南鼓铸用锡为 4.4 万斤,乾隆三十四年为 10.1 万斤,乾隆三十五年裁炉 71 座后,每年用锡 3.9 万斤。故乾隆朝个旧厂锡产量应为外销量、本省鼓铸用量和制造锡器用量之和。

清代前中期个旧锡矿的产销量变化列表   (单位:万斤)

年代或时段	产量	外销量	年代或时段	产量	外销量
清康熙二十九年	5		清乾隆六年	152.4	138
清康熙四十五年	104	94	清乾隆二十五年	175.1	155
清雍正二年	149	139	清乾隆五十一年	51	12.7
清雍正四年	167	157	清嘉庆十四年	160	150
清雍正六年	219	209	清咸丰四年	108	98

注:乾隆五十一年产量和外销量依据乾隆《蒙自县志》记载推算而来。

个旧锡矿产量波动与前述矿课量演变基本一致。康熙朝中期以来,随着云南矿业政策的开放和大量内地移民的涌入,个旧锡业迎来发展的黄金时期,个旧锡矿产量迅速冲破 100 万斤大关,然滇锡供大于求,限制了进一步发展的空间。雍正朝进一步开放了滇锡外销的限制,政府组织官锡运销江浙,商锡闻风而动,个旧锡业的销售市场从云南扩展至全国。如雍正四年,原云南布政使李卫即将其藩司任内个旧厂课锡约 200 票(计 43.2 万斤)委建水州吏目张元灿、巡检周国忠分运广西桂林、浙江杭州销售。

　　乾隆朝改制青钱，使个旧版锡新增了作为币材的用途。除了供本省鼓铸之外，版锡还供应川、黔二省鼓铸。乾隆十二年，"四川鼓铸照云南之例，配用版锡"。[41] 乾隆三十四年，云南巡抚明德奏报："四川省委员遂宁县县丞孙晋采买点锡五万九千三百六十斤，于乾隆三十四年正月二十日全数运至云南宣威州，出滇省境。"[42] 按四川省鼓铸，乾隆二十年后有炉四十座，年铸四十二卯，年需锡5.6 万斤。乾隆四十六年因产铜不敷，停炉减卯，年需锡 3.2 万斤[43]。官购个旧版锡，每百斤加耗九斤，可知川省按年赴滇采买版锡，由个旧经蒙自、竹园、路南、曲靖、宣威出云南境，再经贵州威宁、毕节至川省永宁，水运至成都，其线路与采买滇铜、黔铅相同。乾隆九年规定，贵州鼓铸"应配点锡，就近在省城采买，每一百斤价银五两七钱八分"。[44] 但贵阳并不产锡，所需锡斤可不能定贩自邻省。乾隆《毕节县志》云："雍正八年设宝黔局于城内，……乾隆十年，每年加铸十卯，共四十六卯，……每年用滇锡二万斤，自滇省之个旧厂买运供铸。"[45] 乾隆二十四年，宝黔局年铸六十九卯[46]，则岁需个旧版锡为29962 斤。其运输路线应与采买金钗厂铜无异，即由个旧出发，经蒙自、竹园、路南至平彝，再经滇黔大道运至贵阳。

　　当然，清代中期产锡省份除云南之外还有湖南、广西和广东，但这三省的产量远远落后于云南。乾隆五年改铸青钱，中央户工二局年需锡 15 万斤"令广东巡抚核办，均于乾隆六年为始，按年解部"。隆七年增至 211713 斤[47]。故广东锡矿亦乾隆五年年批准开采。但乾隆七年京锡额递增，广东锡量明显滞后，不得不采买洋锡以充京运[48]。之后，随着广东锡矿开发力度的增加，其产量逐渐满足京运之需。如乾隆十二年，两广总督策愣奏报："粤东开采锡山办解京局鼓铸一案，新安等县各锡厂自乾隆八年起至乾隆十一年年底止，共采出锡八十一万七千五百四十五斤零，又英德等县各厂乾隆十一年分采出锡一十五万五百二斤零。"合计年均产锡量约35.5万斤。即使如此，京运之外，粤锡亦仅能满足本地锡器、锡箔制造和鼓铸所需，无法供应他省所需。

湖南锡矿开发有悠久的历史，但清代中期的产量很小。如郴州东冲、柿竹园等处锡矿，乾隆十六年炼获上中下锡73689斤，十七年炼获128340斤，十八年131779斤，十九年139368斤，二十年150737斤，二十一年131208斤，年均12.6万斤[49]。乾隆三十七年，该处锡矿产量已将至67361斤[50]。此后又开郴州宜章县旱窝岭、猫儿坑、羊牯泡等处锡矿，乾隆四十七年产量为46740斤[51]。乾隆五十一年，郴州东冲、柿竹园、中兴、野鸡窝等处产锡85046斤，次年宜章县旱窝岭、猫儿坑、羊牯泡等处产锡42374斤，合计12.7万斤[52]。除了本省鼓铸及制造锡器、锡箔之外，亦无多余锡斤外销。

广西锡矿主要分布于南丹州。雍正五年，两广总督臣孔毓珣奏称："查勘南丹锡厂，共井矿四十余处，矿徒及住家开舖人等约有万余人。"规模很大，产量亦应不小。但在皇帝严饬之下，地方官遵旨驱散，"单身佣工者实时散去，其带有家室居住者亦俱雇夫挑运行李，陆续搬散净尽"[53]。乾隆七年广西开炉铸钱，而"贺县、南丹二处虽有锡矿，但锡质低潮，课亦无多，应请采买点锡"。广西鼓铸年需铜仅23万斤，按配铸比例，用锡不足1万斤。广西锡矿20%抽课，杨锡绂言"课亦无多"，则其产量当在5万斤以下，基本用于本省锡器、锡箔制造。

再看清代中期铸钱用锡量。中央户工二局所需由广东按年运京21万余斤，虽然广东产量或有不敷，即采买洋锡凑数，姑且不论。乾隆五年之后，各省陆续开炉鼓铸制钱，至乾隆朝中期，除了

安徽、山东、河南、甘肃四省之外,其他各省均已开局铸钱。兹以乾隆朝中期铸钱量统计如下表[54]:

乾隆中期各局每年铸钱数量表[55](单位:千文)

钱局	年代	铸钱量	钱局	年代	铸钱量
宝苏局	乾隆二十二年	95337	云南七局	乾隆三十四年	613333
宝福局	乾隆二十八年	43200	宝直局	乾隆二十八年	44040
宝浙局	乾隆五年之后	111820	宝川局	乾隆二十年之后	259000
宝南局	乾隆二十年	48000	宝黔局	乾隆二十四年之后	186250
宝武局	乾隆二十七年	106667	宝昌局	乾隆九年之后	69888
宝广局	乾隆三十一年	34560	宝桂局	乾隆十三年以后	96000
宝晋局	乾隆二十一年之后	103463	合计	乾隆三十年前后	1976225
宝陕局	乾隆二十九年	74667			

按乾隆朝青钱由铜、白铅、黑铅、锡四色配铸,其比例分别为50%、41.5%、6.5%、2%。每文重一钱二分,则乾隆朝中期各省鼓铸年用锡29.6万斤。一方面,湖南、广东、广西均无余锡可供他生采购;而另一方面,个旧锡年产量产量高达170余万斤,除供滇、川、黔三省鼓铸及云南本省制造锡器之外,每年有百万斤锡必须外销。故推测大部分滇锡通过商贩运至汉口、江浙等地供其他各省采买鼓铸,或运至广州供京锡凑数。

由此可见,个旧是清代中期锡矿的生产中心,供应全国的币材及锡器制造。正是由于拥有全国市场,个旧锡业的鼎盛时期持续长达80年。但乾隆朝末期,随着各省鼓铸陆续停炉,嘉庆初年虽恢复鼓铸,但不再以锡作为币材,个旧锡的销路受限,供大于求的局面再次出现，产量随之下降，生产逐步萎缩。纵观传统时期个旧锡业发展，始终受用途单一、销路狭窄的限制，即使清代中期的辉煌，亦以用途扩展、销路大开为契机。因此，个旧锡业的发展取决于用途和销路的改变。

三、个旧锡业的全球化过程

清嘉道时期，当个旧锡业面临严重的销路困境之际，世界上正发生着巨大的变革。从18世纪60年代开始，工业革命在欧美国家先后发生，带来了社会生产力的巨大发展。19世纪上半叶，欧美主要国家基本完成了工业革命，在西方国家寻求商品销售市场和原料产地的过程中，经济全球化日益明显。而矿产是近代工业化的基本资源之一，机器工业时代赋予锡更为广阔的用途，如制造镀锡、焊锡及锡合金，应用于军工、机械制造、电器、化工等诸多领域，锡拥有广阔的国际市场。因此，当西方列强用武力大开中国大门后，各种工业品涌入国内市场，同时，重要矿产亦通过不同渠道被贩运至世界各国。

自咸丰初年起，云南陷入长达20余年的战乱之中，社会动荡，民生凋敝，个旧锡业处于停滞状态。同治末年，在云南全省还没完全平定之际，中央已敦促云贵督抚筹划恢复矿务[56]。光绪二年，皇帝再次谕曰："云南五金并产。据有矿山之利。自宜设法开采。至练劲军。择要扼扎。亦有备无患之计。均著刘长佑随时体察情形。奏明办理。"[57]刘长佑复奏："盖云南虽称疾苦，而五金并产，据有矿山之利，洋人觊觎已非一时，虽无显示之情，而码加理等各案，迁延反复，安知非故为挑拨，以要求于我也。"[58]故建议借款购置机器、聘请矿师，开发云南矿产，但最终未获批准。光绪九年，上谕再次敦促云南兴办矿务:"云南素产五金。乃天地自然之利。该省铜政久经废弛。本应整顿规复。以资鼓铸。而利民用。此外金银铅铁各矿。亦复不少。均为外人觊觎。自宜早筹开采。以广中土之利源。即以杜他族之窥伺。实为裕国筹边至计。"[59]同年,岑毓英、唐炯提出"招商集股、并用西法"开发云南矿产,得到中央批准,并设立矿务招商局[60]。光绪十一年,云贵总督岑毓英奏称:"蒙示云南矿务宜妥筹办法,及时开采,并铺张扬属,早为复来,以杜外人觊觎。……查云南矿务自毓英与前任巡抚唐鄂生接办以来,……是以各厂矿务邃难办有成效。然法人虽垂涎滇矿,而蒙自锡厂尤为彼所羡慕,囊岁法人涂普义为提督马如龙运军装,由越南来滇,曾买锡偷运出关,大获利益,故从中播弄,致有此数年战争。今欲伐其谋,必须自蒙自锡矿始。毓英已督饬知府全懋绩、马世麟措资筹办,颇有起色。由四川运出锡斤,数已不少。"[61]可见,光绪朝极力恢复云南矿业,不仅在于谋利,更在于保权。虽然中央重在滇铜,但东川矿厂并无起色,个旧锡业却快速恢复。

　　虽然四川仍是个旧锡矿的传统销售地,但据岑毓英所言,光绪八年法人涂普义借运军需之计偷运个旧锡斤销往安南而大获其利。可见官府禁令并未能有效拟制滇锡出口。实际上,早在云南还处于战乱之际,便有不少西方人深入云南,考察当地的贸易、市场和矿产资源,通过他们的著述,云南丰富的矿产资源被西方世界所了解[62]。

　　在滇南地区战乱刚平息不久的光绪三年,法国人加涅(Garni-er)即深入个旧(Ko–kien)锡矿产地进行调查,并估算该地锡矿的产量每年至少为三百万法郎以上,一半运往东京,另一半运往四川[63]。另据 1889 年蒙自海关对开关前历年个旧锡产量的评估,认为每年量为 25000 担[64],差距不大。以平均量 27500 担计算,约合

330万斤，比清代中期的最高年产量增加了一半以上，这应该于新销路扩展有绝大的关系。

光绪五年，从个旧、蛮耗、红河至东京出口的锡价值1700000法郎，其中在东京销售了几千公斤，其余转运香港。当时河内每锡一担（每担120斤）价值100法郎，则该年个旧锡矿出口为1.7担，大部分转运香港[65]。则当时个旧锡矿的年产量约在3万担以上，走私贩运至安南的个旧锡斤每年约1.7万担，占个旧锡产量的56.67%，已经超过了运往四川销量。

四川有采购滇锡制造锡器的传统，且中国近代工业刚刚起步，但每年180万斤锡绝非国内市场所能消化，其中大部分应在重庆沿长江水道运至宜昌、汉口、上海等地出口国外。兹湖北宜昌关1885—1903年锡斤报关出口量列表如下：

1885—1903年湖北宜昌关锡斤出口量列表　　（单位：担）

年代	1885	1886	1887	1888	1889	1890	1891	1892	1893	1899	1902	1903
锡斤	1187	4045	2211	2439	2428	814	1597	1220	281	771	272	1087

按当时产锡之地有滇桂湘粤四省，广东可以直接出海，广西设有北海关，湖南沿湘江而下直达江汉关，均无需绕道宜昌。四川并不产锡，惟有滇锡运往四川，经重庆沿长江水运出口，在宜昌报关。但在云南蒙自开关之后，宜昌关的锡斤出口量急剧减少，除了蒙自、红河地区因其他军事、自然、灾荒等因素影响，部分锡斤转到四川，经宜昌出口之外，其滇锡外销基本以红河水道为主。

再看光绪朝前期个旧锡矿的销售。虽然禁止云南锡斤出口，但经过红河走私的锡斤已经占据滇锡产量的半壁江山,而运往四川的不及一半。即使如此,运往四川的滇锡平均每年有2464担经宜昌关出口国外。与上述通过红河走私部分合计,个旧锡矿外销量占其产量的64.88%。故笔者认为,早在蒙自开关之前的光绪朝前期,个旧锡矿产量的三分之二用于出口的,也就是说,个旧锡矿销售的主体市场已经不在国内,而是整个世界。个旧锡业完成由内而外的转型,已经具备了外向型的发展特征,基本完成了全球化的过程。

四、个旧锡业外向型特征的巩固与发展

光绪十五年蒙自关正式设立,但九月底第一批个旧锡块才通关出口,自此,个旧锡斤出口由"非法"变成合法。光绪十六年,个旧锡块由蒙自报关出口22121担,光绪二十年增至39355担[66],平均每年增长19.48%。据光绪二十年蒙自关贸易报告言:"访闻个旧锡厂之锡矿并无公司,商人同炉户交易,地方官征税八钱四分一百斤而已,外纳四分衙署书院经费焉。该处挖取矿土不过入地五尺,犹能出如是之多。除运往四川二三千担,其余尽行运至香港,又镕成另式送至上海,其锡价在蒙自不过十九两之谱。"[67]可见,此时蒙自关每年出口的锡斤已占个旧锡产量的94.03%,运销四川的锡斤以微不足道,个旧锡业的外向型特征进一步巩固。也正是由于外销的拉动,个旧锡矿的生产规模迅速扩大,其年产量从2.75万担增至4.19万担,而锡价已从清代中期的每百斤4两左右增至19两。

个旧锡业全球化特征已较为显著,世界锡价的波动直接影响着至个旧锡业的发展。如光绪二十二年,蒙自锡块出口"今年短

少","商人咸称,锡周年无利,及至年底折本尤多,香港跌价之故"。光绪二十四年,蒙自锡"出口则有四万五千九百余担,较上年则溢四千三百余担",缘于"上年底香港锡价至极昂,至今年仍有加无己"[68]。出口的多寡对个旧锡业的销售至关重要,如若国家锡价下跌,商人无利可图,势必减少出口,而个旧锡矿因销售不畅,产品积压,其生产规模势必缩小。反之亦然。伴随着世界市场对锡的强劲需求,个旧锡业步入快速发展时期,蒙自关锡块出口量不但递增。如光绪二十五年出口43146担,三十一年出口74972担,六年间增长了73.76%。

光绪三十四年,滇越铁路修至蒙自。但新路伊始,试运行其间事故不断。如宣统元年五月,"由河口至蒙自一带铁路累遭倾败,由海防至老街虽云旧路,亦难免倒塌。及至九月中旬尚无火车往来,迨至十月上旬修补完备,复经开车,安然行运"。故"自经铁路公司布告,铁路道修补完竣,尽可复载货物,是时商人起运者殊形忙迫,直至西历年终至新年尚络绎不绝也。所有由壁色寨开行之列车俱满载货物,自十月中旬至十一月中旬,开行之车不下一百二十五辆,载锡报关出口。"[69]滇越铁路的修筑使个旧锡斤出口更加便捷。宣统二年,蒙自关出口锡斤猛增至102465担。强劲的出口势头使商人获益匪浅,同时也促使个旧锡业生产规模不但扩大,以满足市场需求。

蒙自开关与滇越铁路使滇锡出口数量剧增,全球市场上的强劲需求极大地促进了个旧锡业的发展,上述滇锡出口量的增长即是明证。当然,销量不等于产量,但销量肯定是基于产量的变化而变化。由于史料缺乏,无法得知这一时期个旧锡产量的具体情形,海关资料中蒙自关出口锡斤的数据成为反映个旧锡矿产量的基本依据。众多前辈学者依据海关资料作过统计,这在一定程度上反映

了个旧锡业发展的蓬勃势头。笔者拟从锡价方面作一考察,来阐述这一时期个旧锡业的发展状况。兹仍据海关资料统计,制图如下:

1889—1911年蒙自关锡价变化图

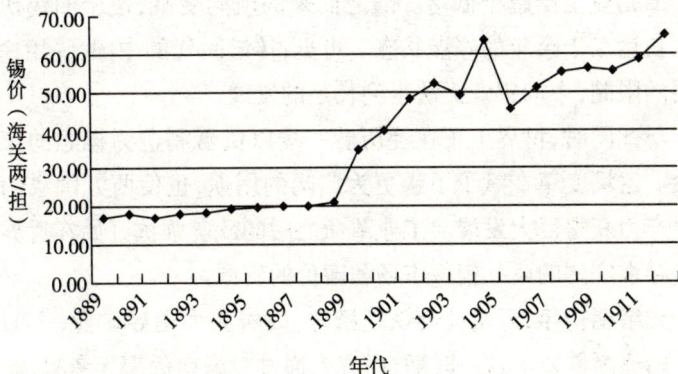

蒙自开关之后,个旧锡斤外销价格从 1889 年的每担 17 海关两增至 1911 年每担 65.05 海关两,增加了 2.8 倍,年均增长 12.85%。如果没有世界市场上的强劲需求,个旧锡斤外销量价齐升的局面是不可想象的。由此可见,蒙自开关和滇越铁路的修筑进一步加强和巩固了个旧锡业的外向型发展特征。

余论:锡的用途、市场与个旧锡业全球化

清代康熙年间,个旧锡业基本以国内为其主要市场,但是,由于锡的用途比较单一,主要用于制造锡器和锡箔,销量有限,个旧锡业的发展基本局限于云南一隅。雍正朝以后,随着滇锡外销限制的放松,尤其是乾隆朝改铸青钱,锡与铜、铅一起开始作为鼓铸制钱的原料之一,其用途有所扩大,滇锡的销售市场宽展到滇黔乃

至全国,产销关系的改善使个旧锡业生产规模迅速扩大,奠定了其清代中期全国锡产中心的地位。但是,随着嘉庆朝以后改铸黄钱,锡不再作为币材使用,用途单一,故销路受阻,供大于求的矛盾导致个旧锡业生产趋于低落。随之而来的咸同变乱,使个旧锡矿业陷入长达二十余年的停滞状态。可见,传统时代的中国,受用途和销路的限制,个旧锡业无法得到长足的发展。

与此同时,世界上正在经历着一场以机器制造为标志的工业革命。这场变革在赋予了锡更为广阔的用途,也使西方国家的社会生产力获得巨大发展。工业革命之后的欧美强国开始在世界范围内寻求广阔的商品销售市场和廉价的资源。

光绪朝初年,云南社会恢复稳定,政府大力倡导矿业,个旧锡业开始逐渐恢复。这一时期,西方人通过对云南的深入考察,储量丰富而价格低廉的个旧锡矿成为他们获取的重要资源之一。虽然当时中国政府禁止滇锡出口,但个旧锡矿或通过红河水道非法贩运至安南,或通过合法渠道转运四川,再经宜昌、汉口等关出口。这一时期的个旧锡业与世界市场已经联系在一起,其产量的一半以上用于出口,而世界市场的变化又通过外销量和价格影响着个旧锡业的发展,其外向型特征已非常明显,个旧锡业已经完成了由内而外的转变,即自身的全球化过程。

蒙自开关及滇越铁路的修筑为个旧锡矿出口创造了便利的条件,蒙自关锡矿出口量价齐升的势头进一步刺激了个旧锡业的发展,也使个旧锡业外向型的发展特征进一步巩固和增强。因此,不能将个旧锡业的全球化过程限定于蒙自开关之后。

本文为教育部社科基金青年项目《中国西南与中南半岛各国新石器与青铜时代文化关系研究》之阶段性成果,项目号为10YJC780002。

注释:

1 如丁文江:《云南个旧附近地质矿务报告》,农业部地质调查所、国立北平研究院地
   质学研究所 1937 年印行;苏汝江:《云南个旧锡业调查》,国立清华大学国情普查研
   究所 1942 年印行;袁丕济、曹立瀛、王乃樑:《云南之锡业》,资源委员会经济研究室
   1940 年油印本;陈吕范、邹启宇:《关于个旧大锡的产量和出口量问题——解放前个
   旧锡业研究之一》、《个旧锡业"鼎盛时期"出现的原因与状况——解放前个旧锡业
   研究之二》,见云南省历史研究所云南地方史研究室、云南大学历史系编:《云南矿
   冶史论文集》,云南省历史研究所 1965 年印;杨寿川:《近代滇锡出日述略》,《思想
   战线》1990 年 4 月;杨昆:《地方社会史中的"国家"、"权力"与"文化"—对个旧社会
   (1885—1949 年)的人类学考察》,硕士学位论文,云南大学,2002 年;王俊:《近代云
   南个旧锡业发展研究》,硕士学位论文,云南大学,2003 年;武内房司:《近代云南锡
   业的展开》,日本学习院大学东洋文化研究所编《东洋文化研究》2003 年第 5 号;徐
   丽珍:《个旧锡业早期工业化研究(公元 1889 年—1949 年)》,硕士学位论文,云南
   大学,2006 年;吴林:《个旧城市的形成、发展、变迁(1644 年—1961 年)》,硕士学位
   论文,云南大学,2008 年;赵小平、石俊杰:《明末至民国时期个旧锡业生产关系变迁
   研究》,《学术探索》2008 年第 5 期;谭刚:《个旧锡业开发与生态环境变迁(1890—
   1949)》,《中国历史地理论丛》2010 年第 1 期;杨斌:《近代云南个旧锡矿地理研究
   (1884—1949 年)》,硕士学位论文,复旦大学中国历史地理研究中心,2010 年;
   等等。

2 《汉书》卷 28 上下《地理志》益州郡载:"贲古,北采山出锡,西羊山出银、铅,南乌山
   出锡。"方国瑜先生认为个旧地属西汉贲古县,见《中国西南历史地理考释》上册,中
   华书局 1987 年版,第 77 页。

3 正德《云南志》卷 6《临安府·土产》,该书编于正德五年。

4 何孟春:《何文简疏议》卷 8《陈革内官疏》,正德十六年八月十六日。

5 万历《云南通志》卷 6《赋役志·临安府》课程。

6 谢肇淛:《滇略》卷 3《产略》、卷 4《俗略》。

7 天启《滇志》卷 3《地理志·物产》、卷 6《赋役志》。

8 蔡毓荣:《筹滇十疏》(康熙二十一年),见康熙《云南通志》卷 29《艺文三》。

9 康熙《云南通志》卷 10《田赋·临安府》,康熙二十九年编。

10 《大清圣祖皇帝实录》卷之 231,康熙四十六年十月,户部议覆云南贵州总督贝和诺

等疏言。

11　13　雍正《云南通志》卷11《厂课》。

12　高其倬：《奏陈雍正元年二年两年历奉密谕暨折奏事件办理情形折》，雍正三年正月二十六日，《雍正朝汉文朱批奏折汇编》第4册，第363页。

14　《世宗宪皇帝朱批谕旨》卷54《朱批常德寿奏折》，雍正四年三月初八日，云南布政使常德寿谨奏。

15　《世宗宪皇帝朱批谕旨》卷125之7《朱批鄂尔泰奏折》，雍正六年六月十二日，云贵总督鄂尔泰《奏为覆奏酌均公件耗羡遵旨宽裕留给以广圣恩事》。

16　张允随：《奏报借动脚价银两运销锡斤情由并交朱批折》，雍正九年九月初一日，《雍正朝汉文朱批奏折汇编》第21册，第135页。

17　关于雍正年间云南地方政府开拓铜铅市场的研究，见拙文《试论清代黔铅兴起的原因与背景》，《贵州大学学报》，2010年第3期。

18　乾隆二年七月八日，云南巡抚张允随《题为题明事》，清代《内阁大库档案》，编号：000081342。

19　《钦定大清会典事例》(乾隆朝)卷44《户部·钱法》京局鼓铸："乾隆五年议准，嗣后宝泉、宝源二局鼓铸，按铜铅百斤内，用红铜五十斤，白铅四十一斤八两，黑铅六斤八两，点铜锡二斤，配搭改铸青钱，与旧铸黄钱一同行用。"

20　《大清高宗皇帝实录》卷130，乾隆五年十一月，户部议覆："云南巡抚张允随疏称，滇省改铸青钱，请用板锡配铸等语。查该省点铜价贵，赴粤采买亦难。应如所请，以个旧厂板锡搭配鼓铸。"从之。

21　乾隆七年六月十九日，云南巡抚张允随《为题明事》，《明清档案》，编号：A112—106。

22　24　38　乾隆《蒙自县志》卷3《厂务》。

23　《大清高宗皇帝实录》卷866，乾隆三十五年八月，户部议准原任云南巡抚明德奏称。

25　《钦定大清会典事例》(嘉庆朝)卷684《工部，钱法》。

26　嘉庆七年六月十六日，户部尚书步军统领禄康《题覆云南巡抚孙曰秉请宽免嘉庆二三两年锡票税课缺额事》，《内阁大库档案》，编号：000011005。

27　《钦定大清会典》(嘉庆朝)卷14《户部·广西清吏司》。

28　如道光《云南通志稿》、《滇南矿厂图略》等。

29　光绪《云南通志》卷 73《食货志矿厂》。

30　光绪三年四月十三日 云贵总督刘长佑《拟请借款开矿购器铸钱》，中央研究院近代史研究所编《中国近代史资料汇编·矿务档》，1960 年 8 月第 1 版，第 1867 号。

31　雍正九年六月初四日，云南巡抚张允随《奏报借动脚价运销锡斤折》，《宫中档雍正朝奏折》第 18 辑，第 311 页。

32　乾隆二年七月八日，云南巡抚张允随《题为题明事》，清代《内阁大库档案》，编号：000081342。

33　《世宗宪皇帝朱批谕旨》卷 174 之 2《朱批李卫奏折》，雍正四年十一月二十日，浙江巡抚李卫《奏为报明臣前任经手锡厂变价归清事》。

34　《钦定大清会典事例》(嘉庆朝)卷 175《户部·钱法》直省办铜铅锡。

35　马琦：《清代各省采买滇铜的运输问题》，《学术探索》，2010 年第 4 期。

36　乾隆九年六月十六日，云南总督张允随《为京铜运脚不敷等事》，《明清档案》，卷册号：A131—102。

37　《钦定大清会典则例》(嘉庆朝)卷 175《户部·钱法》直省办铜铅锡条。

39　道光《云南通志稿》卷 77《食货志八之五·矿厂五》鼓铸。

40　《大清高宗帝实录》卷 866，乾隆三十五年八月，户部议准原任云南巡抚明德奏。

41　《钦定大清会典事例》(乾隆朝)卷 44《户部·钱法》办铅锡。

42　[年代不详]，署云南巡抚革职留任明德《奏报各省委员来滇办运铜锡数目及出境日期清单》，《军机处档折件》，编号：011825。按明德于乾隆三十三年二月至三十五年五月任云南巡抚，其革职留任应在乾隆三十三年之后，且所奏为乾隆三|四年之事，故定此条史料时间为乾隆三十四年。

43　嘉庆《四川通志》卷 70《食货·钱法》。

44　《钦定大清会典事例》(嘉庆朝)卷 175《户部·钱法》直省办铜铅锡。

45　乾隆《毕节县志》卷 4《赋役志·鼓铸》。

46　《钦定大清会典则例》(嘉庆朝)卷 175《户部·钱法》直省鼓铸条。

47　《钦定大清会典事例》(乾隆朝)卷 44《户部·钱法》办铅锡。

48　户科题本：乾隆八年六月二十二日，户部尚书徐本等《题为采锡尚容变通谨陈原委仰祈圣鉴事》，引自《清代的矿业》，第 610—618 页。

49　乾隆二十三年五月二十九日，护理湖南巡抚布政使公泰《题为天地有自然之利等事》，《内阁大库档案》，编号：000114378。

50　乾隆三十八年四月八日,湖南巡抚梁国治《题为天地有自然之利等事》,《明清档案》,卷册号:A218—032。

51　乾隆四十九年正月二十日,署湖南巡抚舒常《题为开采锡矿等事》,《明清档案》,卷册号:A239—047。

52　乾隆五十二年十一月十五日,湖南巡抚浦霖《题为天地有自然之利等事》,《内阁大库档案》,编号:000139145;乾隆五十三年十月十三日,湖南巡抚浦霖《题为开采锡矿等事》,《内阁大库档案》,编号:000141266。

53　《世宗宪皇帝朱批谕旨》卷7之3,雍正五年九月二十九日,两广总督臣孔毓珣谨《奏为南丹矿徒遵法解散事》。

54　杜家骥在《清中期以前的铸钱量问题——兼析所谓清代"钱荒"现象》(《史学集刊》,1999年第1期)一文中统计乾隆二十年左右各省铸钱量为221.8万余串,资料均来源于《清朝文献通考》,其中大部分省份铸钱量与笔者所掌握资料相差甚大,故重新统计。

55　此表数据来源于《内阁大库档案》、《钦定大清会典》(乾隆朝)、《皇朝文献通考》等资料。

56　刘岳昭:《滇黔奏议》卷10《会奏查明云南铜厂实在情形请另筹拨工本以资采办折子》,同治十二年三月,《近代中国史料丛刊》第一辑,第0503册。

57　《大清德宗皇帝实录》卷32,光绪二年五月,上谕军机大臣等。

58　光绪二年五月十七日　云贵总督刘长佑《密陈滇省洋务情形并请开矿练军》,《中国近代史资料汇编·矿务档》,1960年8月第1版,第1865号。

59　《大清德宗皇帝实录》卷166,光绪九年七月,上谕军机大臣等。

60　《大清德宗皇帝实录》卷171,光绪九年十月,云贵总督岑毓英等奏会议矿务。

61　光绪十一年六月十二日 云贵总督岑毓英《函陈云南矿务情形》,《中国近代史资料汇编·矿务档》,1960年8月第1版,第1875号。

62　如[法]罗伯尔:《滇南矿产图略》,1868年;[法]劳瑟:《中国的云南省》,1880年;[英]葛洪:《穿越Chryse》,1882年;等等。

63　佚名著,唐国莉、孟雅南译,陆韧校:THE PROVINCE YUNNAN, in The China Review, V.9, 1880—81.

64　《MENGTZU TRADE REPORT, FOR THE YEAR 1889》,《中国旧海关史料(1859—1948)》第15册,第573页。

65　佚名著,唐国莉、孟雅南译,陆韧校:THE PROVINCE YUNNAN, in The China Review, V. 9, 1880—81.

66　由蒙自报关出口的锡斤数量均来自海关总署总务厅、中国第二历史档案馆编:《中国旧海关史料》,京华出版社 2001 年版。以下不再注明。

67　《光绪二十年通商各关华洋贸易总册・蒙自关》,《中国旧海关史料》第 22 册。

68　《光绪二十四年通商各关华洋贸易总册・蒙自关》,《中国旧海关史料》第 28 册。

69　《宣统元年蒙自口华洋贸易情形论略》,《中国旧海关史料》第 54 册。

中国西南边疆视角下的越南青铜时代农业

陈　果(云南大学人文学院历史系讲师)

从新石器时代开始越南一直以来都是一个农业大国,尤其是它的稻作农业在世界上占一个非常重要的地位。越南早期文明受到了中国古代文明的强烈影响,而在新石器时代至青铜时代越南的农业生产亦是如此。

一、越南青铜时代北部地区的农业

(一)新石器时代末期至青铜时代早期

1. 冯原文化及猪仔丘—马栋丘遗存时期的农业(红河流域)

从新石器时代晚期越南北部地区定居农业就成为其生计方式中的支柱性产业,这种情况在青铜时代的越南北部地区得到了延续。肥沃的冲积平原与沙积地为种植农业的生产提供了非常有利的条件。其中稻作农业是定居农业的最主要组成部分,在桐荳遗址的最早期地层中,发现了一些碳化的稻米[1],为这一论断提供了证据。同时在冯原文化的土桑遗址、春桥遗址和含丘遗址都出土陶器上也发现有稻谷的痕迹。

在当时还未发现青铜农具的出现,从各种石制农具来看,发现在冯原文化中大尺寸的石铲和石斧,这一类的石制的农业生产工具,都是受到了广西南部地区新石器时代大龙潭"大石铲"文化的影响[2]。在广西新石器时代文化中,这类器物大量被发现,多是在祭祀坑中发现,并当作农业祭祀仪式中的礼器来使用,而非实用器,因此在越南新石器文化及青铜文化各遗址发现的此类器物没有被广泛的使用,它却成为了中国西南地区早期农业祭祀文化传播到越南的一个证据。

制作精细的小型石斧主要是用作砍伐和开荒用的工具。石刀和石镰是主要的收割、割草工具,如棉丘遗址出土的石镰已广泛的使用到农业生产当中[3]。石刀出土的数量较多,其形制也有较大的差异,有些石刀形状细长,另一些石刀只是呈片状,有些细长的石刀由于长时间的使用,其刃部已经磨损到钝缺的程度。在含丘遗址中出土了6件石刀,它们的尺寸和使用的边刃的部位都有差异,有的长7.2厘米,刃脊间的宽为4厘米;有的长4厘米,刃脊间的宽为5.5厘米[4]。其中棉丘遗址出土的石镰最具代表性,石镰多以一长石片为毛坯制成,柄部最宽的部分宽达3.5厘米,这也是石镰刀最厚的部分。在棉丘遗址的第二次发掘中,出土了一件石镰,在与其脊部连接的刃部有因被绳子缠绕而留下的勒痕,估计是作为拿握石镰的把手。石镰的刃部已断,残长仅4厘米,不过仍能看到与现代使用的铁镰刀形似的弓形弯曲。由于使用频繁的缘故,石镰的刃部锋利而光滑,其脊部也被打磨光滑,厚度在0.3至0.7厘米之间。在石镰的身体上还保留着制作及修理时候的敲打痕迹[5]。有些越南的考古学者推测石镰的大量出现说明当时越南北部地区的原始居民的农业生产能力已经达到了一个较高的程度。而在各遗址都出土了非常多的磨盘,其中有长条形磨盘、沟槽形磨盘和可

以转动的圆磨盘,说明在当时对于粮食的加工技术也已经非常的
发达了。而在冯原遗址出土的各种数量可观的大型陶质容器,也
说明了冯原文化的原始居民已经能从当时的定居农业模式中获取
相当数量的农产品[6]。一部分越南学者认为在冯原文化时期,原始
居民开始使用点种棒进行玉米及水稻的播种[7],但是这一论断还缺
乏实物证据。

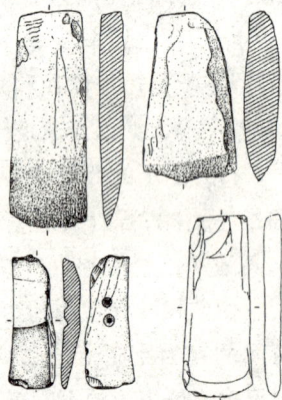

图一　冯原文化之松仁遗址和塘去遗址出土之石锄

该图取自于 HAN VAN KHAN,〈Xom Ren—Mot d itch Khao co dac biet
quan trong cua thoi dai do dong Viet Nam〉, NHA XUAT BAN DAI HOC QUOC
GIA HA NOI, 2009

　　在冯原文化中畜牧业也有了一定的发展,从吟村遗址出土的
各种家禽和驯养动物的陶俑,考古学家可以知道在那个时代人们
开始驯养鸡等家禽[8]。在陇和遗址墓葬中发现的随葬的猪的颌骨[9]
及在长晴遗址中发现的狗的骨骸[10],都说明了在当时畜牧业已经
慢慢的成熟起来,成为定居农业的一个重要补充。

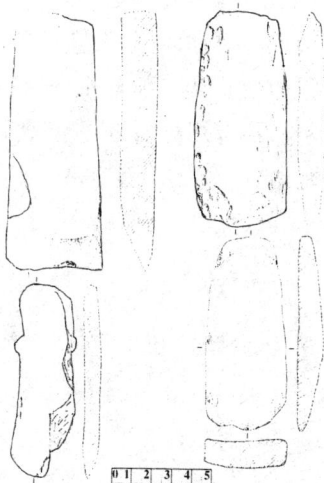

图二　冯原文化之藤仁遗址出土之石锄

该图取自于 HAN VAN KHAN,〈Xom Ren—Mot d itch Khao co dac biet quan trong cua thoi dai do dong Viet Nam〉, NHA XUAT BAN DAI HOC QUOC GIA HA NOI, 2009

在冯原文化的分布区域旁,暨沱江与红河交汇处的三角地带,分布着几乎与冯原文化同时代的猪仔丘—马栋丘遗存。

在靠北部的猪仔丘—光旭遗址群中,石磨盘是非常常见的一种石制工具,其主要的类型有锅腹形的、沟形的和凹槽形的。主要的制作方法是先用较粗糙的石料打制成形,再用小石粒进行磨制,以达到磨光的效果[11]。

在靠西部的马栋丘—端上遗址群中,端上遗址是一个石器制作工坊遗址,在此遗址中,石锄大量的出现。石锄主要分为有肩石锄和梯形石锄两种类型。有肩石锄的数量占大多数,且形制较统一。有肩石锄全部属于溜肩型,肩部的内角在 125 至 135 度之间,

外角呈弓形。肩部较窄，锄身较宽，其横截面呈椭圆形，其边刃略
成弧形，有时斜向一边但不对称，纵截面呈斜"V"字形。刃部的两
面都有直的削痕，且刃边成直角。锄柄窄，长度仅出身的1/3长。
梯形石锄的器身较细长，顶部缩小向刃部略张，器身长是其宽度的
两至三倍，刃部被磨呈斜"V"字形，刃边呈弓形，器身的横截面呈
椭圆形，厚约0.8厘米。

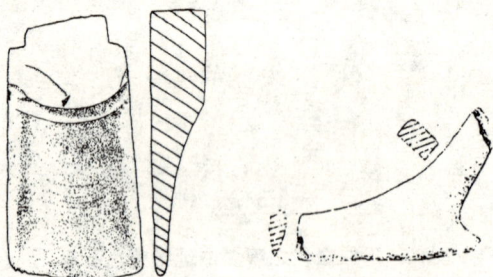

1. 端上遗址出土之有肩石锄　　2. 端上遗址出土之石刀

图三　马栋丘－端上遗址群出土之石制农具

该图采自 HAN VAN KHAN,〈CO SO KHAO CO HOC〉, NHA XUAT BAN
DAI HOC QUOC GIA HA NOI, 2008

越南考古学家认为锄和斧的最大区别是在形制、制作材料和
使用痕迹上而不是尺寸。石锄的尺寸通常与大中型的石斧相近，
其长度在7至12厘米之间，宽度在4至6厘米之间。与石斧0.7
至1.5厘米的厚度相比，石锄的厚度普遍较薄，仅在0.6至0.8厘
米之间。从端上遗址出土制作石器的石片来看，制作石锄的石料
较软，主要是先经过敲打再经过磨制，而不像石斧的加工先要经过
锯这样的加工工序[12]。在端上遗址还出土了许多制作有肩石锄的
半成品。

石磨盘在这个遗址群里石磨盘也大量的出土,尤其是在端上遗址中,采集到的石磨盘占所有采集品数量的2/3,其中有长条形磨盘、锅腹形磨盘、"V"字形沟槽磨盘等。其中锅腹形磨盘占统治性地位,其数量占了总数的3/4左右[13]。在马栋丘遗址还出土了少量的"北山型"石磨盘和"下龙型"石磨盘。制作石磨盘的石料主要粗砂石和青细砂石。在马栋丘遗址还出土了石制杵研和舂等粮食加工的工具[14]。

考古学家可以看到在这一区域内,锄耕农业发展得异常的壮大。在石器制作工坊遗址中出土了大量的农耕工具,包括开荒用的石斧、耕作用的石锄和加工用的石磨盘,它们占了出土石器总数的绝大多数。而陶器的大量制作也说明了粮食产量的稳定,可以说这一三角地带是新石器时代晚期至青铜时代初期越南北部地区定居农业最为发达的区域之一。

2. 仙足丘—东块、拜曼遗存和华禄文化时期的农业(马江流域)

仙足丘遗址位于清化省绍化县的绍云社,该遗址于1981年进行了发掘,在这次发掘中出土和采集到了655件文化遗物,其中有33件石磨盘,这些磨盘都是用砂岩制造的,其中有长条形磨盘、可以转动的圆形磨盘和沟槽形的磨盘等[15]。

东块遗址位于清化省东山县东疆社的东块村,该遗址在1976年[16]和1982年经过两次试掘,作为一个石器制作工坊遗址,该遗址出土的磨盘的数量排在所有出土石器的第二位,仅1982年的第二次试掘就出土石磨盘22件[17]。

拜曼遗存略晚于仙足丘—东块遗存,其文化特征上有较大的相似性和延续性。

拜曼遗存的拜曼遗址位于清化省的东山县东领社,该遗址在

1975 年进行了发掘，在这次发掘中出了 5 件石磨盘，其原料都为砂岩，磨盘的类型有长条形磨盘和沟槽形的磨盘。而在出土的陶器残片上，发现了带有稻秆点的残片[18]。

属于拜曼遗存的构丘遗址也位于清化省的东山县东领社，离拜曼遗址 400 米，在构丘遗址的下层出土了 26 件石磨盘，均由砂岩制作，有锅腹形和沟槽形两种磨盘[19]。

考古学家可以看到在新石器时代晚期至青铜时代早期，马江流域的绍化及东山两县的早期原始居民其农业生产和加工水平都已经达到了非常高的程度。每个遗址都出土了大量的磨盘，说明当时的原始居民对于食用粮食的精细程度有了更高的要求，在使用磨盘的同时也丰富了他们的烹饪方式。但在这一地域的各遗址中并没有发现炭化稻米和收割各种谷物的工具，说明在水稻的种植面积和数量上该地区的原始文化尚无法与红河流域的冯原文化相比。而在这些遗址内发现的家禽的数量也较少，说明当时的家畜蓄养业也仅仅是处于起步阶段。当石器制作工坊遗址中集中发现批量生产的磨盘也说明在当时定居农业已经成为这一地区最主要的生计方式。

在这一地区还有一个华禄文化，其时代略晚于仙足丘—东块遗存，但其文化面貌与仙足丘—东块遗存有着较大的差异，具有较多的自身特点。

该文化的华禄遗址位于清化省后禄县的华禄社，该遗址在 1973 年被发现，并于 1974、1975、1976 和 1982[20]年共进行了四次发掘。

在第一、二次发掘中共出土了 62 件石锄，大体可以分为两类，第一类为有肩石锄，共出土了 56 件；另一类为梯形石锄，共出土 5 件，另有一件其形制十分特殊，有的越南考古学者认为它是一种原始的石犁。同时还出土了263件磨盘,其中沟槽形磨盘180件,长条形磨盘83件,共有50件磨盘有非常明显的使用痕迹[21]。

1976年的第三次发掘中,出土了59件石锄,石锄的制作方法都是敲、打,未见有锯痕和明显的磨制痕迹[22]。

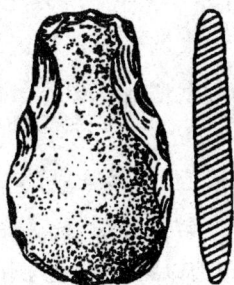

图四　华禄文化出土之石锄

该图采自 HAN VAN KHAN,〈CO SO KHAO CO HOC〉, NHA XUAT BAN DAI HOC QUOC GIA HA NOI, 2008

在华禄社邻近的富禄社有另一个属于华禄文化的遗址——富禄遗址,在该遗址共出土了59件石锄,其中38件有肩石锄和21件梯形石锄。另外还出土数件和华禄遗址一样的特殊石锄,该遗址出土了共357件磨盘,有锅腹形的、有长条形的,也有沟槽形的[23]。

在华禄文化各遗址出土的399件动物的骨骼与牙齿中,有179件经过了鉴定,其中有27.93%是驯养动物的骨骸,说明在当时除了农业种植与渔猎经济外,还有家畜畜养业的存在[24]。

考古学家可以看到当马江流域的青铜文化发展到了华禄文化时期,农业生产有了较大的发展。首先是种植工具的发展,在含沙土的冲积平原上,锄头是最适合种植的农具,在这一时期,前面所未见到的石锄大量出现，且形制丰富，甚至同时遇到了石斧、石锄、炭化稻米和陶支架混在一起出土的情况[25]，说明种植技术上的飞跃及种植面积的迅速扩大，而数百件磨盘的出现也说明对于粮食作物加工的数量与规模也与日俱增。这一时期家畜蓄养业也得到了飞速的发展，在经济生活中占有了一席之地。

在马江流域的附近的大河三角洲地区，石锄则发现于山区的葵州县和沿海宜春县的红棍遗址和狒狒丘遗址，而在南雄遗址，有26件石锄发现[26]。

3. 殷岗遗存时期的农业（嘎江流域）

在新石器晚期至青铜时代早期，在义静沿海平原发现了在半径2公里的范围内，分布着以殷岗遗址为中心的一个遗址群，包括了琼文、番石榴寨、石乐、冉丘等遗址，这些遗址的晚期地层已进入了青铜时代的早期[27]。

虽然这一文化遗存的主要经济状态从各遗址出土的各种贝类的螺壳与动物的遗骸来看主要还是以狩猎和渔捞经济为主[28]，但这一区域的番石榴寨遗址仍然出土了与马栋丘遗址所出相似的有肩石锄[29]，说明了在这一区域内早期的农业已开始萌芽，但其发展远远滞后于越南北部的其他地区，明显是在红河流域早期青铜文化的影响下产生的。

（二）青铜时代中期

1. 桐荳至椚丘文化时期（红河流域）

在桐荳文化的各个遗址中，并未看到石镰和石刀等收割工具的出现，但是磨盘和磨棒等粮食加工工具的出现，为考古学家提供了其他的研究线索。在蕉园遗址[30]、东林遗址、同筧遗址[31]和成筧遗址[32]都有磨盘的出土。在桐荳遗址中，发现许多炭化稻米的痕迹,在第Ⅱ、Ⅲ文化层中,发掘者都发现了炭灰[33],说明了水稻是桐荳文化原始居民最主要的食物来源。大量的农业生产工具的发现证明桐荳人是农耕民族,数量很大的粮食加工工具的存在,也表明桐荳人的粮食产量已达到相当的规模,证明农业的进一步发展为红河流域古代文明的演进提供了人口的支持。

当桐荳文化形成的时候,越南北部的河流冲积平原及低洼湿地的地质构造已基本稳定,为耕作提供了较便利的条件,桐荳文化的居民开始从山前平原向这些土壤肥沃的地区迁徙,并逐步占领了这些地方,并定居下来。桐荳原始居民在定居地的选择上,都有一个较固定的标准,即聚居在不太高的丘陵地带或是平坦的冲积地,在其周围是低洼湿地或者是湖泊。桐荳文化的原始居民多在其居住地的附近的水田或旱地里劳作。由于土地肥沃,地广人稀,桐荳文化原始居民有足够的粮食和食品来保障和维持他们的生产和生活,正是由于这个原因,使他们很少转移他们的居住地,他们通常在一个定居地往往会生活相对较长的一段时间,这也是桐荳文化各个遗址的文化层堆积较厚的原因。以稻作农业和种植各种蔬菜水果为主要的生计方式的基础上,家畜养殖业在这一时期,仍然得到了发展,从各遗址出土的狗、猪、鸡的骨骸中,考古学家可以看到养殖业仍然扮演着重要补充经济模式的角色[34]。

在20世纪八、九十年代花粉孢子等新的技术被开始利用到越南考古中去,越南考古学家在植物考古学和环境考古学中得到了一些突破。在桐荳遗址中采集到的花粉孢子和炭化稻壳使考古学家知道了在桐荳文化中,稻米的种类非常的丰富,约有25种各种属于 Oryza Sativa 稻属,禾本科的稻子广泛的分布于越南北部的热带地区,其中还很有可能包括糯米类和黏米类的稻种。在该遗址中还发现了番薯、空心菜和柑橘等农业作物的花粉[35]。陶世俊在研究桐荳遗址属于桐荳文化的地层里出土的炭化稻米颗粒时发现"10 粒瘦长的可能属黏米……一些膨胀鼓长形的有点类似于山地糯米……而在距地表1.2 至 1.5 米处发现的炭化稻米,形态短瘦,也应属于黏米。在一种中各层中都有圆长粒和圆短粒的炭化稻米。在桐荳文化晚期的地层中,除了瘦长和细短的黏米外,还有两粒肥短和圆长的炭化稻米,应该是属于糯米[36]"。

1. 桐荳文化出土之陶鸡模型　　　　2. 桐荳文化出土之陶牛模型

图五　桐荳文化出土的陶鸡和陶牛的模型

该图采自 HAN VAN KHAN,〈CO SO KHAO CO HOC〉, NHA XUAT BAN DAI HOC QUOC GIA HA NOI, 2008

　　综上所述,桐荳文化的原始居民主要还是过着传统的农业定居生活,他们的田地都在他们所居住的低矮丘陵或冲击地的附近,而家畜的畜养也是他们重要的生计方式,这些劳动所得加上从自然界中渔猎和采集的各种食物,完全能保障他们在一个定居地长期、固定地生活下去。

　　椚丘文化的居民也像桐荳文化的原始居民一样在自己居住地周围播种、耕作,这是他们最主要的食物来源。这时候的椚丘文化的早期居民主要是在居住地附近的田地中进行大面积的广耕,同时他们也在居住地附近的低洼地种植两季收成的水稻和杂粮。他们在山岭中挖取各种根茎植物和采摘果实的过程中,也学会了种植根茎蔬菜和果树的技能,蔬菜和水果的种植也大大丰富了他们的食谱和营养结构。在椚丘文化的椚丘和松寺丘遗址中出土了一批收割工具,例如铜镰。

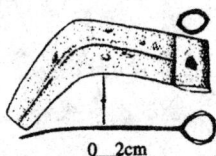

1．枸丘遗址出土之青铜镰刀　　　松寺丘遗址出土之青铜镰刀

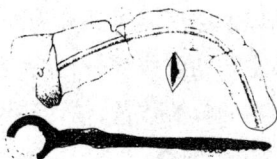

图六　枸丘文化出土的青铜镰刀

该图采自 HAN VAN PHUNG,〈VAN HOA GO MUN〉, NHA XUAT KHOA HOC XA HOI, 1996

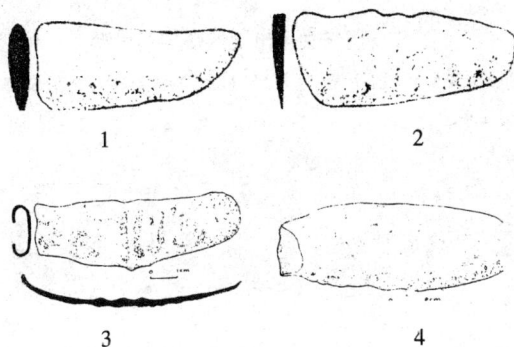

1、2、3、4　桐荳遗址的枸丘文化地层中出土的青铜刀

图七　枸丘文化出土的青铜刀

该图采自 HAN VAN PHUNG,〈VAN HOA GO MUN〉, NHA XUAT KHOA HOC XA HOI, 1996

　　枸丘文化的原始居民将家畜畜养业进一步的发展,除了在各个遗址都发现大堆的猪牙、鸡骨和狗的骨骸外,还在枸丘文化的一些遗址中发现了水牛、黄牛甚至是大象的骨骸,虽然现在还没有任何证据直接证明那时候的人们就已经开始畜养这些动物,越南的

考古学家认为很有可能这些动物已经被用来在水田里拉犁或砍伐木材用以建造房屋等各种为人类服务的用途[37]。养猪是家畜畜养业中最主要的组成部分,在各遗址中出土的猪骨的数量大大超过其他动物的骨骼数量,估计猪肉是当时最主要的肉食来源。

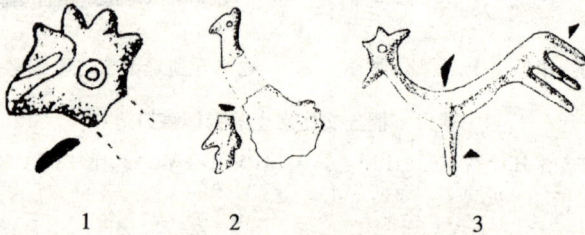

1　　　　　2　　　　　　　3

图八　椆丘文化出土的青铜鸡模型

该图采自 HAN VAN PHUNG,〈VAN HOA GO MUN〉, NHA XUAT KHOA HOC XA HOI, 1996

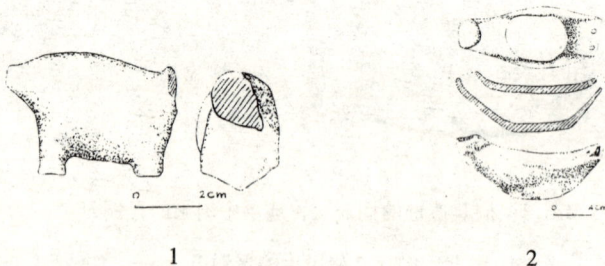

1　　　　　　　　2

图九　椆丘文化出土的陶猪和陶鸡模型

该图采自 HAN VAN PHUNG,〈VAN HOA GO MUN〉, NHA XUAT KHOA HOC XA HOI, 1996

在椆丘文化时期,越南北部的原始居民主要的生计方式仍然是在水田里种植水稻和在低地丘陵周围种植杂粮。椆丘文化的各遗址中石磨盘大量的出土,说明在这一时期,粮食的加工已经成为非常重要的一项工作。在椚丘遗址中发现了储藏有五谷的地窖遗迹[38]，这证明了在椚丘文化时期，粮食生产不单可以自给自足，而且有剩余的粮食储藏起来，这也为社会分层和贫富分化的产生提供了条件。

　　2.葵渚遗存时期(马江流域)

　　该文化遗存时期最重要的遗址有葵渚遗址[39]和同暗遗址[40]，在这一时期，各遗址出土的农业生产工具如石锄、石磨盘等与仙足丘—东块、拜曼遗存和华禄文化时期的基本一致，有较明显的传承关系。在同暗遗址等地还发现了夹杂有稻壳的陶器，而在葵渚和同暗遗址还发现了水牛和黄牛的遗骸，这些证据都说明了在青铜时代的中期，马江流域的稻作农业得到了继续的发展，牛耕技术甚至有可能在

　　这一时期在马江流域开始流传开来，这项新的耕种技术的发明为推动提高农业生产的效率产生了重大的影响。

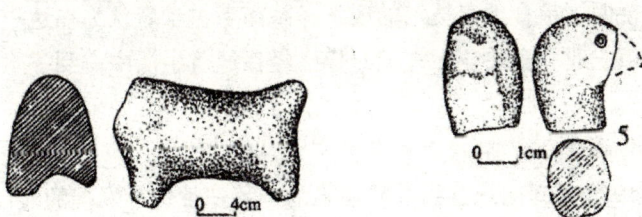

　　1. 鸣村遗址出土的陶狗　　　　　2. 同暗遗址出土的陶鸡

图十　葵渚遗存各遗址出土的陶狗和陶鸡的模

该图采自 HAN VAN KHAN,〈CO SO KHAO CO HOC〉, NHA XUAT BAN DAI HOC QUOC GIA HA NOI, 2008

　　在葵渚遗址和绍阳遗址还出土了猪骨和狗骨[41]，另外在鸣村遗址和同暗遗址发现了陶狗，同暗遗址还发现了陶鸡，说明这一时

期的家畜畜养业已经发展到了一个非常高的程度,并成为了定居农业的一个非常重要的补充。

3. 清化省山陵地带的青铜文化时期

早在1930年,M·哥拉尼在清化山区发掘美祭坑遗址和安乐坑遗址的时候就发现了一些石磨盘[42],证明了这一地区青铜时代定居农业的存在。1979年,河内大学历史系考古专业的师生在清化省官化县进行考古调查的时候,发现了一件完整的石锄,全身磨制精细,为对称梯形。当他们到官化县贤中社丛漂村进行调查时又在村里仓库的水井处又发现了40件石锄。在贤中社丛漂村发现的这批石锄有着其自身的一些特点如短柄、刃部比肩部宽等,同时也同华禄遗址出土的石锄在形制上较为类似[43]。

这些出土遗物说明在清化省的山陵地带,定居农业也开始发达起来。在一个地方采集到40件石锄,说明农业生产工具的聚集使用,说明在当时种植农业已经具有了一定的规模。同时石磨盘的发现说明了粮食加工技术的成熟。越南考古学者认为在这一地区的种植农业和畜牧业在青铜时代已经在经济生活中占到了主导的地位[44]。

4. 鸣臻遗存时期(嘎江流域)

在1975年对南坛县南春社境内的鸣臻遗址进行发掘的时候,出土了大量的农业生产工具。

出土最多的遗址就是石磨盘,共出土了777件,全由粗砂石制成,可分为三个类型。第一类为锅腹类磨盘,出土338件,其形制大小均较一致,其内部单面或双面有平行或相互交叉的沟槽;第二类为长条形磨盘和凹形磨盘,出土438件;第三类为可以转动的圆形磨盘,仅1件。此外该遗址还出土了两件斜肩式的铜锄。甚至在某些陶罐的口沿部位都装饰有稻梗的纹样。越南的考古学者根据遗址中出土的陶制的罐、碗、碟及铜钱认定其社会结构已进入了封建社会阶段[45],暨进入到越南历史学者所谓的"北属"时期。

在该遗址如此众多石磨盘的出土及青铜锄的出土说明到了青铜时代的中期,嘎江流域的农业生产已经达到了一个前所未有的高度。在一个遗址里出土的近800件磨盘和青铜农具的使用,说明无论是在生产规模、农具的生产技术,农业生产的组织与协调,水利灌溉等各方面都在这一时期产生了飞跃。但笔者个人认为这种飞跃是由来自于中国先进的农业生产技术而引起的。在当时由于发生在商周时期的民族迁徙与扩张,使得中国境内青铜文化向中南半岛渗透,其政权组织形式及先进的生产技术都随之进入这一地区,而在该遗址出土的铜钱就是这一文化渗透现象非常好的证明。

5. 义静山区的青铜文化时期

早在上世纪的20、30年代,E·索兰就对义静沿海平原地区进行了考古调查,他在葵州县的洞穴中发现带有用稻梗压印的点带纹的陶片[46]。在1975年,越南考古学者对于义静山区的考古调查中,在璜逛洞、兵博洞和博弓洞三个洞穴遗址中也发现了装饰有类似于桐荳—椚丘文化的稻梗点纹的陶器[47],说明了在当时已经有了一些水稻的种植。但在这些遗址中都没有发现农业生产的工具,从各个洞穴遗址出土的较多的海螺壳、蚌壳、贝类以及动物骨、牙的遗骸来看,这一地区青铜时代的主要经济模式还狩猎与渔捞,而水稻种植只是一种补充的经济模式而已。

(三)青铜时代晚期至铁器时代初期——东山文化时期

在东山文化时期,各种青铜、铁制的农具都大量的出现,加上原本就数量很多的石制农具,为农业生产提供了大量的物质和技术的支持。

　　石制农具主要包括石锄和石磨盘,这两样器物在各遗址都有较多的出土,其形制与桐荳—椚丘文化时期的石锄和石磨盘,并没有多大的差异,基本上继承了原有器物的形制。

　　而青铜农具主要分为耕种工具和收割工具。其中耕种工具主要是青铜锄,在很多的东山文化遗址中都可以发现青铜锄的踪迹,特别是在富良遗址和清化省东和县的府场遗址都发现了作为宗教祭祀所使用的铜锄,这些铜锄的器型较大,长 16.5 厘米,宽 11.7 厘米,器表装饰有跟铜鼓和铜提筒一样的圆圈纹、平行线纹和切线圆圈纹等纹饰。其他形制的青铜锄也有,最普遍就是"U"字形锄,根据其不同的装柄方式,甚至可以作为锹来使用;有肩铜锄,其用来套柄的銎部深陷入舌部。有些有銎锄的舌部呈三角形,有的有銎锄的舌部呈弓形。

　　另外还发现了一种越南考古学家称之为犁的器物,其实就是在云南青铜文化中经常出现的尖叶形、心形这些式样的铜锄,到本世纪初为止,共发现了 192 件,由于使用地区的土壤不同,将四个不同地点出土的 192 件这样的青铜锄可以分成 4 种型式:

　　A 型:近三角形,万胜发现有 4 件。

　　B 型:近心形,河内的古螺、河西省的山西,老街的八沙,共发现 102 件。

　　C 型:蝶形,清化省的多个地点, 共 82 件。

　　D 型:带平肩形,只在宜安省的同芒出 4 件[48]。

　　考古学家可以看到青铜锄的分布有着自己的一些特点,例如单肩类锄头、双肩锄头、"U"字形锄头,主要分布在红河流域。三角形和心形铜锄则被越南考古学者称之为"红河型"的铜犁,1982年在河内的古螺城遗址已发现了心形锄的生产中心,那时安阳王的古都,它沿着红河流传到各地,从老街经永富流传到平原地区。

而蝶翼形铜锄,几乎只见于马江类型的分布区,其年代可能属于东山早期[49]。

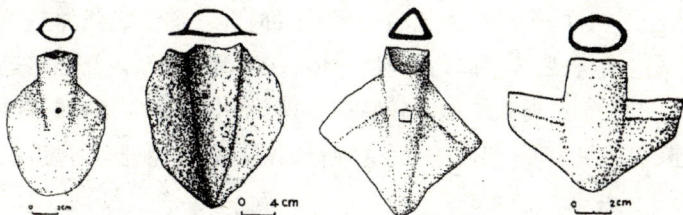

1. A 型铜锄 2. B 型铜锄 3. C 型铜锄 4. D 型铜锄

图十一 东山文化各遗址出土的青铜锄

该图采自 PHAM MINH HUYEN,〈VAN HOA DONG SON – tinh thong nhat va da dang〉, NHA XUAT BAN KHOA HOC XA HOI

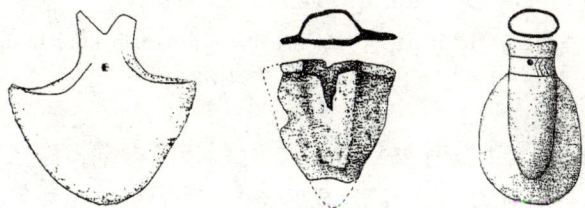

1 三类铁锹 2 二类铁锹 3 一类铁锹

图十二 东山文化各遗址出土的青铜锹

该图采自 PHAM MINH HUYEN,〈VAN HOA DONG SON – tinh thong nhat va da dang〉, NHA XUAT BAN KHOA HOC XA HOI

其他的青铜耕种工具还有铲和锹。青铜铲的数量较少,只是在古螺城遗址有发现,有的在形制上类似于现代的铁锹,而有的銎部直接与铲舌连为一体,铲舌的两边的上部略为收缩,銎部的构造与心形铜锄的銎部近似。青铜锹在越南北部的山区和平原都有较多的发现,由于其舌部较厚,非常适于掘地和松土。可以分为三个类型,第一类为宽舌型的圆锹,銎部的截面呈椭圆形,仅在老街遗址出土了一件;第二类为长銎型锹,上部宽阔,銎部之截面呈四角形,两边倾斜,底边弓隆,舌部呈弓形,在安沛、北乾、沱江上游等处都有发现;第三类锹的形制较特殊,其舌部中间略尖,銎部与锹身相连,舌边呈弧形,双肩略横,这种青铜锹在鼎乡遗址多有发现。

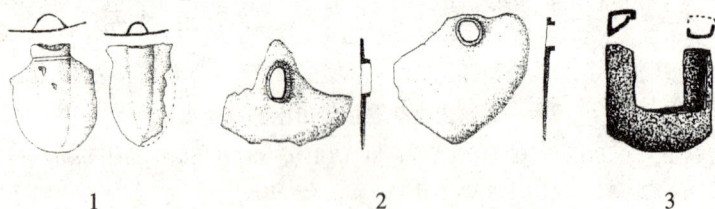

图十三　东山文化各遗址出土的青铜铲

该图采自 PHAM MINH HUYEN,〈VAN HOA DONG SON – tinh thong nhat va da dang〉, NHA XUAT BAN KHOA HOC XA HOI

　　青铜的收割工具有收割的青铜刀,越南考古学者称之为铗(nhip),它身形扁薄,或半月形,或四边形,刃缘锋利,主要发现于红河三角洲地区。河西省寿深遗址,荣光遗址,河内省的长亭遗址,唐美,上村和马竹等。出土的大部分只是残片而已,有两件相对完整的,其器型一半有凸起的锯齿,另一半较光滑上有两个小孔用以捆绑绳子。

　　由于汉文化的注入,在东山文化的晚期,铁制农具也大量的进入到了越南北部地区。铁锄是数量最多的一种,可以分为两型,第一型为有肩锄,其肩部略斜,刃部呈弓形,銎部近长方形;第二型为可以装柄的"U"字形锄,锄刃张开较銎部更宽,刃部呈弓形。铁锹主要为装柄的"U"字形锹,刃部比銎部更宽。收割工具主要是铁镰,呈弯弓形,一端缩至插入把手内[50]。

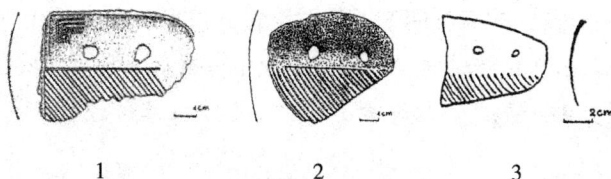

1　　　　　　　2　　　　　　　3

图十四　东山文化各遗址出土的青铜刀(铗)

该图采自 PHAM MINH HUYEN,〈VAN HOA DONG SON – tinh thong nhat va da dang〉, NHA XUAT BAN KHOA HOC XA HOI

　　考古学家可以看到在东山文化时期,定居的稻作农业与冶金技术形成了一个相互促进的局面,尤其是在越南北部和中部偏北地区,考古学家可以看到地域广阔并且连成一片的稻作农业区,在数十个遗址发现了炭化稻米和稻壳的痕迹,从这些炭化稻米的形状与大小来判断,属于许多不同的稻种。而东山文化的古代先民也已经掌握了已农业生产密不可分的天气知识,他们已基本弄清了冷热和晴雨的周期,是一年中主要的两季,这对于他们种植两季稻有着非常大的帮助。所以他们学会了在不同的季节种植不同的稻种。在大型冶铜遗址的旁边,出现了荣光、禅丕、同猛等冶铁遗址,为农业生产提供更多更先进的金属农具。锹、铲、锄、镰等金属农具的出现,使石制农具开始"退居二线",而金属农具在开始扮演着主要角色的同时,也将农业生产的效率和产量推向了一个新的高度。

　　从稻种上看,从最早的新石器时代晚期至青铜时代早期的纤细瘦长的籼稻,在桐荳文化时期开始分化为糯稻和圆形的籼稻,到了青铜时代晚期开始出现占稻,这种纯化和衍生的技术说明了稻种培育技术的发展。尤其是红河流域的原始先民已将适应暖季的季稻改造为适应寒季的占稻，并尽量利用占绝大多数地位的低洼湿地来进行种植，不可谓不说是稻作农业技术的一个伟大创新[51]。糯米在东山文化原始居民的稻作农业中占据了一个至关重要的地位，因为在各遗址都发现甑的残片，在鼎乡遗址还发现了完整的甑。

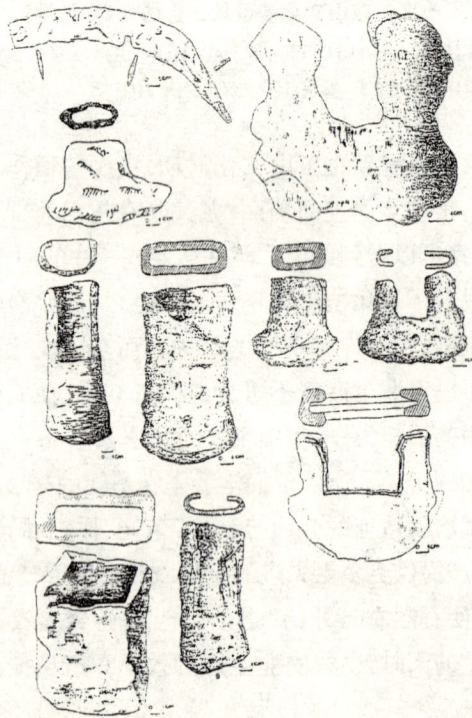

图十五　东山文化各遗址出土的铁制农具

该图采自 PHAM MINH HUYEN,〈VAN HOA DONG SON – tinh thong nhat va da dang〉, NHA XUAT BAN KHOA HOC XA HOI

东山文化的各遗址中,也能经常找到黄牛和水牛的骨骸,在万胜遗址出土的一件青铜提筒中同时发现了随葬的铜锄和水牛的颚骨,说明在当时可能已经在稻作农业中使用了牛耕技术,并开始推广。

在东山文化的各遗址当中还发现了有葫芦、冬瓜、豆、橄榄、橄榄、荔枝、槟榔等蔬果的种子和花粉,说明在这一时期,除了稻米以外,各种蔬果都已经成为了非常重要的粮食补充。

在东山文化中家畜的畜养业也得到了进一步的发展,考古学家可以看到,在各遗址中都发现了鸡、鸭、猪、狗、牛等各种家畜的遗骸,在一些东山文化遗址中,还出土一些牛型陶塑,在许多东山文化遗址出的鼓上也刻有公牛的形象。如洛丘,广清,同狗,滑村等。在东山文化遗址中,还发现了大量驯化的公牛、奶牛和水牛的骨骸。其中长亭遗址中出土的牛的骨骼数量占到出土所有动物骨骼 的 68.7%。说明在粮食生产的同时,东山文化的先民使用家畜来增加他们的肉食食品并改善他们的饮食结构,从而增强了体质也为文明的进一步发展奠定了生理上的基础。

东山时期高度发达的家畜饲养可能不仅是为了满足人们对肉食的需要,而应主要是为满足农耕中对畜力的要求[52]。

二、越南中部偏南地区和南部地区青铜时代的农业

越南中部偏南地区和南部地区主要是沿海的平原地区,所以这一区域的原始居民们只有在沿海平原的各淡水湖边进行农业的耕种,他们在青铜文化的早期阶段(丘村至龙盛阶段)主要使用石斧、石刀、石锄等石制农具,尤其是石锄贯穿于这一地域的所有青铜文化阶段,成为农业种植经济的一个最基本的特征及最基础的

生产工具。同时越南中部山地的大湖文化各遗址中也经常出土制作精美的石锄。直到砂萤文化中铁制的农具的大量涌现，铁制农具锄、锹、镰、刀的出现，成为农业生产的一大转折点。在此之前农业与渔捞经济扮演着几乎相同重要的地位，铁制农具的出现打破了这一平衡，能够稳定并大量提供可靠食物来源的农业终于占到了绝对优势的地位。虽然考古学家在这一区域中没有在任何遗址发现有炭化的稻米，但考古学家在出土的陶器中发现了掺杂其中的稻壳，说明了稻米在当时是主要的粮食来源之一。在这一区域各时期青铜文化尤其是平州遗存和砂黄文化的陶器上，考古学家经常可以看到稻穗状的纹饰。而适于在冲积的沙质土壤上生长的番薯、葛薯、花生和豆等蔬菜的种子和花粉也能在各遗址中大量的见到，说明当时的农业种植也富有多样性，这一区域原始先民用自己的才智创造了不同于其他地区的农业文明[53]。

1 铁锄   2 铁镰

图十六   砂萤文化各遗址出土的铁制农具

该图采自 HAN VAN KHAN,〈CO SO KHAO CO HOC〉, NHA XUAT BAN DAI HOC QUOC GIA HA NOI, 2008

而由于地理因素的限制,这一区域的家畜蓄养业基本上没有,而渔猎经济一直都扮演着非常重要的作用,即使是在定居农业占据最重要地位的时候,渔猎经济也是肉质食品的主要来源。

三、东南部沿海地区青铜时代的农业

在同奈盆地及其他东南沿海的岛屿,在青铜时代的初期主要还是使用石制的农具,石锄是非常重要的一类器物,发现的数量非常的多,石锄主要出在渡头、福新、盖万等遗址。现藏于胡志明市博物馆的 56 件石锄都是形体巨大的类型。总的来说,石锄可以分为两大类:四角边锄和有肩锄。数量上以前者为少,后者居多。多数石锄都被精细地打出四个角和两个直边,然而通体磨光,刃缘尤其锋利。在迪石遗址发现了 43 件,在石丘遗址发现了 27 件,在富禄遗址发现了 4 件,捧香遗址发现了 7 件,1993 年发掘的平多遗址发现了 15 件[54]。这些石锄的器型都较大,长度通常都在 15 厘米以上,肩部呈正方形,刃部一面或两面磨斜,刃部张宽呈凸弯状。

收割刀在大多数的遗址都有发现,都有玄武石制成,起形制较为固定,刃部弯曲呈弓形,其刃部较薄,切面为对称三角形,其尺寸在 10 至 15 厘米之间,在渡头、福新、会山、艾胜、兴盛、等遗址都有发现,在铁桥遗址 310 平方米的发掘区内,发现的收割刀数量多达 50 件[55],均为直背半月形,刃部扁平、锋利。而灵溪遗址也发现了 58 件[56]。

而石磨盘是主要的粮食加工工具,它一直被沿用至青铜时代结束,并在各遗址都有发现,在同奈河流域的磨盘主要为锅腹形的石磨盘或凹形磨盘,其他类型的磨盘并没有发现。

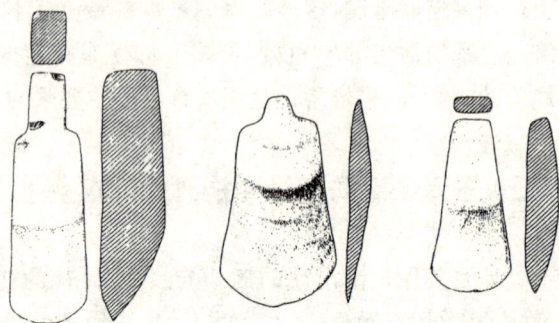

1、2. 有肩石锄   3. 梯形石锄

图十七　越南东南沿海地区青铜时代出土的石锄

该图采自 HAN VAN KHAN,〈CO SO KHAO CO HOC〉, NHA XUAT BAN DAI HOC QUOC GIA HA NOI, 2008

图十八　越南东南沿海地区青铜时代出土的石刀

该图采自 HAN VAN KHAN,〈CO SO KHAO CO HOC〉, NHA XUAT BAN DAI HOC QUOC GIA HA NOI, 2008

　　越南考古学家认为同奈河流域原始居民的主要生计方式为定居农业,用斧、锛开荒,用石锄耕种,用收割刀收割,用轮制法制作的各种罐、釜进行炊煮是他们主要的生活来源。因为没有发现越南北部那样的青铜农业生产和收割工具,锄耕农业应该是该地域最主要的农业生产模式,直到青铜时代晚期在狐狸泉、油曳、行棉等遗址,各种铁制农具如锄、镰、刀等大量的出现以后,石制的农业

生产工具才开始慢慢的减少,铁制农具成为最主要的生产工具。

在东南部的沿海地区,考古学家发现的家畜动物骨骸很少,而且只有狗和猪的骨骸出土,说明家畜养殖业还很薄弱,主要的肉食还是来自于渔猎经济。

郑生先生将越南新石器时代至铁器时期早期的农业分为三个发展阶段,分别是点种农业阶段、锄耕农业阶段和犁耕农业阶段[57]。但笔者并不认为在东山文化阶段已经产生了犁耕农业,越南学者所谓的犁,经过中国学者的研究,只是一种铜锄而已[58],而此种青铜农具是从春秋战国时期中国西南地区的云南产生的,并顺红河流域与铜钺等器物一道传入了越南。

0　　　4cm

图十九　越南东南沿海地区青铜时代出土的铁镰刀
该图采自 HAN VAN KHAN,〈CO SO KHAO CO HOC〉, NHA XUAT BAN DAI HOC QUOC GIA HA NOI, 2008

我们可以看到无论是从种植的作物、生产工具、加工工具、农耕技术还是农业稻作礼仪上,越南新石器时代晚期至铁器时代早期的农业都受到中国西南地区和岭南地区的强烈影响,越南早期农业发展的每一次飞跃都离不开中国农耕文化的推动与促进。

注释：

1　（越）黎春焰、黄春征：《桐荳考古遗址》，河内社会科学出版社1983年版。

2　广西壮族自治区文物工作队：《广西隆安大龙潭新石器时代遗址发掘简报》，《考古》
　　1982年第1期；邱立诚：《粤西发现的大石铲》，《考古》1983年第9期；蒋廷瑜、彭书
　　琳：《桂南大石铲研究》，《南方文物》1992年第1期。

3　（越）何文瑨：《同座遗址的碳14年代数据与冯原文化中的棉丘阶段》，《1986年越
　　南考古学的新发现》，1990年，第181—182页。

4　（越）何文瑨：《冯原文化——新的认识及问题》，《越南考古学》1978年第1期，第5
　　至22页。

5　（越）何文瑨、汉文恳：《富寿、三农、上农、棉丘遗址第二次发掘简报》，资料留在越南
　　考古研究院，资料编号HS87，1967年，见（越）何文瑨主编：《越南考古学 第二
　　集——越南金属器时代》，河内社会科学出版社1999年版。

6　（越）黄春征、阮玉碧：《冯原考古遗址》，河内社会科学出版社1978年版。

7　29　31　34　37　44　50　53　（越）何文瑨主编：《越南考古学第二集——越南金
　　属器时代》，河内社会科学出版社1999年版。

8　（越）何文瑨：《吟村遗址发掘报告》，《河内大学科学通报》第V集，1971年。

9　（越）黄春征：《陇和遗址第一次发掘报告》，河内社会科学出版社1968年版。

10　（越）阮氏金容：《长晴工坊遗址的第二次发掘》，《越南考古学》1990年第3期。

11　（越）黄春征：《越雄考古遗址的调查》，调查简报留在越南考古研究院，编号HS26，
　　见（越）何文瑨主编：《越南考古学 第二集——越南金属器时代》，河内社会科学出
　　版社1999年版。

12　（越）吴士鸿：《端上遗址出土有肩石锄的特点》，《1979年越南考古学的新发现》，
　　1980年，第100—102页。

13　（越）阮禄：《端上遗址》，《1975年越南考古学遗址的新发现》，1976年，第171页；
　　（越）郑生：《端上遗址的试掘》，《1976年越南考古学遗址的新发现》，第224页；
　　（越）何文逢：《端上石器制作工坊遗址的发掘》，《1980年越南考古学的新发现》，
　　1982年，第98—100页。

14　（越）范李香：《马栋丘遗址的发掘》，《1972年越南考古学的新发现》，1973年，第
　　150—163页。

15　（越）郑根：《仙足丘遗址的发掘》，《1981年越南考古学的新发现》，1984年，第

65—66 页。

16　(越)吴世丰:《1975 年东块遗址的试掘》,《1976 年越南考古学的新发现》,1976 年,第 169 页。

17　(越)阮江海、阮越:《东块遗址的发掘》,《1982 年越南考古学的新发现》,1983 年,第 90—100 页。

18　(越)范氏宁:《拜曼遗址的发掘》,《1976 年越南考古学的新发现》,1976 年,第 77 页。

19　(越)阮克史:《构丘遗址的发掘》,《1976 年越南考古学的新发现》,1976 年。

20　(越)何文瑨、汉文恳:《华禄和富禄遗址的第四次发掘》,《1982 年越南考古学的新发现》,1982 年,第 92—93 页。

21　越南国家历史博物馆:《华禄文化》,1977 年。

22　25　(越)阮文好:《被新考古学材料所证实的华禄文化》,《1976 年越南考古学的新发现》,1976 年,第 139—143 页。

23　(越)范文耿:《关于华禄遗址和富禄遗址的研究》,《1975 年越南考古学的新发现》,1975 年,第 120 页;越南国家历史博物馆:《华禄文化》,1977 年。

24　(越)黎文税、武世龙:《华禄遗址出土动物骨骼及牙齿的研究》,《1976 年越南考古学的新发现》,1976 年,第 145 页;武世龙:《华禄、富禄两遗址出土的动物遗骸》,《1975 年越南考古学的新发现》,1975 年,第 127 页。

26　(越)郑生著、罗耀译:《越南早期农业的三个发展阶段》,《农业考古》2000 年第 1 期。

27　(越)叶廷花:《殿岗——湘阳遗址群的发现》,《1975 年越南考古学的新发现》,1975 年,第 187—191 页;(越)裴荣、阮中战、范氏宁:《殿岗遗址》,《1983 年越南考古学的新发现》,1985 年,第 80—82 页;(越)阮中战:《从出土陶器看石乐文化晚期的各遗址》,《1984 年越南考古学的新发现》,1985 年,第 57—58 页;(越)裴荣:《殿岗遗址出土陶器的花纹装饰艺术》,《越南考古学》,1984 年第 3 号,第 31—42 页。

28　(越)武世龙、阮金水:《殿岗遗址出土的人与动物的遗骸》,《1983 年越南考古学的新发现》,1985 年,第 86—87 页。

30　(越)Nguyen Quang Mien:< Xac Dinh Khung Nien Dai Tuyet Doi Giai Doan Van Hoa Khao Co Hoc Dong Dau Qua Ket Qua Do Tuoi C14 >, < Van Hoa Dong Dau 40 Nam

Phat Hien Va Nghien Cuu (1962 – 2002) >, Nha Xuat Ban Khoa Hoc Xa Hoi, 2003, PP. 296—297.

32　(越)何文瑨:《成苋遗址的发掘》,《1983 年越南考古学的新发现》,1985 年,第 76 至 78 页;(越)何文瑨、阮春孟、裴文利、玉全:《成苋遗址的第二次发掘》,《1984 年 越南考古学的新发现》,1985 年,第 93—95 页。

33　(越)黎春焰、黄春征:《桐荳考古遗址》,河内社会科学出版社 1983 年版;(越)褚 文秦、吴士鸿:《桐荳遗址的第 4 次发掘》,《1984 年越南考古学的新发现》,1985 年,第 82 至 85 页。

35　(越)陈达、丁文顺:《桐荳遗址的花粉孢子分析》,《1984 年越南考古学的新发现》, 1985 年,第 91 页。

36　(越)陶世俊:《桐荳遗址发现的炭化稻米》,《越南考古学》,1988 年第 4 期,第 44— 46 页。

38　(越)陈文恩:《椚丘遗址的第二次发掘》,《越南考古学的某些报告》,1966 年; (越)阮灵:《椚丘遗址和越南青铜时代的问题》,(越)《历史研究》,1964 年总 58 期。

39　(越)黎文兰、范文景、阮灵:《越南青铜时代的第一批遗址》,河内社会科学出版社 1963 年版;(越)阮越:《葵渚遗址调查简报》,《1976 年越南考古学的新发现》, 1976 年,第 199 页;(越)阮越、叶廷花:《1978 年葵渚遗址的发掘》,《1978 年越南 考古学的新发现》,1979 年,第 171—174 页;(越)阮越:《弘里遗址和葵渚遗址的 发掘》,《1980 年越南考古学的新发现》,1982 年,第 84—85 页。

40　(越)郑阳、范虎闽:《同暗遗址的试掘》,《1976 年越南考古学的新发现》,1976 年, 第 183 页。

41　(越)武世龙:《葵渚遗址出土的动物牙齿与骨骼》,《1978 年越南考古学的新发 现》,1979 年,第 188—190 页。

42　(法)M·哥拉尼:《印度支那的史前文化研究》,《法国远东学院集刊》卷 XXX, 1931 年,第 229—420 页。

43　(越)谢春记:《在官化县新发现的石锄》,《1979 年越南考古学的新发现》,1980 年,第 92—93 页。

45　(越)何文逢:《鸣臻遗址发掘报告》,资料编号 HS201,见(越)何文瑨主编:《越南 考古学 第二集——越南金属器时代》,河内社会科学出版社 1999 年版。

46　(法)E·索兰:《越南北部葵州和上春的史前遗迹》,《第三次远东史前学术研讨会论文集》,1940 年。

47　(越)何文逢、陶灵昆、郑阳:《河静——义安考古调查报告》,《越南考古学》1976 年总 17 期,第 80—82 页。

48　52　57　(越)郑生:《越南早期农业的三个发展阶段》,罗耀译,《农业考古》2000年第 1 期。

49　(越)范明玄:《东山文化——同一性与多样性》,河内社会科学出版社 1996 年版,第 325—327 页。

51　(越)陶世俊:《桐荳遗址发现的炭化稻米》,《越南考古学》1988 年第 4 期,第 44—46 页。

54　(越)范文耿:《渡头遗址的发掘》,《1977 年越南考古学的新发现》,1978 年,第89—91 页;(越)范文耿:《调查盖万》,《1977 年越南考古学的新发现》,1978 年,第80—82 页;(越)范文光:《同奈河流域新石器时代至青铜时代各文化阶段的初步研究》,《1977 年越南考古学的新发现》,1978 年,第 95—98 页;(越)范文光:《同奈河流域新石器时代晚期至青铜时代初期文化遗存初探》,《越南考古学》,1978 年第 1 期,第 35—40 页。

55　(越)黄春征:《南方各省的石器时代》,《越南考古学》1978 年第 1 期,第 29—34 页。

56　(越)范德孟:《越南东南部的史前与初史阶段——一些认识和年代学的研究》,《越南南方考古学的若干问题》,河内社会科学出版社 1997 年版,第 242—292 页。

58　李昆声:《云南牛耕的起源》,《考古》1980 年第 3 期。

图书在版编目（CIP）数据

国际化视野下的中国西南边疆：历史与现状 / 林文勋，邢广程主编.
－北京：人民出版社，2013
（中国边疆研究丛书 / 林文勋主编）
ISBN 978-7-01-012586-2

Ⅰ.①国… Ⅱ.①林… ②邢… Ⅲ.①边疆地区－政治制度史－研究－
西南地区 ②边疆地区－政治－问题－研究－西南地区 Ⅳ.① D677.4
中国版本图书馆 CIP 数据核字（2013）第 223780 号

国际化视野下的中国西南边疆：历史与现状
GUOJIHUA SHIYEXIA DE ZHONGGUO XINANBIANJIANG : LISHI YU XIANZHUANG

丛书主编：林文勋
本书主编：林文勋　邢广程
责任编辑：张秀平
封面设计：徐　晖

人民 出版社 出版发行
地　　址：北京市东城区隆福寺街 99 号
邮政编码：100706　http://www.peoplepress.net
经　　销：新华书店总店北京发行所经销
印刷装订：北京昌平百善印刷厂
出版日期：2013 年 9 月第 1 版　2013 年 9 月第 1 次印刷
开　　本：880 毫米 × 1230 毫米　1/32
印　　张：15.25
字　　数：370 千字
书　　号：ISBN 978-7-01-012586-2
定　　价：49.00 元